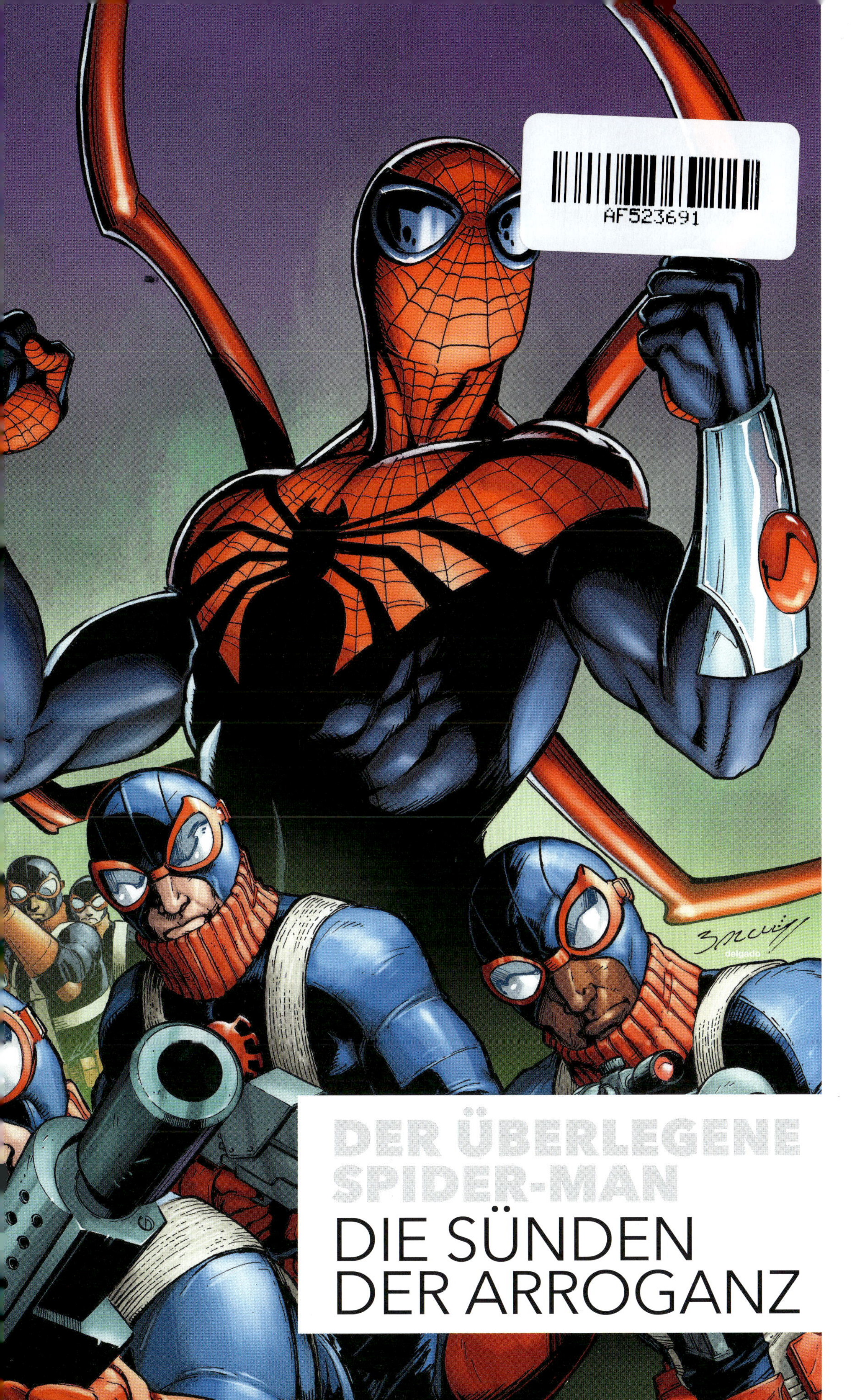

DER ÜBERLEGENE SPIDER-MAN
DIE SÜNDEN DER ARROGANZ

DER ÜBERLEGENE SPIDER-MAN

CHRISTOS GAGE (Superior Spider-Man Returns)
DAN SLOTT
STORY

MARK BAGLEY
GIUSEPPE CAMUNCOLI (Superior Spider-Man Returns)
HUMBERTO RAMOS (Superior Spider-Man Returns)
RYAN STEGMAN (Superior Spider-Man Returns)
NATHAN STOCKMAN (1)
ZEICHNUNGEN

JOHN DELL
JP MAYER (Superior Spider-Man Returns)
VICTOR OLAZABA (Superior Spider-Man Returns)
NATHAN STOCKMAN (1)
TUSCHE

EDGAR DELGADO
FARBEN

FABIO CIACCI (ASM 31)
WALPROJECT
LETTERING

CAROLIN HIDALGO
MICHAEL STRITTMATTER (ASM 31)
ÜBERSETZUNG

MR DANIEL
NICK LOWE
ELLIE PYLE
REDAKTION USA

C. B. CEBULSKI
CHEFREDAKTEUR USA

DER ÜBERLEGENE SPIDER-MAN erscheint bei **PANINI COMICS**, Schloßstraße 76, D-70176 Stuttgart. Druck: Lito Terrazzi S.r.l. – Prato. Pressevertrieb: Stella Distribution GmbH, D-22297 Hamburg. Direkt-Abos auf **www.paninicomics.de**. Geschäftsführer **Hermann Paul**, Publishing Director Europe **Marco M. Lupoi**, Finanzen/Logistik **Felix Bauer**, Marketing Director **Holger Wiest**, Marketing **Fabio Cunetto**, Vertrieb **Alexander Bubenheimer**, PR/Presse **Steffen Volkmer**, Publishing Manager **Lisa Pancaldi**, Redaktion **Christian Endres**, **Harald Gantzberg**, **Christian Grass**, **Anja Seiffert**, **Kristina Starschinski**, **Daniela Uhlmann**, Übersetzung **Carolin Hidalgo**, **Michael Strittmatter**, Proofreading **Katrin Hoppe**, Lettering **Fabio Ciacci**, **Walproject**, grafische Gestaltung **Rudy Remitti**, **Nicola Spano**, Art Director **Alessandro Gucciardo**, Redaktion Panini Comics **Annalisa Califano**, **Beatrice Doti**, Prepress **Francesca Aiello**, **Andrea Bisi**, Repro/Packager **Alessandro Nalli** (coordinator), **Anna Boselli**, **Mario Da Rin Zanco**, **Valentina Esposito**, **Luca Ficarelli**, **Linda Leporati**. Deutsche Edition bei Panini Verlags-GmbH unter Lizenz von Marvel Characters B.V. Cover von **Mark Bagley**, *Superior Spider-Man* (2024) 1; Variant-Cover von **Ryan Stegman**, *Superior Spider-Man Returns* (2023) 1.

Digitale Ausgaben:
ISBN 978-3-7569-1121-9 (.pdf) / ISBN 978-3-7569-1122-6 (.epub) /
ISBN 978-3-7569-1123-3 (.mobi)

Bibliografische Information der Deutschen Nationalbibliothek
Die Deutsche Nationalbibliothek verzeichnet diese Publikation in der Deutschen Nationalbibliografie; detaillierte bibliografische Daten sind im Internet über dnb.d-nb.de abrufbar.

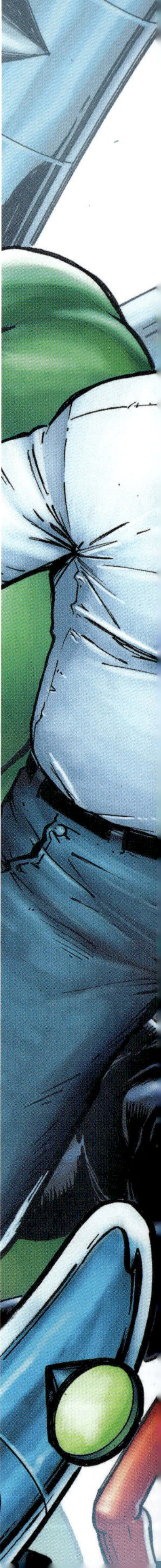

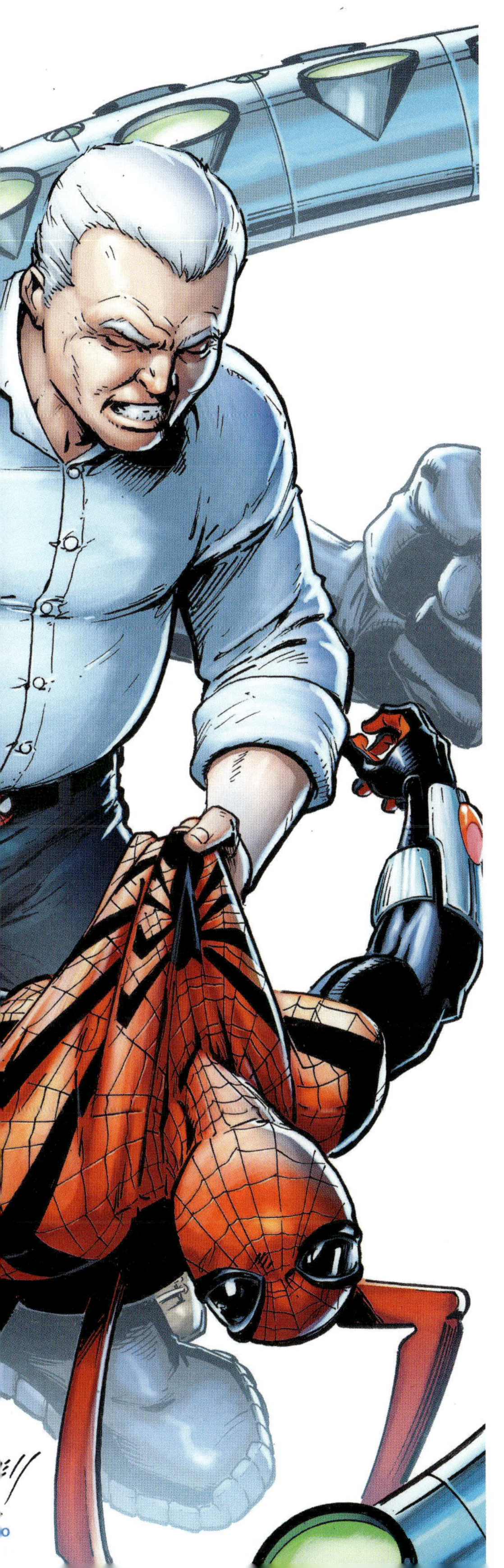

Wenn es um die aufsehenerregendsten, am hitzigsten diskutierten **Spider-Man**-Geschichten aller Zeiten geht, ist diese hier garantiert ganz vorne mit dabei: 2009 enthüllte der langjährige *Spider-Man*-Chefautor **Dan Slott**, dass der geniale Schurke **Dr. Otto Octavius** alias **Dr. Octopus** nach zu vielen Kämpfen gegen superstarke Gegner schwer krank geworden war. Ende 2012 lag Spideys Erzfeind mit den Tentakeln dann im Sterben, doch am Ende war er deshalb noch lange nicht. Denn in der Jubiläumsausgabe *Amazing Spider-Man* 700 von Slott und Zeichner **Humberto Ramos** transferierte Otto seinen Geist in den Körper seines Feindes! Allerdings verschmolzen seine Erinnerungen dabei mit denen von **Peter Parker**, und fortan folgte Otto in Slotts neuer Serie *Superior Spider-Man* dem Leitsatz von Peters **Onkel Ben**, dass mit großer Kraft große Verantwortung einhergehen muss. Trotzdem agierte Otto in den Storys der Ära **Marvel NOW!** mit Artwork von **Ryan Stegman** und **Giuseppe Camuncoli** als arroganter, überlegener, brutaler Spidey: Er nutzte Greifarme, kostümierte Handlanger und Spider-Bots. Außerdem verließ er den Think Tank der Horizon Labs und gründete die Firma Parker Industries. Um seine geliebte **Anna Maria Marconi** zu retten, ließ Otto am Ende jedoch Peters Geist wieder an den Drücker, und so wurde Pete erneut zum erstaunlichen Spider-Man. Doc Ock kehrte später mit einem Klonkörper zurück und legte sich zuletzt neue Tentakel zu – und hat viele Erinnerungen an seine Zeit als Spider-Man verloren. Dan Slott verließ Spideys Abenteuer 2018, kehrte 2023 aber mit *Spider-Man Sonderband* 1 & 2 und Spidey-Zeichnerlegende **Mark Bagley** zurück. Sie zerstörten und erneuerten das **Spider-Verse**, wodurch der neu eingeführte **Bailey Briggs** als junger **Spider-Boy** in die Wirklichkeit „zurückkehrte". Zudem ließen sie Pete ein alternatives Leben kosten, in dem sein Onkel Ben am Leben war und Peter nie von der Spinne gebissen wurde. Und in diesem Band bringen sie und ein paar alte Bekannte nun den fiesen, „überlegenen" Spider-Man zurück …

Christian Endres

DIE RÜCKKEHR

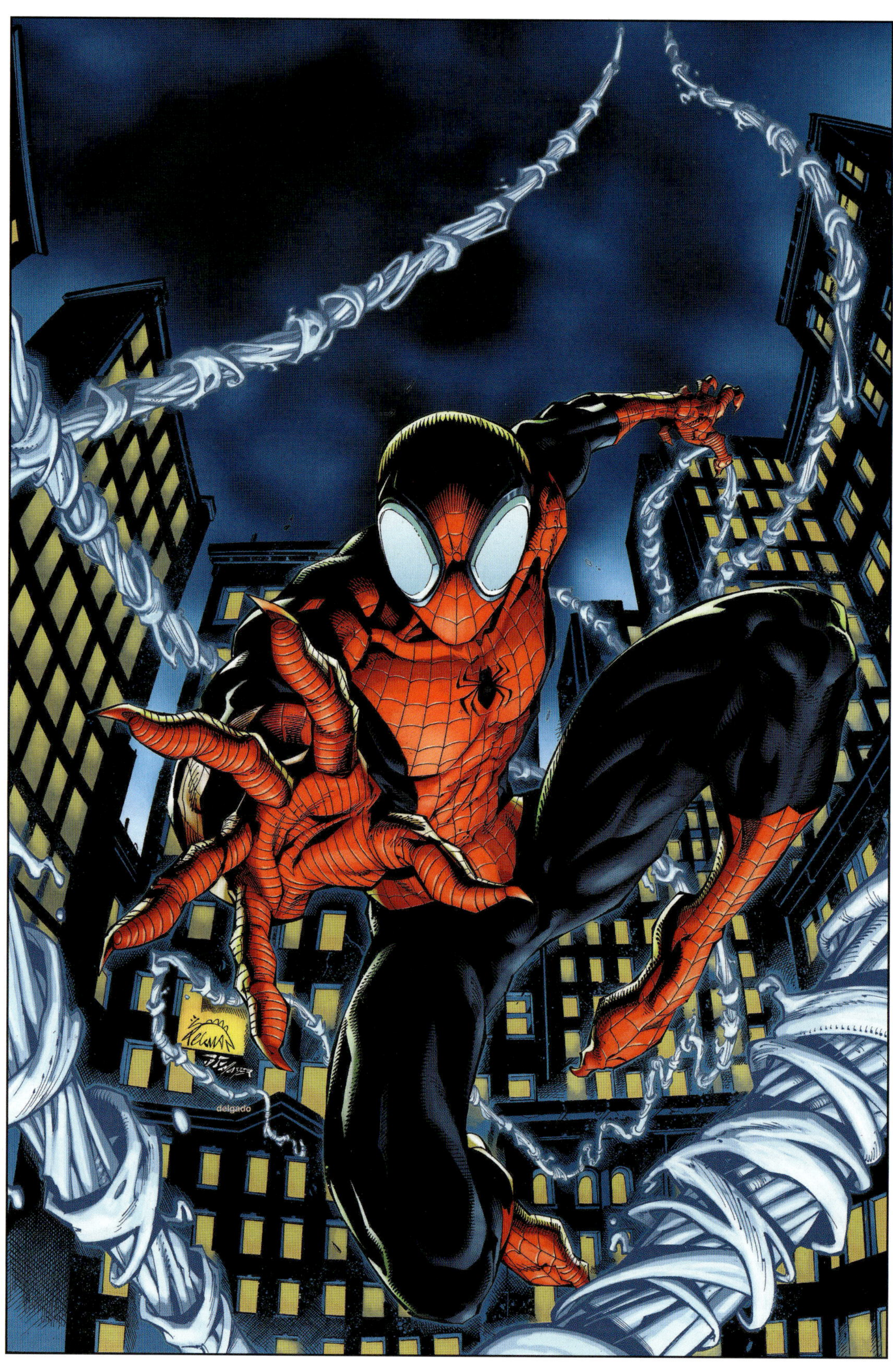

Superior Spider-Man Returns (2023) 1
Cover von **RYAN STEGMAN**

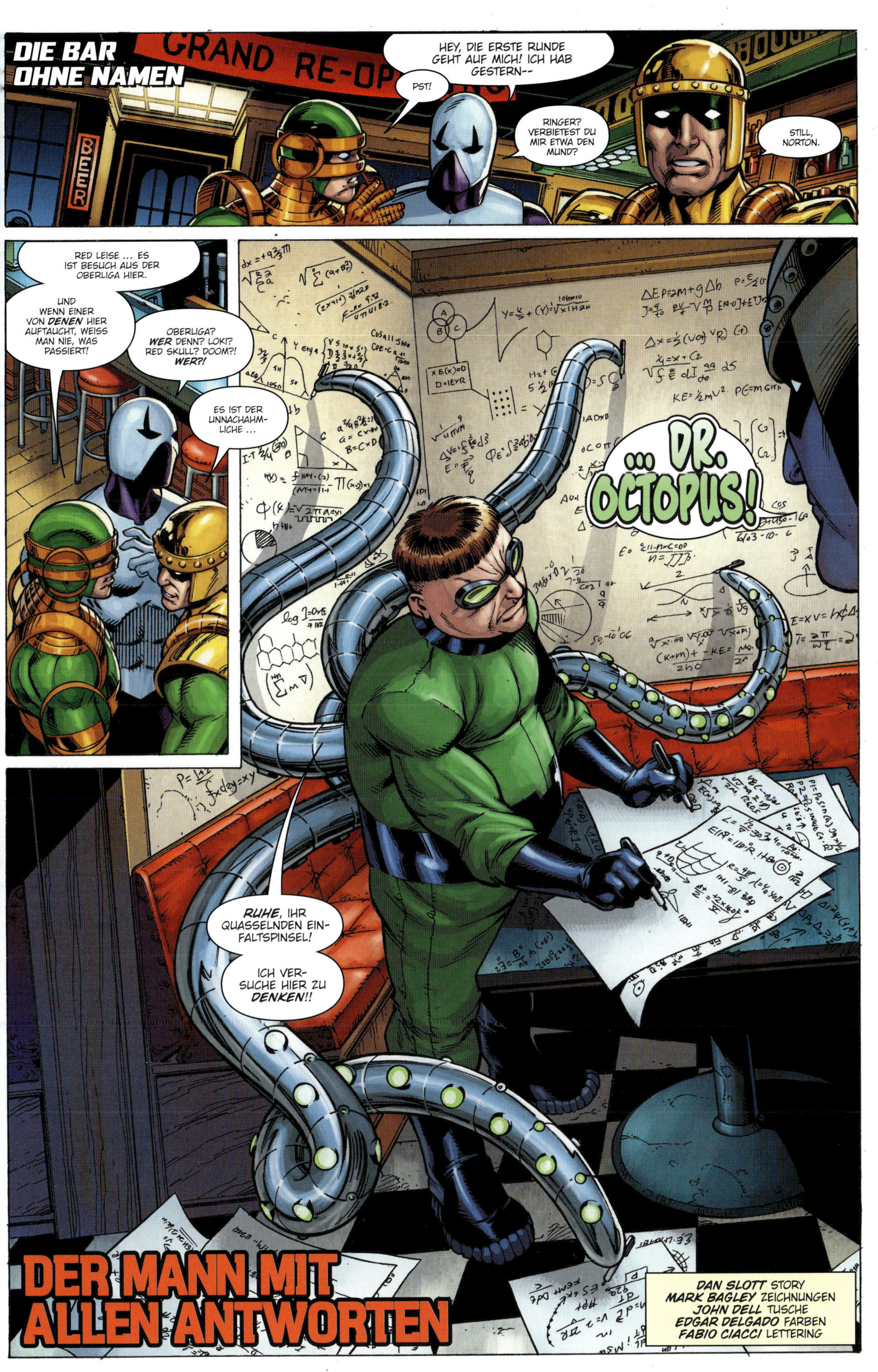
DIE BAR OHNE NAMEN
GRAND RE-OP
HEY, DIE ERSTE RUNDE GEHT AUF MICH! ICH HAB GESTERN--
PST!
RINGER? VERBIETEST DU MIR ETWA DEN MUND?
STILL, NORTON.
BEER
RED LEISE ... ES IST BESUCH AUS DER OBERLIGA HIER.
UND WENN EINER VON DENEN HIER AUFTAUCHT, WEISS MAN NIE, WAS PASSIERT!
OBERLIGA? WER DENN? LOKI? RED SKULL? DOOM?! WER?!
ES IST DER UNNACHAHMLICHE ...
... DR. OCTOPUS!
RUHE, IHR QUASSELNDEN EINFALTSPINSEL!
ICH VERSUCHE HIER ZU DENKEN!!
DER MANN MIT ALLEN ANTWORTEN
DAN SLOTT STORY
MARK BAGLEY ZEICHNUNGEN
JOHN DELL TUSCHE
EDGAR DELGADO FARBEN
FABIO CIACCI LETTERING

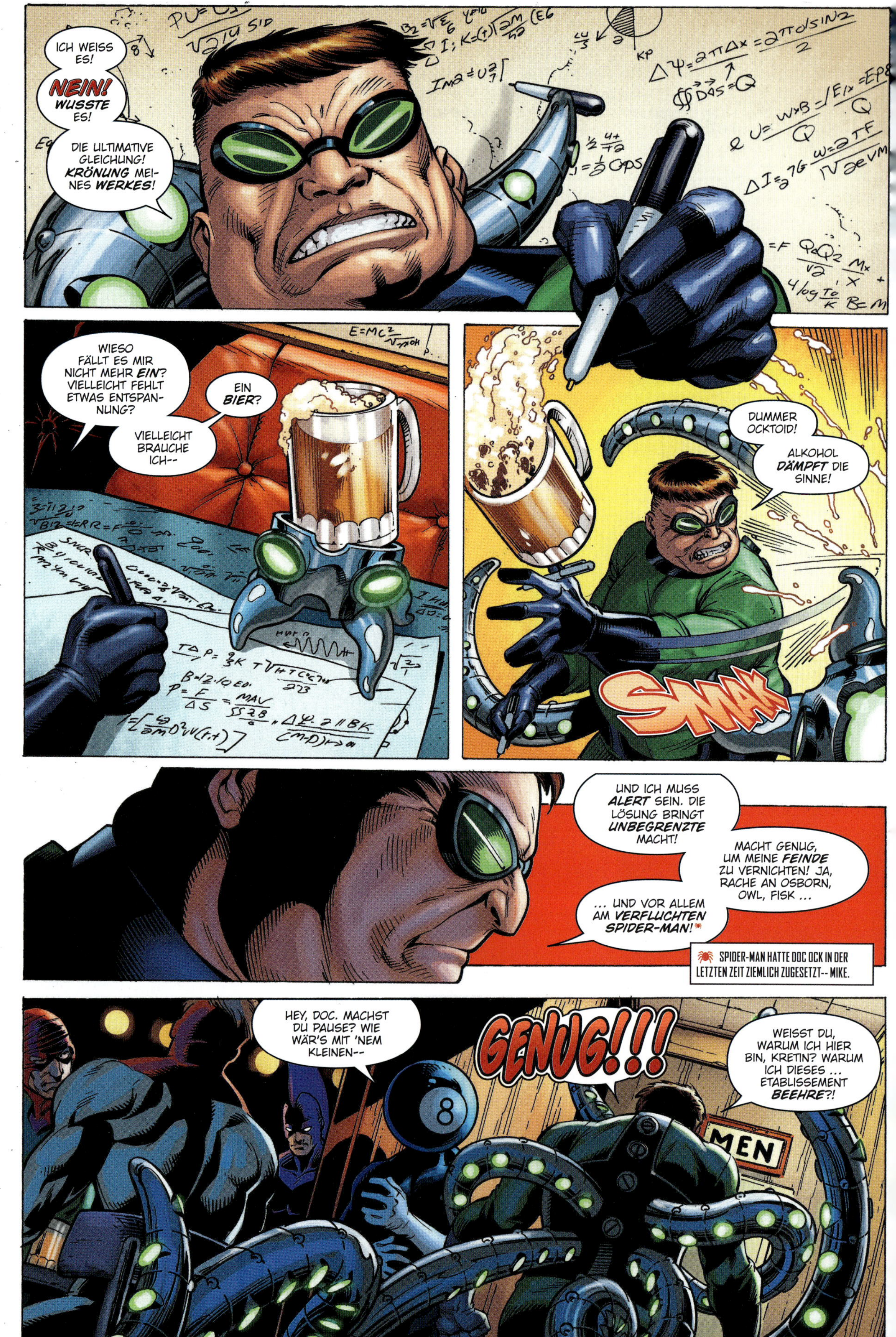
ICH WEISS ES!
NEIN! WUSSTE ES!
DIE ULTIMATIVE GLEICHUNG! KRÖNUNG MEINES WERKES!
WIESO FÄLLT ES MIR NICHT MEHR EIN? VIELLEICHT FEHLT ETWAS ENTSPANNUNG?
VIELLEICHT BRAUCHE ICH--
EIN BIER?
DUMMER OCKTOID!
ALKOHOL DÄMPFT DIE SINNE!
SMAK
UND ICH MUSS ALERT SEIN. DIE LÖSUNG BRINGT UNBEGRENZTE MACHT!
MACHT GENUG, UM MEINE FEINDE ZU VERNICHTEN! JA, RACHE AN OSBORN, OWL, FISK ...
... UND VOR ALLEM AM VERFLUCHTEN SPIDER-MAN!
SPIDER-MAN HATTE DOC OCK IN DER LETZTEN ZEIT ZIEMLICH ZUGESETZT-- MIKE.
HEY, DOC. MACHST DU PAUSE? WIE WÄR'S MIT 'NEM KLEINEN--
GENUG!!!
WEISST DU, WARUM ICH HIER BIN, KRETIN? WARUM ICH DIESES ... ETABLISSEMENT BEEHRE?!
MEN

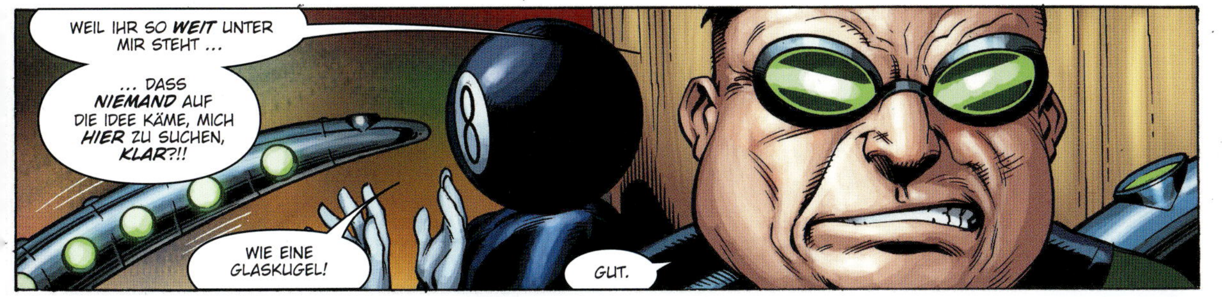
WEIL IHR SO WEIT UNTER MIR STEHT ...
... DASS NIEMAND AUF DIE IDEE KÄME, MICH HIER ZU SUCHEN, KLAR?!!
WIE EINE GLASKUGEL!
GUT.

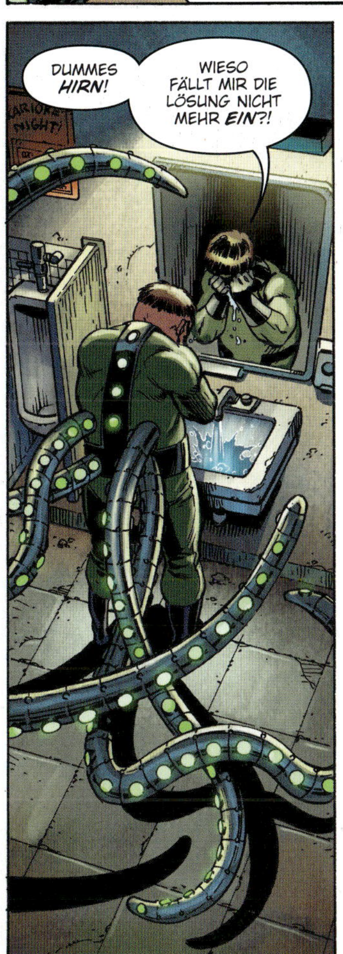
DUMMES HIRN!
WIESO FÄLLT MIR DIE LÖSUNG NICHT MEHR EIN?!

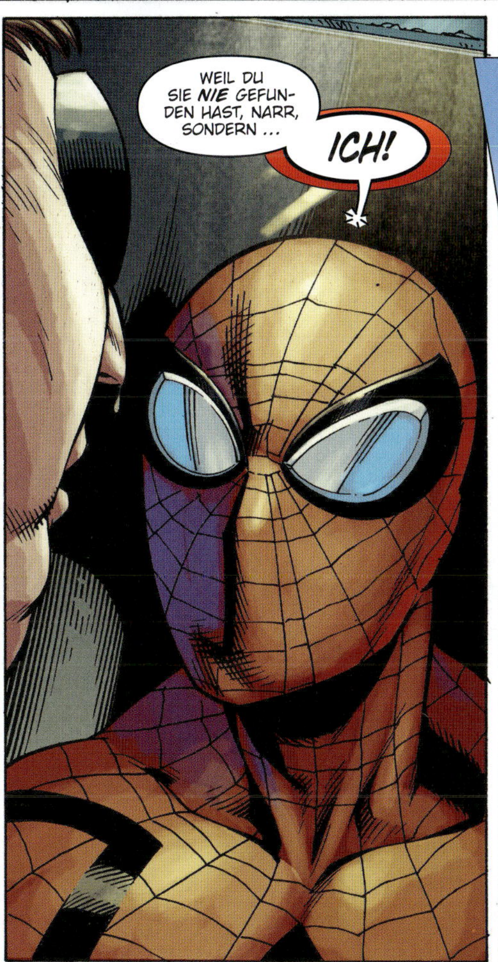
WEIL DU SIE NIE GEFUNDEN HAST, NARR, SONDERN ...
ICH!

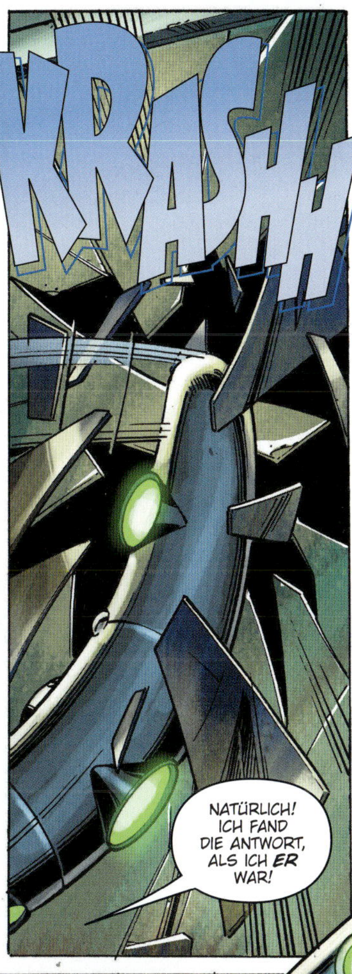
KRASHH
NATÜRLICH! ICH FAND DIE ANTWORT, ALS ICH ER WAR!

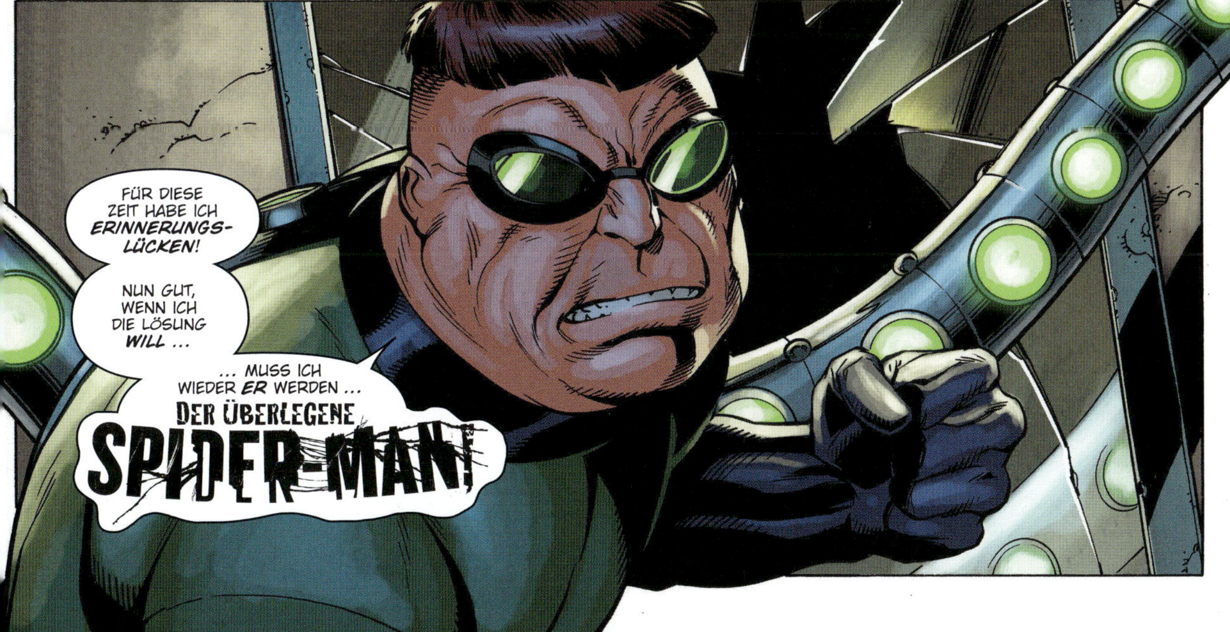
FÜR DIESE ZEIT HABE ICH ERINNERUNGSLÜCKEN!
NUN GUT, WENN ICH DIE LÖSUNG WILL ...
... MUSS ICH WIEDER ER WERDEN ...
DER ÜBERLEGENE SPIDER-MAN!

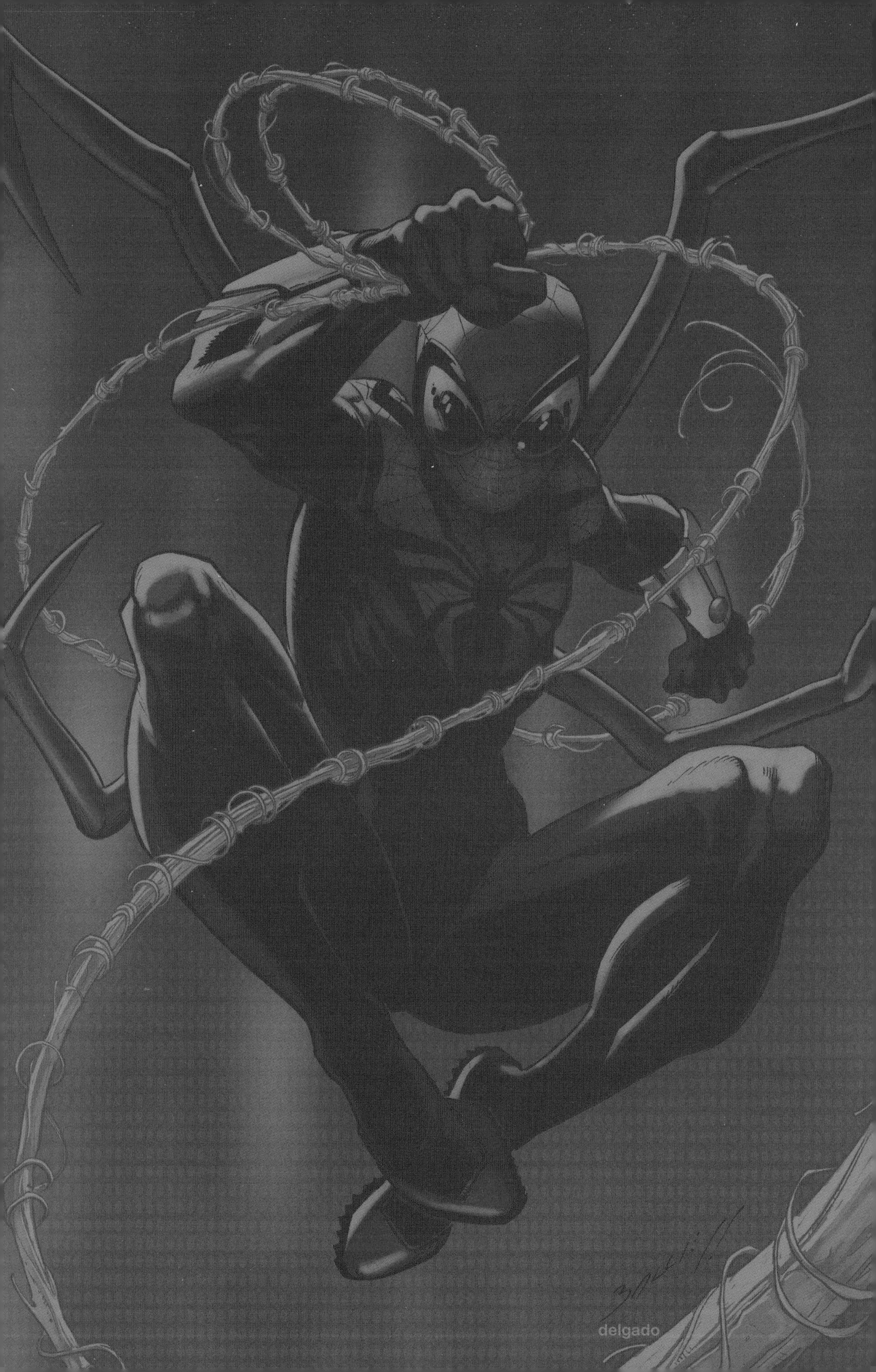
delgado

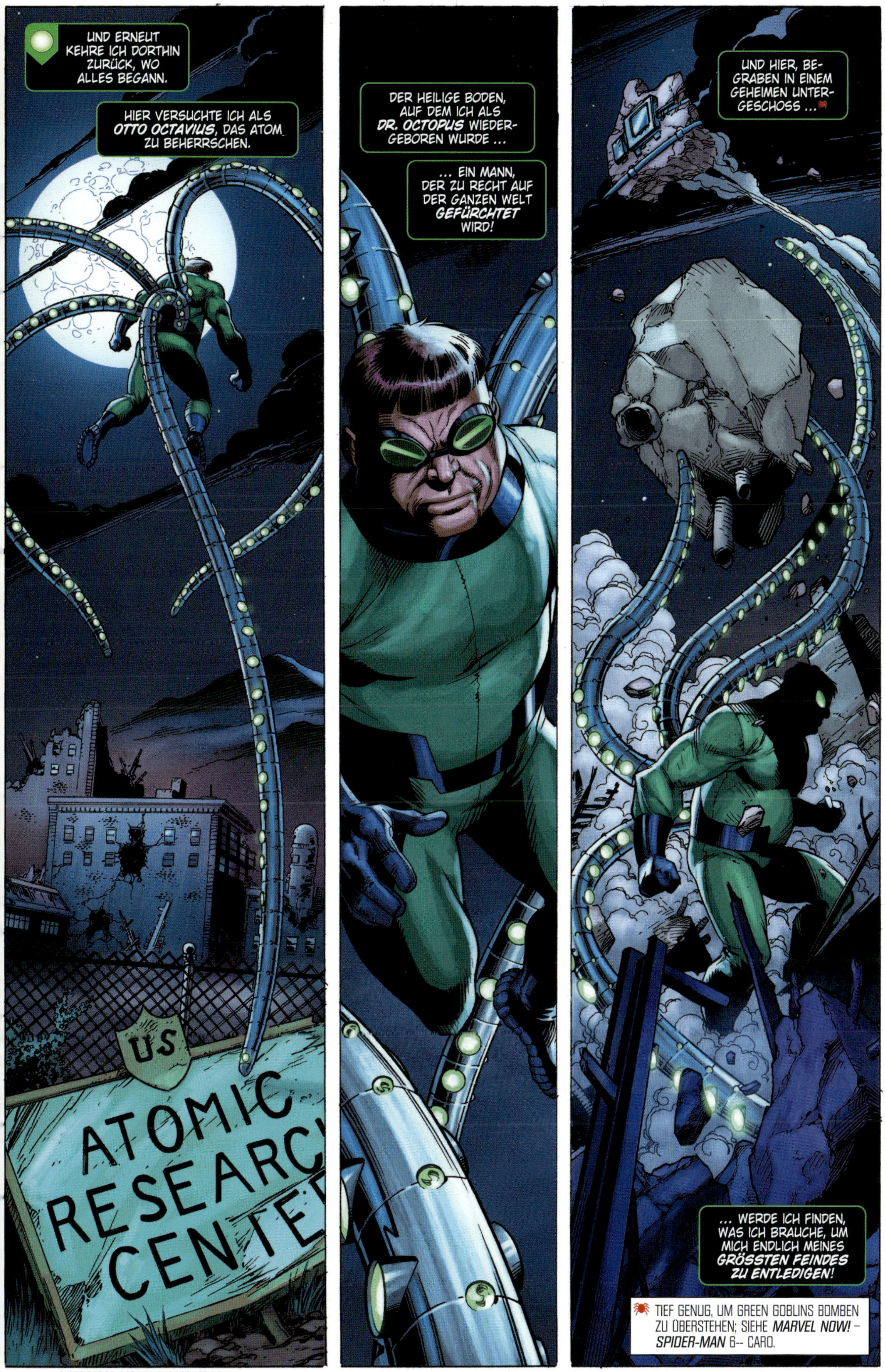

UND ERNEUT KEHRE ICH DORTHIN ZURÜCK, WO ALLES BEGANN.
HIER VERSUCHTE ICH ALS ***OTTO OCTAVIUS***, DAS ATOM ZU BEHERRSCHEN.
US
ATOMIC
RESEARC
CENTE

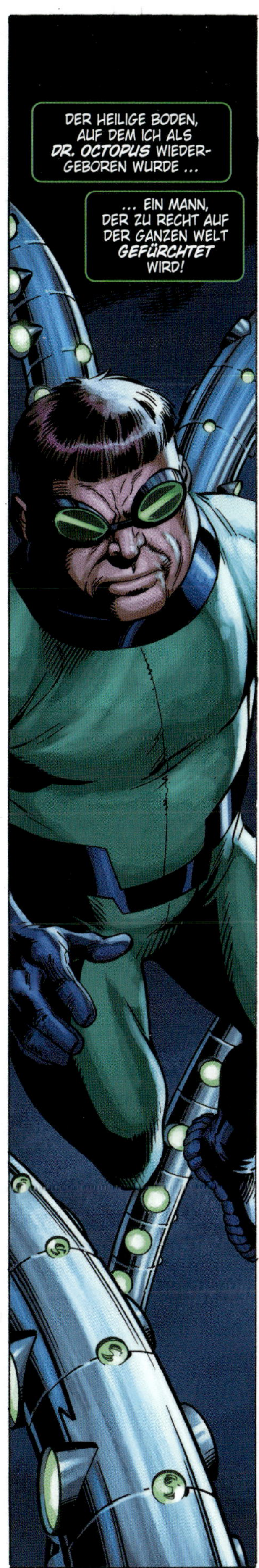

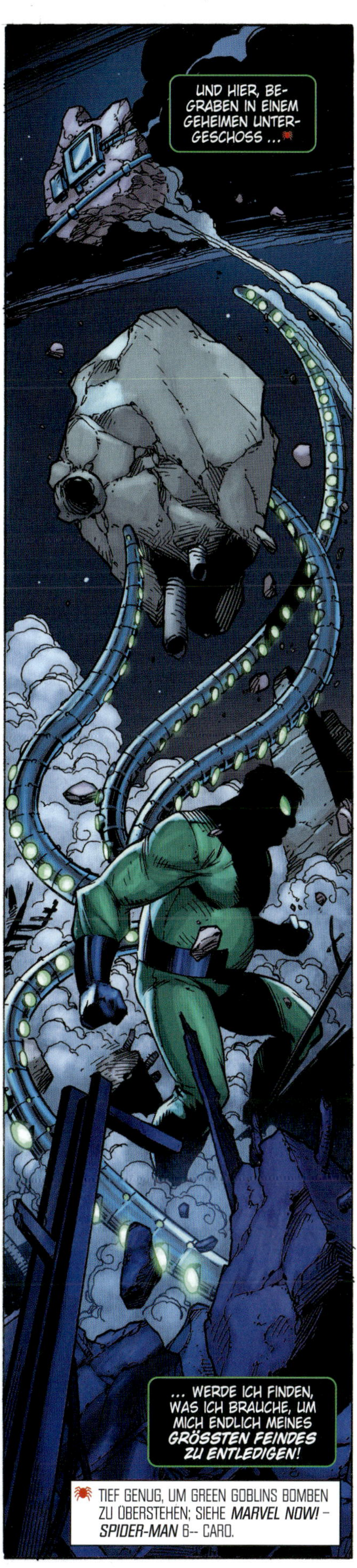

* ATOMARES FORSCHUNGSZENTRUM

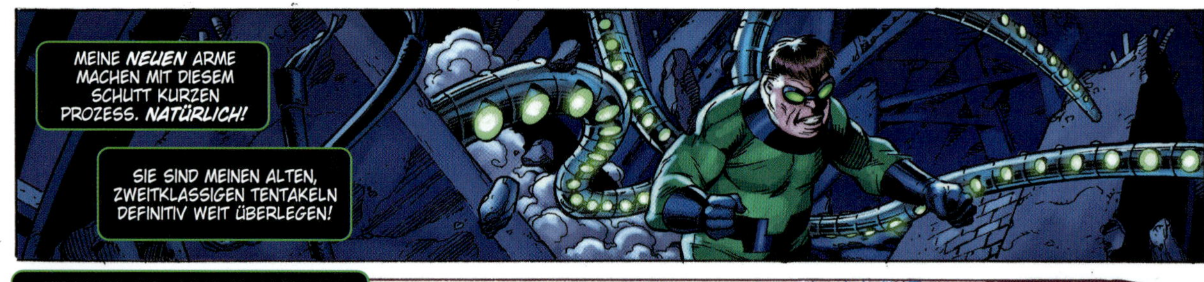
MEINE NEUEN ARME MACHEN MIT DIESEM SCHUTT KURZEN PROZESS. NATÜRLICH!
SIE SIND MEINEN ALTEN, ZWEITKLASSIGEN TENTAKELN DEFINITIV WEIT ÜBERLEGEN!
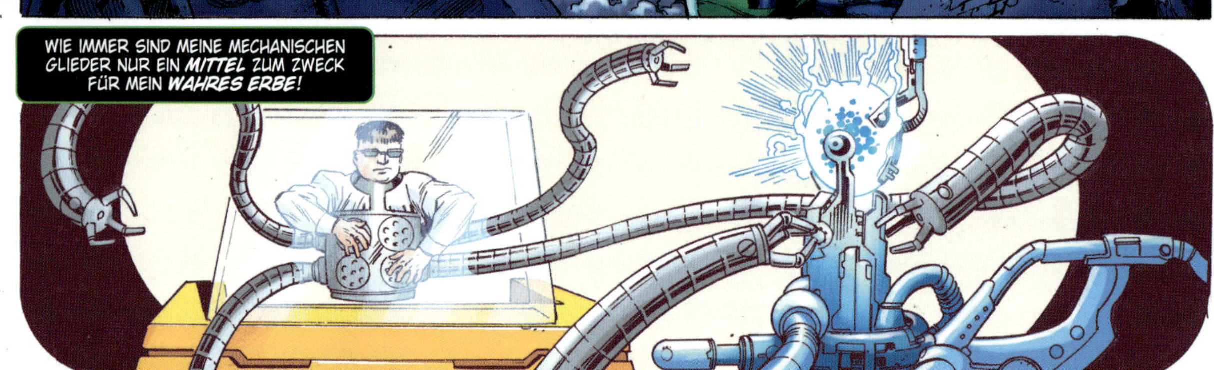
WIE IMMER SIND MEINE MECHANISCHEN GLIEDER NUR EIN MITTEL ZUM ZWECK FÜR MEIN WAHRES ERBE!
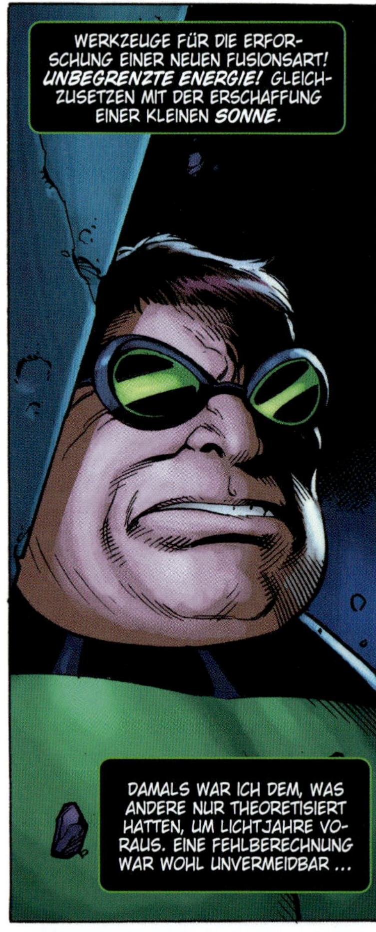
WERKZEUGE FÜR DIE ERFORSCHUNG EINER NEUEN FUSIONSART! UNBEGRENZTE ENERGIE! GLEICHZUSETZEN MIT DER ERSCHAFFUNG EINER KLEINEN SONNE.
DAMALS WAR ICH DEM, WAS ANDERE NUR THEORETISIERT HATTEN, UM LICHTJAHRE VORAUS. EINE FEHLBERECHNUNG WAR WOHL UNVERMEIDBAR ...
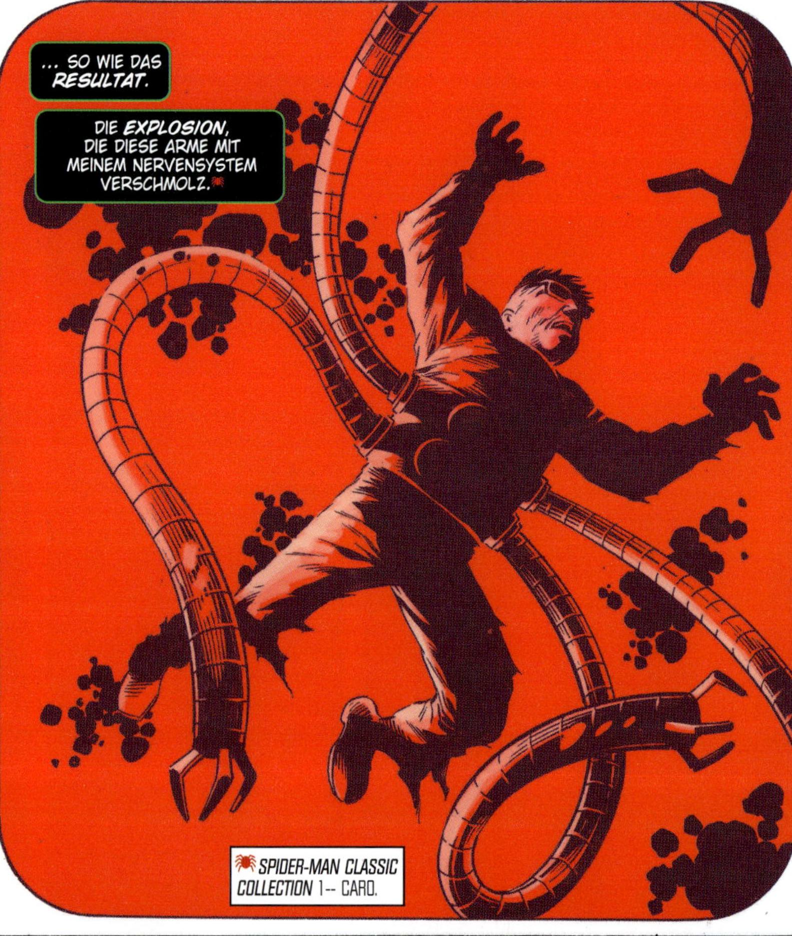
... SO WIE DAS RESULTAT.
DIE EXPLOSION, DIE DIESE ARME MIT MEINEM NERVENSYSTEM VERSCHMOLZ.
SPIDER-MAN CLASSIC COLLECTION 1-- CARD.
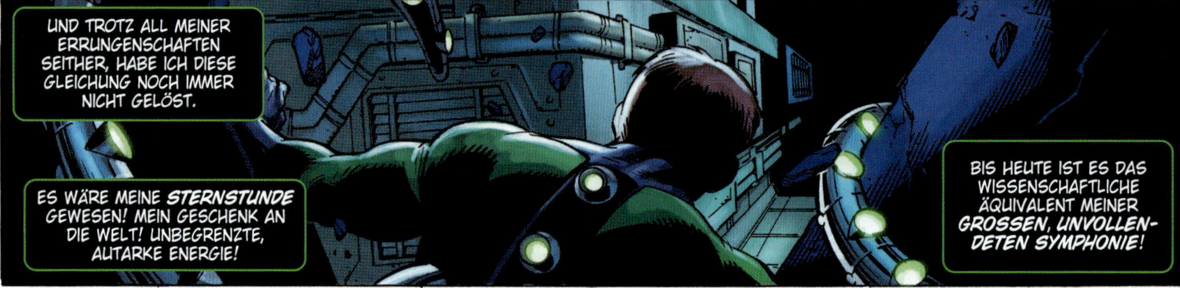
UND TROTZ ALL MEINER ERRUNGENSCHAFTEN SEITHER, HABE ICH DIESE GLEICHUNG NOCH IMMER NICHT GELÖST.
ES WÄRE MEINE STERNSTUNDE GEWESEN! MEIN GESCHENK AN DIE WELT! UNBEGRENZTE, AUTARKE ENERGIE!
BIS HEUTE IST ES DAS WISSENSCHAFTLICHE ÄQUIVALENT MEINER GROSSEN, UNVOLLENDETEN SYMPHONIE!

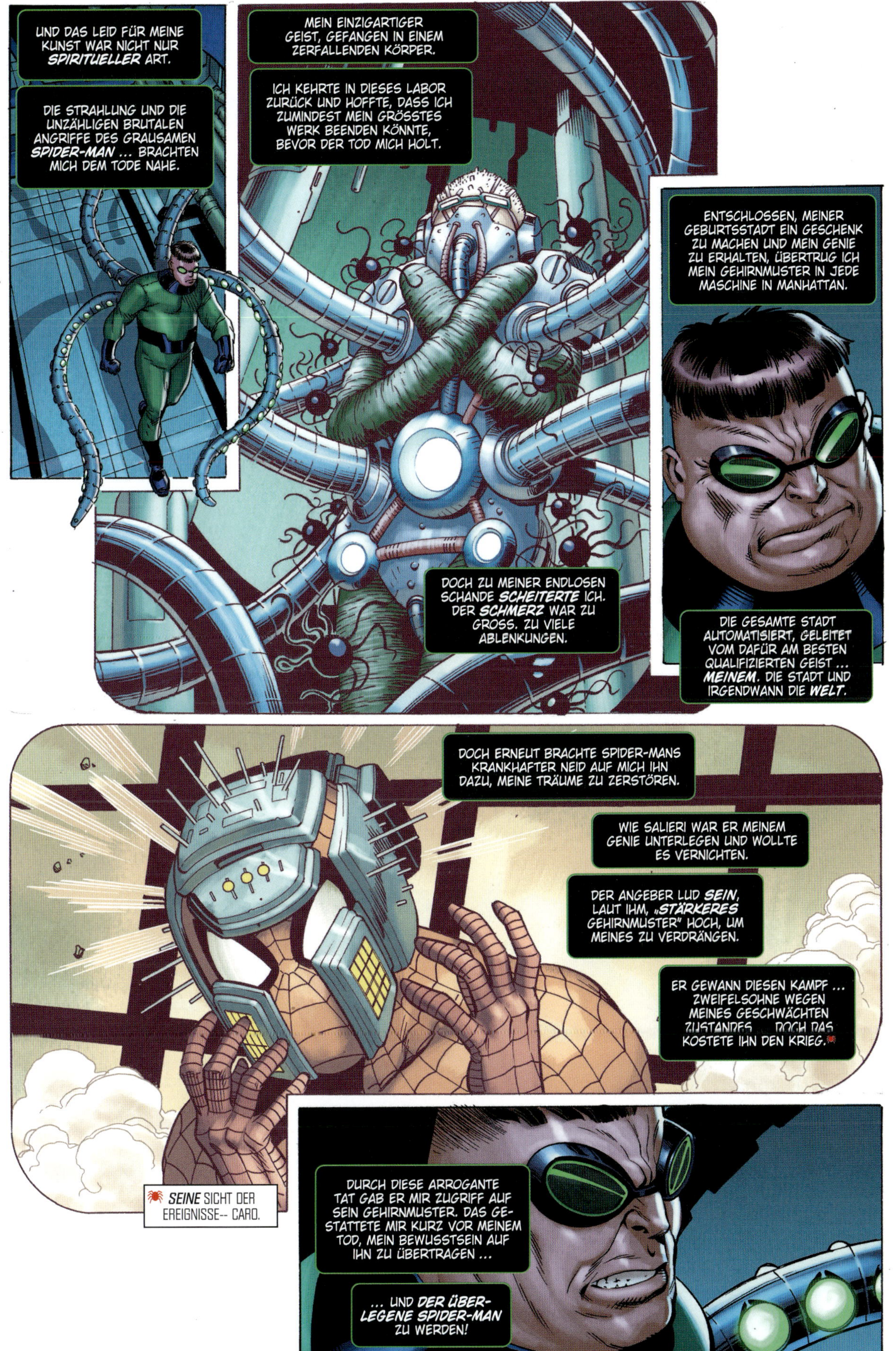
UND DAS LEID FÜR MEINE KUNST WAR NICHT NUR SPIRITUELLER ART.
DIE STRAHLUNG UND DIE UNZÄHLIGEN BRUTALEN ANGRIFFE DES GRAUSAMEN SPIDER-MAN ... BRACHTEN MICH DEM TODE NAHE.
MEIN EINZIGARTIGER GEIST, GEFANGEN IN EINEM ZERFALLENDEN KÖRPER.
ICH KEHRTE IN DIESES LABOR ZURÜCK UND HOFFTE, DASS ICH ZUMINDEST MEIN GRÖSSTES WERK BEENDEN KÖNNTE, BEVOR DER TOD MICH HOLT.
DOCH ZU MEINER ENDLOSEN SCHANDE SCHEITERTE ICH. DER SCHMERZ WAR ZU GROSS. ZU VIELE ABLENKUNGEN.
ENTSCHLOSSEN, MEINER GEBURTSSTADT EIN GESCHENK ZU MACHEN UND MEIN GENIE ZU ERHALTEN, ÜBERTRUG ICH MEIN GEHIRNMUSTER IN JEDE MASCHINE IN MANHATTAN.
DIE GESAMTE STADT AUTOMATISIERT, GELEITET VOM DAFÜR AM BESTEN QUALIFIZIERTEN GEIST ... MEINEM. DIE STADT UND IRGENDWANN DIE WELT.
DOCH ERNEUT BRACHTE SPIDER-MANS KRANKHAFTER NEID AUF MICH IHN DAZU, MEINE TRÄUME ZU ZERSTÖREN.
WIE SALIERI WAR ER MEINEM GENIE UNTERLEGEN UND WOLLTE ES VERNICHTEN.
DER ANGEBER LUD SEIN, LAUT IHM, „STÄRKERES GEHIRNMUSTER" HOCH, UM MEINES ZU VERDRÄNGEN.
ER GEWANN DIESEN KAMPF ... ZWEIFELSOHNE WEGEN MEINES GESCHWÄCHTEN ZUSTANDES DOCH DAS KOSTETE IHN DEN KRIEG.
SEINE SICHT DER EREIGNISSE-- CARO.
DURCH DIESE ARROGANTE TAT GAB ER MIR ZUGRIFF AUF SEIN GEHIRNMUSTER. DAS GESTATTETE MIR KURZ VOR MEINEM TOD, MEIN BEWUSSTSEIN AUF IHN ZU ÜBERTRAGEN ...
... UND DER ÜBERLEGENE SPIDER-MAN ZU WERDEN!

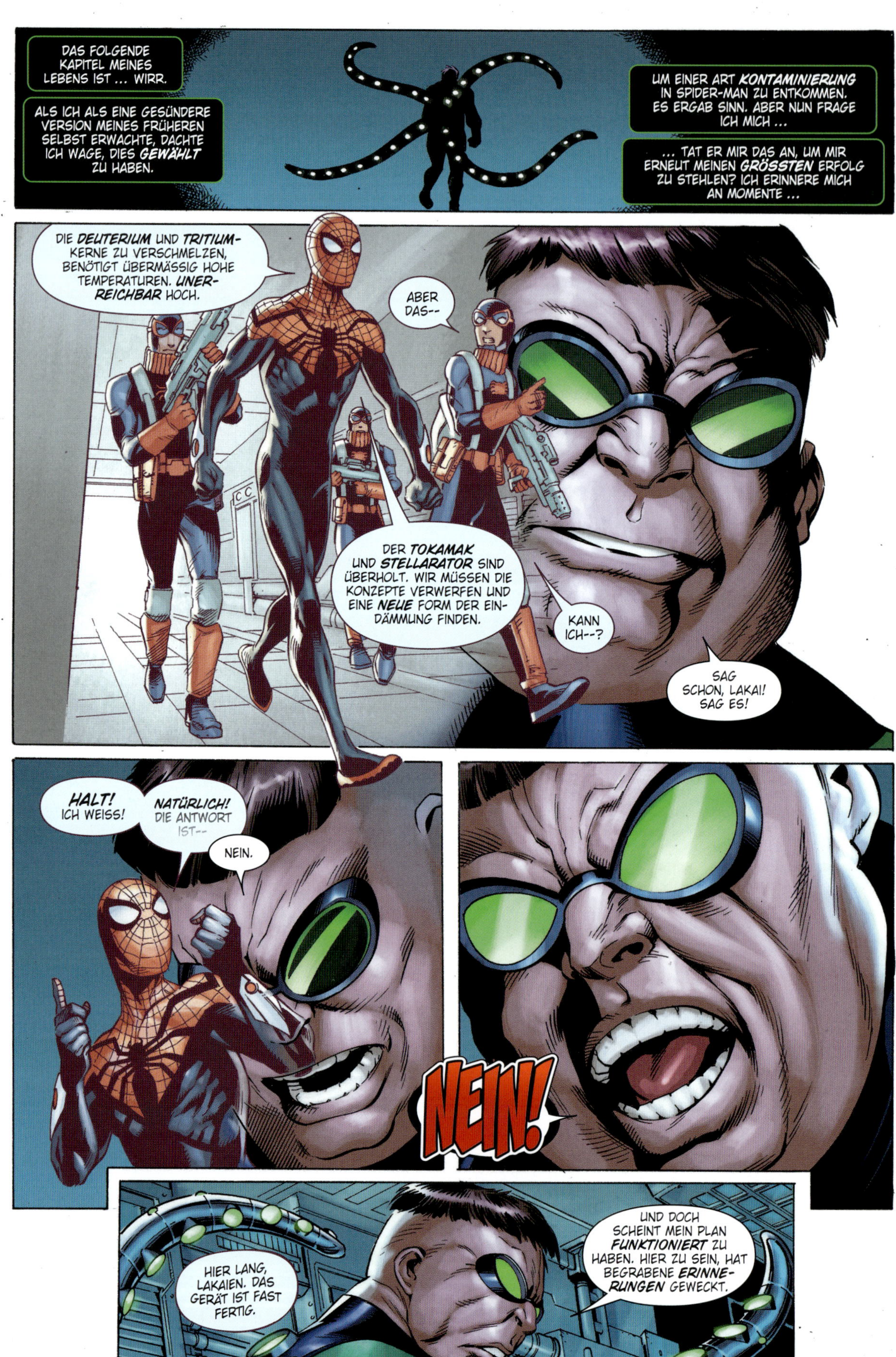
DAS FOLGENDE KAPITEL MEINES LEBENS IST ... WIRR.
ALS ICH ALS EINE GESÜNDERE VERSION MEINES FRÜHEREN SELBST ERWACHTE, DACHTE ICH WAGE, DIES GEWÄHLT ZU HABEN.
UM EINER ART KONTAMINIERUNG IN SPIDER-MAN ZU ENTKOMMEN. ES ERGAB SINN. ABER NUN FRAGE ICH MICH ...
... TAT ER MIR DAS AN, UM MIR ERNEUT MEINEN GRÖSSTEN ERFOLG ZU STEHLEN? ICH ERINNERE MICH AN MOMENTE ...
DIE DEUTERIUM UND TRITIUM-KERNE ZU VERSCHMELZEN, BENÖTIGT ÜBERMÄSSIG HOHE TEMPERATUREN. UNERREICHBAR HOCH.
ABER DAS--
DER TOKAMAK UND STELLARATOR SIND ÜBERHOLT. WIR MÜSSEN DIE KONZEPTE VERWERFEN UND EINE NEUE FORM DER EINDÄMMUNG FINDEN.
KANN ICH--?
SAG SCHON, LAKAI! SAG ES!
HALT! ICH WEISS!
NATÜRLICH! DIE ANTWORT IST--
NEIN.
NEIN!
HIER LANG, LAKAIEN. DAS GERÄT IST FAST FERTIG.
UND DOCH SCHEINT MEIN PLAN FUNKTIONIERT ZU HABEN. HIER ZU SEIN, HAT BEGRABENE ERINNERUNGEN GEWECKT.

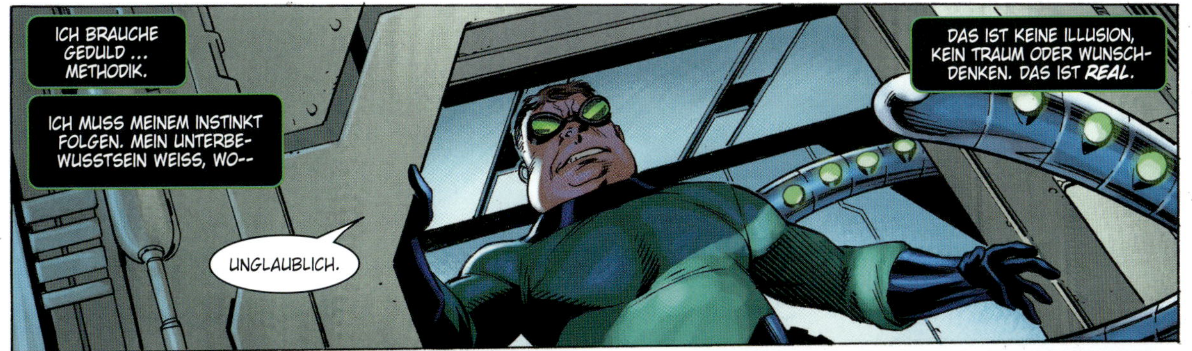
ICH BRAUCHE GEDULD ... METHODIK.
ICH MUSS MEINEM INSTINKT FOLGEN. MEIN UNTERBE-WUSSTSEIN WEISS, WO--
UNGLAUBLICH.
DAS IST KEINE ILLUSION, KEIN TRAUM ODER WUNSCH-DENKEN. DAS IST *REAL*.

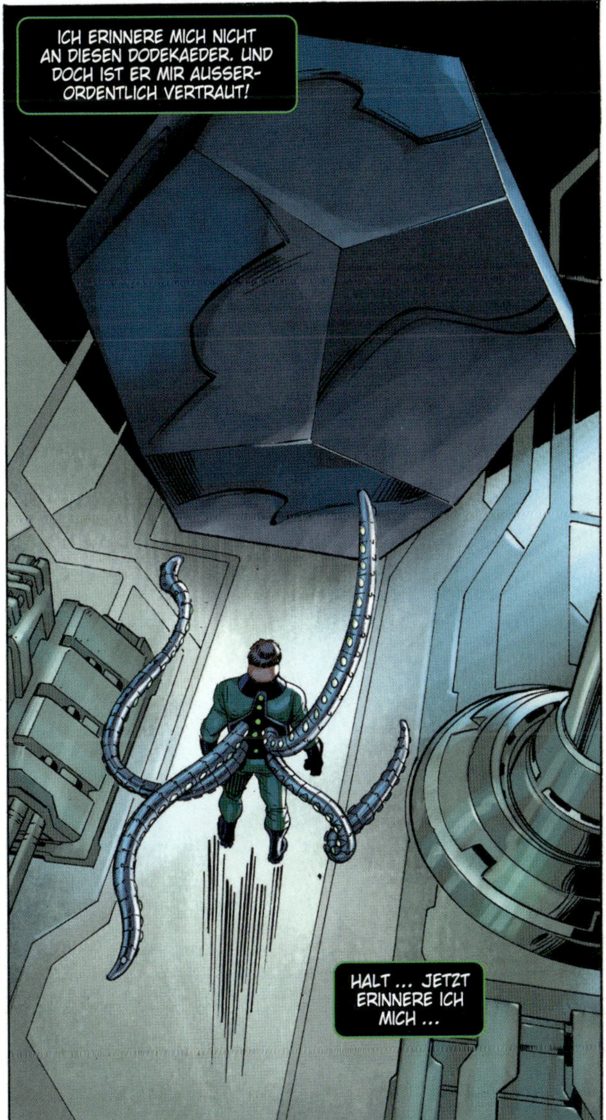
ICH ERINNERE MICH NICHT AN DIESEN DODEKAEDER. UND DOCH IST ER MIR AUSSER-ORDENTLICH VERTRAUT!
HALT ... JETZT ERINNERE ICH MICH ...

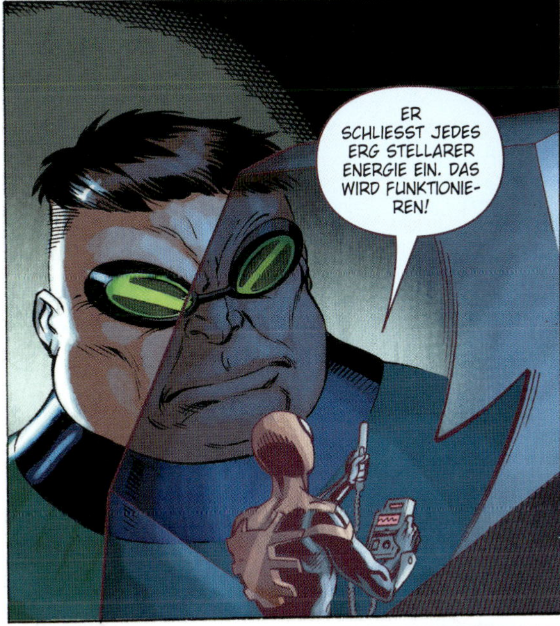
ER SCHLIESST JEDES ERG STELLARER ENERGIE EIN. DAS WIRD FUNKTIONIE-REN!

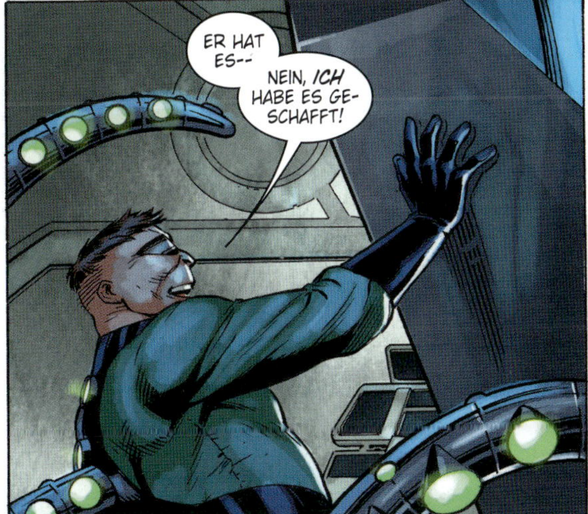
ER HAT ES--
NEIN, *ICH* HABE ES GE-SCHAFFT!

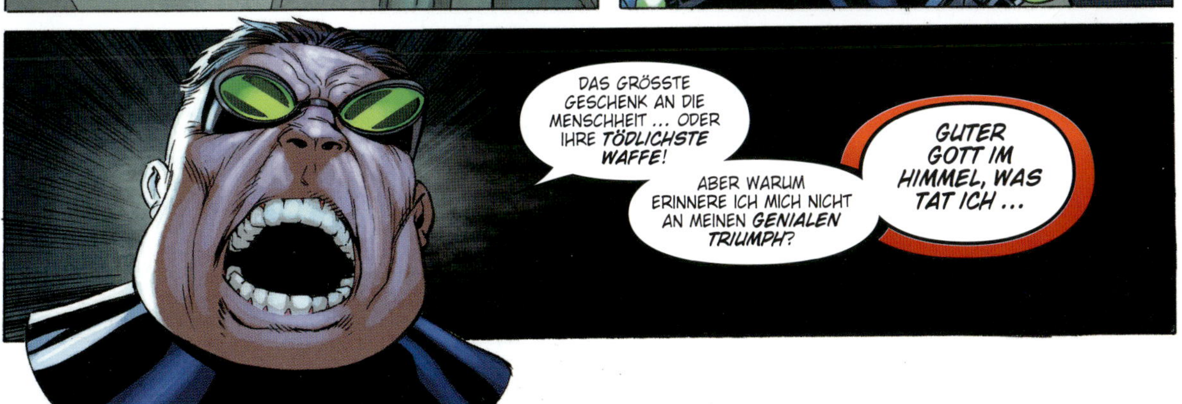
DAS GRÖSSTE GESCHENK AN DIE MENSCHHEIT ... ODER IHRE *TÖDLICHSTE WAFFE!*
ABER WARUM ERINNERE ICH MICH NICHT AN MEINEN *GENIALEN TRIUMPH?*
GUTER GOTT IM HIMMEL, WAS TAT ICH ...

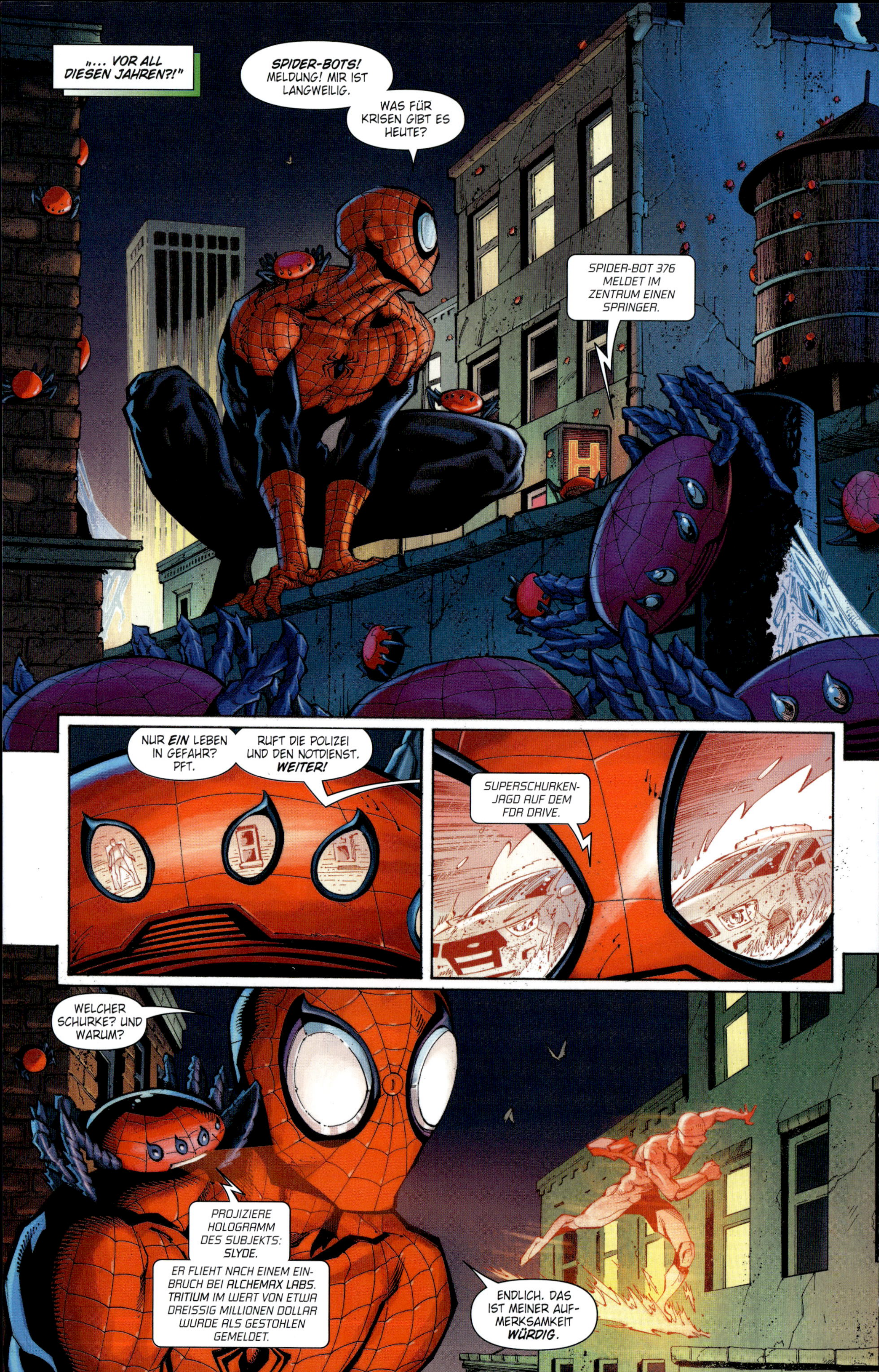
"... VOR ALL DIESEN JAHREN?!"
SPIDER-BOTS! MELDUNG! MIR IST LANGWEILIG.
WAS FÜR KRISEN GIBT ES HEUTE?
SPIDER-BOT 376 MELDET IM ZENTRUM EINEN SPRINGER.
NUR EIN LEBEN IN GEFAHR? PFT.
RUFT DIE POLIZEI UND DEN NOTDIENST. WEITER!
SUPERSCHURKEN-JAGD AUF DEM FDR DRIVE.
WELCHER SCHURKE? UND WARUM?
PROJIZIERE HOLOGRAMM DES SUBJEKTS: SLYDE.
ER FLIEHT NACH EINEM EINBRUCH BEI ALCHEMAX LABS. TRITIUM IM WERT VON ETWA DREISSIG MILLIONEN DOLLAR WURDE ALS GESTOHLEN GEMELDET.
ENDLICH. DAS IST MEINER AUFMERKSAMKEIT WÜRDIG.

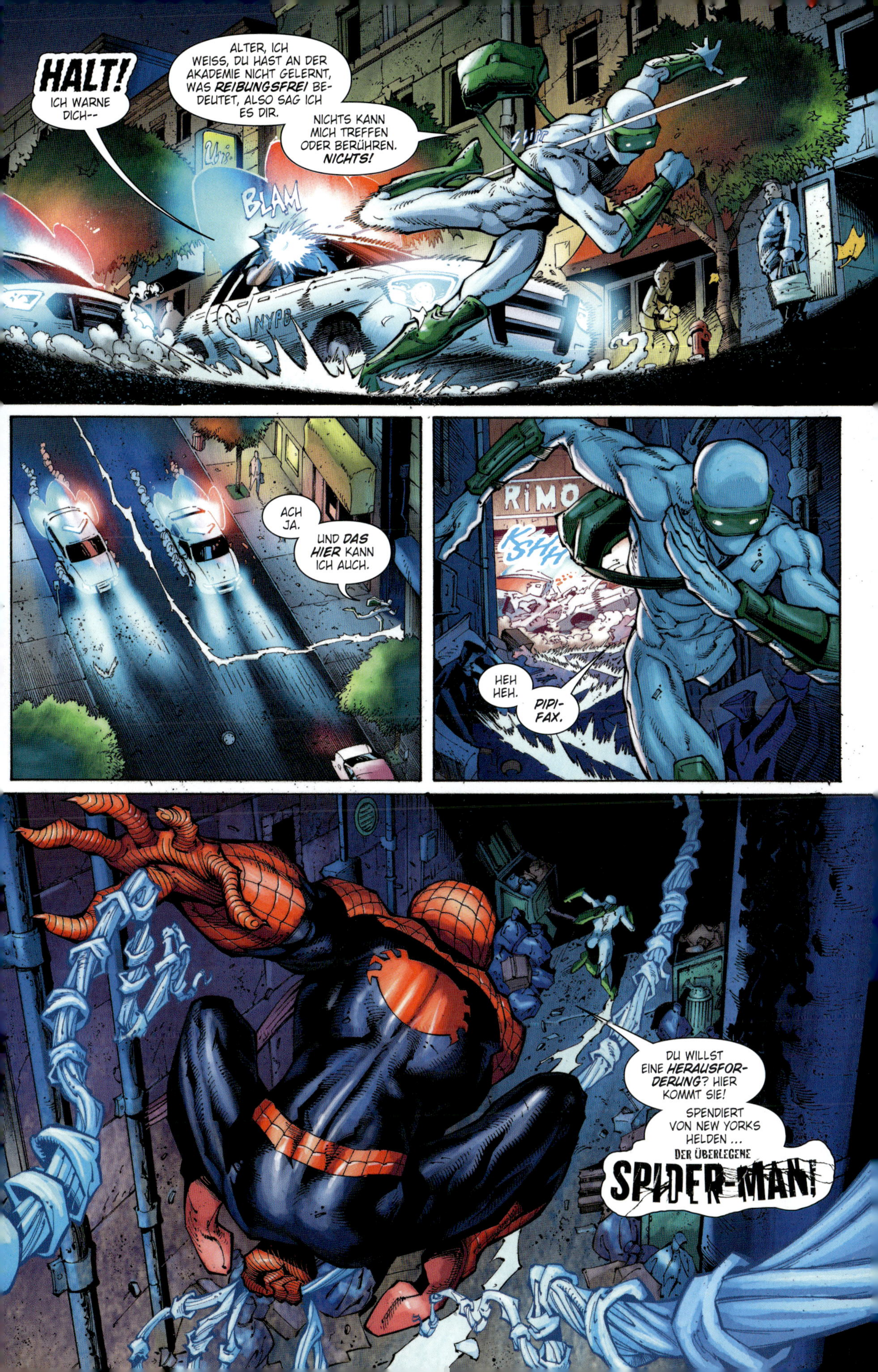

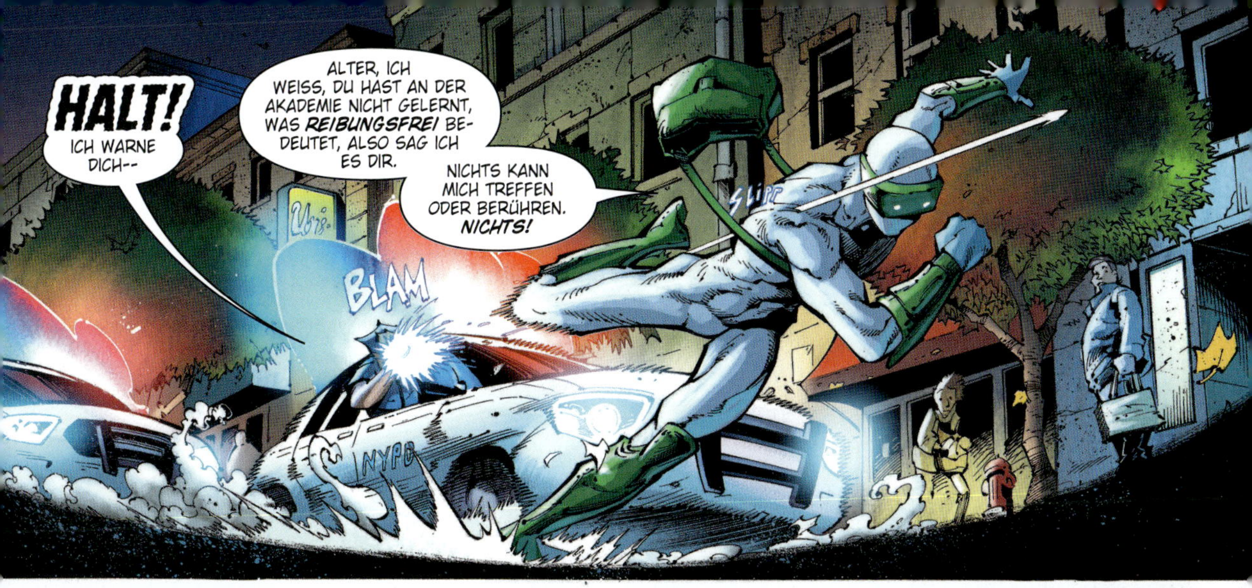
HALT!
ICH WARNE DICH--
ALTER, ICH WEISS, DU HAST AN DER AKADEMIE NICHT GELERNT, WAS **REIBUNGSFREI** BEDEUTET, ALSO SAG ICH ES DIR.
NICHTS KANN MICH TREFFEN ODER BERÜHREN. **NICHTS!**
BLAM
NYPD

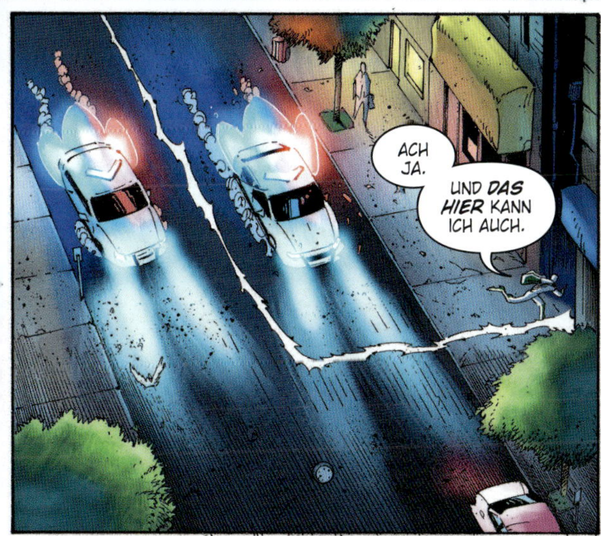
ACH JA.
UND **DAS HIER** KANN ICH AUCH.

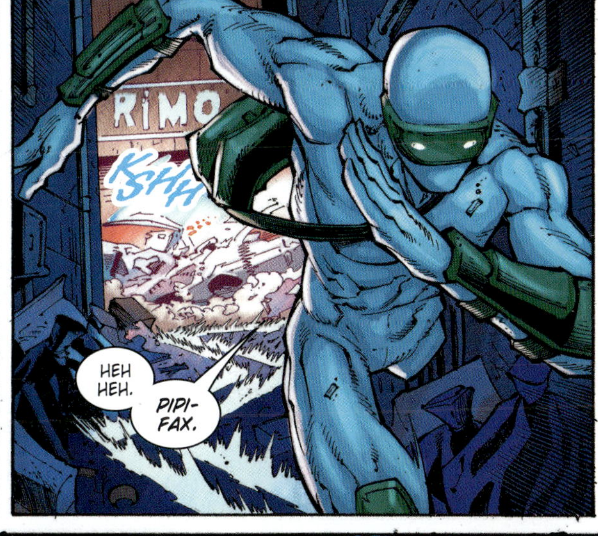
RIMO
KSHH
HEH HEH.
PIPI-FAX.

DU WILLST EINE **HERAUSFOR-DERUNG**? HIER KOMMT SIE!
SPENDIERT VON NEW YORKS HELDEN ...
DER ÜBERLEGENE
SPIDER-MAN!

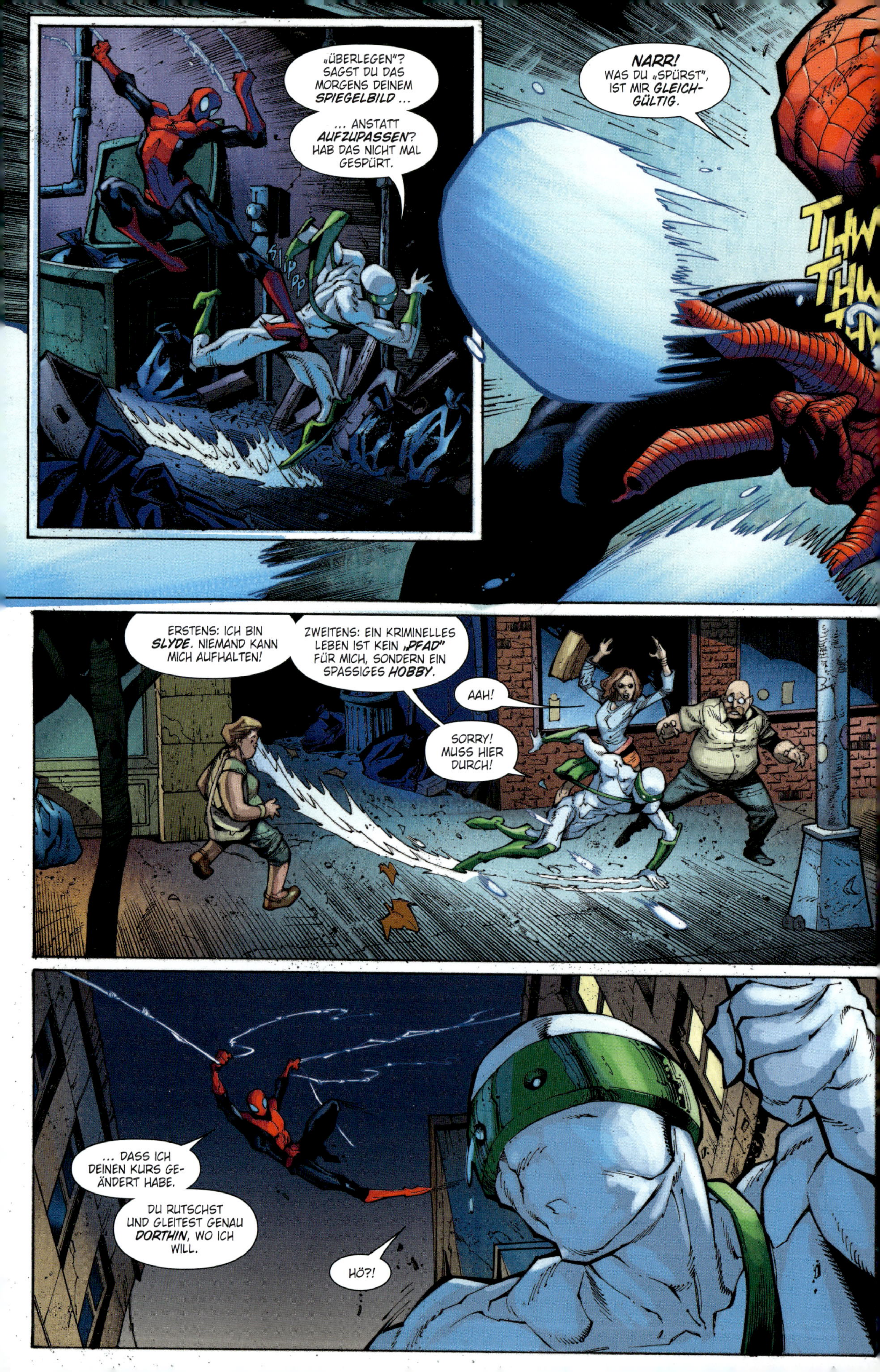

„ÜBERLEGEN"? SAGST DU DAS MORGENS DEINEM **SPIEGELBILD** ...

... ANSTATT **AUFZUPASSEN**? HAB DAS NICHT MAL GESPÜRT.

SLIPPP

NARR! WAS DU „SPÜRST", IST MIR **GLEICHGÜLTIG**.

ERSTENS: ICH BIN **SLYDE**. NIEMAND KANN MICH AUFHALTEN!

ZWEITENS: EIN KRIMINELLES LEBEN IST KEIN **„PFAD"** FÜR MICH, SONDERN EIN SPASSIGES **HOBBY**.

AAH!

SORRY! MUSS HIER DURCH!

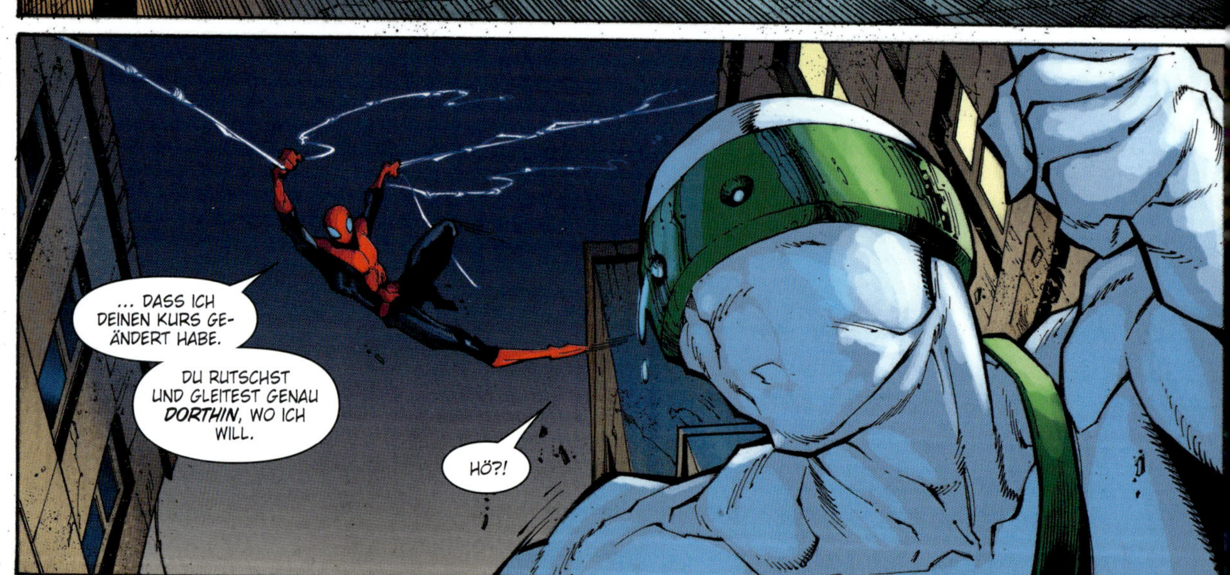

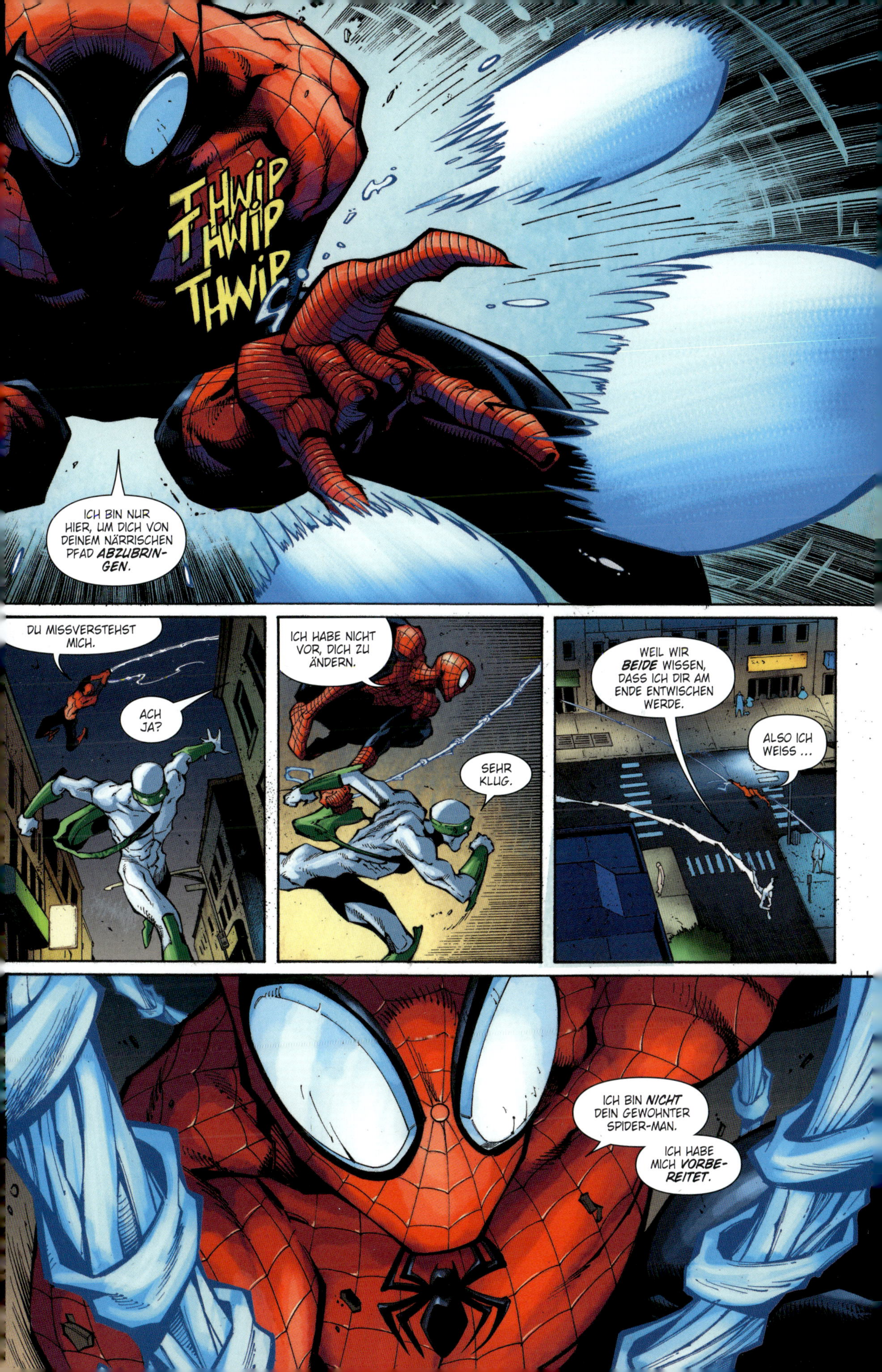

THWIP
THWIP
THWIP
ICH BIN NUR HIER, UM DICH VON DEINEM NÄRRISCHEN PFAD *ABZUBRINGEN*.

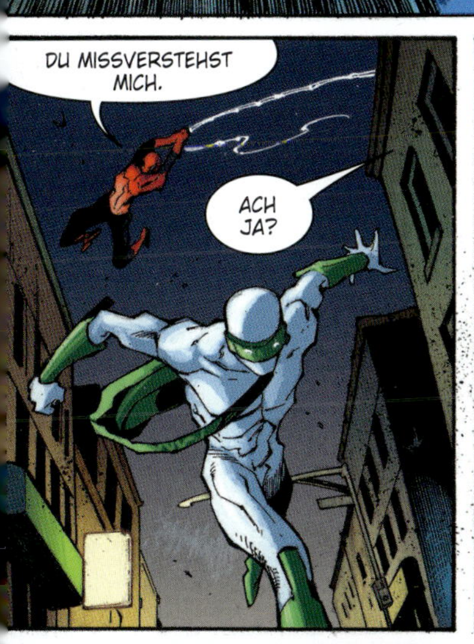

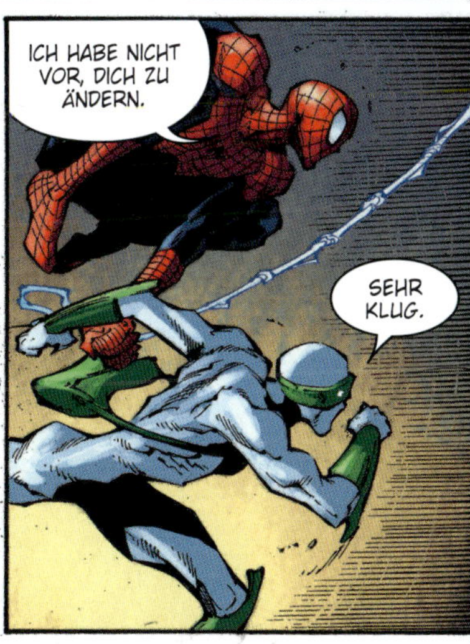

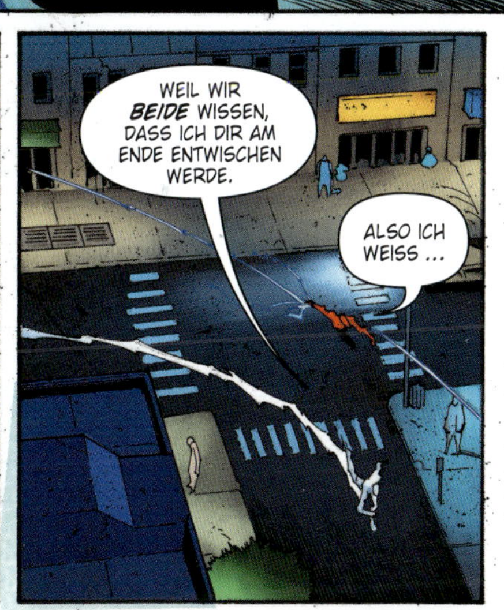

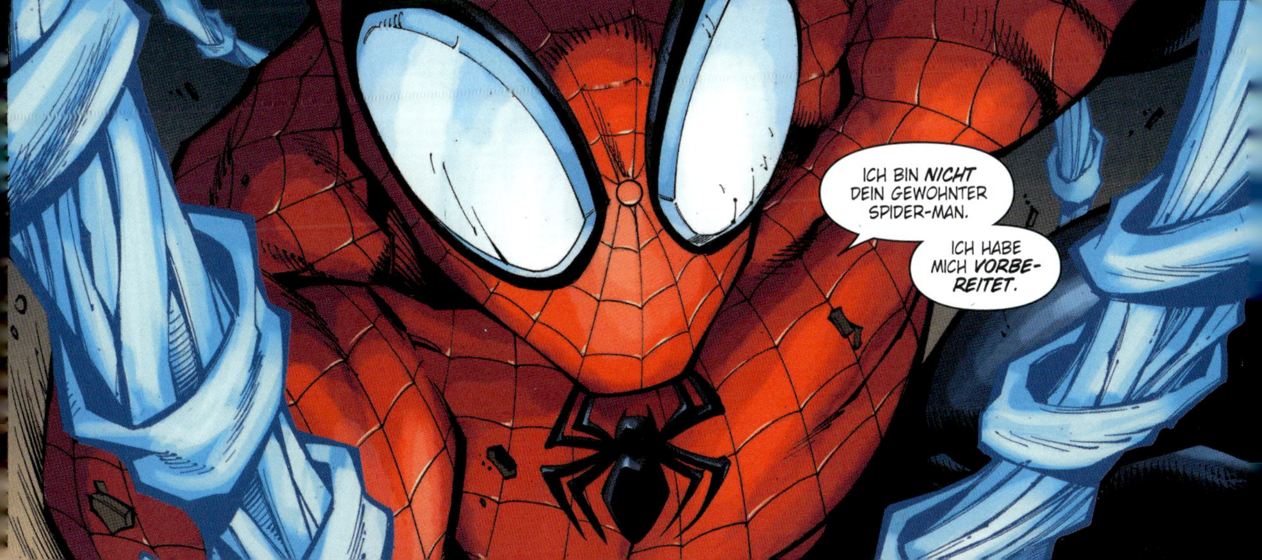

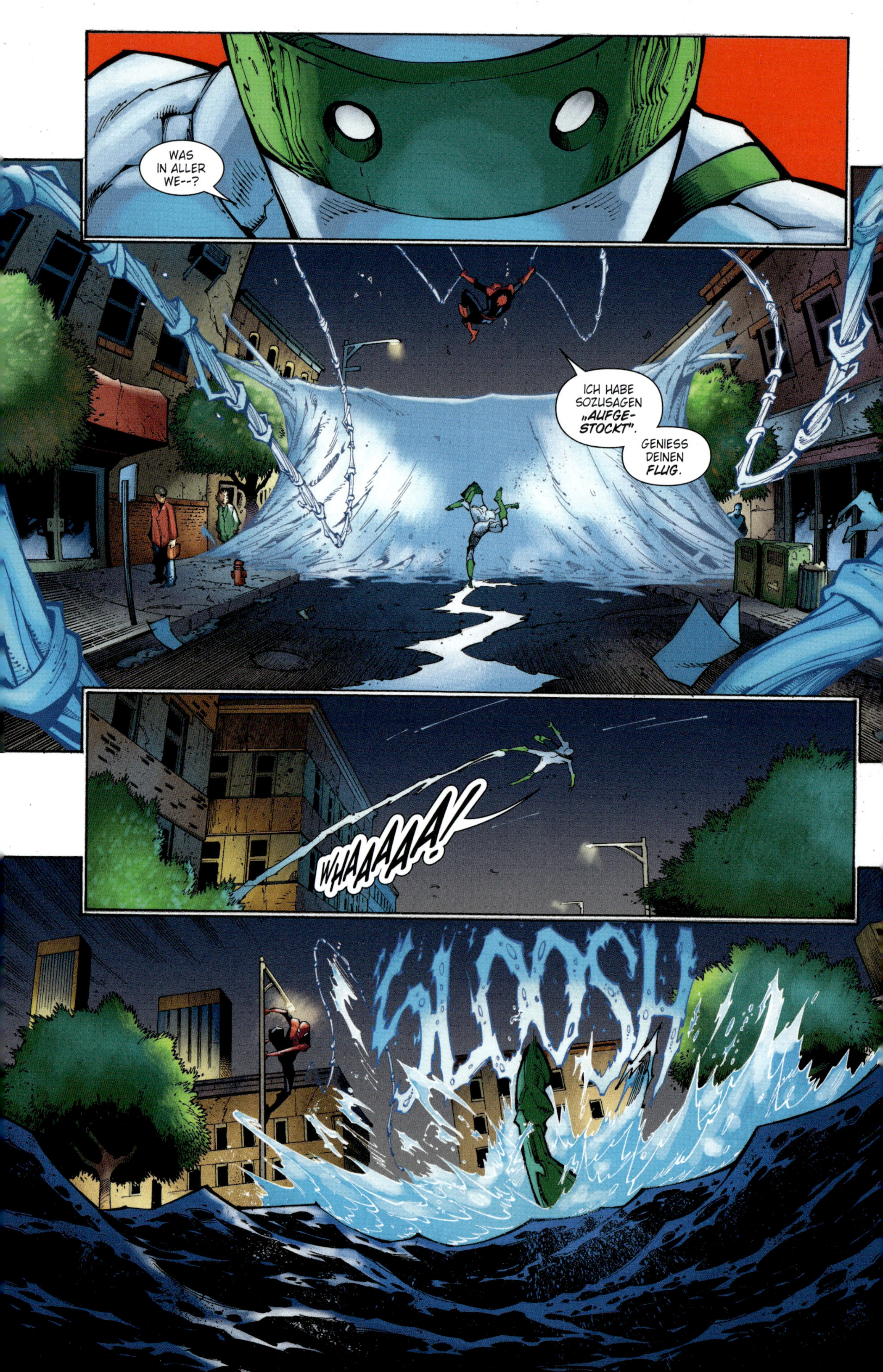
WAS IN ALLER WE--?
ICH HABE SOZUSAGEN „AUFGESTOCKT".
GENIESS DEINEN FLUG.
WHAAAAA!
SLOOSH

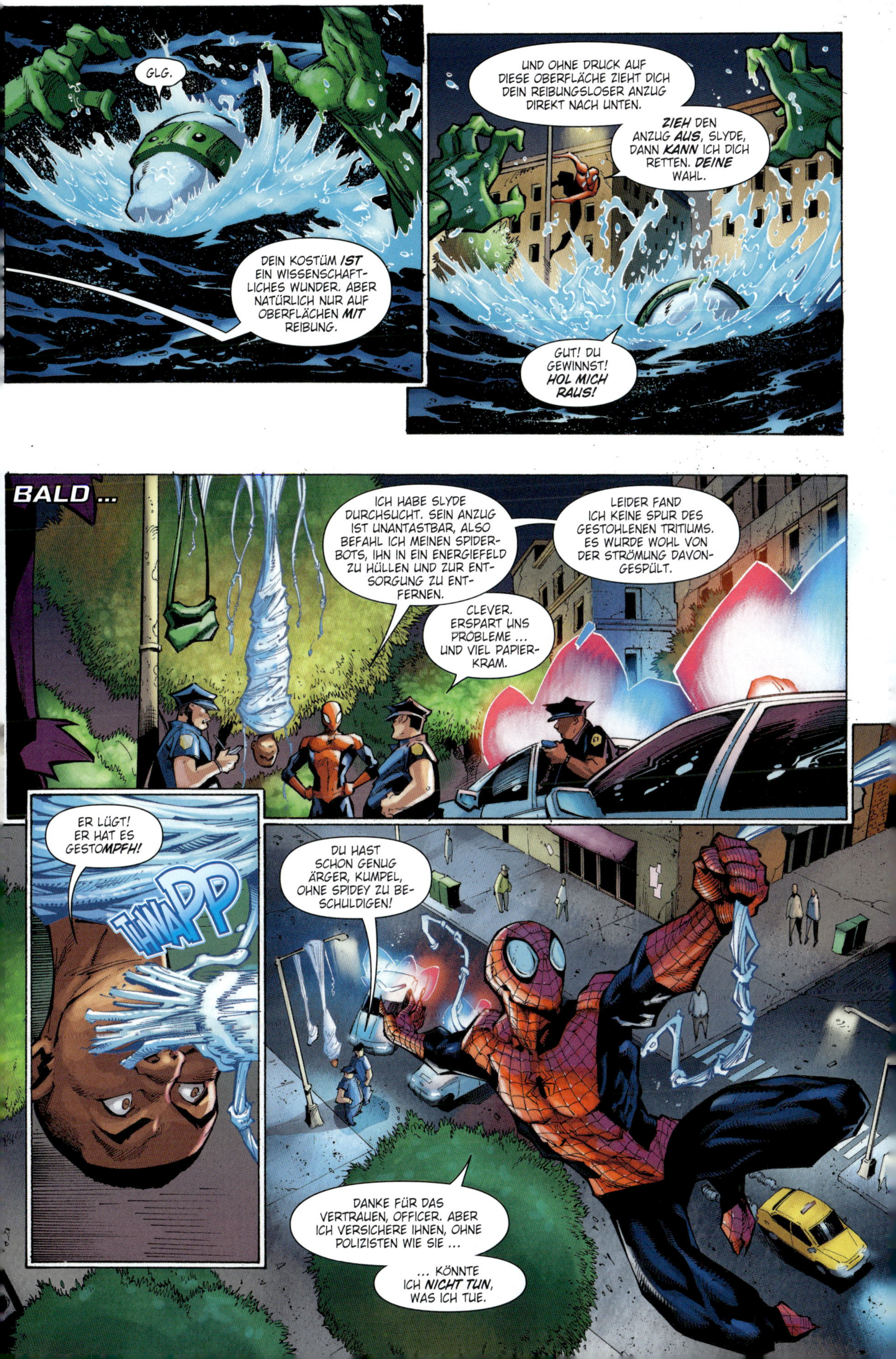

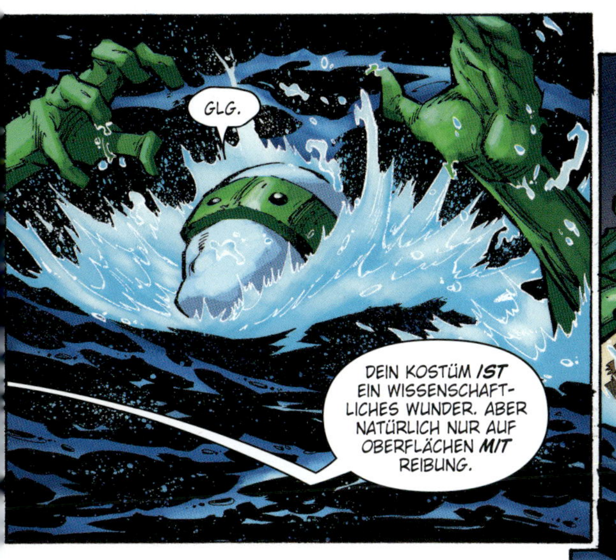

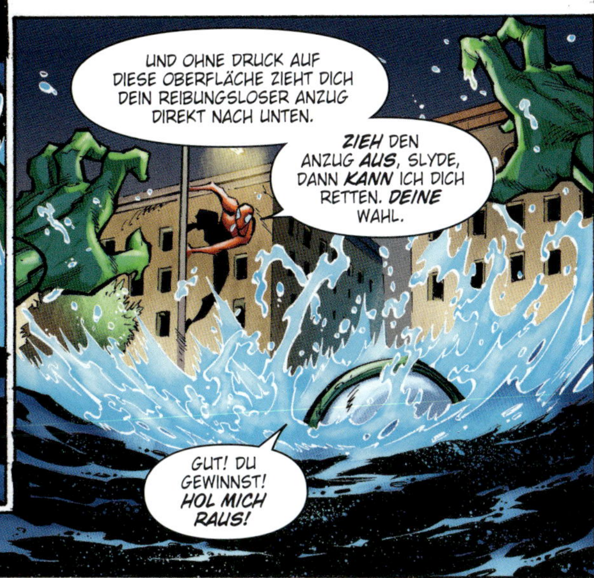

BALD ...

ICH HABE SLYDE DURCHSUCHT. SEIN ANZUG IST UNANTASTBAR, ALSO BEFAHL ICH MEINEN SPIDERBOTS, IHN IN EIN ENERGIEFELD ZU HÜLLEN UND ZUR ENTSORGUNG ZU ENTFERNEN.

LEIDER FAND ICH KEINE SPUR DES GESTOHLENEN TRITIUMS. ES WURDE WOHL VON DER STRÖMUNG DAVONGESPÜLT.

CLEVER. ERSPART UNS PROBLEME ... UND VIEL PAPIERKRAM.

ER LÜGT! ER HAT ES GESTO**MPFH!**

THWAPP

DU HAST SCHON GENUG ÄRGER, KUMPEL, OHNE SPIDEY ZU BESCHULDIGEN!

DANKE FÜR DAS VERTRAUEN, OFFICER. ABER ICH VERSICHERE IHNEN, OHNE POLIZISTEN WIE SIE ...

... KÖNNTE ICH **NICHT TUN**, WAS ICH TUE.

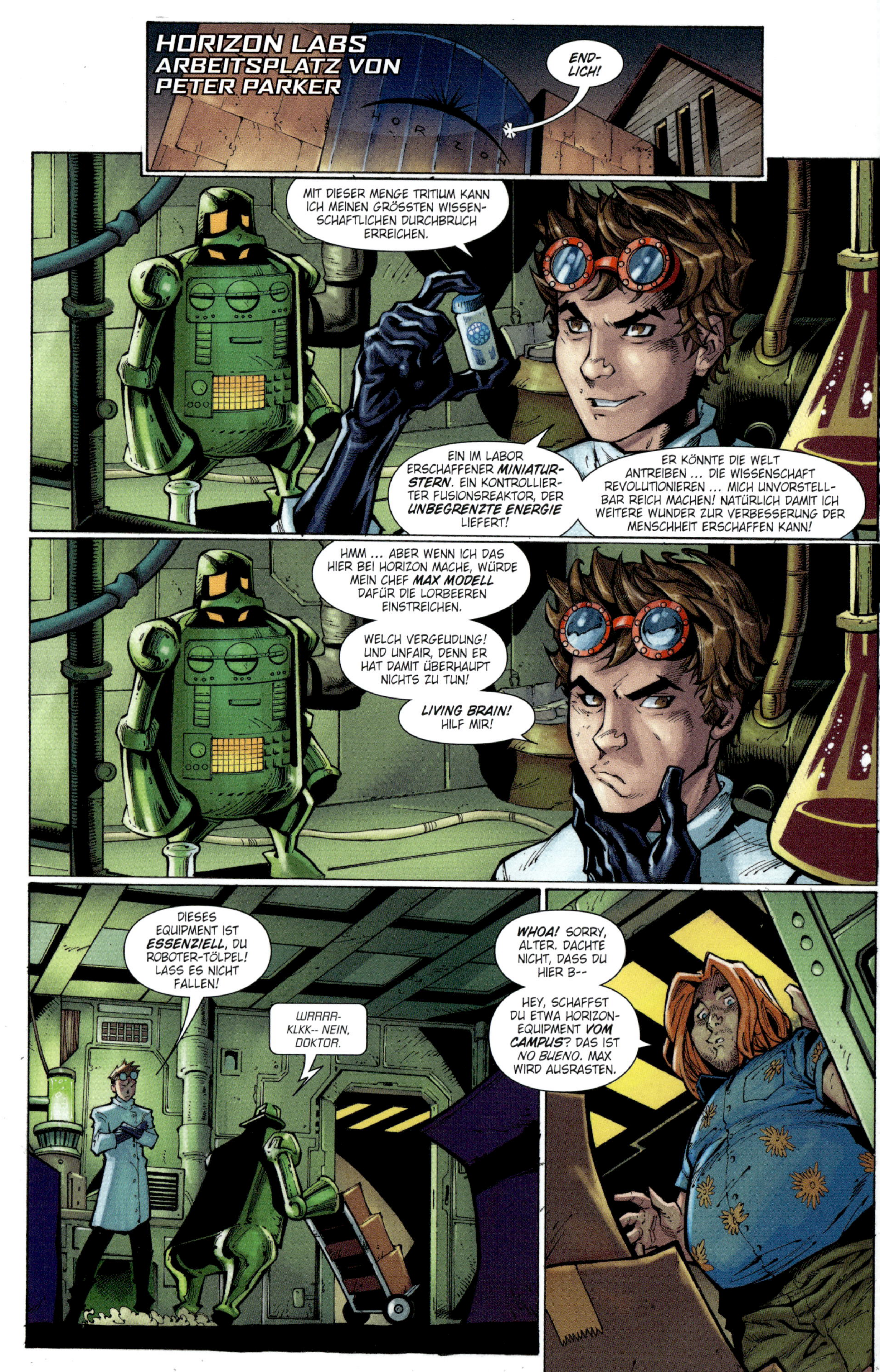
HORIZON LABS
ARBEITSPLATZ VON
PETER PARKER
END-LICH!
HORIZON
MIT DIESER MENGE TRITIUM KANN ICH MEINEN GRÖSSTEN WISSENSCHAFTLICHEN DURCHBRUCH ERREICHEN.
EIN IM LABOR ERSCHAFFENER MINIATURSTERN. EIN KONTROLLIERTER FUSIONSREAKTOR, DER UNBEGRENZTE ENERGIE LIEFERT!
ER KÖNNTE DIE WELT ANTREIBEN ... DIE WISSENSCHAFT REVOLUTIONIEREN ... MICH UNVORSTELLBAR REICH MACHEN! NATÜRLICH DAMIT ICH WEITERE WUNDER ZUR VERBESSERUNG DER MENSCHHEIT ERSCHAFFEN KANN!
HMM ... ABER WENN ICH DAS HIER BEI HORIZON MACHE, WÜRDE MEIN CHEF MAX MODELL DAFÜR DIE LORBEEREN EINSTREICHEN.
WELCH VERGEUDUNG! UND UNFAIR, DENN ER HAT DAMIT ÜBERHAUPT NICHTS ZU TUN!
LIVING BRAIN! HILF MIR!
DIESES EQUIPMENT IST ESSENZIELL, DU ROBOTER-TÖLPEL! LASS ES NICHT FALLEN!
WRRRR-KLKK-- NEIN, DOKTOR.
WHOA! SORRY, ALTER. DACHTE NICHT, DASS DU HIER B--
HEY, SCHAFFST DU ETWA HORIZON-EQUIPMENT VOM CAMPUS? DAS IST NO BUENO. MAX WIRD AUSRASTEN.

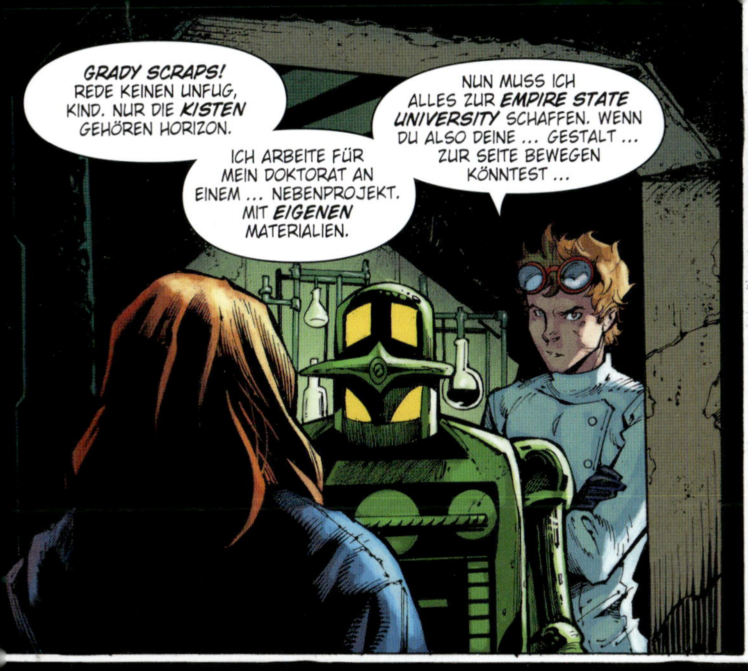
GRADY SCRAPS! REDE KEINEN UNFUG, KIND. NUR DIE KISTEN GEHÖREN HORIZON.
ICH ARBEITE FÜR MEIN DOKTORAT AN EINEM ... NEBENPROJEKT. MIT EIGENEN MATERIALIEN.
NUN MUSS ICH ALLES ZUR EMPIRE STATE UNIVERSITY SCHAFFEN. WENN DU ALSO DEINE ... GESTALT ... ZUR SEITE BEWEGEN KÖNNTEST ...

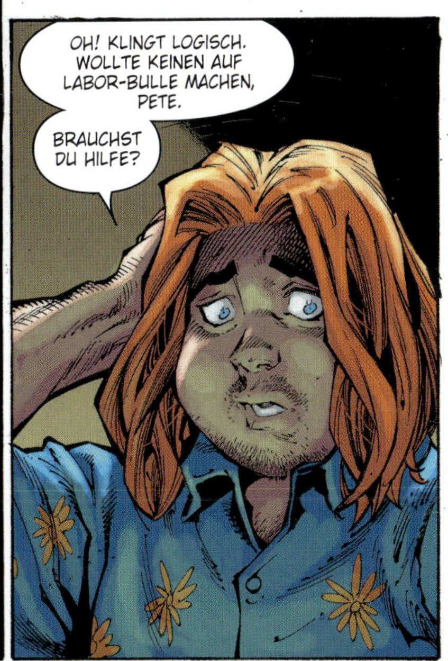
OH! KLINGT LOGISCH. WOLLTE KEINEN AUF LABOR-BULLE MACHEN, PETE.
BRAUCHST DU HILFE?

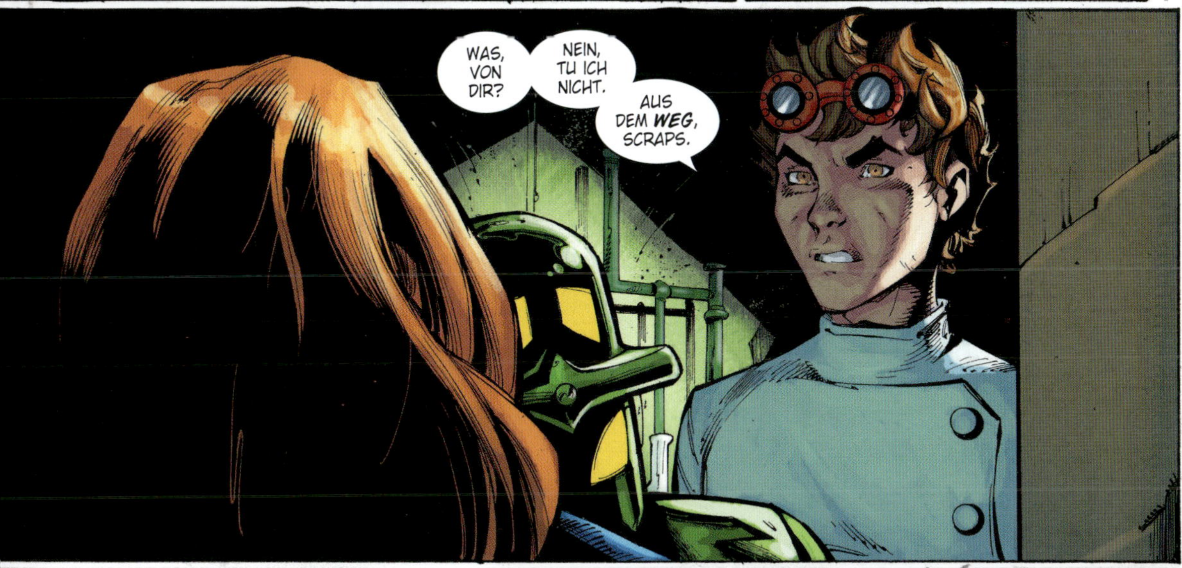
WAS, VON DIR?
NEIN, TU ICH NICHT.
AUS DEM WEG, SCRAPS.

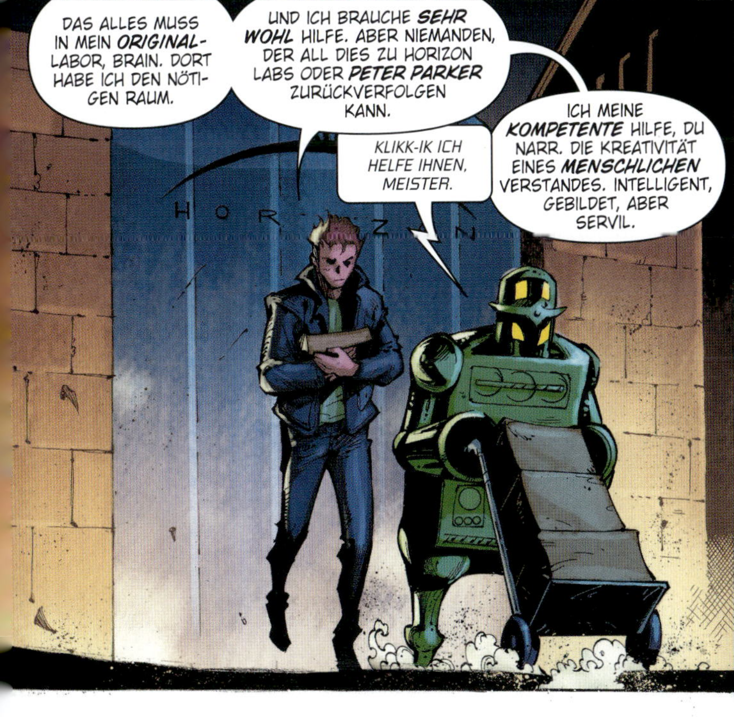
DAS ALLES MUSS IN MEIN ORIGINAL-LABOR, BRAIN. DORT HABE ICH DEN NÖTI-GEN RAUM.
UND ICH BRAUCHE SEHR WOHL HILFE. ABER NIEMANDEN, DER ALL DIES ZU HORIZON LABS ODER PETER PARKER ZURÜCKVERFOLGEN KANN.
KLIKK-IK ICH HELFE IHNEN, MEISTER.
ICH MEINE KOMPETENTE HILFE, DU NARR. DIE KREATIVITÄT EINES MENSCHLICHEN VERSTANDES. INTELLIGENT, GEBILDET, ABER SERVIL.

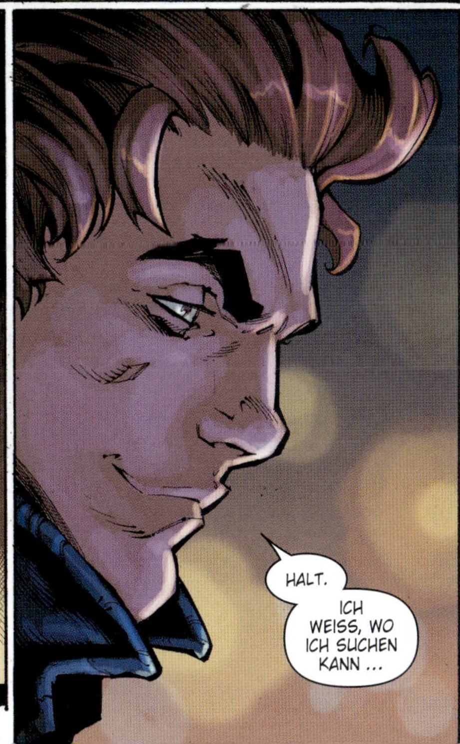
HALT.
ICH WEISS, WO ICH SUCHEN KANN ...

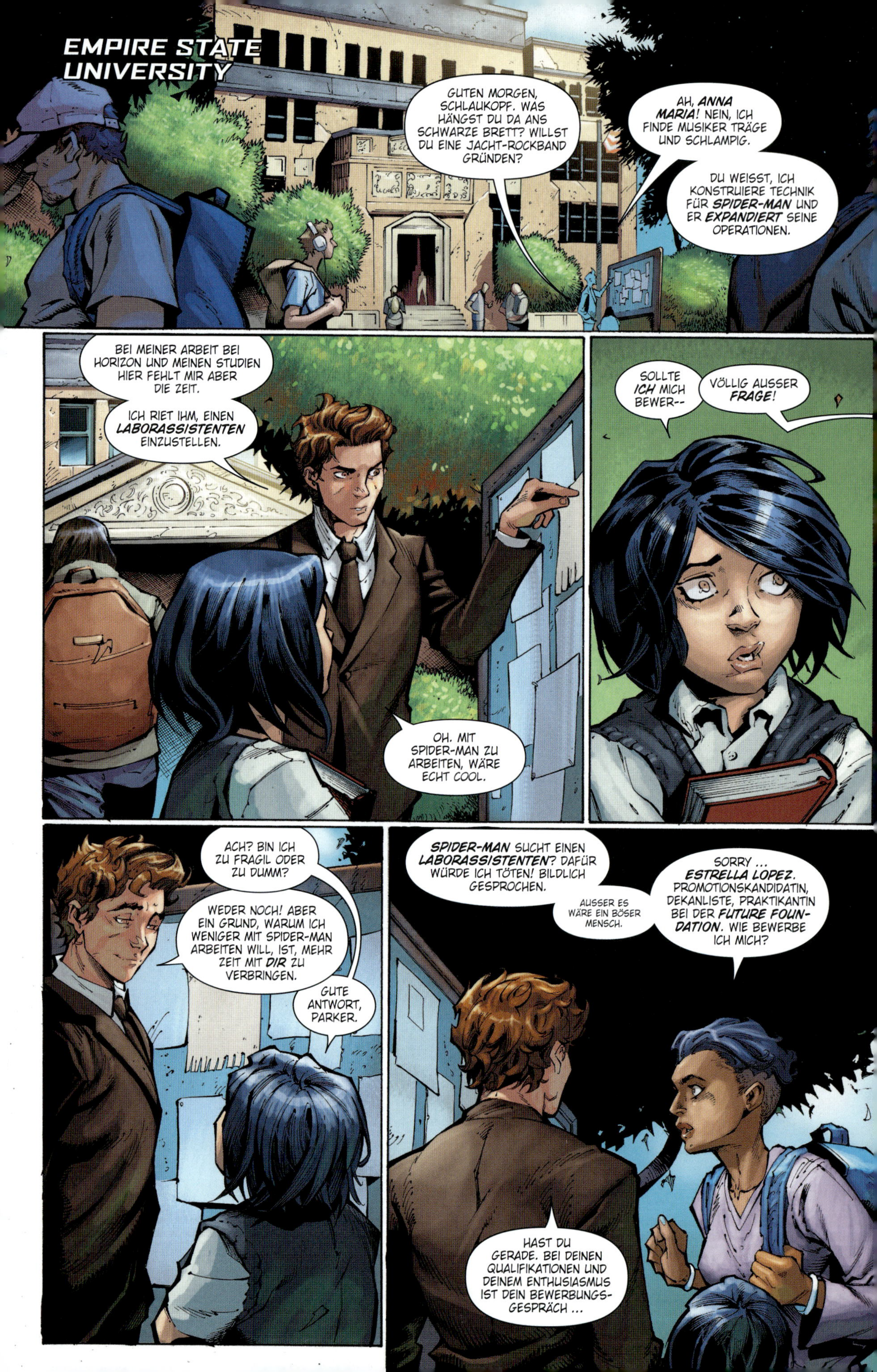

EMPIRE STATE UNIVERSITY

GUTEN MORGEN, SCHLAUKOPF. WAS HÄNGST DU DA ANS SCHWARZE BRETT? WILLST DU EINE JACHT-ROCKBAND GRÜNDEN?

AH, *ANNA MARIA!* NEIN, ICH FINDE MUSIKER TRÄGE UND SCHLAMPIG.

DU WEISST, ICH KONSTRUIERE TECHNIK FÜR ***SPIDER-MAN*** UND ER ***EXPANDIERT*** SEINE OPERATIONEN.

BEI MEINER ARBEIT BEI HORIZON UND MEINEN STUDIEN HIER FEHLT MIR ABER DIE ZEIT.

ICH RIET IHM, EINEN ***LABORASSISTENTEN*** EINZUSTELLEN.

OH. MIT SPIDER-MAN ZU ARBEITEN, WÄRE ECHT COOL.

SOLLTE *ICH* MICH BEWER--

VÖLLIG AUSSER *FRAGE!*

ACH? BIN ICH ZU FRAGIL ODER ZU DUMM?

WEDER NOCH! ABER EIN GRUND, WARUM ICH WENIGER MIT SPIDER-MAN ARBEITEN WILL, IST, MEHR ZEIT MIT *DIR* ZU VERBRINGEN.

GUTE ANTWORT, PARKER.

SPIDER-MAN SUCHT EINEN ***LABORASSISTENTEN***? DAFÜR WÜRDE ICH TÖTEN! BILDLICH GESPROCHEN.

AUSSER ES WÄRE EIN BÖSER MENSCH.

SORRY ... ***ESTRELLA LOPEZ.*** PROMOTIONSKANDIDATIN, DEKANLISTE, PRAKTIKANTIN BEI DER ***FUTURE FOUNDATION.*** WIE BEWERBE ICH MICH?

HAST DU GERADE. BEI DEINEN QUALIFIKATIONEN UND DEINEM ENTHUSIASMUS IST DEIN BEWERBUNGSGESPRÄCH ...

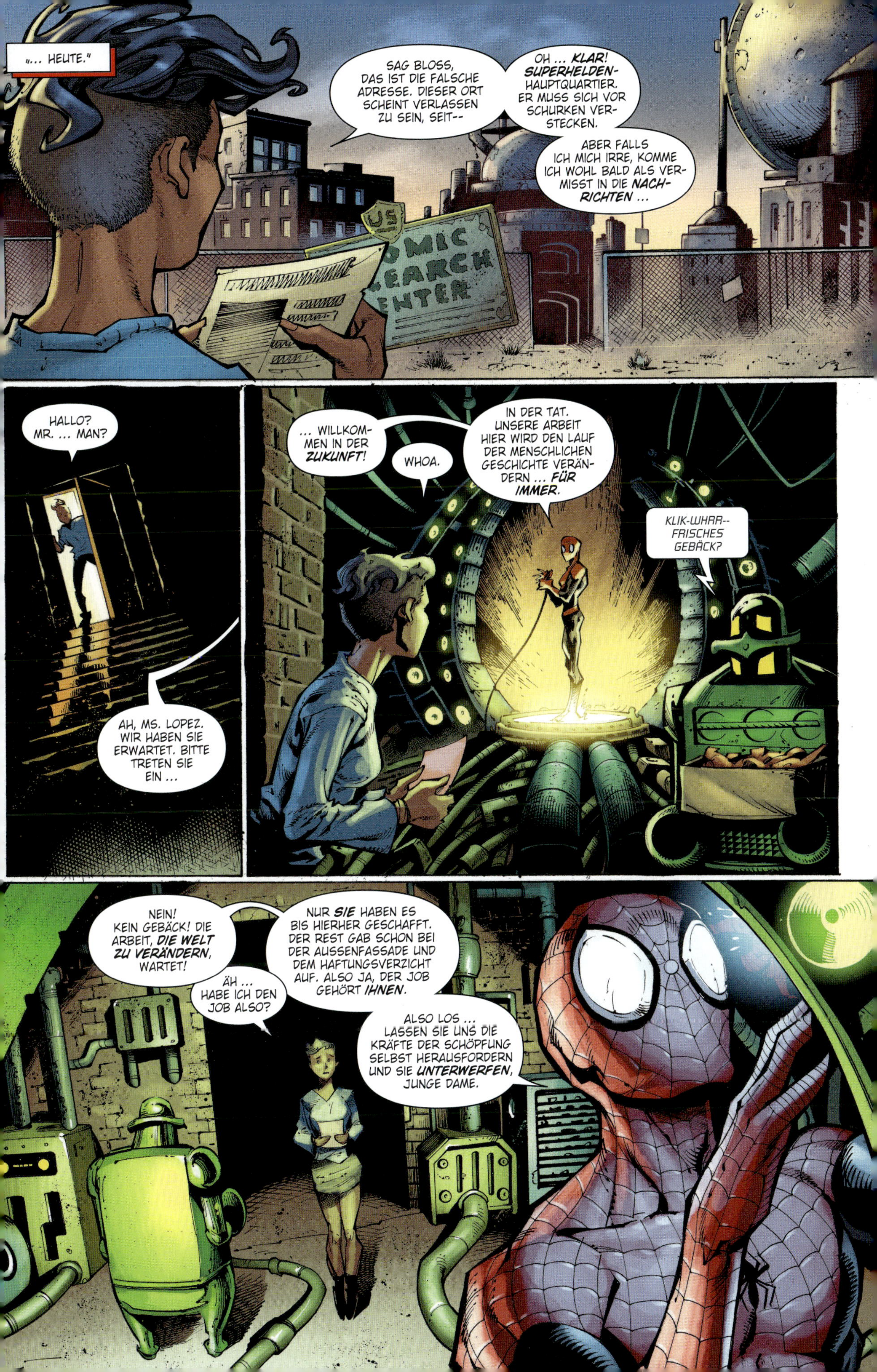

„... HEUTE."

SAG BLOSS, DAS IST DIE FALSCHE ADRESSE. DIESER ORT SCHEINT VERLASSEN ZU SEIN, SEIT--
OH ... **KLAR! SUPERHELDEN-**HAUPTQUARTIER. ER MUSS SICH VOR SCHURKEN VERSTECKEN.
ABER FALLS ICH MICH IRRE, KOMME ICH WOHL BALD ALS VERMISST IN DIE **NACHRICHTEN** ...

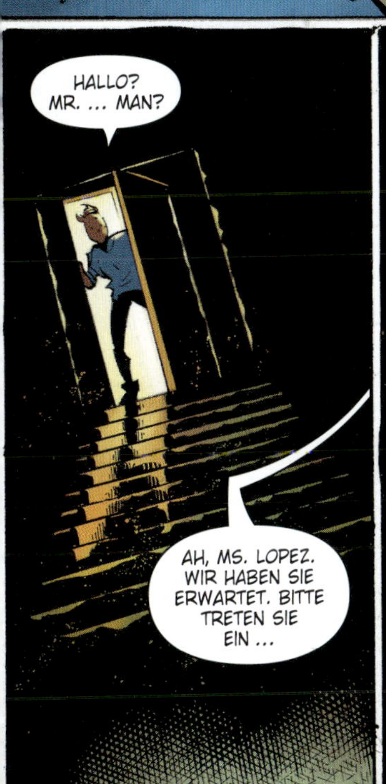

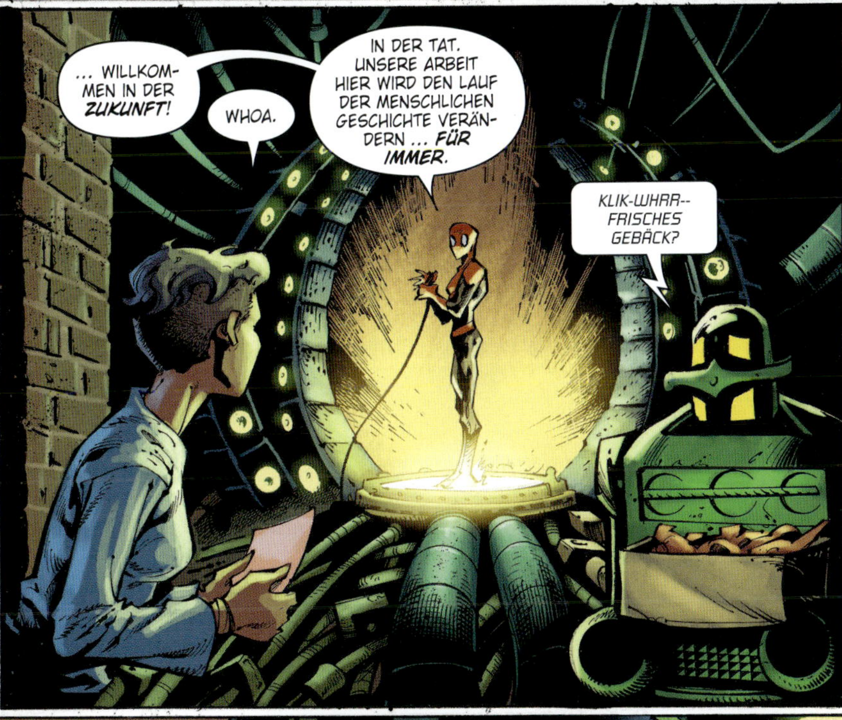

NEIN! KEIN GEBÄCK! DIE ARBEIT, **DIE WELT ZU VERÄNDERN**, WARTET!
ÄH ... HABE ICH DEN JOB ALSO?
NUR **SIE** HABEN ES BIS HIERHER GESCHAFFT. DER REST GAB SCHON BEI DER AUSSENFASSADE UND DEM HAFTUNGSVERZICHT AUF. ALSO JA, DER JOB GEHÖRT **IHNEN.**
ALSO LOS ... LASSEN SIE UNS DIE KRÄFTE DER SCHÖPFUNG SELBST HERAUSFORDERN UND SIE **UNTERWERFEN**, JUNGE DAME.

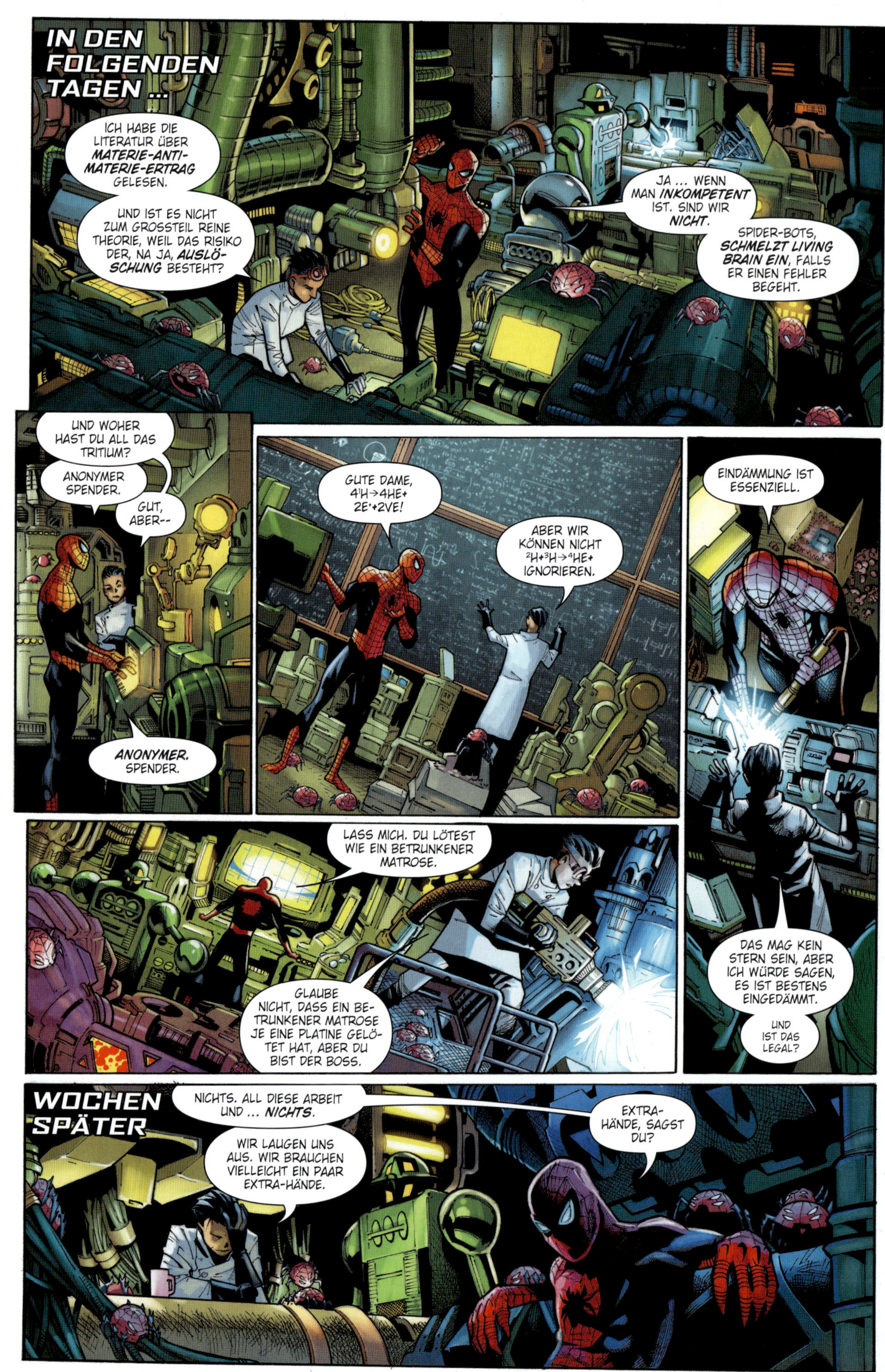
IN DEN FOLGENDEN TAGEN ...
ICH HABE DIE LITERATUR ÜBER MATERIE-ANTI-MATERIE-ERTRAG GELESEN.
UND IST ES NICHT ZUM GROSSTEIL REINE THEORIE, WEIL DAS RISIKO DER, NA JA, AUSLÖ-SCHUNG BESTEHT?
JA ... WENN MAN INKOMPETENT IST. SIND WIR NICHT.
SPIDER-BOTS, SCHMELZT LIVING BRAIN EIN, FALLS ER EINEN FEHLER BEGEHT.
UND WOHER HAST DU ALL DAS TRITIUM?
ANONYMER SPENDER.
GUT, ABER--
ANONYMER. SPENDER.
GUTE DAME, $4\,{}^1H \rightarrow {}^4HE +$ $2E^+ + 2VE$!
ABER WIR KÖNNEN NICHT ${}^2H + {}^3H \rightarrow {}^4HE +$ IGNORIEREN.
EINDÄMMUNG IST ESSENZIELL.
DAS MAG KEIN STERN SEIN, ABER ICH WÜRDE SAGEN, ES IST BESTENS EINGEDÄMMT.
UND IST DAS LEGAL?
LASS MICH. DU LÖTEST WIE EIN BETRUNKENER MATROSE.
GLAUBE NICHT, DASS EIN BE-TRUNKENER MATROSE JE EINE PLATINE GELÖ-TET HAT, ABER DU BIST DER BOSS.
WOCHEN SPÄTER
NICHTS. ALL DIESE ARBEIT UND ... NICHTS.
WIR LAUGEN UNS AUS. WIR BRAUCHEN VIELLEICHT EIN PAAR EXTRA-HÄNDE.
EXTRA-HÄNDE, SAGST DU?

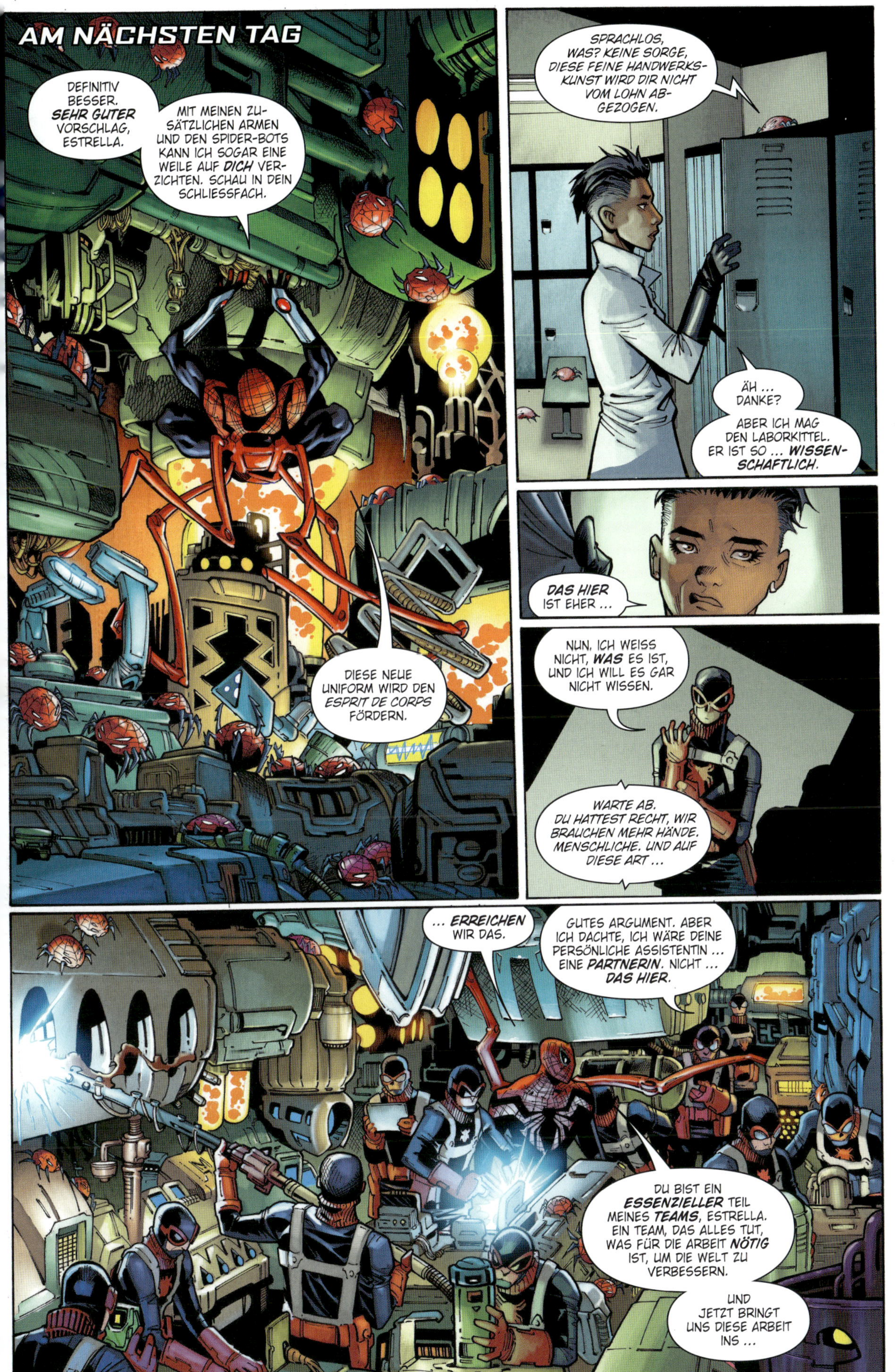
AM NÄCHSTEN TAG
DEFINITIV BESSER. SEHR GUTER VORSCHLAG, ESTRELLA.
MIT MEINEN ZUSÄTZLICHEN ARMEN UND DEN SPIDER-BOTS KANN ICH SOGAR EINE WEILE AUF DICH VERZICHTEN. SCHAU IN DEIN SCHLIESSFACH.
DIESE NEUE UNIFORM WIRD DEN ESPRIT DE CORPS FÖRDERN.
SPRACHLOS, WAS? KEINE SORGE, DIESE FEINE HANDWERKSKUNST WIRD DIR NICHT VOM LOHN ABGEZOGEN.
ÄH … DANKE?
ABER ICH MAG DEN LABORKITTEL. ER IST SO … WISSENSCHAFTLICH.
DAS HIER IST EHER …
NUN, ICH WEISS NICHT, WAS ES IST, UND ICH WILL ES GAR NICHT WISSEN.
WARTE AB. DU HATTEST RECHT, WIR BRAUCHEN MEHR HÄNDE. MENSCHLICHE. UND AUF DIESE ART …
… ERREICHEN WIR DAS.
GUTES ARGUMENT. ABER ICH DACHTE, ICH WÄRE DEINE PERSÖNLICHE ASSISTENTIN … EINE PARTNERIN. NICHT … DAS HIER.
DU BIST EIN ESSENZIELLER TEIL MEINES TEAMS, ESTRELLA. EIN TEAM, DAS ALLES TUT, WAS FÜR DIE ARBEIT NÖTIG IST, UM DIE WELT ZU VERBESSERN.
UND JETZT BRINGT UNS DIESE ARBEIT INS …

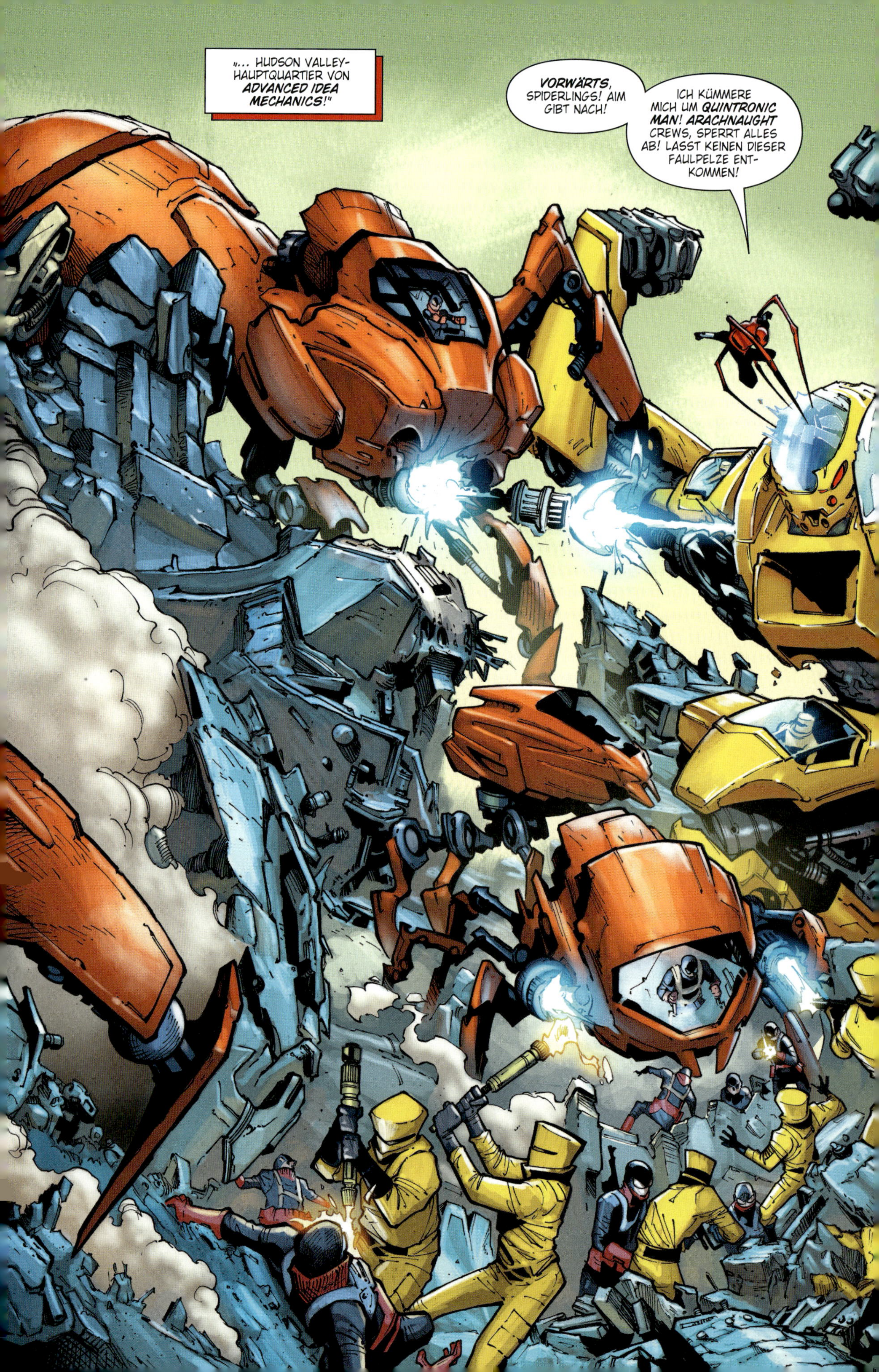
"... HUDSON VALLEY-HAUPTQUARTIER VON ADVANCED IDEA MECHANICS!"
VORWÄRTS, SPIDERLINGS! AIM GIBT NACH!
ICH KÜMMERE MICH UM QUINTRONIC MAN! ARACHNAUGHT CREWS, SPERRT ALLES AB! LASST KEINEN DIESER FAULPELZE ENTKOMMEN!

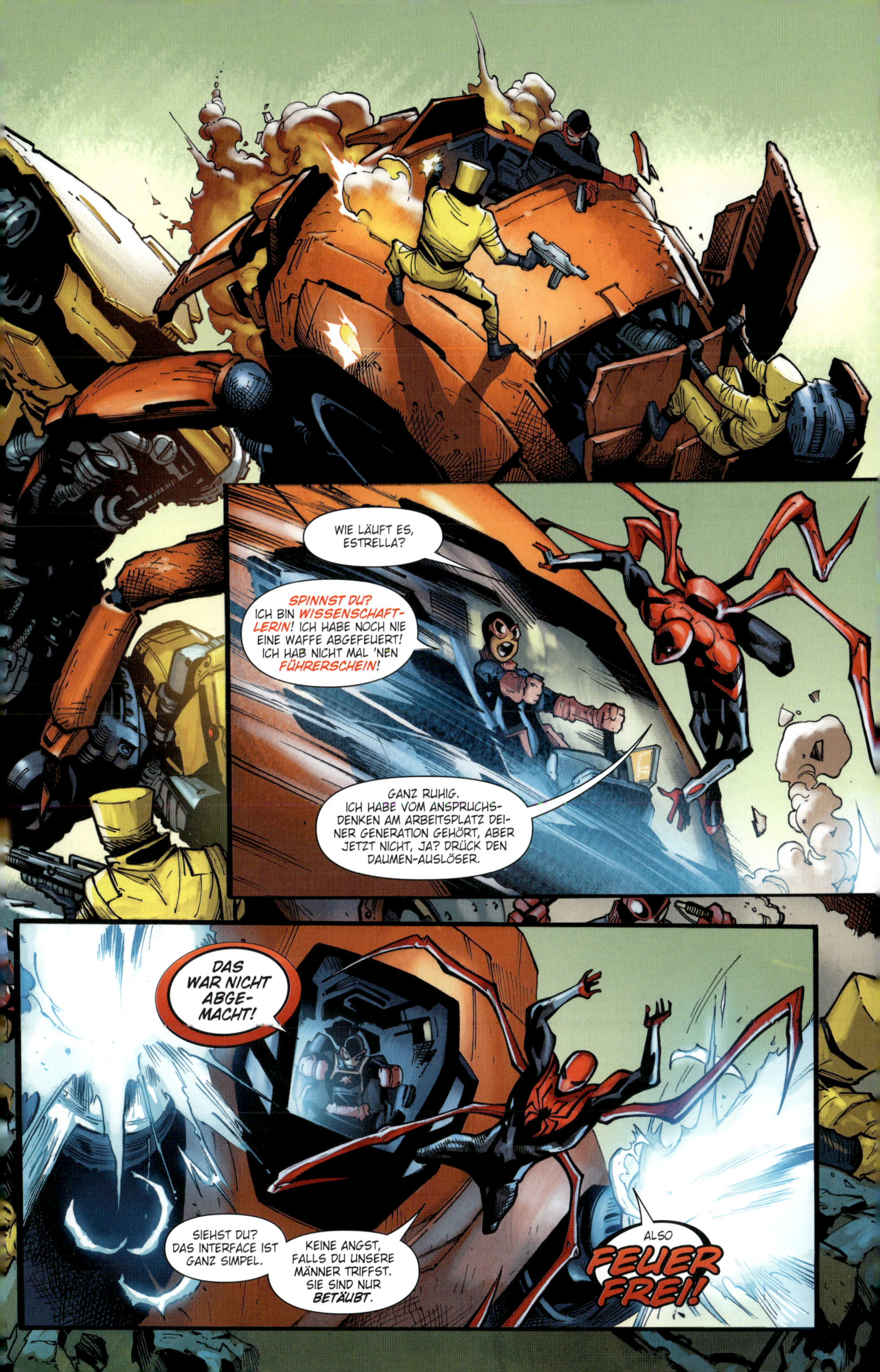

WIE LÄUFT ES, ESTRELLA?
SPINNST DU? ICH BIN WISSENSCHAFT-LERIN! ICH HABE NOCH NIE EINE WAFFE ABGEFEUERT! ICH HAB NICHT MAL 'NEN FÜHRERSCHEIN!
GANZ RUHIG. ICH HABE VOM ANSPRUCHS-DENKEN AM ARBEITSPLATZ DEINER GENERATION GEHÖRT, ABER JETZT NICHT, JA? DRÜCK DEN DAUMEN-AUSLÖSER.
DAS WAR NICHT ABGE-MACHT!
SIEHST DU? DAS INTERFACE IST GANZ SIMPEL.
KEINE ANGST, FALLS DU UNSERE MÄNNER TRIFFST. SIE SIND NUR BETÄUBT.
ALSO FEUER FREI!

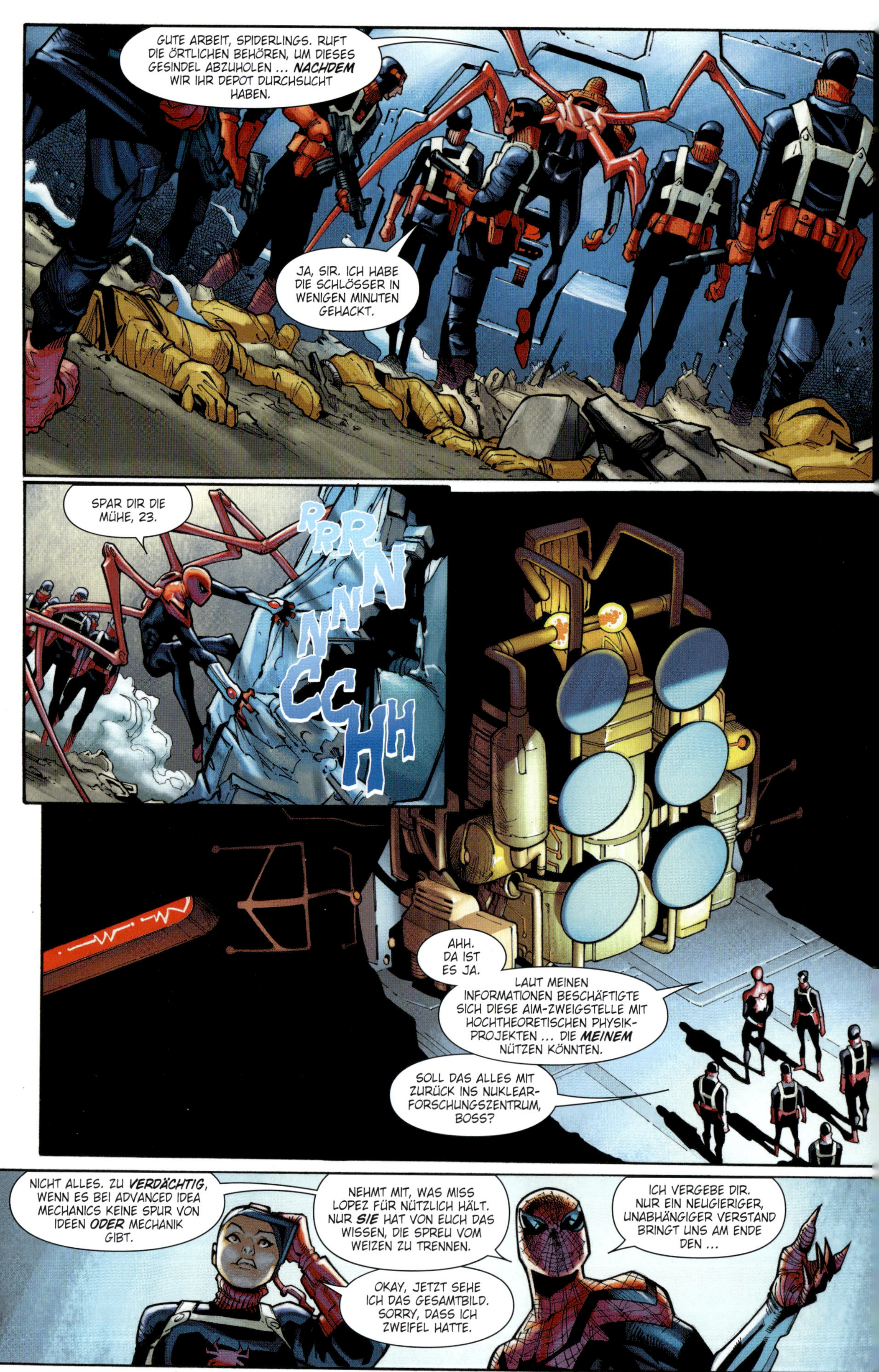
GUTE ARBEIT, SPIDERLINGS. RUFT DIE ÖRTLICHEN BEHÖREN, UM DIESES GESINDEL ABZUHOLEN ... NACHDEM WIR IHR DEPOT DURCHSUCHT HABEN.
JA, SIR. ICH HABE DIE SCHLÖSSER IN WENIGEN MINUTEN GEHACKT.
SPAR DIR DIE MÜHE, 23.
RRRRNNNNCCHH
AHH. DA IST ES JA.
LAUT MEINEN INFORMATIONEN BESCHÄFTIGTE SICH DIESE AIM-ZWEIGSTELLE MIT HOCHTHEORETISCHEN PHYSIK-PROJEKTEN ... DIE MEINEM NÜTZEN KÖNNTEN.
SOLL DAS ALLES MIT ZURÜCK INS NUKLEAR-FORSCHUNGSZENTRUM, BOSS?
NICHT ALLES. ZU VERDÄCHTIG, WENN ES BEI ADVANCED IDEA MECHANICS KEINE SPUR VON IDEEN ODER MECHANIK GIBT.
NEHMT MIT, WAS MISS LOPEZ FÜR NÜTZLICH HÄLT. NUR SIE HAT VON EUCH DAS WISSEN, DIE SPREU VOM WEIZEN ZU TRENNEN.
OKAY, JETZT SEHE ICH DAS GESAMTBILD. SORRY, DASS ICH ZWEIFEL HATTE.
ICH VERGEBE DIR. NUR EIN NEUGIERIGER, UNABHÄNGIGER VERSTAND BRINGT UNS AM ENDE DEN ...

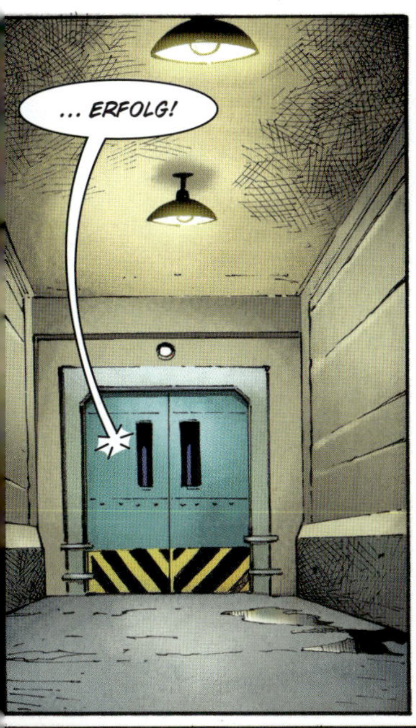
... ERFOLG!

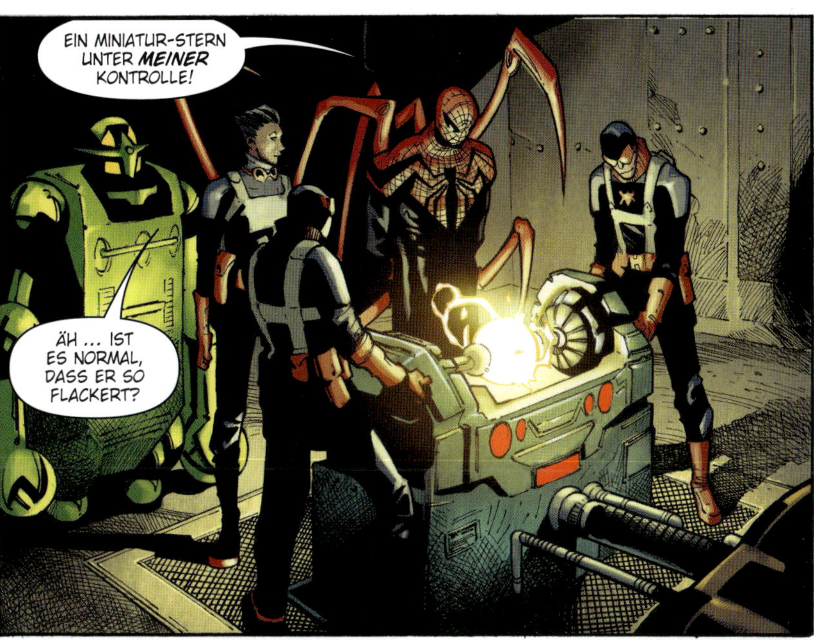
EIN MINIATUR-STERN UNTER **MEINER** KONTROLLE!
ÄH ... IST ES NORMAL, DASS ER SO FLACKERT?

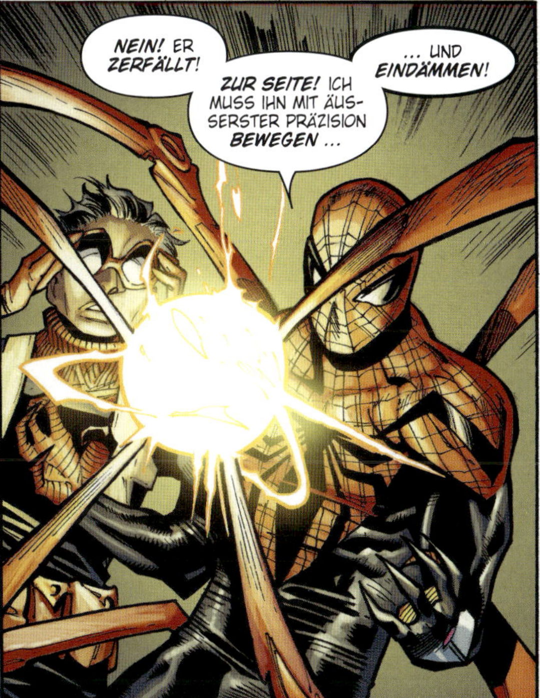
NEIN! ER **ZERFÄLLT!**
ZUR SEITE! ICH MUSS IHN MIT ÄUSSERSTER PRÄZISION **BEWEGEN** ...
... UND **EINDÄMMEN!**

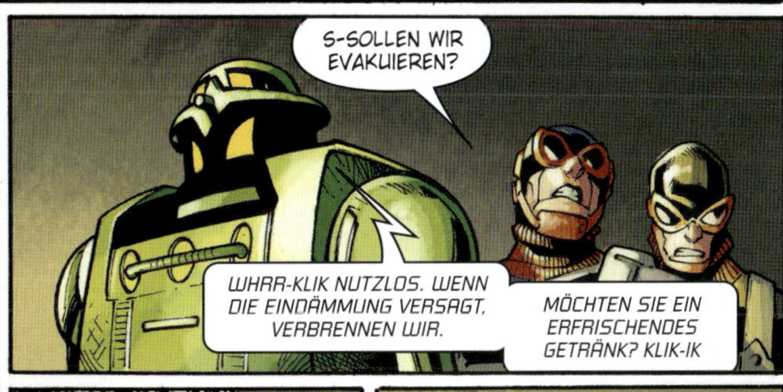
S-SOLLEN WIR EVAKUIEREN?
WHRR-KLIK NUTZLOS. WENN DIE EINDÄMMUNG VERSAGT, VERBRENNEN WIR.
MÖCHTEN SIE EIN ERFRISCHENDES GETRÄNK? KLIK-IK

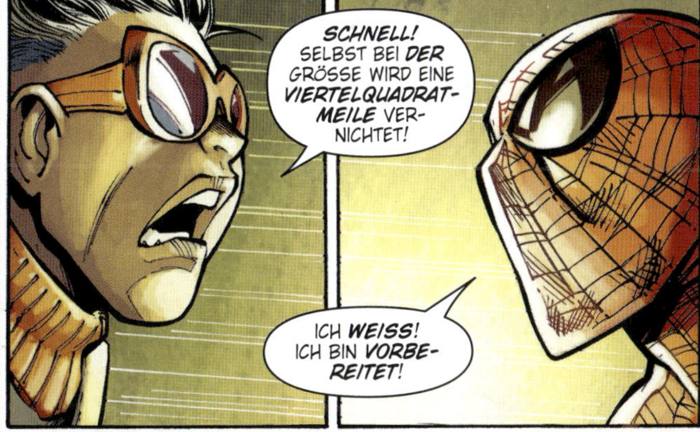
SCHNELL! SELBST BEI **DER** GRÖSSE WIRD EINE **VIERTELQUADRATMEILE** VERNICHTET!
ICH **WEISS!** ICH BIN **VORBEREITET!**

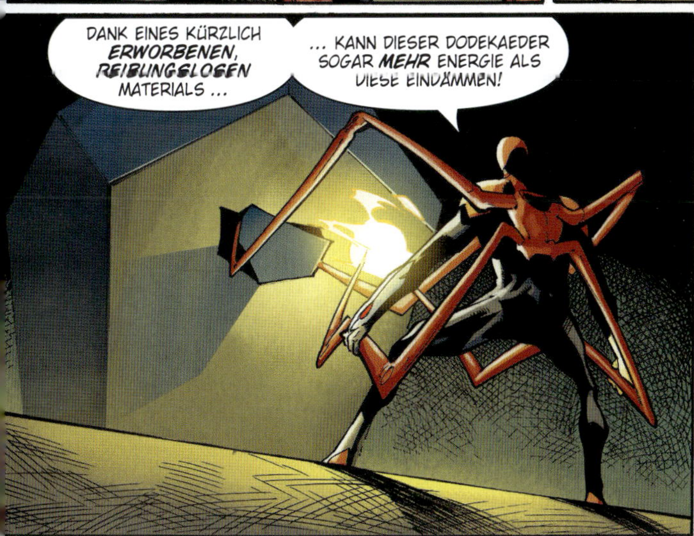
DANK EINES KÜRZLICH **ERWORBENEN, REIBUNGSLOSEN** MATERIALS ...
... KANN DIESER DODEKAEDER SOGAR **MEHR** ENERGIE ALS DIESE EINDÄMMEN!

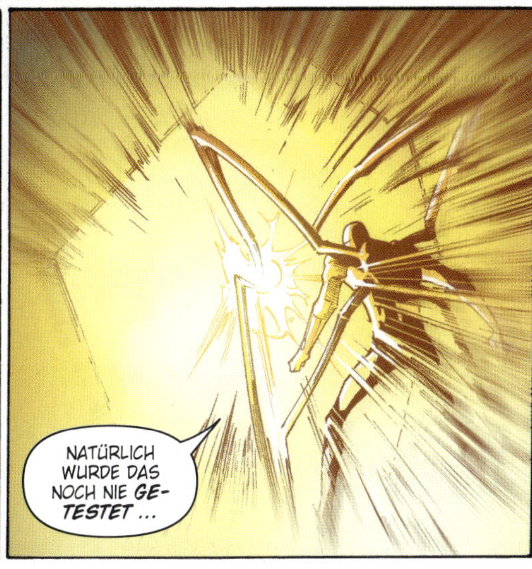
NATÜRLICH WURDE DAS NOCH NIE **GETESTET** ...

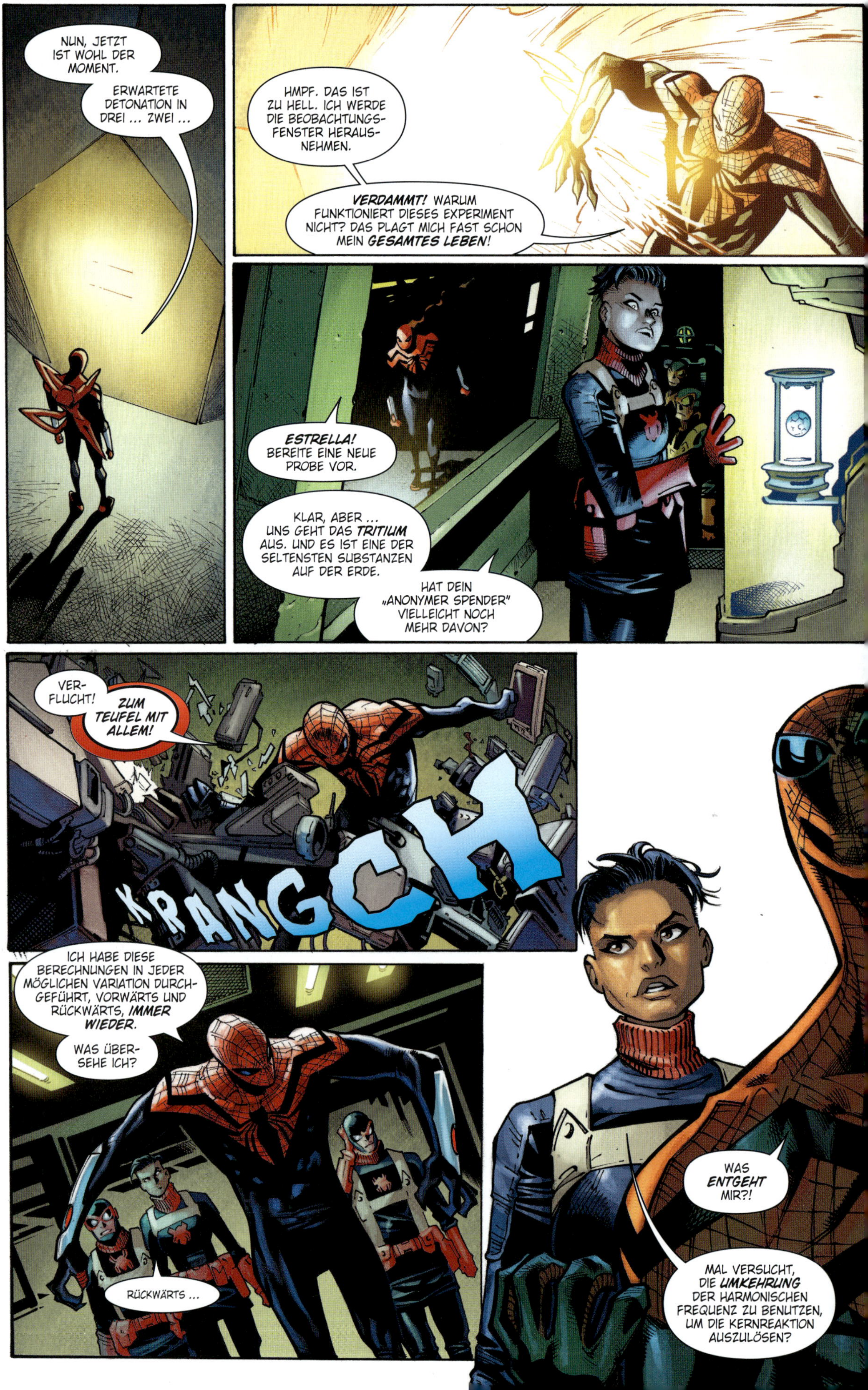

NUN, JETZT IST WOHL DER MOMENT.
ERWARTETE DETONATION IN DREI ... ZWEI ...
HMPF. DAS IST ZU HELL. ICH WERDE DIE BEOBACHTUNGS-FENSTER HERAUS-NEHMEN.
VERDAMMT! WARUM FUNKTIONIERT DIESES EXPERIMENT NICHT? DAS PLAGT MICH FAST SCHON MEIN ***GESAMTES LEBEN!***
ESTRELLA! BEREITE EINE NEUE PROBE VOR.
KLAR, ABER ... UNS GEHT DAS ***TRITIUM*** AUS. UND ES IST EINE DER SELTENSTEN SUBSTANZEN AUF DER ERDE.
HAT DEIN „ANONYMER SPENDER" VIELLEICHT NOCH MEHR DAVON?
VER-FLUCHT!
ZUM TEUFEL MIT ALLEM!
KRANGCH
ICH HABE DIESE BERECHNUNGEN IN JEDER MÖGLICHEN VARIATION DURCH-GEFÜHRT, VORWÄRTS UND RÜCKWÄRTS, ***IMMER WIEDER.***
WAS ÜBER-SEHE ICH?
RÜCKWÄRTS ...
WAS ***ENTGEHT*** MIR?!
MAL VERSUCHT, DIE ***UMKEHRUNG*** DER HARMONISCHEN FREQUENZ ZU BENUTZEN, UM DIE KERNREAKTION AUSZULÖSEN?

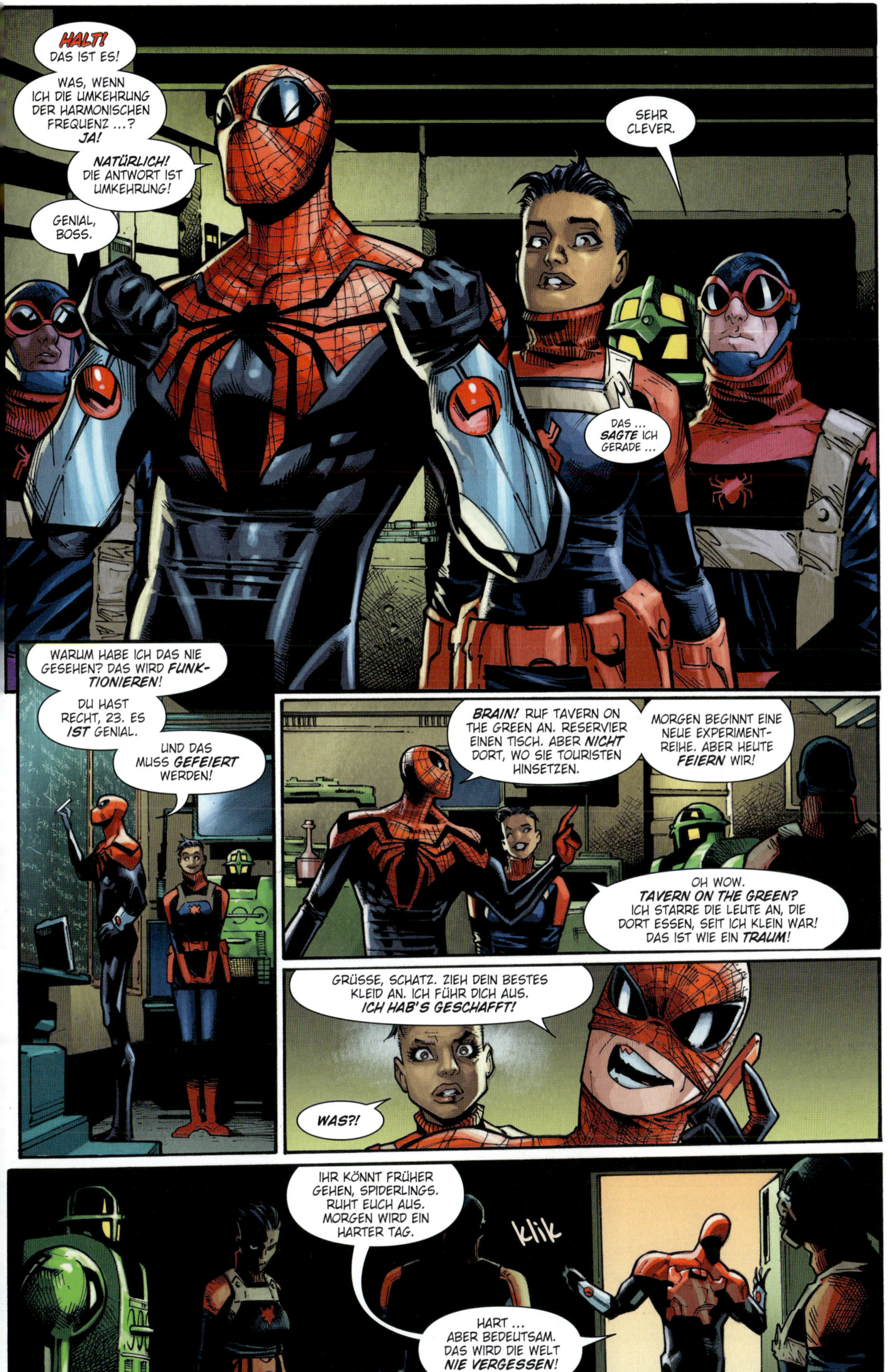
HALT! DAS IST ES!
WAS, WENN ICH DIE UMKEHRUNG DER HARMONISCHEN FREQUENZ …? JA!
NATÜRLICH! DIE ANTWORT IST UMKEHRUNG!
GENIAL, BOSS.
SEHR CLEVER.
DAS … SAGTE ICH GERADE …
WARUM HABE ICH DAS NIE GESEHEN? DAS WIRD FUNK-TIONIEREN!
DU HAST RECHT, 23. ES IST GENIAL.
UND DAS MUSS GEFEIERT WERDEN!
BRAIN! RUF TAVERN ON THE GREEN AN. RESERVIER EINEN TISCH. ABER NICHT DORT, WO SIE TOURISTEN HINSETZEN.
MORGEN BEGINNT EINE NEUE EXPERIMENT-REIHE. ABER HEUTE FEIERN WIR!
OH WOW. TAVERN ON THE GREEN? ICH STARRE DIE LEUTE AN, DIE DORT ESSEN, SEIT ICH KLEIN WAR! DAS IST WIE EIN TRAUM!
GRÜSSE, SCHATZ. ZIEH DEIN BESTES KLEID AN. ICH FÜHR DICH AUS. ICH HAB'S GESCHAFFT!
WAS?!
IHR KÖNNT FRÜHER GEHEN, SPIDERLINGS. RUHT EUCH AUS. MORGEN WIRD EIN HARTER TAG.
klik
HART … ABER BEDEUTSAM. DAS WIRD DIE WELT NIE VERGESSEN!

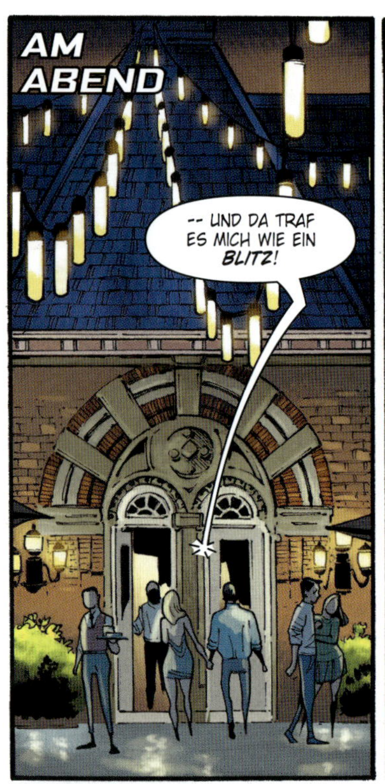
AM ABEND
-- UND DA TRAF ES MICH WIE EIN BLITZ!
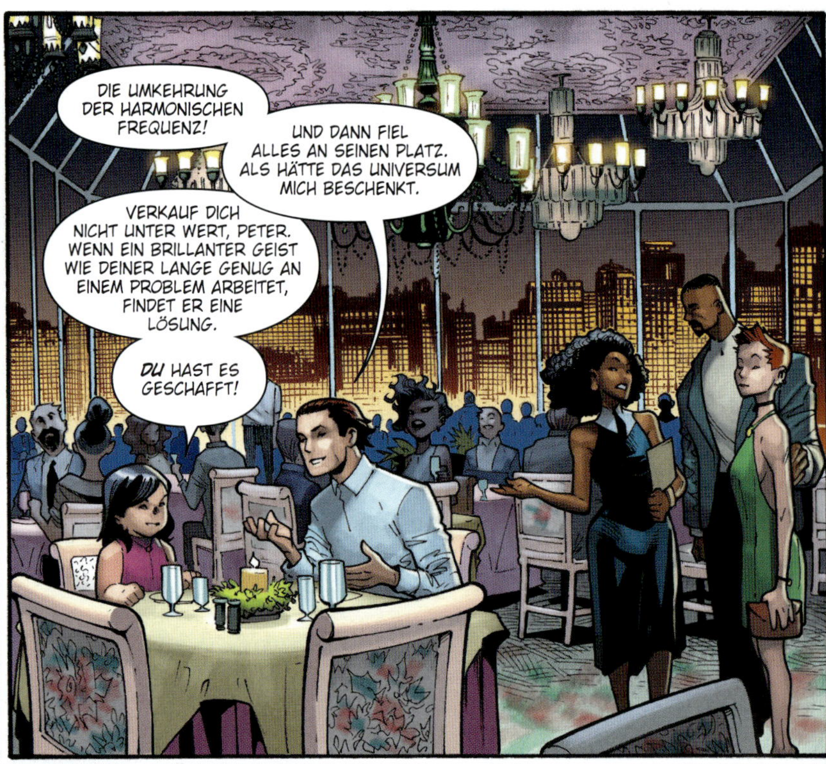
DIE UMKEHRUNG DER HARMONISCHEN FREQUENZ!
UND DANN FIEL ALLES AN SEINEN PLATZ. ALS HÄTTE DAS UNIVERSUM MICH BESCHENKT.
VERKAUF DICH NICHT UNTER WERT, PETER. WENN EIN BRILLANTER GEIST WIE DEINER LANGE GENUG AN EINEM PROBLEM ARBEITET, FINDET ER EINE LÖSUNG.
DU HAST ES GESCHAFFT!
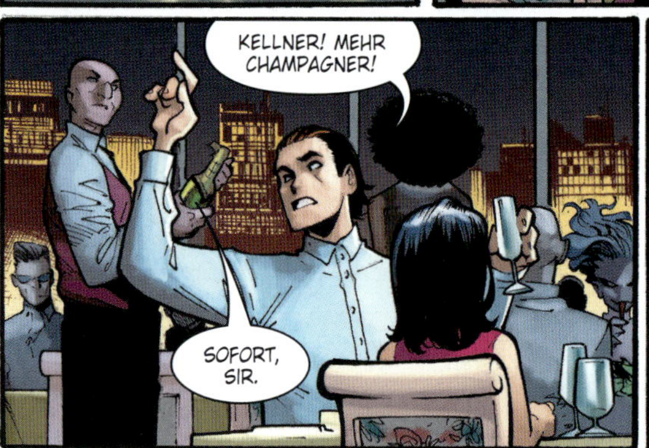
KELLNER! MEHR CHAMPAGNER!
SOFORT, SIR.
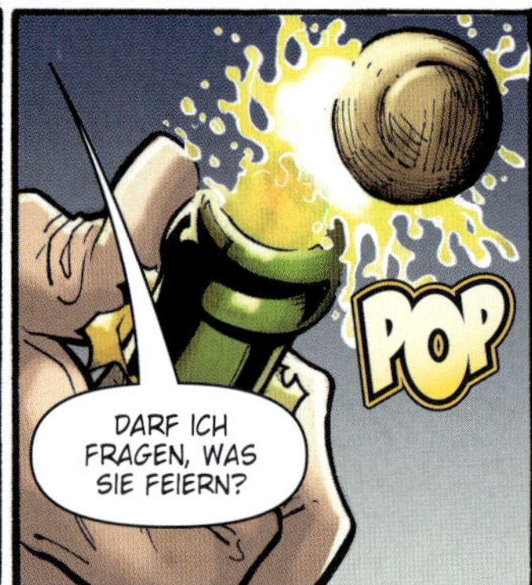
POP
DARF ICH FRAGEN, WAS SIE FEIERN?
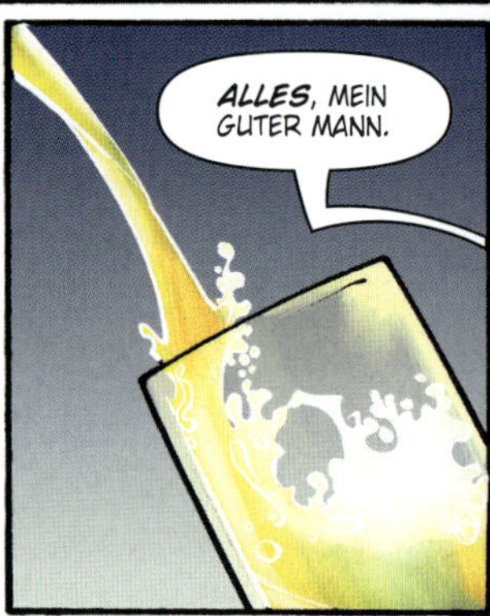
ALLES, MEIN GUTER MANN.
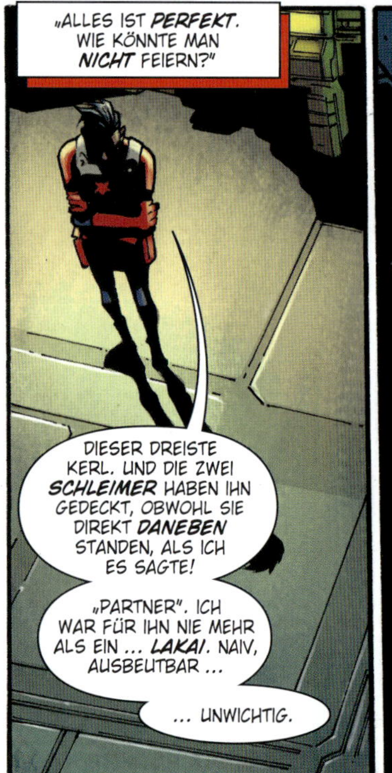
„ALLES IST PERFEKT. WIE KÖNNTE MAN NICHT FEIERN?"
DIESER DREISTE KERL. UND DIE ZWEI SCHLEIMER HABEN IHN GEDECKT, OBWOHL SIE DIREKT DANEBEN STANDEN, ALS ICH ES SAGTE!
„PARTNER". ICH WAR FÜR IHN NIE MEHR ALS EIN ... LAKAI. NAIV, AUSBEUTBAR ...
... UNWICHTIG.
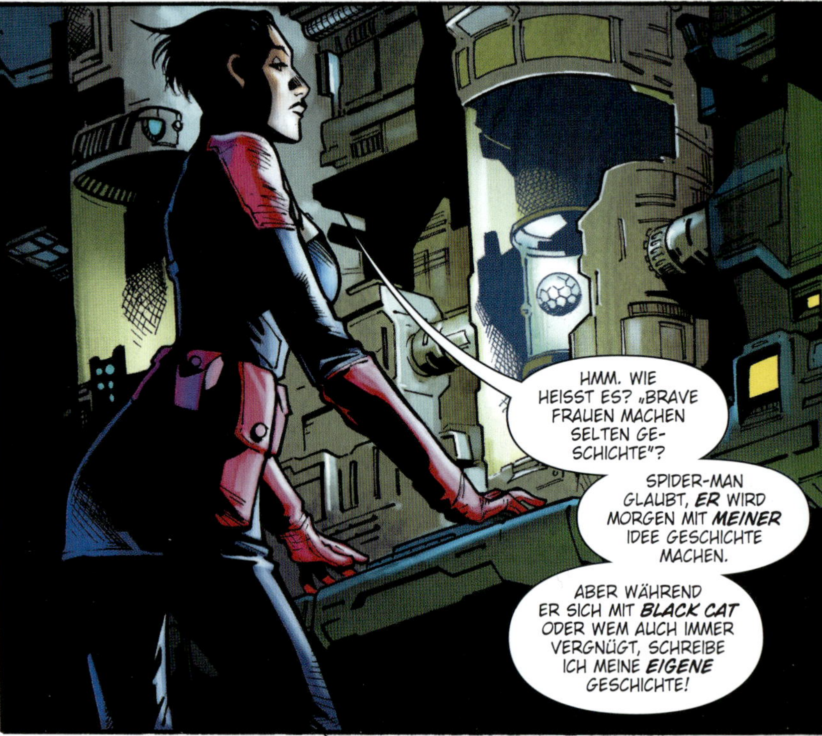
HMM. WIE HEISST ES? „BRAVE FRAUEN MACHEN SELTEN GE-SCHICHTE"?
SPIDER-MAN GLAUBT, ER WIRD MORGEN MIT MEINER IDEE GESCHICHTE MACHEN.
ABER WÄHREND ER SICH MIT BLACK CAT ODER WEM AUCH IMMER VERGNÜGT, SCHREIBE ICH MEINE EIGENE GESCHICHTE!

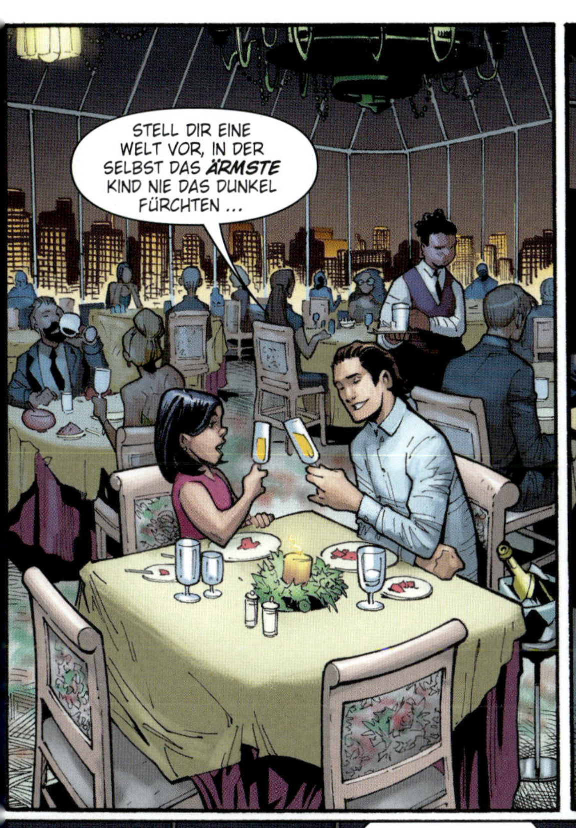
STELL DIR EINE WELT VOR, IN DER SELBST DAS ÄRMSTE KIND NIE DAS DUNKEL FÜRCHTEN ...

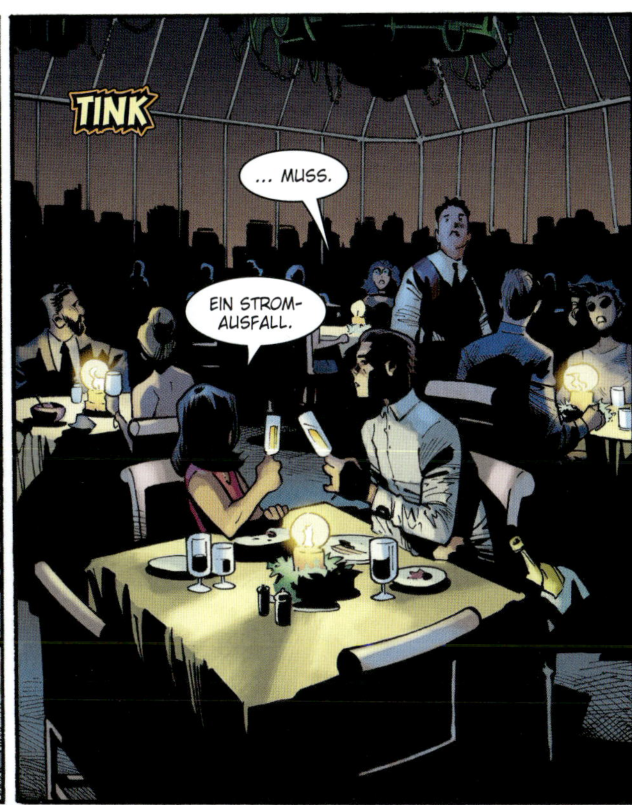
TINK
... MUSS.
EIN STROM-AUSFALL.

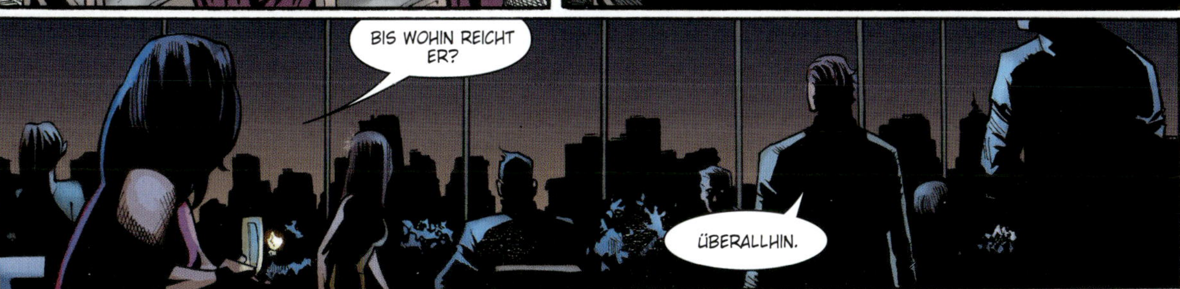
BIS WOHIN REICHT ER?
ÜBERALLHIN.

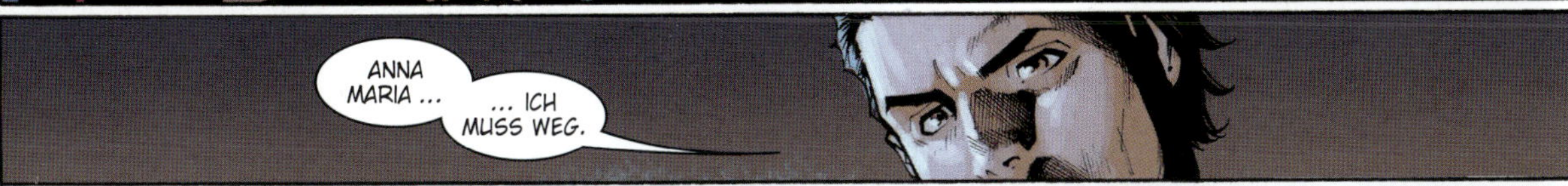
ANNA MARIA ...
... ICH MUSS WEG.

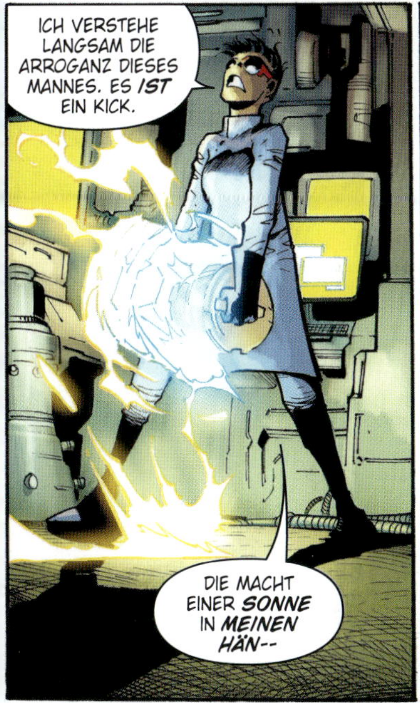
ICH VERSTEHE LANGSAM DIE ARROGANZ DIESES MANNES. ES IST EIN KICK.
DIE MACHT EINER SONNE IN MEINEN HÄN--

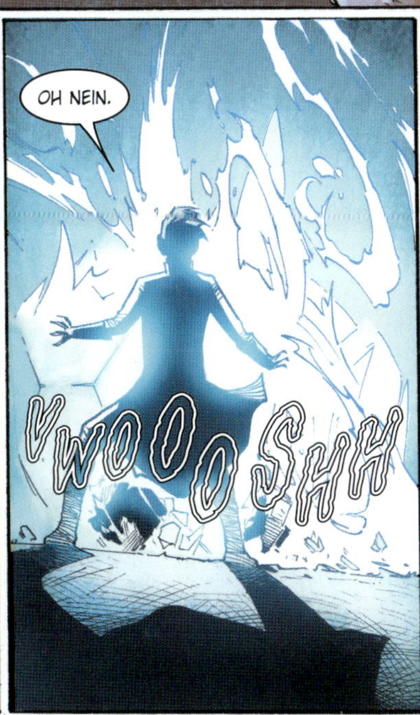
OH NEIN.
VWOOOSHH

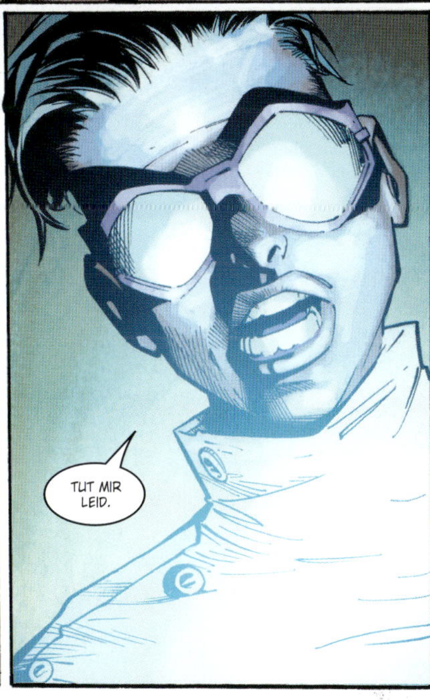
TUT MIR LEID.

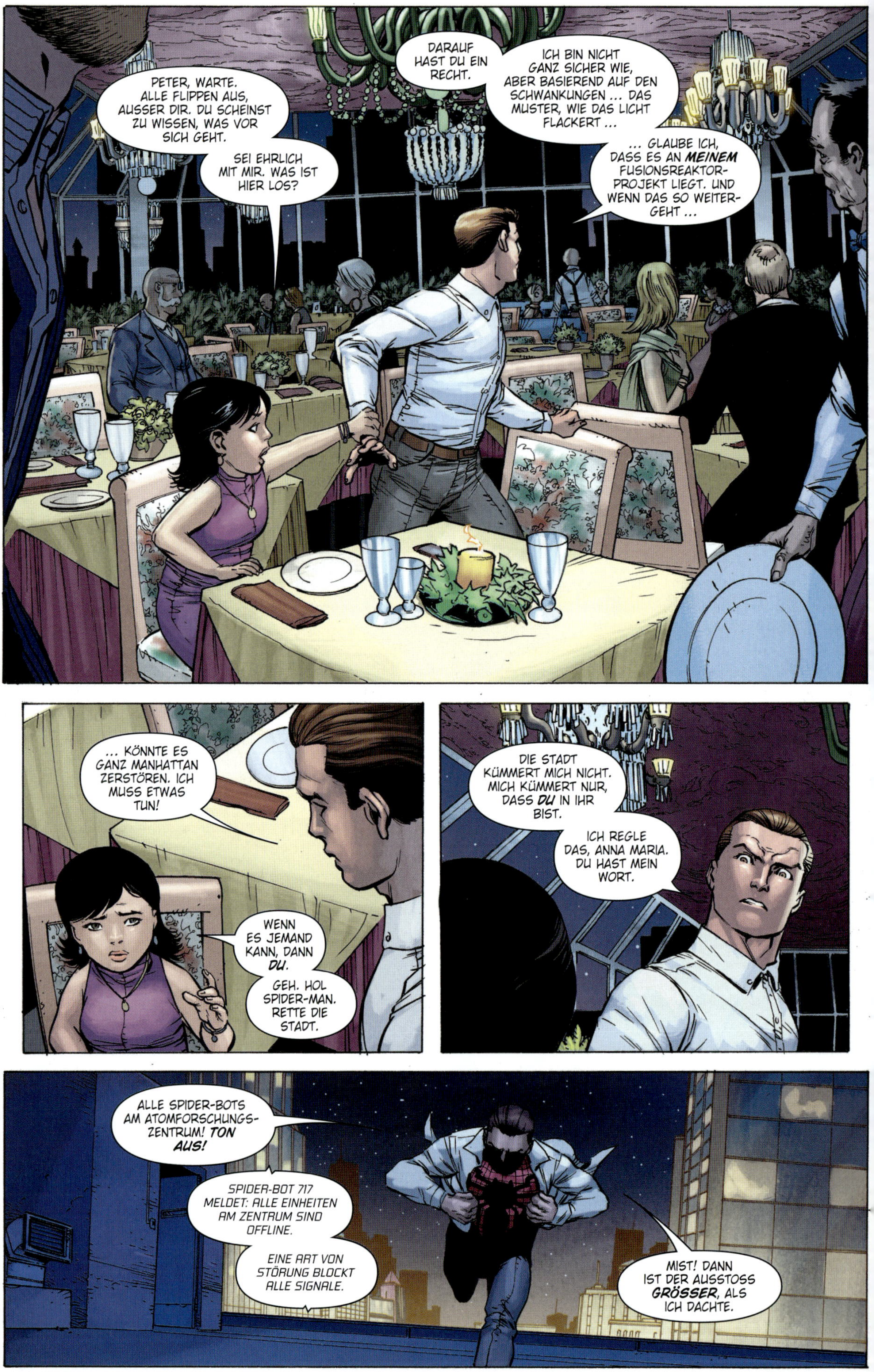

PETER, WARTE. ALLE FLIPPEN AUS, AUSSER DIR. DU SCHEINST ZU WISSEN, WAS VOR SICH GEHT.

SEI EHRLICH MIT MIR. WAS IST HIER LOS?

DARAUF HAST DU EIN RECHT.

ICH BIN NICHT GANZ SICHER WIE, ABER BASIEREND AUF DEN SCHWANKUNGEN ... DAS MUSTER, WIE DAS LICHT FLACKERT ...

... GLAUBE ICH, DASS ES AN ***MEINEM*** FUSIONSREAKTOR-PROJEKT LIEGT. UND WENN DAS SO WEITER-GEHT ...

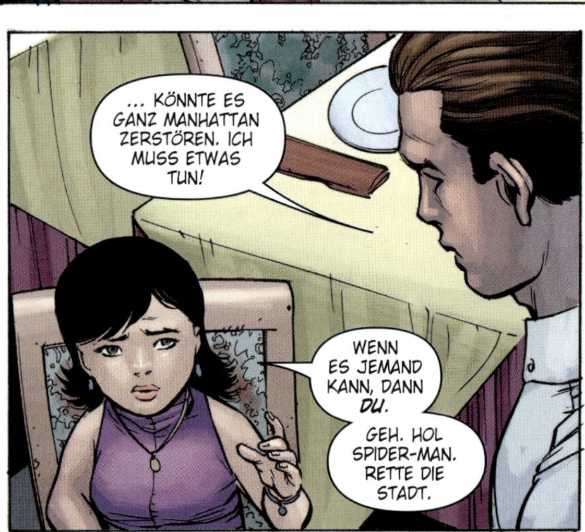

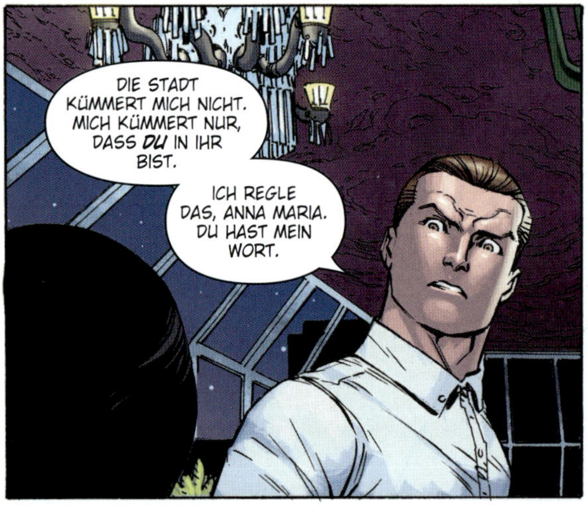

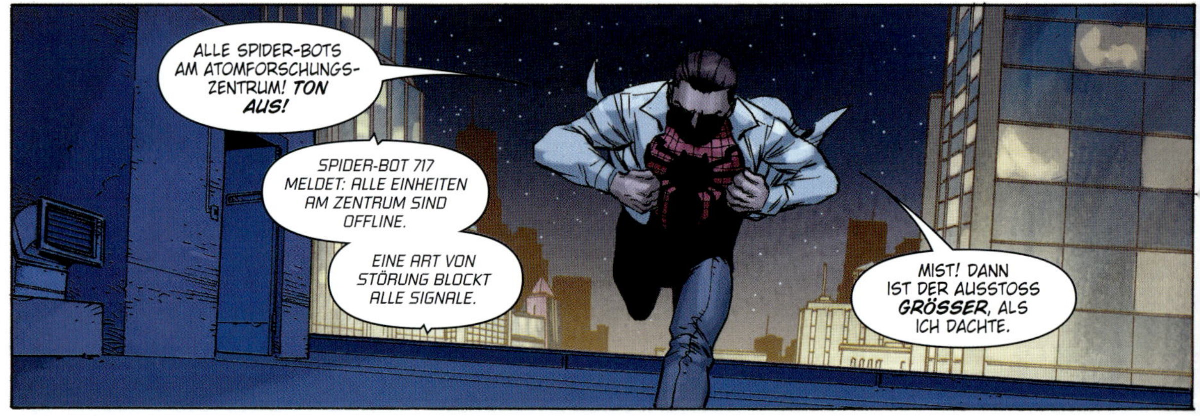

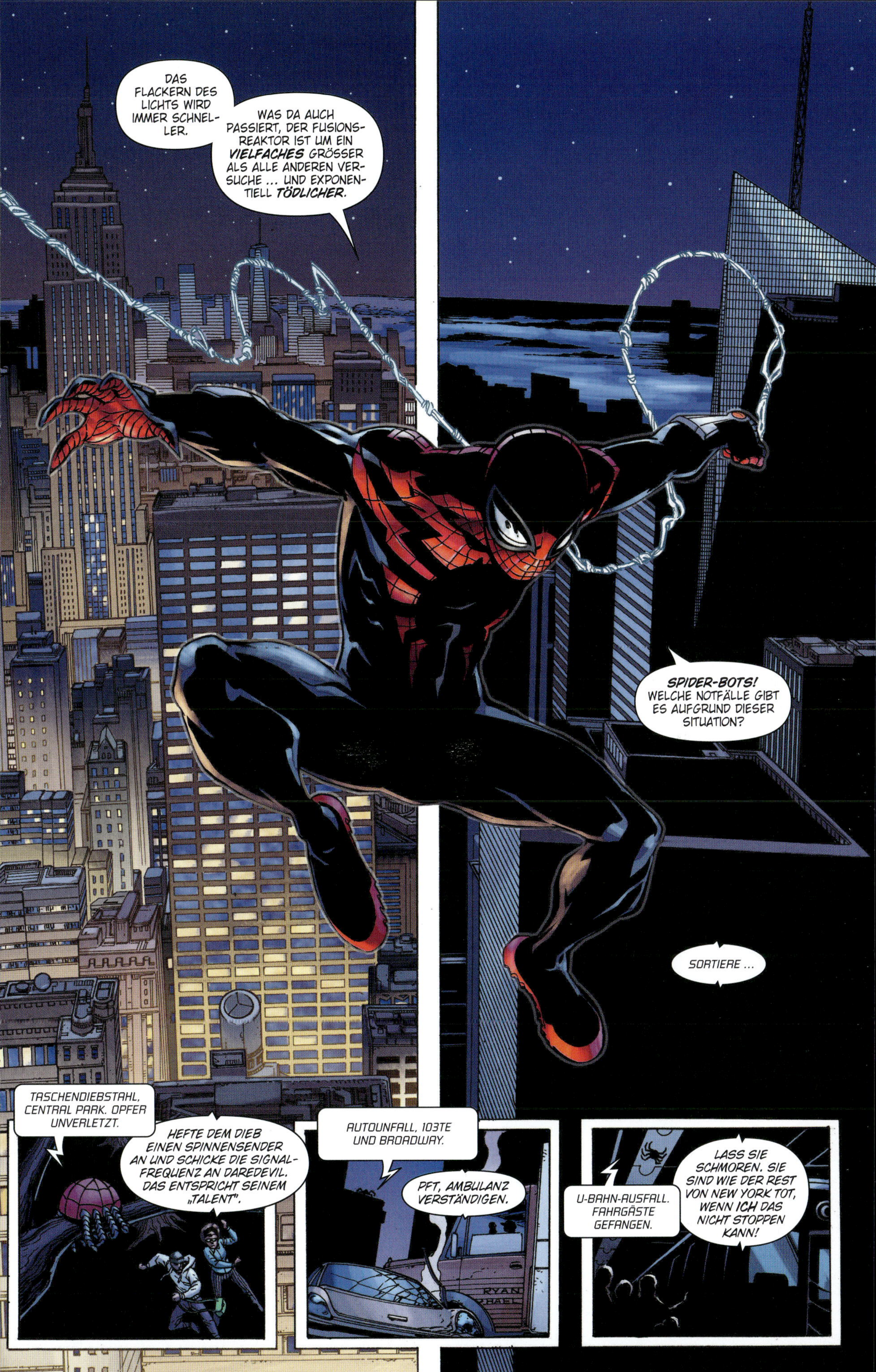
DAS FLACKERN DES LICHTS WIRD IMMER SCHNELLER.
WAS DA AUCH PASSIERT, DER FUSIONSREAKTOR IST UM EIN **VIELFACHES** GRÖSSER ALS ALLE ANDEREN VERSUCHE ... UND EXPONENTIELL **TÖDLICHER**.
SPIDER-BOTS! WELCHE NOTFÄLLE GIBT ES AUFGRUND DIESER SITUATION?
SORTIERE ...
TASCHENDIEBSTAHL, CENTRAL PARK. OPFER UNVERLETZT.
HEFTE DEM DIEB EINEN SPINNENSENDER AN UND SCHICKE DIE SIGNALFREQUENZ AN DAREDEVIL. DAS ENTSPRICHT SEINEM „TALENT".
AUTOUNFALL, 103TE UND BROADWAY.
PFT, AMBULANZ VERSTÄNDIGEN.
U-BAHN-AUSFALL. FAHRGÄSTE GEFANGEN.
LASS SIE SCHMOREN. SIE SIND WIE DER REST VON NEW YORK TOT, WENN **ICH** DAS NICHT STOPPEN KANN!

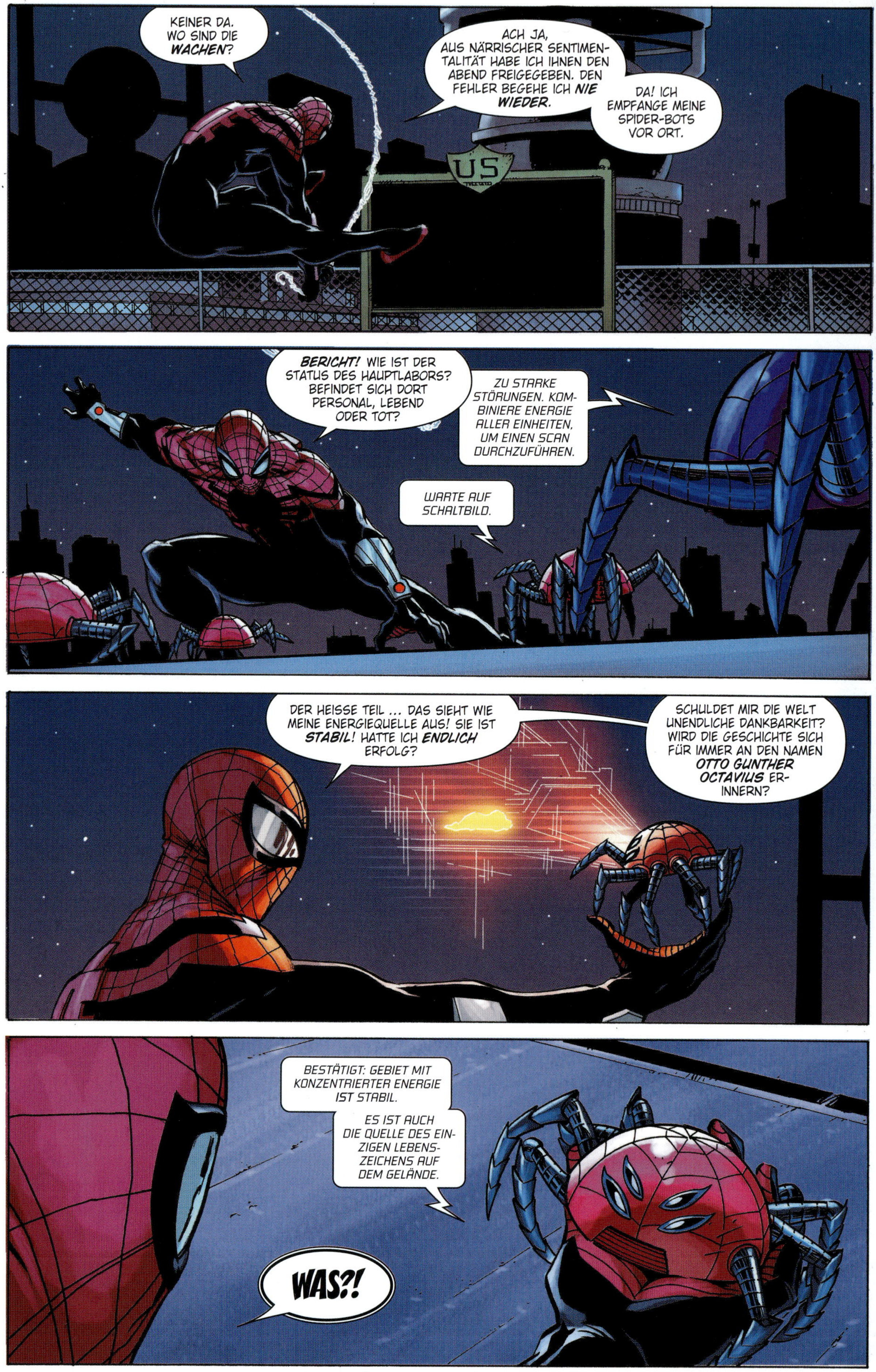

KEINER DA. WO SIND DIE *WACHEN*?
ACH JA, AUS NÄRRISCHER SENTIMENTALITÄT HABE ICH IHNEN DEN ABEND FREIGEGEBEN. DEN FEHLER BEGEHE ICH *NIE WIEDER*.
DA! ICH EMPFANGE MEINE SPIDER-BOTS VOR ORT.
US

BERICHT! WIE IST DER STATUS DES HAUPTLABORS? BEFINDET SICH DORT PERSONAL, LEBEND ODER TOT?
ZU STARKE STÖRUNGEN. KOMBINIERE ENERGIE ALLER EINHEITEN, UM EINEN SCAN DURCHZUFÜHREN.
WARTE AUF SCHALTBILD.

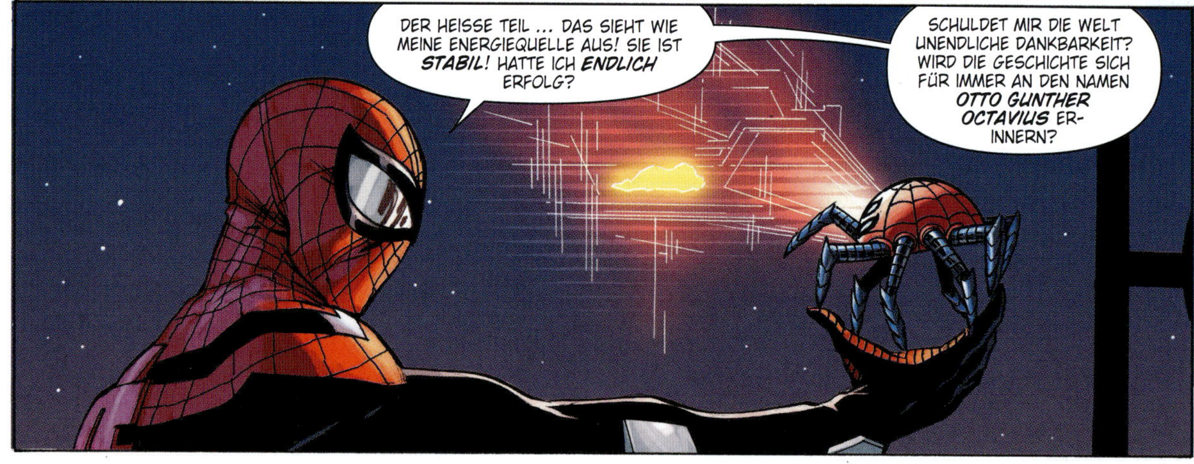

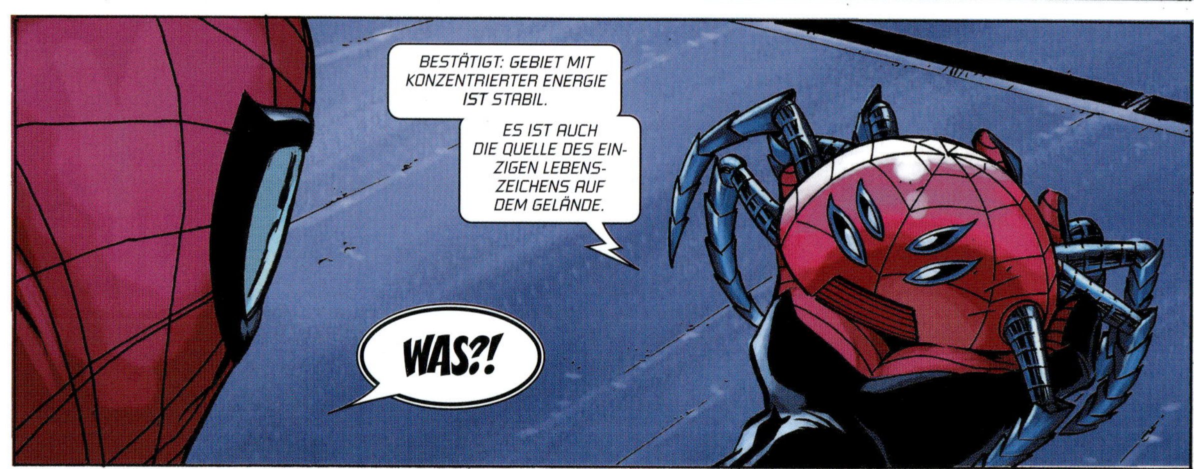

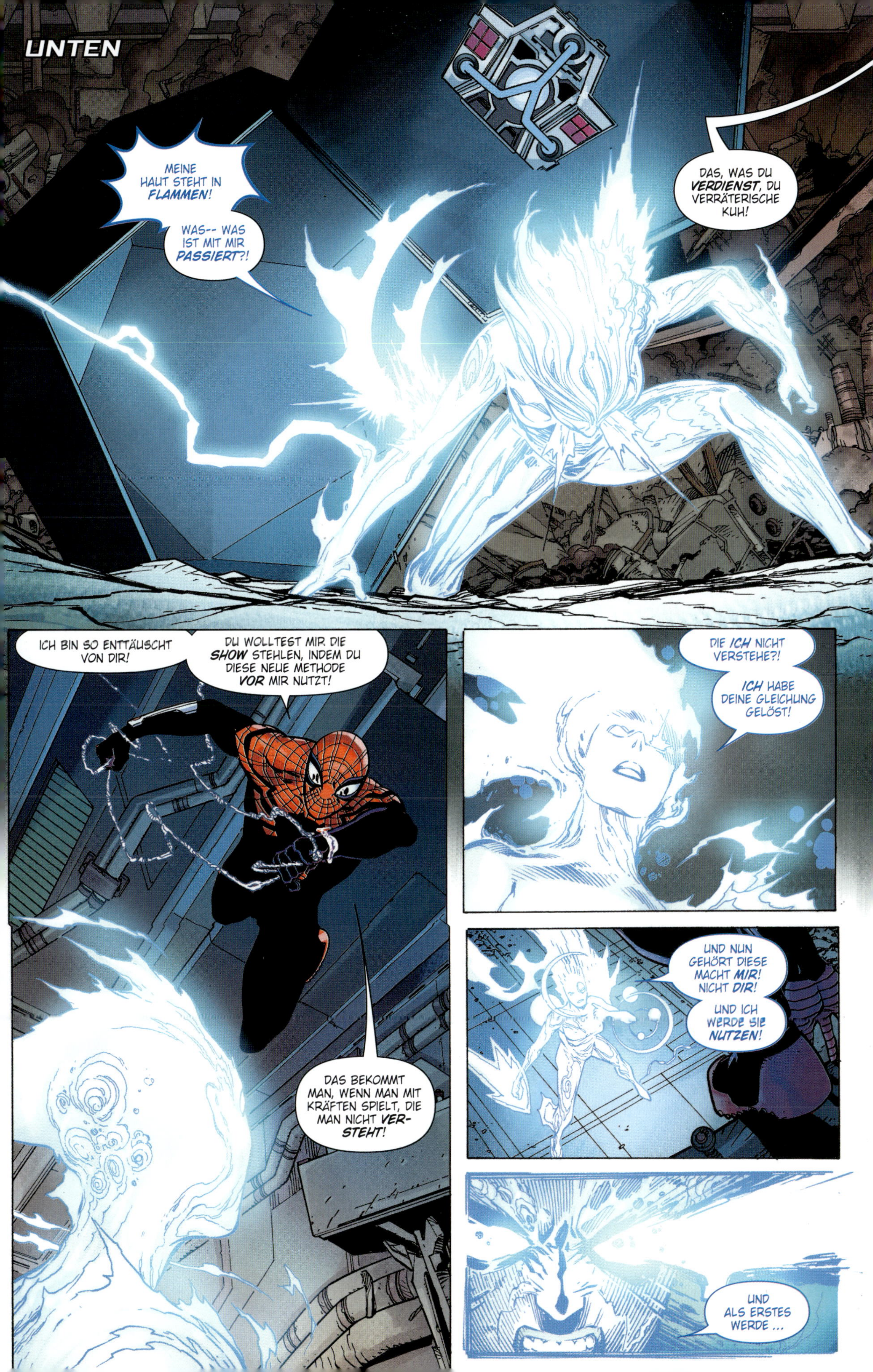
UNTEN
MEINE HAUT STEHT IN FLAMMEN!
WAS-- WAS IST MIT MIR PASSIERT?!
DAS, WAS DU VERDIENST, DU VERRÄTERISCHE KUH!
ICH BIN SO ENTTÄUSCHT VON DIR!
DU WOLLTEST MIR DIE SHOW STEHLEN, INDEM DU DIESE NEUE METHODE VOR MIR NUTZT!
DAS BEKOMMT MAN, WENN MAN MIT KRÄFTEN SPIELT, DIE MAN NICHT VER-STEHT!
DIE ICH NICHT VERSTEHE?!
ICH HABE DEINE GLEICHUNG GELÖST!
UND NUN GEHÖRT DIESE MACHT MIR! NICHT DIR!
UND ICH WERDE SIE NUTZEN!
UND ALS ERSTES WERDE ...

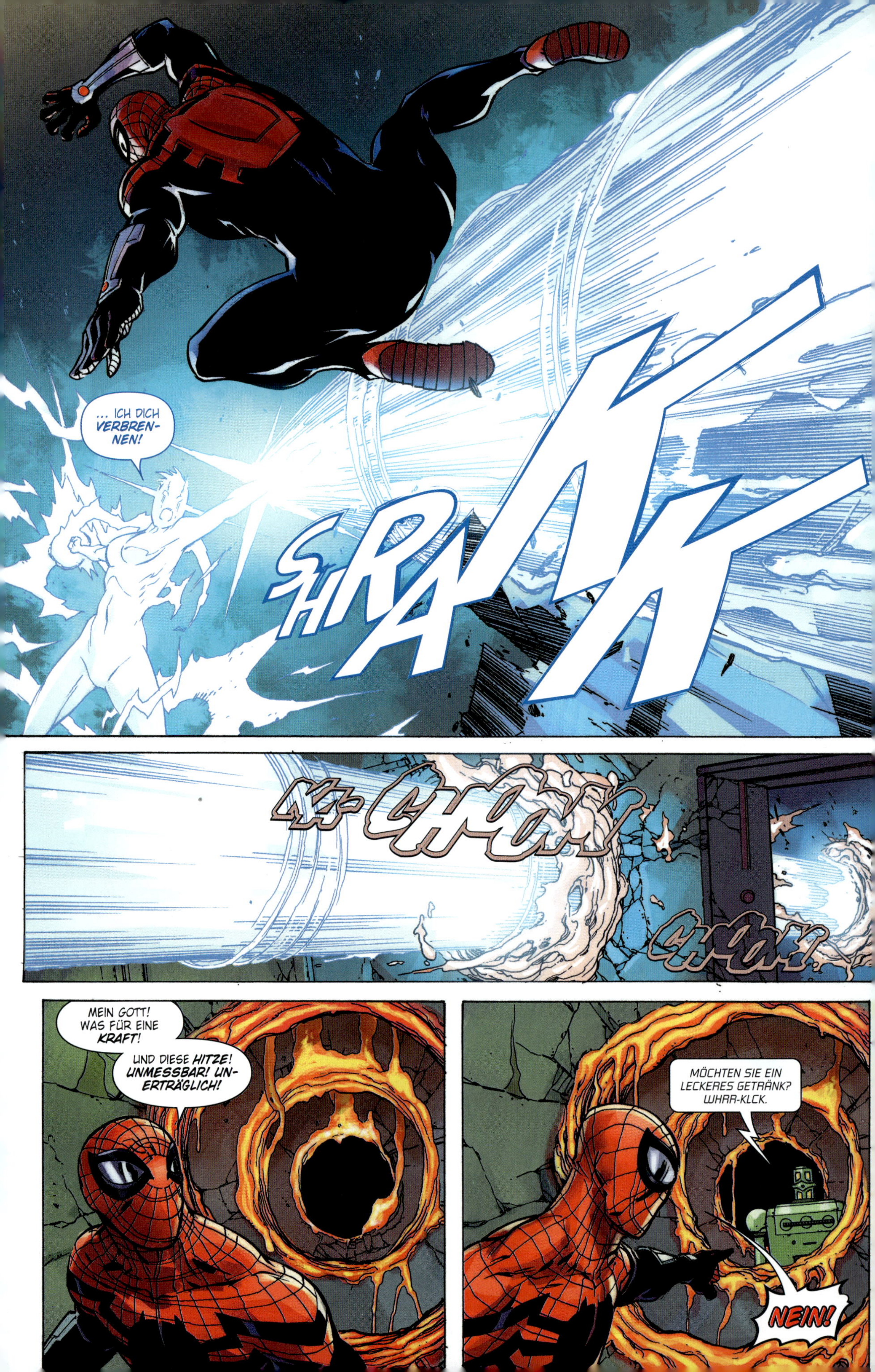

... ICH DICH VERBREN-NEN!
SHRAAK

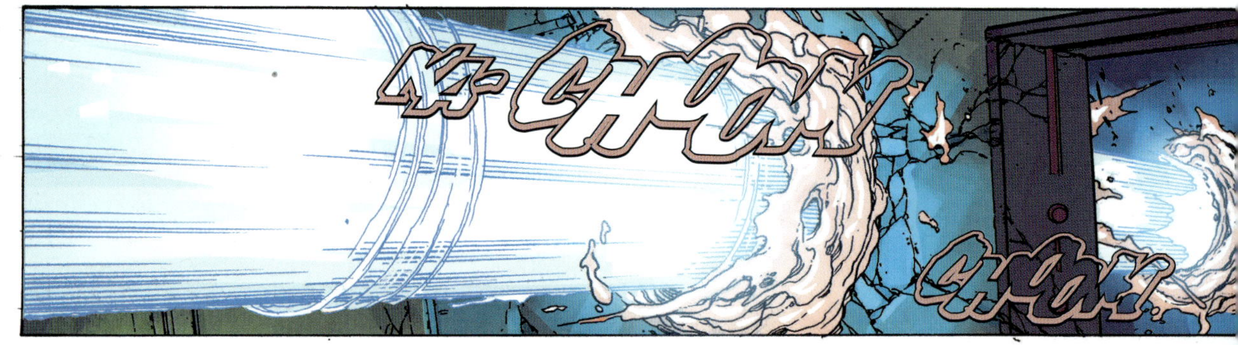

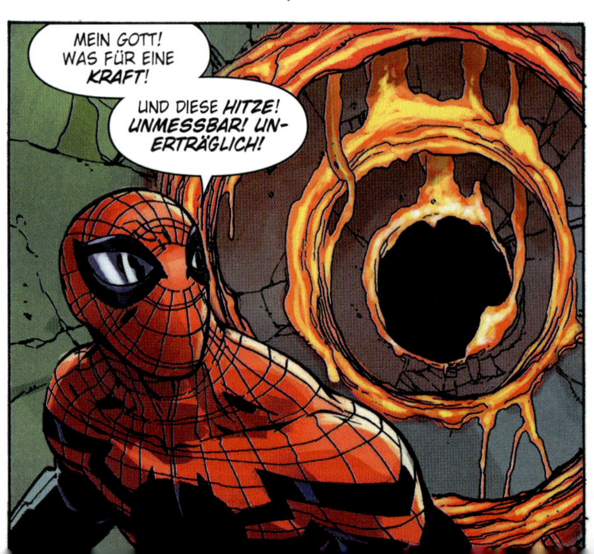
MEIN GOTT! WAS FÜR EINE KRAFT!
UND DIESE HITZE! UNMESSBAR! UN-ERTRÄGLICH!

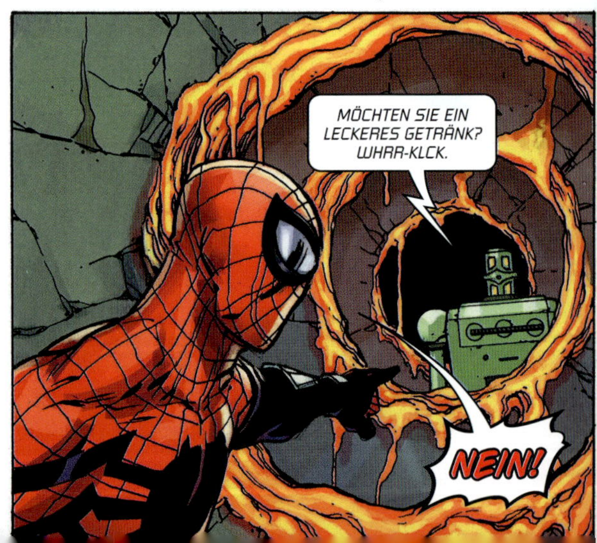
MÖCHTEN SIE EIN LECKERES GETRÄNK? WHRR-KLCK.
NEIN!

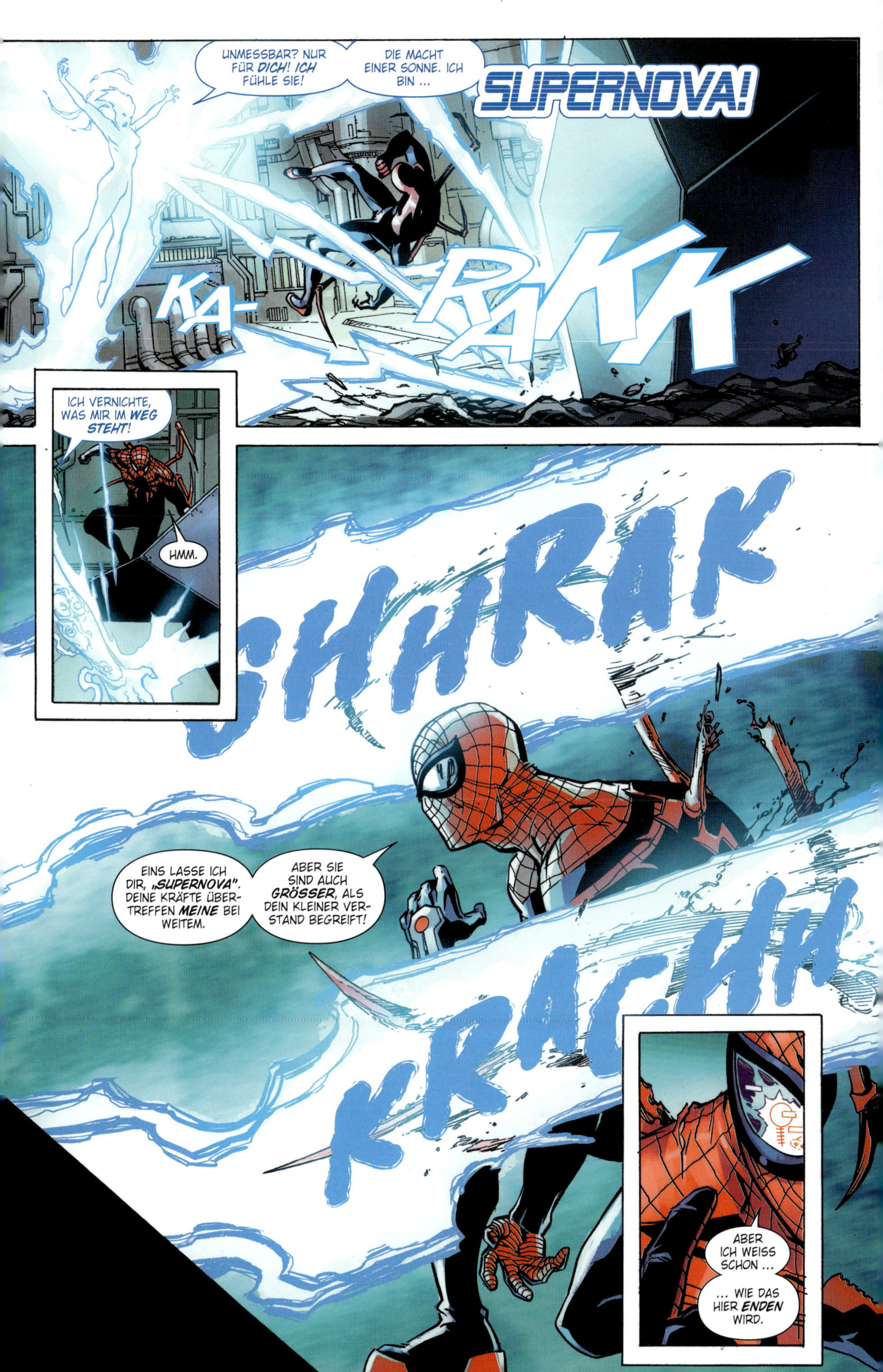
UNMESSBAR? NUR FÜR DICH! ICH FÜHLE SIE!
DIE MACHT EINER SONNE. ICH BIN ...
SUPERNOVA!
KA-RAKK
ICH VERNICHTE, WAS MIR IM WEG STEHT!
HMM.
SHHRAK
EINS LASSE ICH DIR, „SUPERNOVA". DEINE KRÄFTE ÜBERTREFFEN MEINE BEI WEITEM.
ABER SIE SIND AUCH GRÖSSER, ALS DEIN KLEINER VERSTAND BEGREIFT!
KRACHH
ABER ICH WEISS SCHON ...
... WIE DAS HIER ENDEN WIRD.

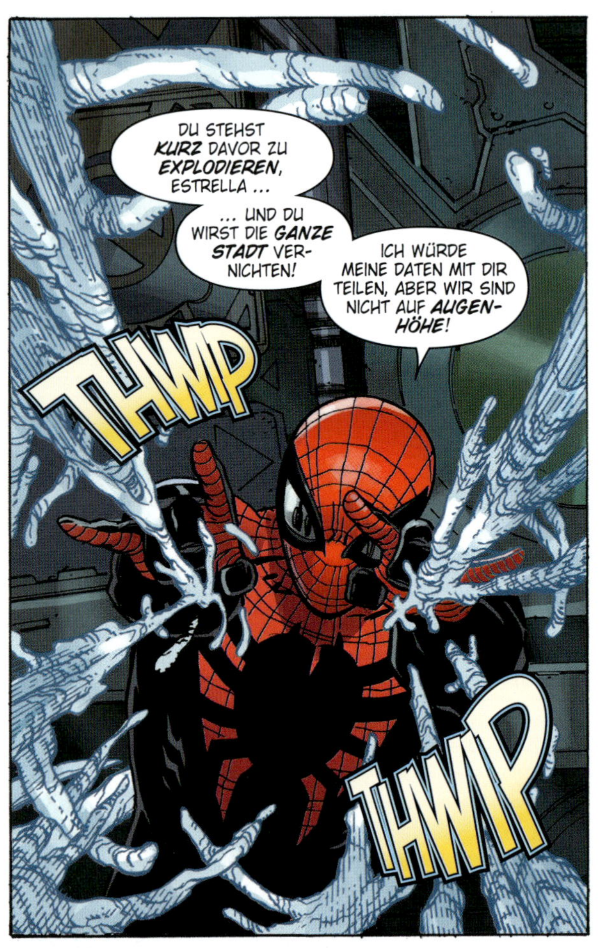
DU STEHST KURZ DAVOR ZU EXPLODIEREN, ESTRELLA ...
... UND DU WIRST DIE GANZE STADT VERNICHTEN!
ICH WÜRDE MEINE DATEN MIT DIR TEILEN, ABER WIR SIND NICHT AUF AUGENHÖHE!
THWIP
THWIP

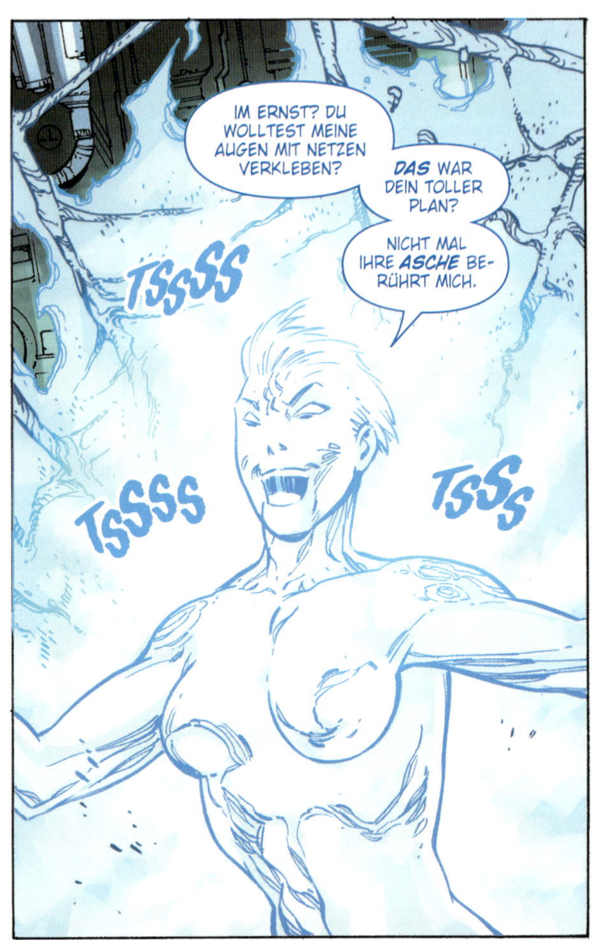
IM ERNST? DU WOLLTEST MEINE AUGEN MIT NETZEN VERKLEBEN?
DAS WAR DEIN TOLLER PLAN?
NICHT MAL IHRE ASCHE BERÜHRT MICH.
TSSSS
TSSSS
TSSS

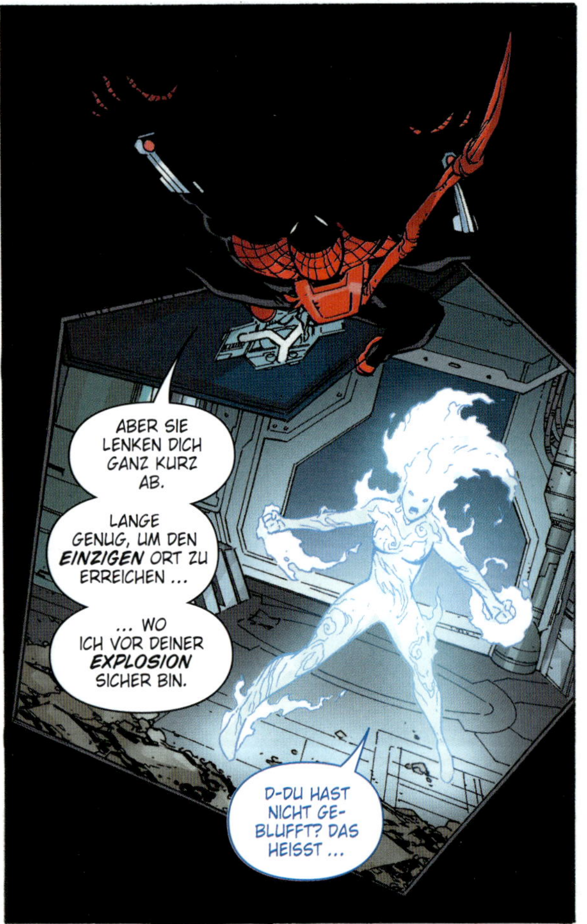
ABER SIE LENKEN DICH GANZ KURZ AB.
LANGE GENUG, UM DEN EINZIGEN ORT ZU ERREICHEN ...
... WO ICH VOR DEINER EXPLOSION SICHER BIN.
D-DU HAST NICHT GEBLUFFT? DAS HEISST ...

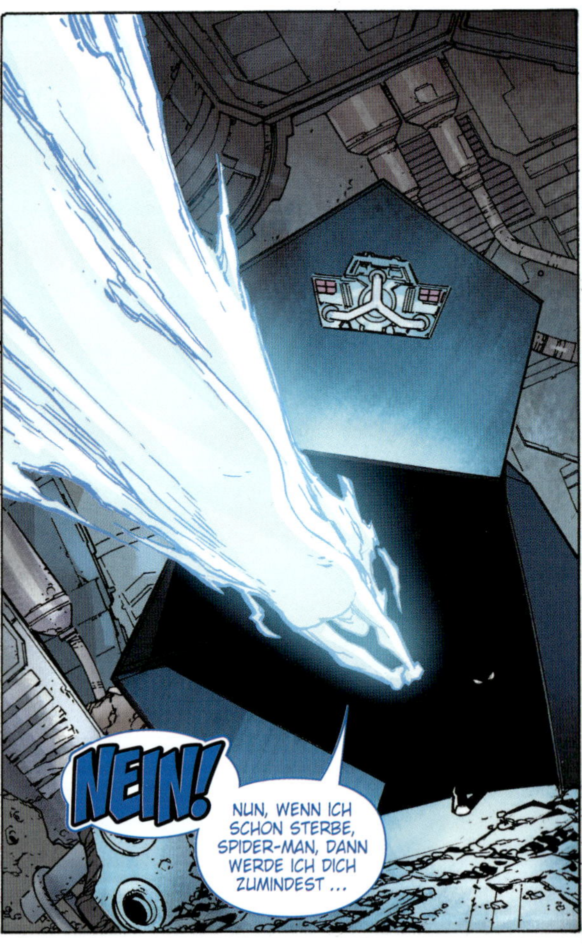
NEIN!
NUN, WENN ICH SCHON STERBE, SPIDER-MAN, DANN WERDE ICH DICH ZUMINDEST ...

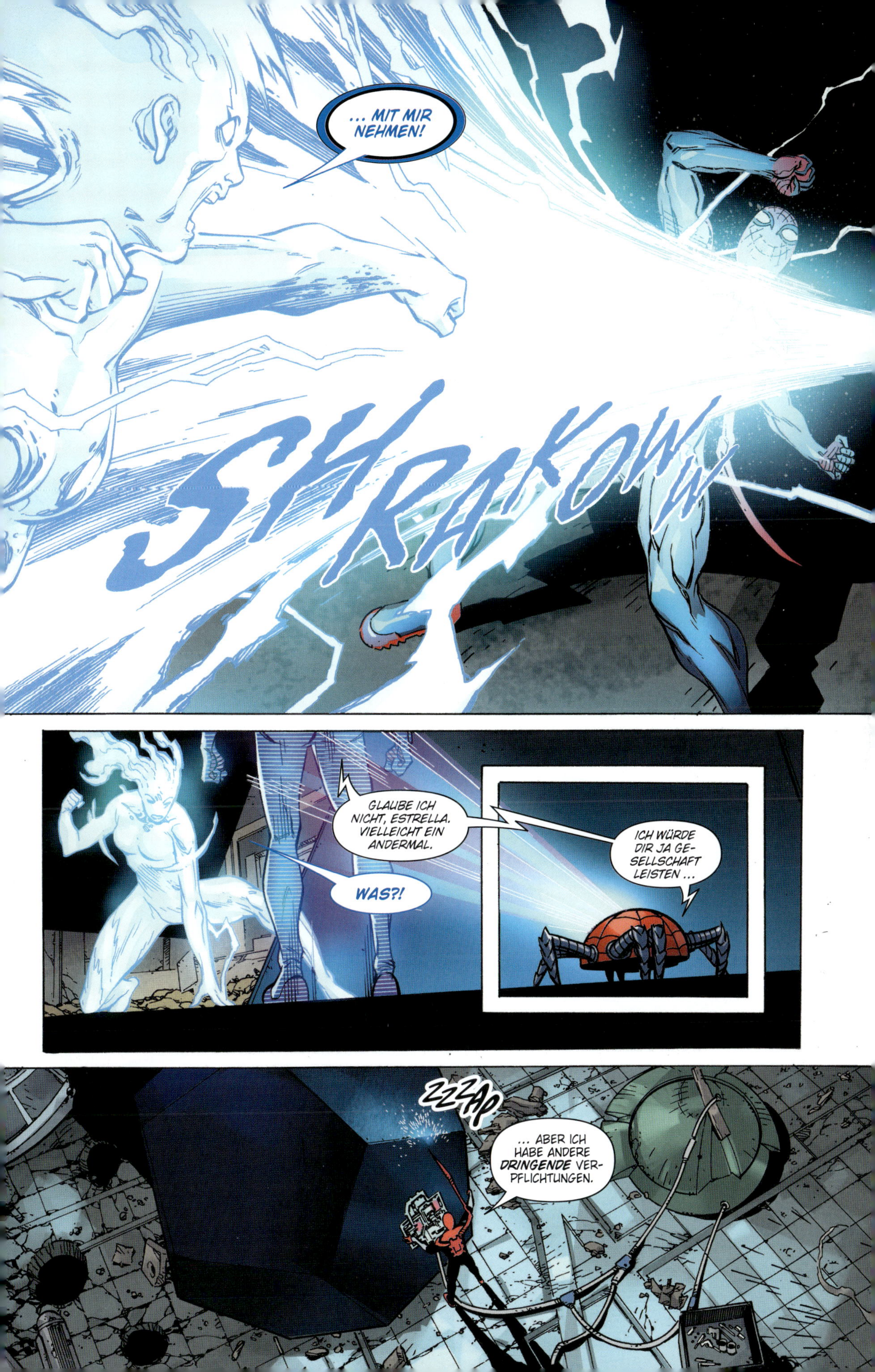

... MIT MIR NEHMEN!

SHRAKOW

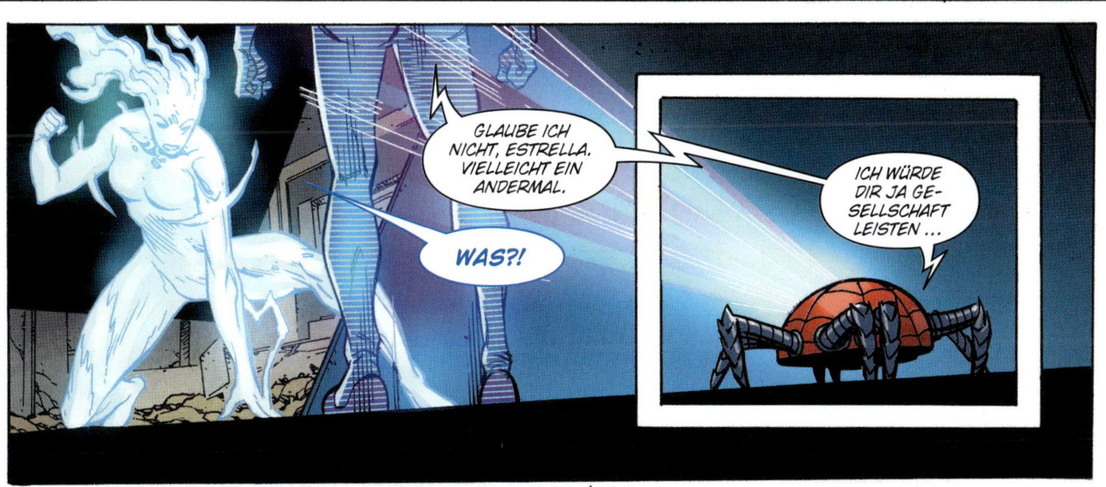

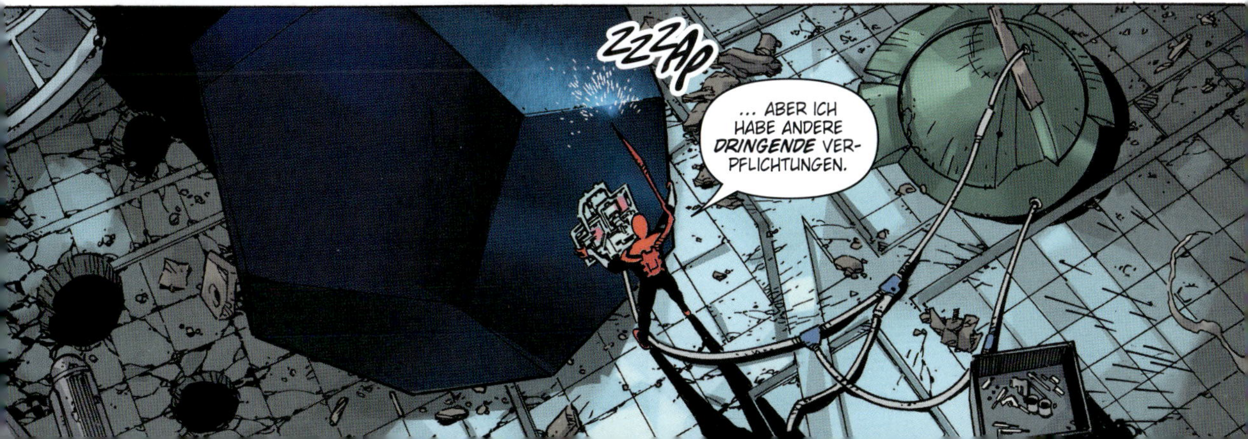

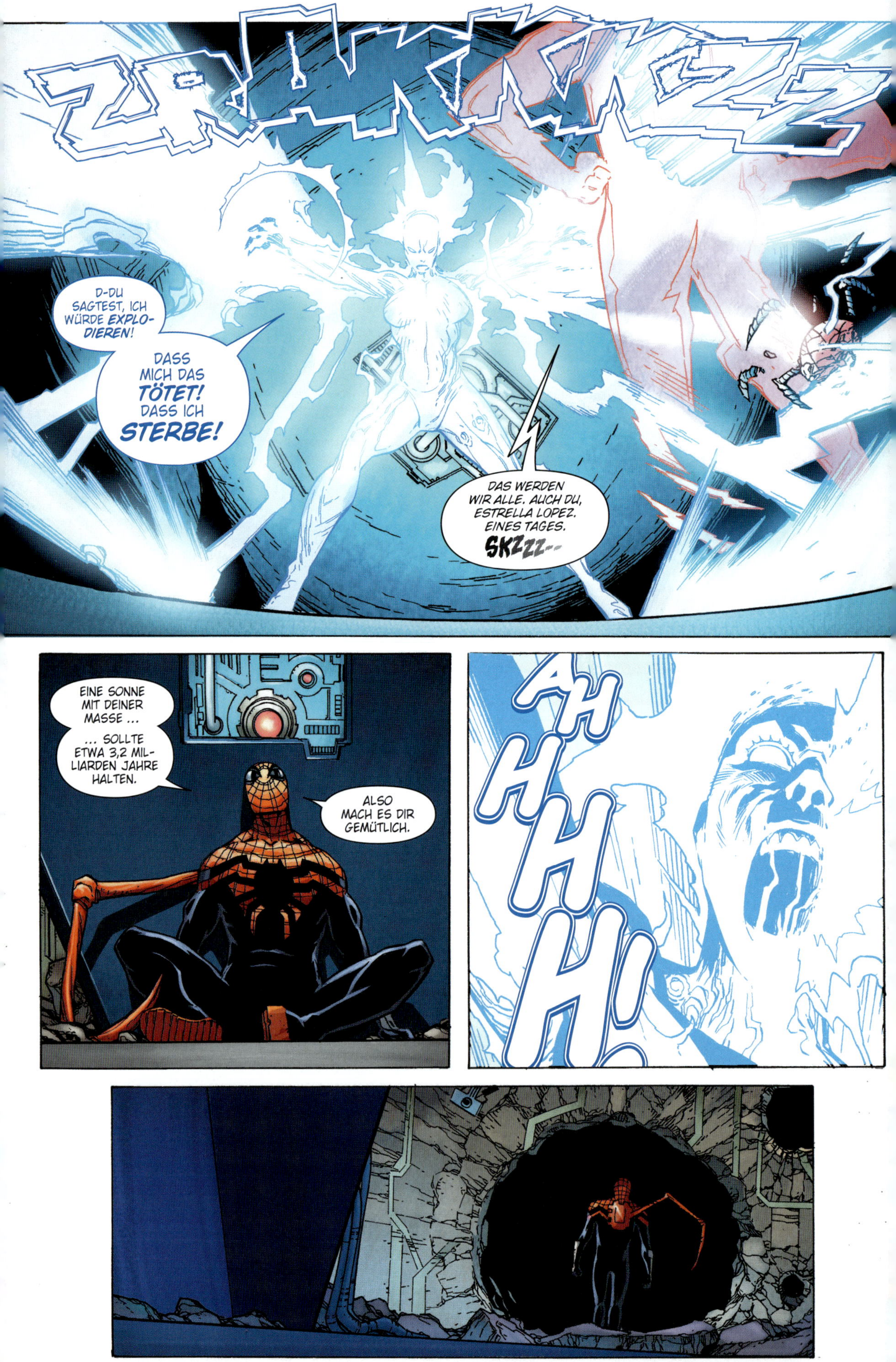

D-DU SAGTEST, ICH WÜRDE **EXPLO-DIEREN!**
DASS MICH DAS ***TÖTET!*** DASS ICH ***STERBE!***
DAS WERDEN WIR ALLE. AUCH DU, ESTRELLA LOPEZ. EINES TAGES. SKZZZ--

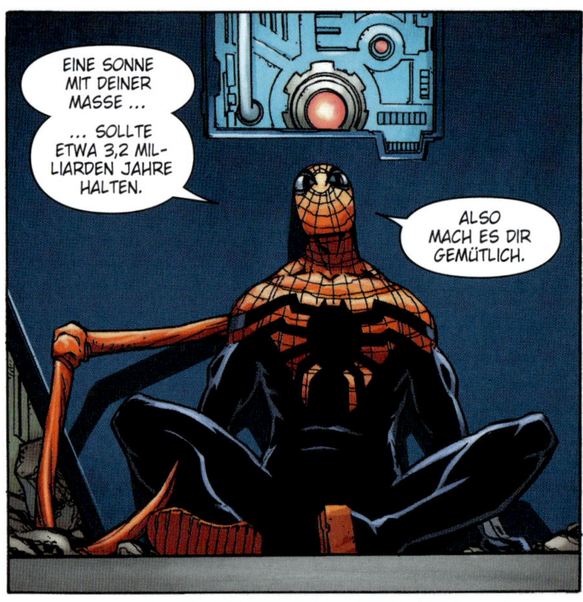

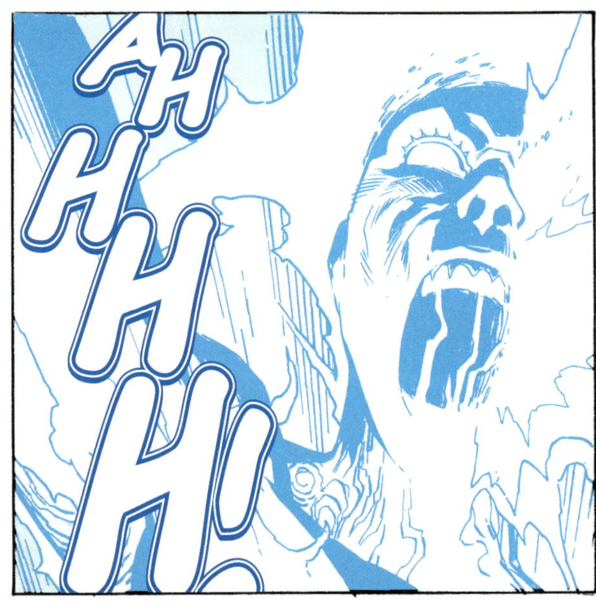

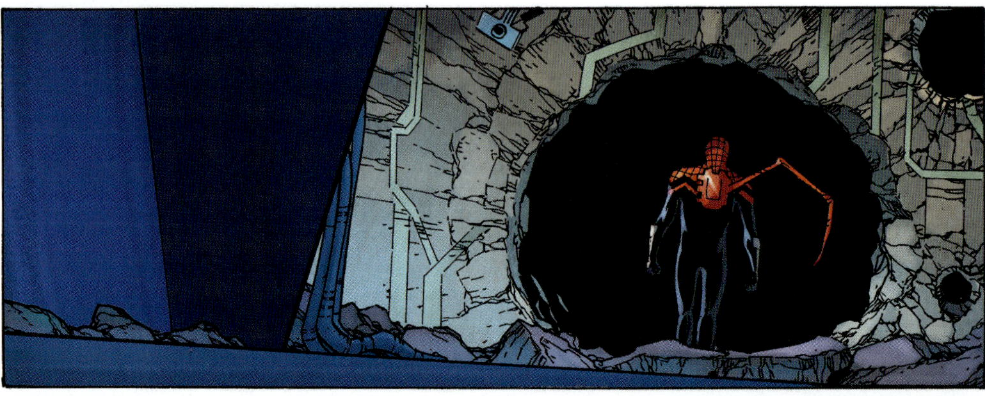

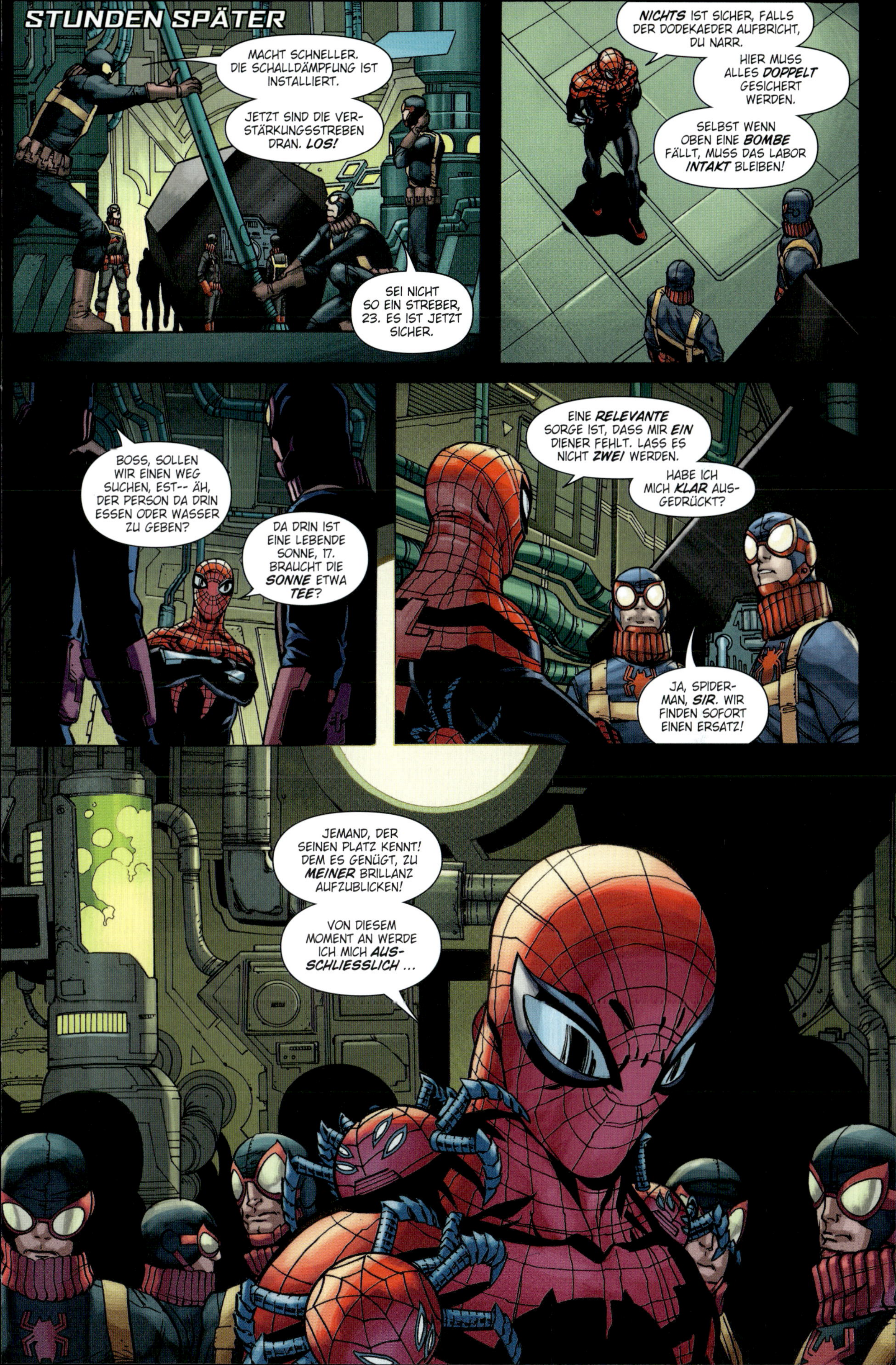
STUNDEN SPÄTER
MACHT SCHNELLER. DIE SCHALLDÄMPFUNG IST INSTALLIERT.
JETZT SIND DIE VERSTÄRKUNGSSTREBEN DRAN. LOS!
SEI NICHT SO EIN STREBER, 23. ES IST JETZT SICHER.
NICHTS IST SICHER, FALLS DER DODEKAEDER AUFBRICHT, DU NARR.
HIER MUSS ALLES DOPPELT GESICHERT WERDEN.
SELBST WENN OBEN EINE BOMBE FÄLLT, MUSS DAS LABOR INTAKT BLEIBEN!
BOSS, SOLLEN WIR EINEN WEG SUCHEN, EST-- ÄH, DER PERSON DA DRIN ESSEN ODER WASSER ZU GEBEN?
DA DRIN IST EINE LEBENDE SONNE, 17. BRAUCHT DIE SONNE ETWA TEE?
EINE RELEVANTE SORGE IST, DASS MIR EIN DIENER FEHLT. LASS ES NICHT ZWEI WERDEN.
HABE ICH MICH KLAR AUSGEDRÜCKT?
JA, SPIDER-MAN, SIR. WIR FINDEN SOFORT EINEN ERSATZ!
JEMAND, DER SEINEN PLATZ KENNT! DEM ES GENÜGT, ZU MEINER BRILLANZ AUFZUBLICKEN!
VON DIESEM MOMENT AN WERDE ICH MICH AUSSCHLIESSLICH ...

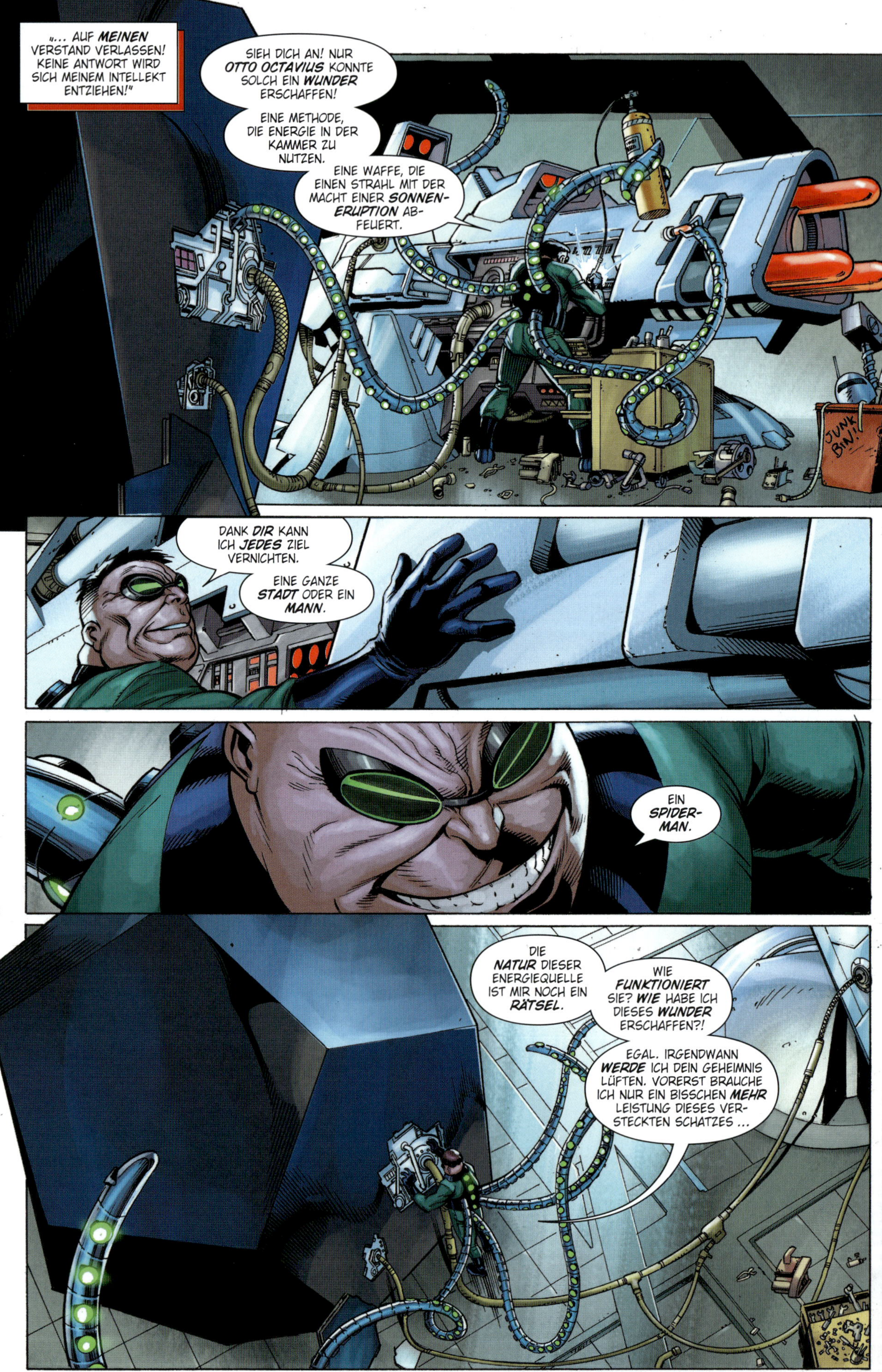
„… AUF MEINEN VERSTAND VERLASSEN! KEINE ANTWORT WIRD SICH MEINEM INTELLEKT ENTZIEHEN!“
SIEH DICH AN! NUR OTTO OCTAVIUS KONNTE SOLCH EIN WUNDER ERSCHAFFEN!
EINE METHODE, DIE ENERGIE IN DER KAMMER ZU NUTZEN.
EINE WAFFE, DIE EINEN STRAHL MIT DER MACHT EINER SONNENERUPTION ABFEUERT.
JUNK BIN!
DANK DIR KANN ICH JEDES ZIEL VERNICHTEN.
EINE GANZE STADT ODER EIN MANN.
EIN SPIDER-MAN.
DIE NATUR DIESER ENERGIEQUELLE IST MIR NOCH EIN RÄTSEL.
WIE FUNKTIONIERT SIE? WIE HABE ICH DIESES WUNDER ERSCHAFFEN?!
EGAL. IRGENDWANN WERDE ICH DEIN GEHEIMNIS LÜFTEN. VORERST BRAUCHE ICH NUR EIN BISSCHEN MEHR LEISTUNG DIESES VERSTECKTEN SCHATZES …

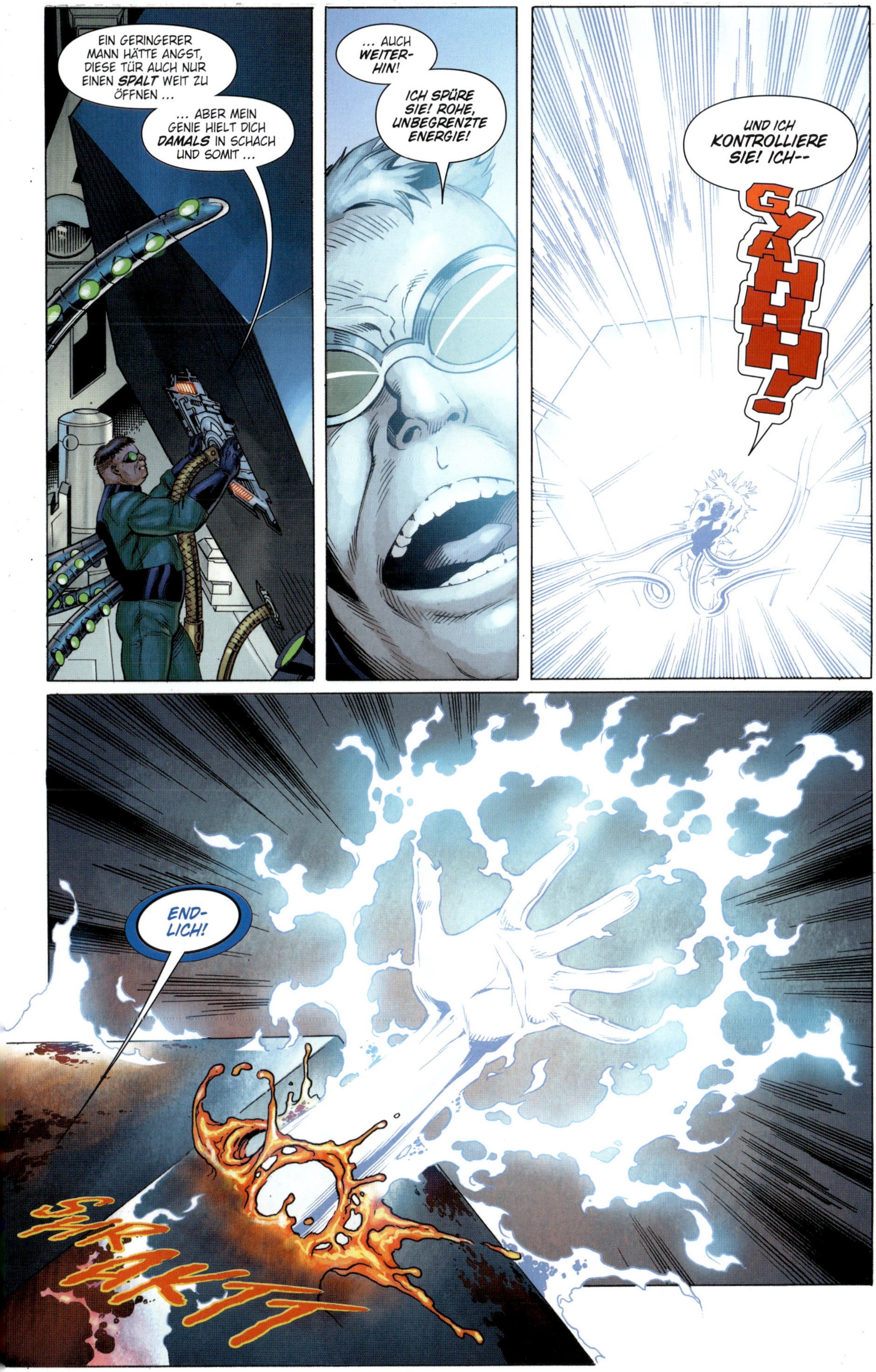

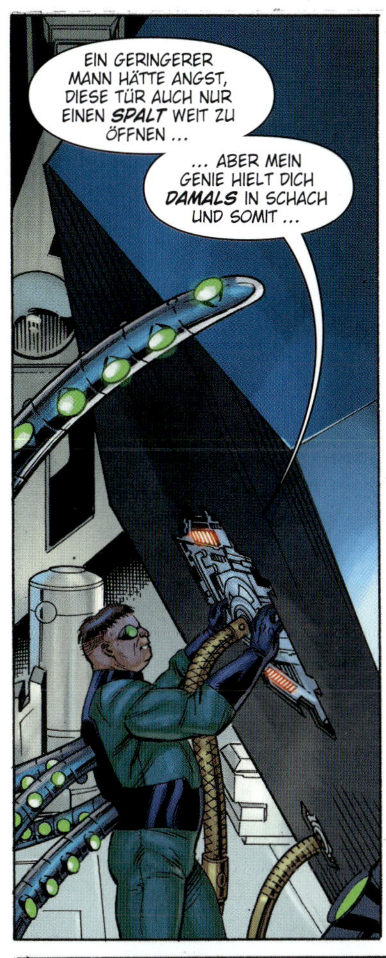
EIN GERINGERER MANN HÄTTE ANGST, DIESE TÜR AUCH NUR EINEN **SPALT** WEIT ZU ÖFFNEN ...
... ABER MEIN GENIE HIELT DICH **DAMALS** IN SCHACH UND SOMIT ...

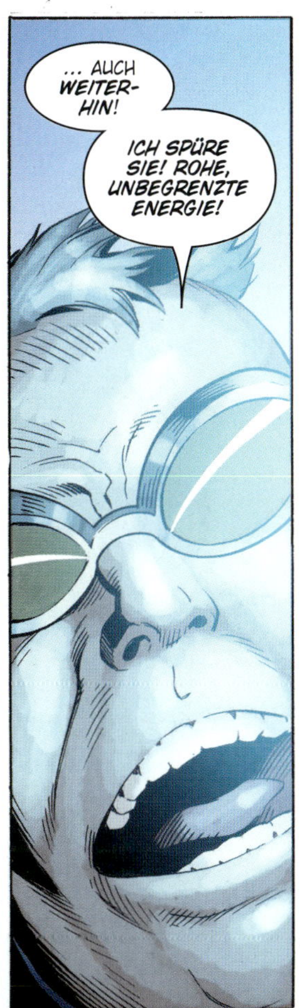
... AUCH **WEITER-HIN!**
ICH SPÜRE SIE! ROHE, UNBEGRENZTE ENERGIE!

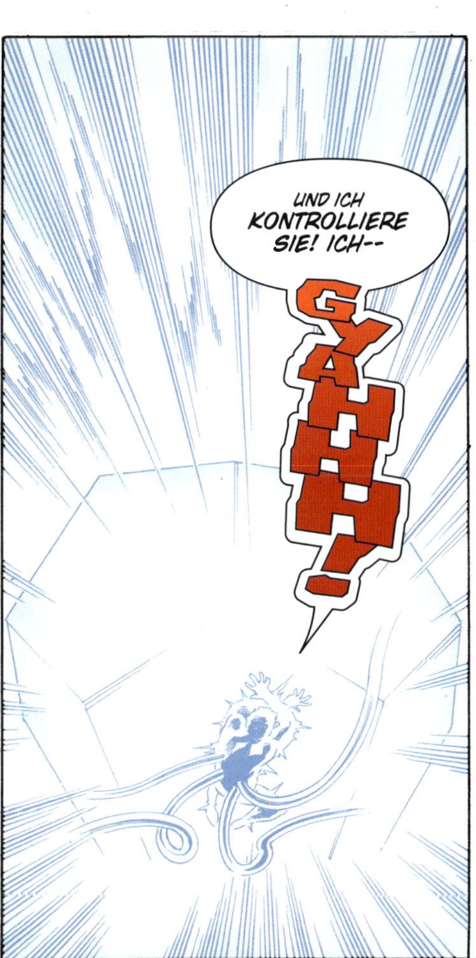
UND ICH **KONTROLLIERE** SIE! ICH--
GYAHHH!

END-LICH!

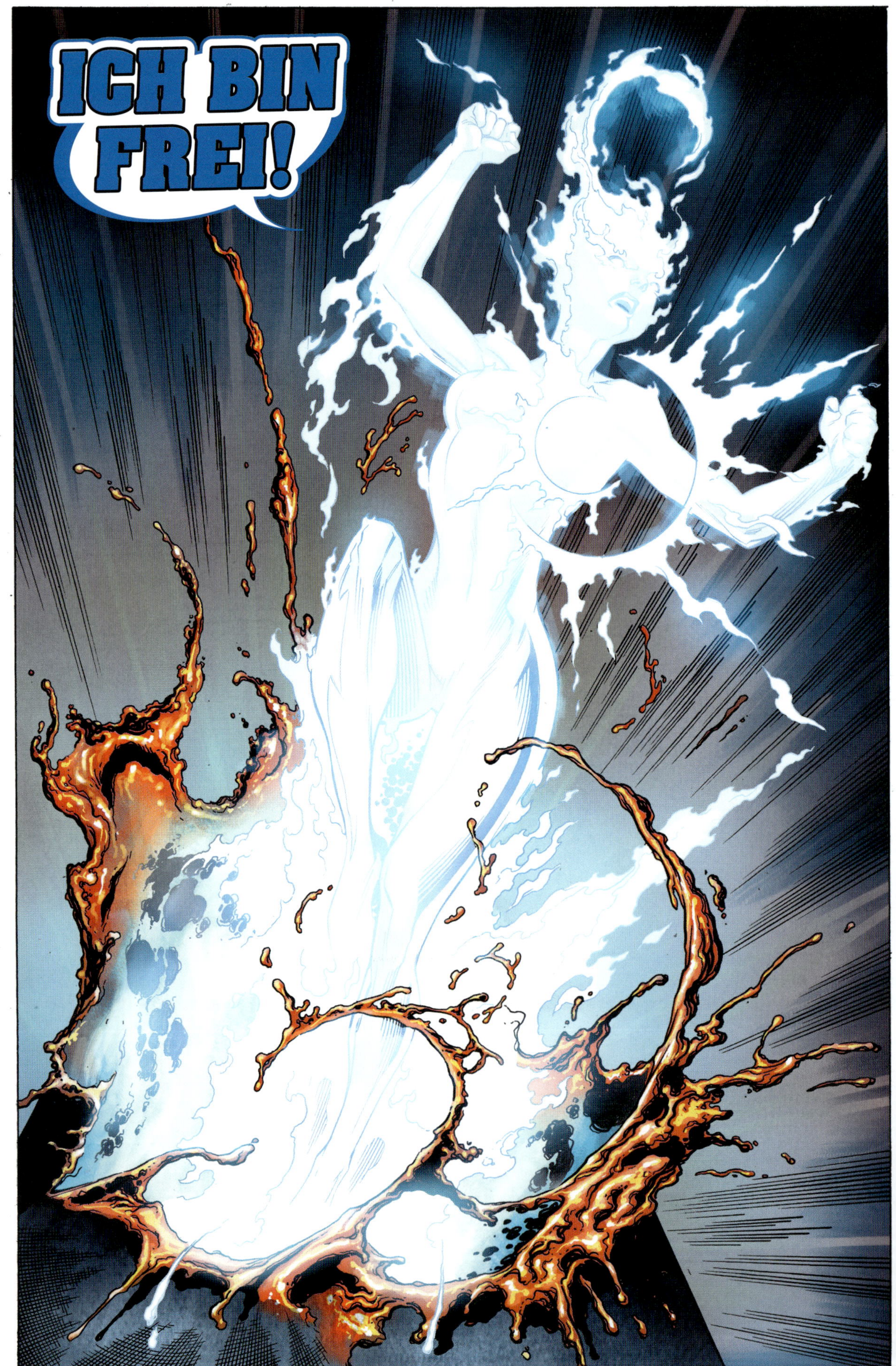
ICH BIN FREI!

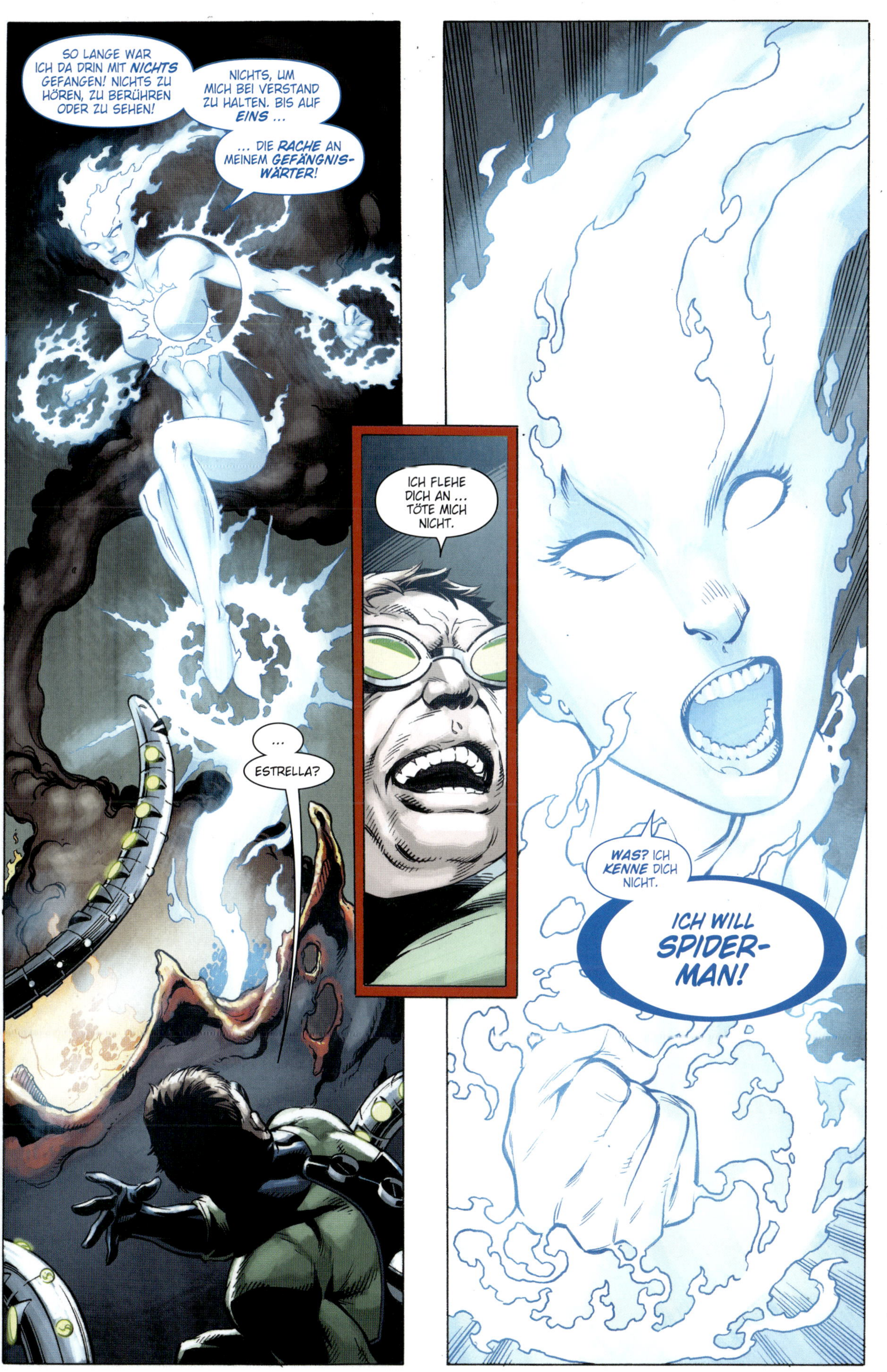
SO LANGE WAR ICH DA DRIN MIT NICHTS GEFANGEN! NICHTS ZU HÖREN, ZU BERÜHREN ODER ZU SEHEN!
NICHTS, UM MICH BEI VERSTAND ZU HALTEN. BIS AUF EINS ...
... DIE RACHE AN MEINEM GEFÄNGNIS-WÄRTER!
... ESTRELLA?
ICH FLEHE DICH AN ... TÖTE MICH NICHT.
WAS? ICH KENNE DICH NICHT.
ICH WILL SPIDER-MAN!

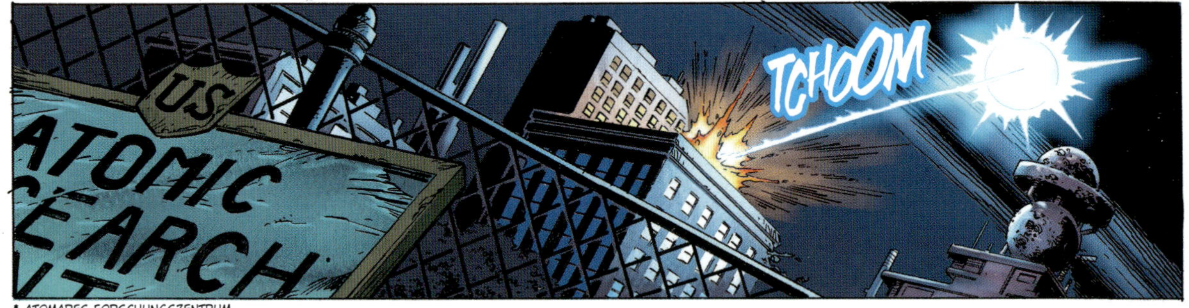

* ATOMARES FORSCHUNGSZENTRUM

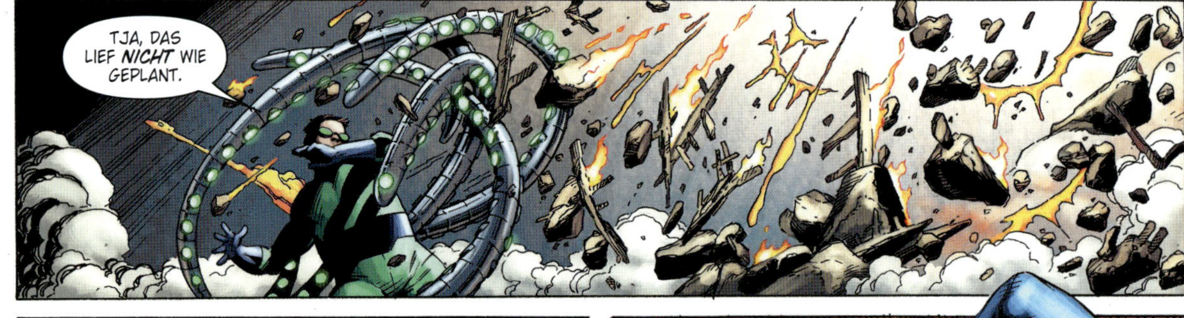

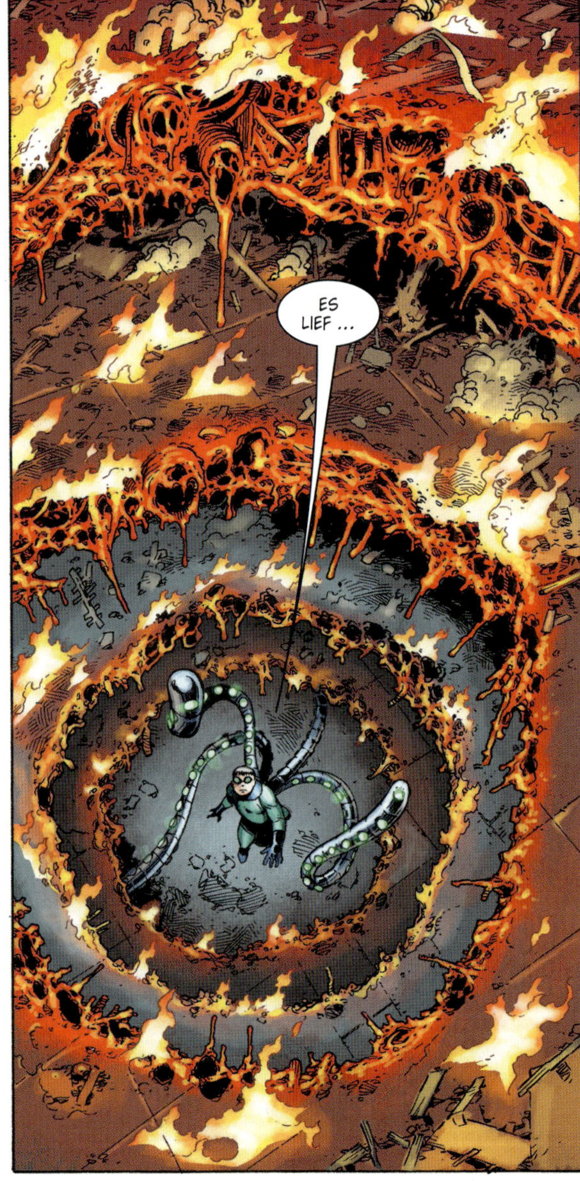

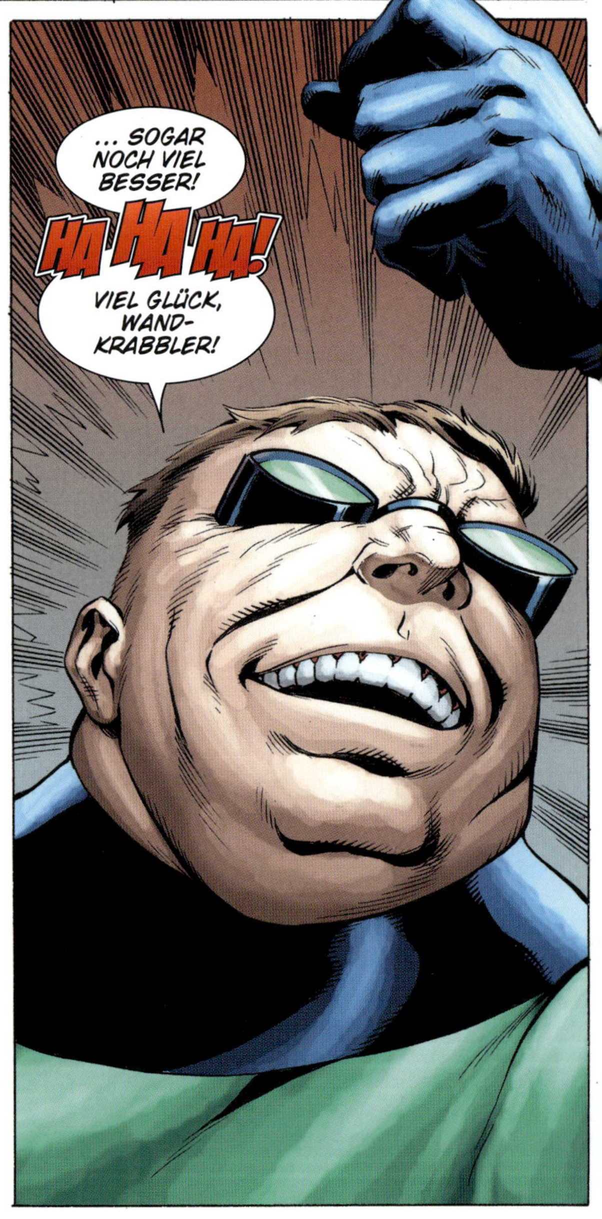

FALSCHE IDENTITÄTSKRISE

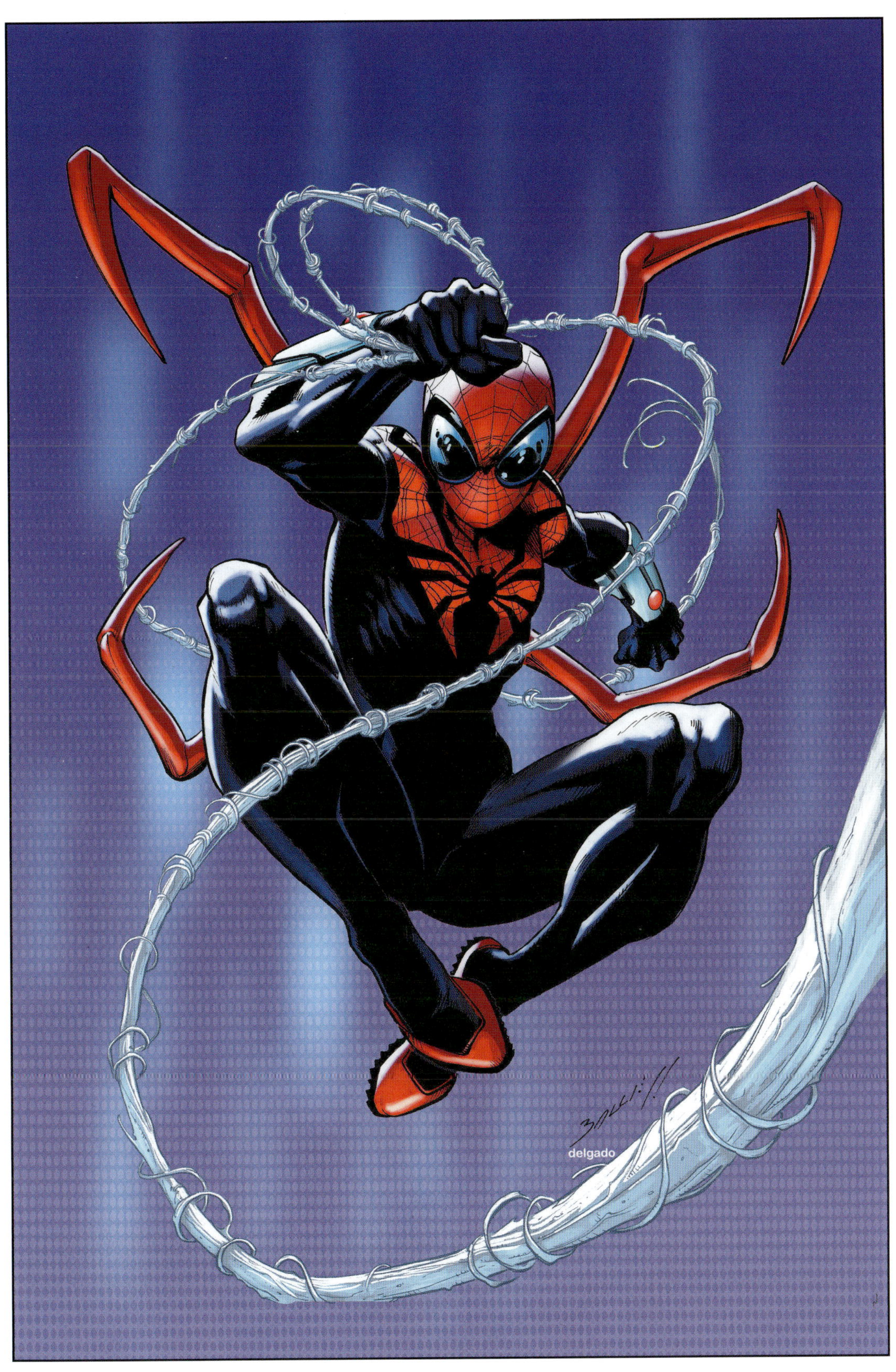

Superior Spider-Man (2024) 1
Cover von **MARK BAGLEY**

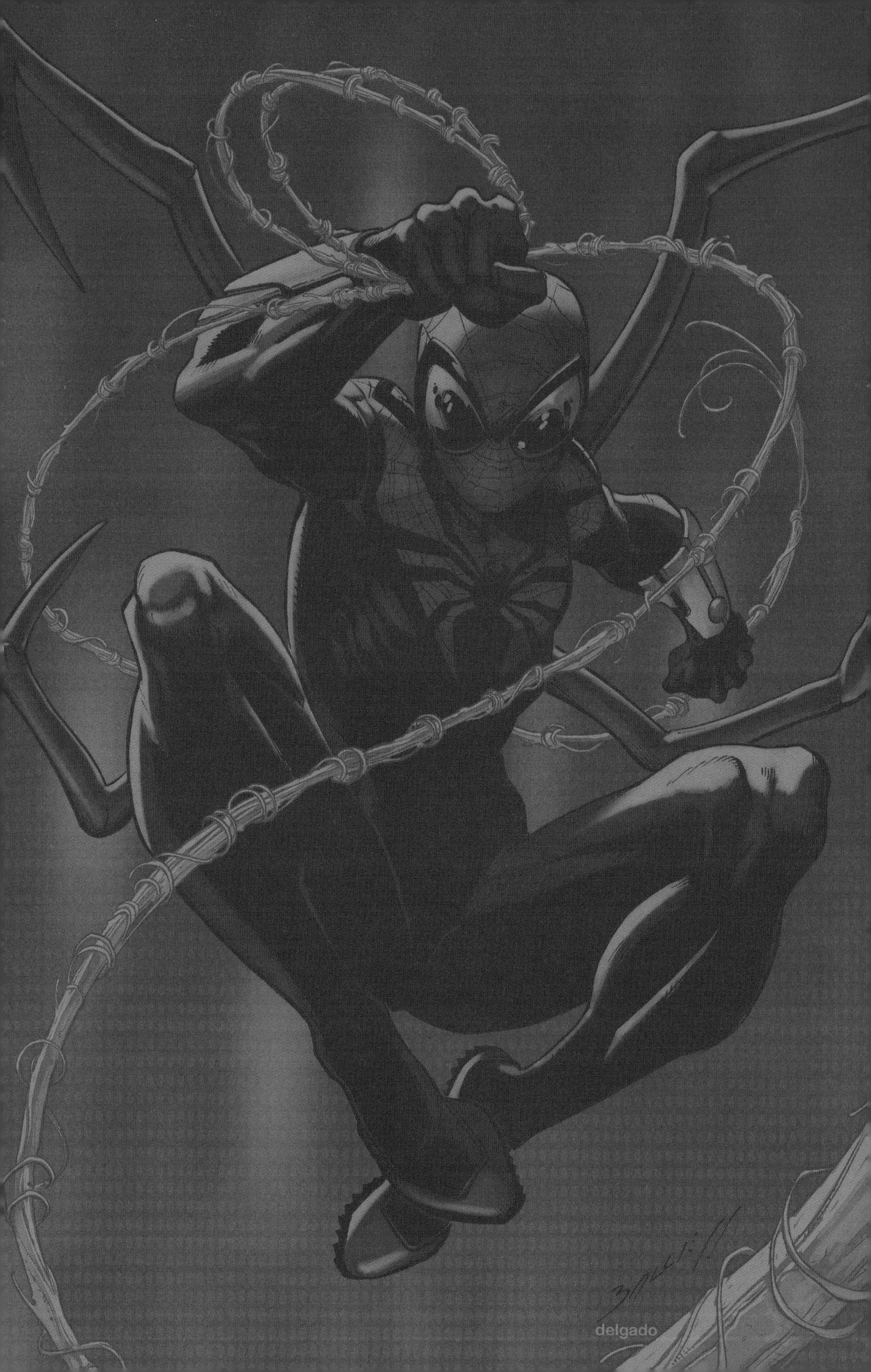
delgado

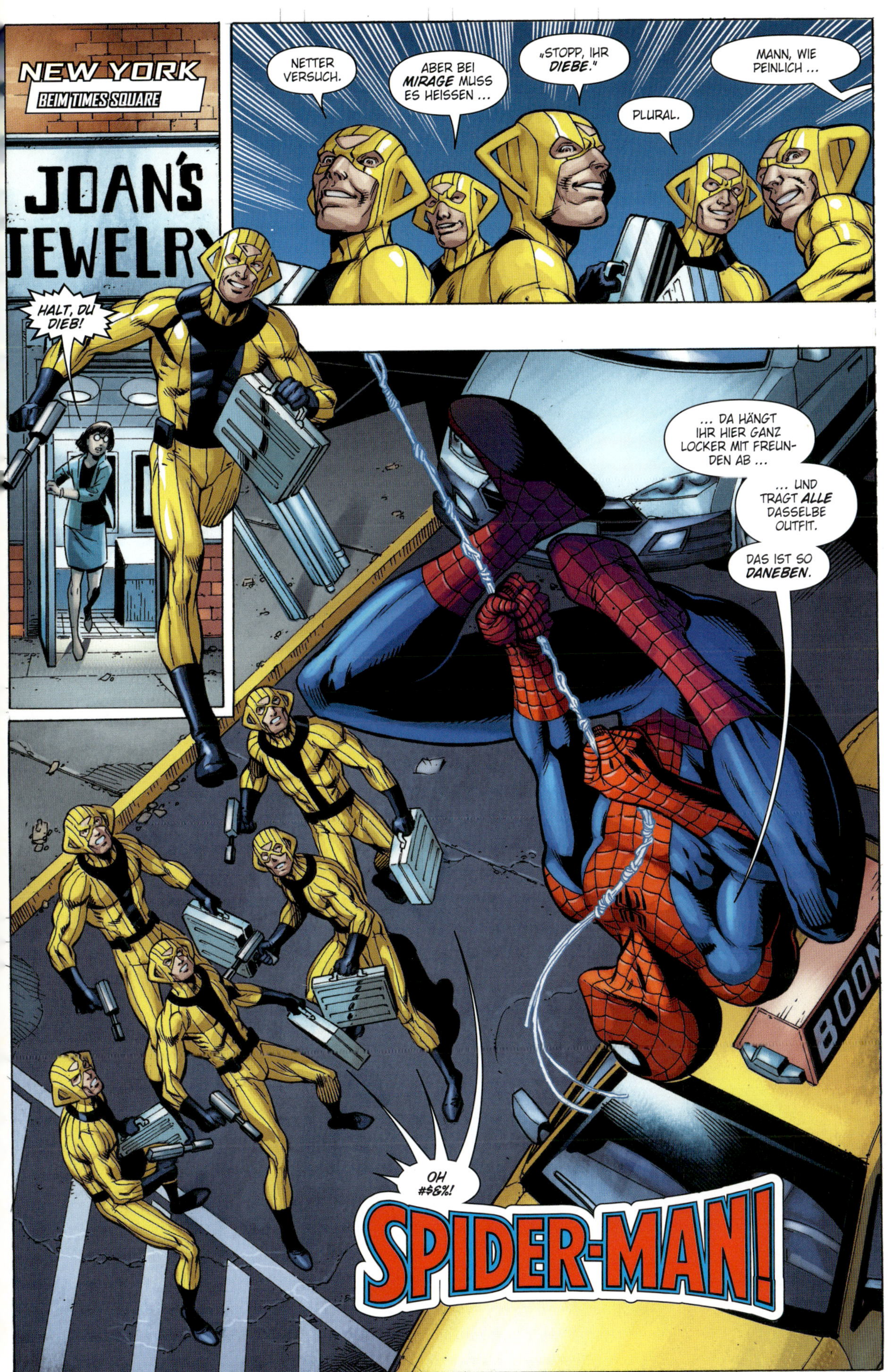
NEW YORK
BEIM TIMES SQUARE
JOAN'S
JEWELRY
NETTER VERSUCH.
ABER BEI MIRAGE MUSS ES HEISSEN ...
„STOPP, IHR DIEBE."
PLURAL.
MANN, WIE PEINLICH ...
HALT, DU DIEB!
... DA HÄNGT IHR HIER GANZ LOCKER MIT FREUN-DEN AB ...
... UND TRAGT ALLE DASSELBE OUTFIT.
DAS IST SO DANEBEN.
OH #$&%!
SPIDER-MAN!

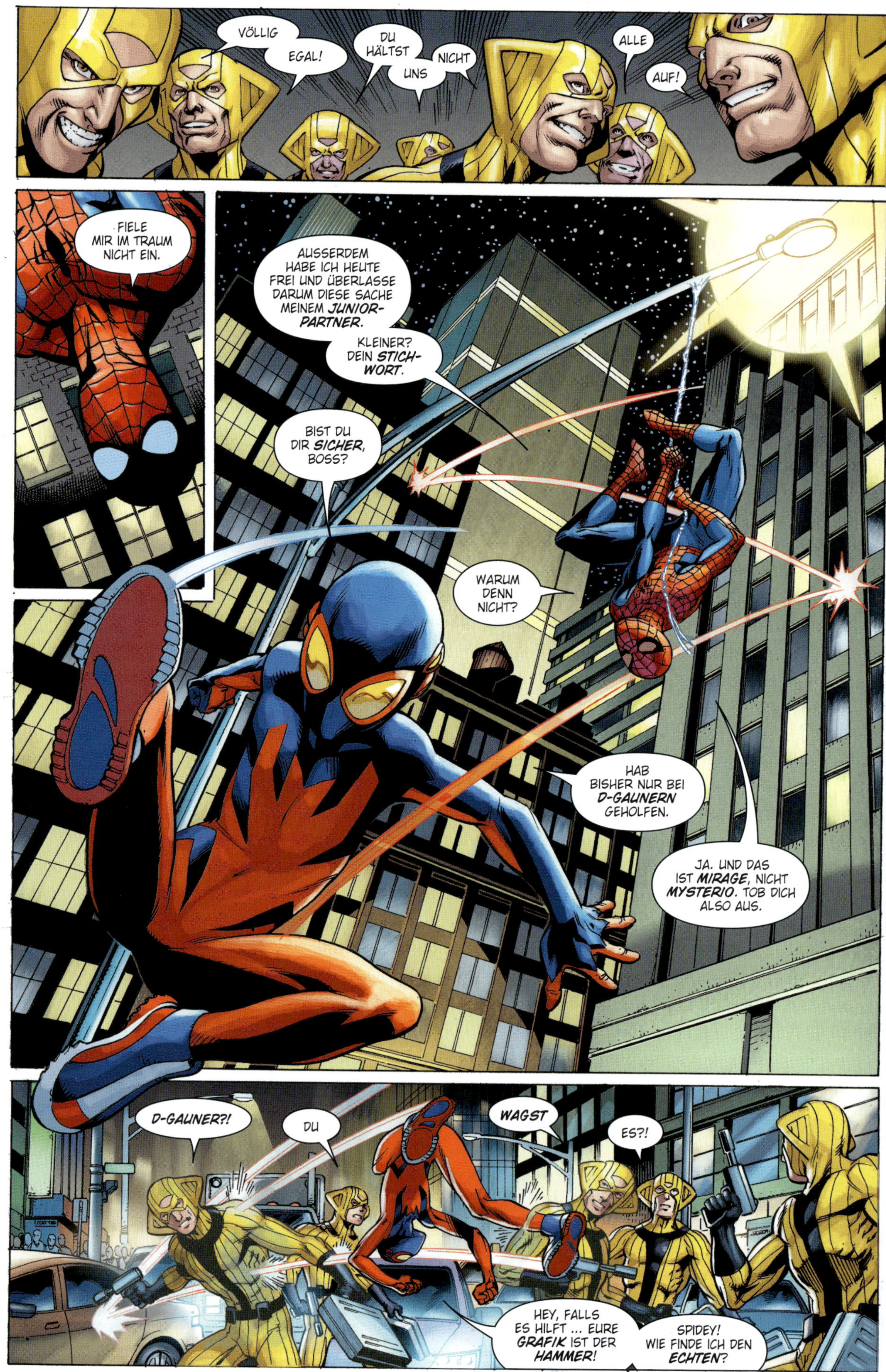
VÖLLIG
EGAL!
DU
HÄLTST
UNS
NICHT
ALLE
AUF!
FIELE
MIR IM TRAUM
NICHT EIN.
AUSSERDEM
HABE ICH HEUTE
FREI UND ÜBERLASSE
DARUM DIESE SACHE
MEINEM JUNIOR-
PARTNER.
KLEINER?
DEIN STICH-
WORT.
BIST DU
DIR SICHER,
BOSS?
WARUM
DENN
NICHT?
HAB
BISHER NUR BEI
D-GAUNERN
GEHOLFEN.
JA. UND DAS
IST MIRAGE, NICHT
MYSTERIO. TOB DICH
ALSO AUS.
D-GAUNER?!
DU
WAGST
ES?!
HEY, FALLS
ES HILFT ... EURE
GRAFIK IST DER
HAMMER!
SPIDEY!
WIE FINDE ICH DEN
ECHTEN?

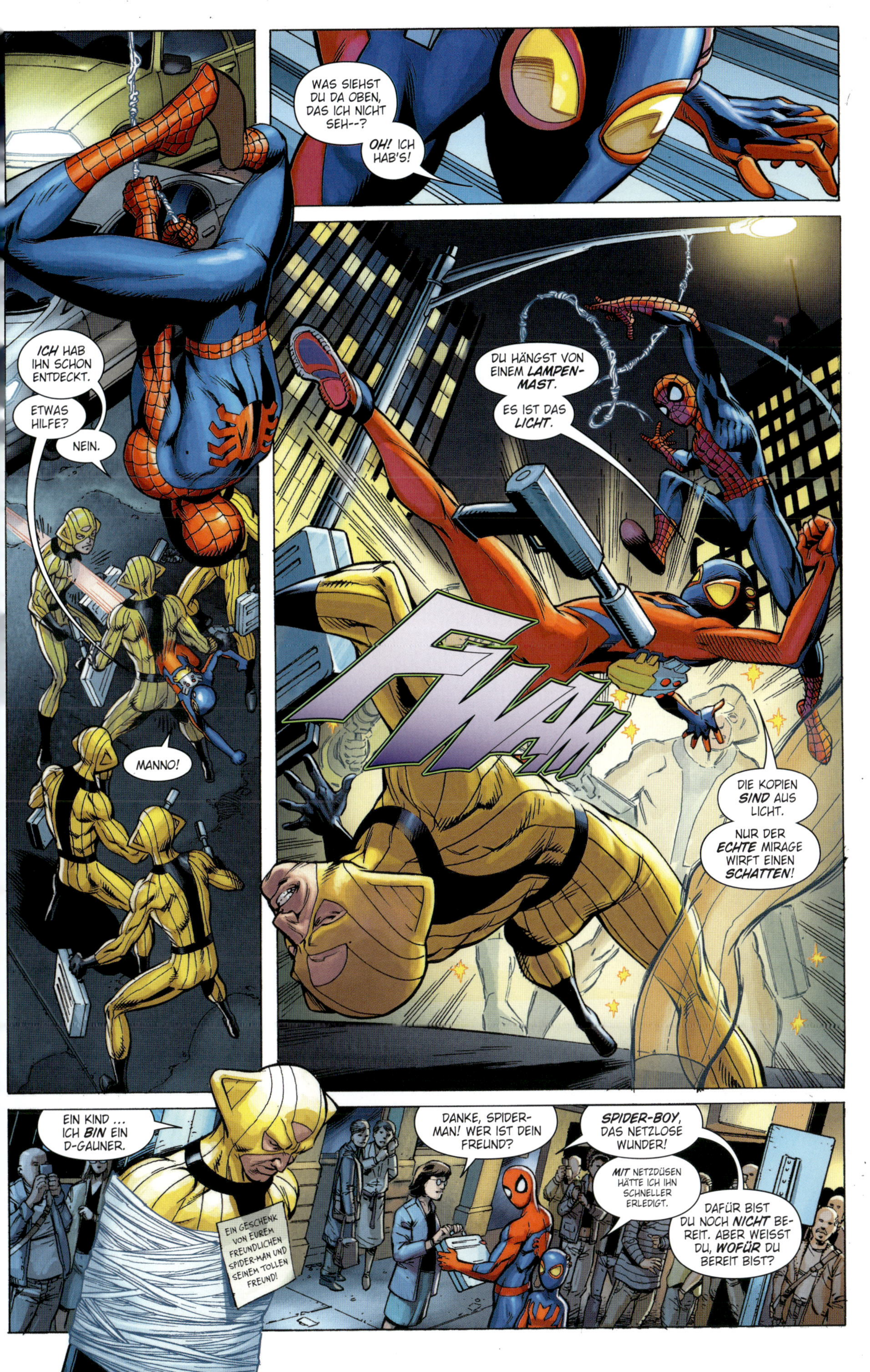
ICH HAB IHN SCHON ENTDECKT.
ETWAS HILFE?
NEIN.
MANNO!
WAS SIEHST DU DA OBEN, DAS ICH NICHT SEH--?
OH! ICH HAB'S!
DU HÄNGST VON EINEM LAMPEN-MAST.
ES IST DAS LICHT.
FWAM
DIE KOPIEN SIND AUS LICHT.
NUR DER ECHTE MIRAGE WIRFT EINEN SCHATTEN!
EIN KIND ... ICH BIN EIN D-GAUNER.
EIN GESCHENK VON EUREM FREUNDLICHEN SPIDER-MAN UND SEINEM TOLLEN FREUND!
DANKE, SPIDER-MAN! WER IST DEIN FREUND?
SPIDER-BOY, DAS NETZLOSE WUNDER!
MIT NETZDÜSEN HÄTTE ICH IHN SCHNELLER ERLEDIGT.
DAFÜR BIST DU NOCH NICHT BEREIT. ABER WEISST DU, WOFÜR DU BEREIT BIST?

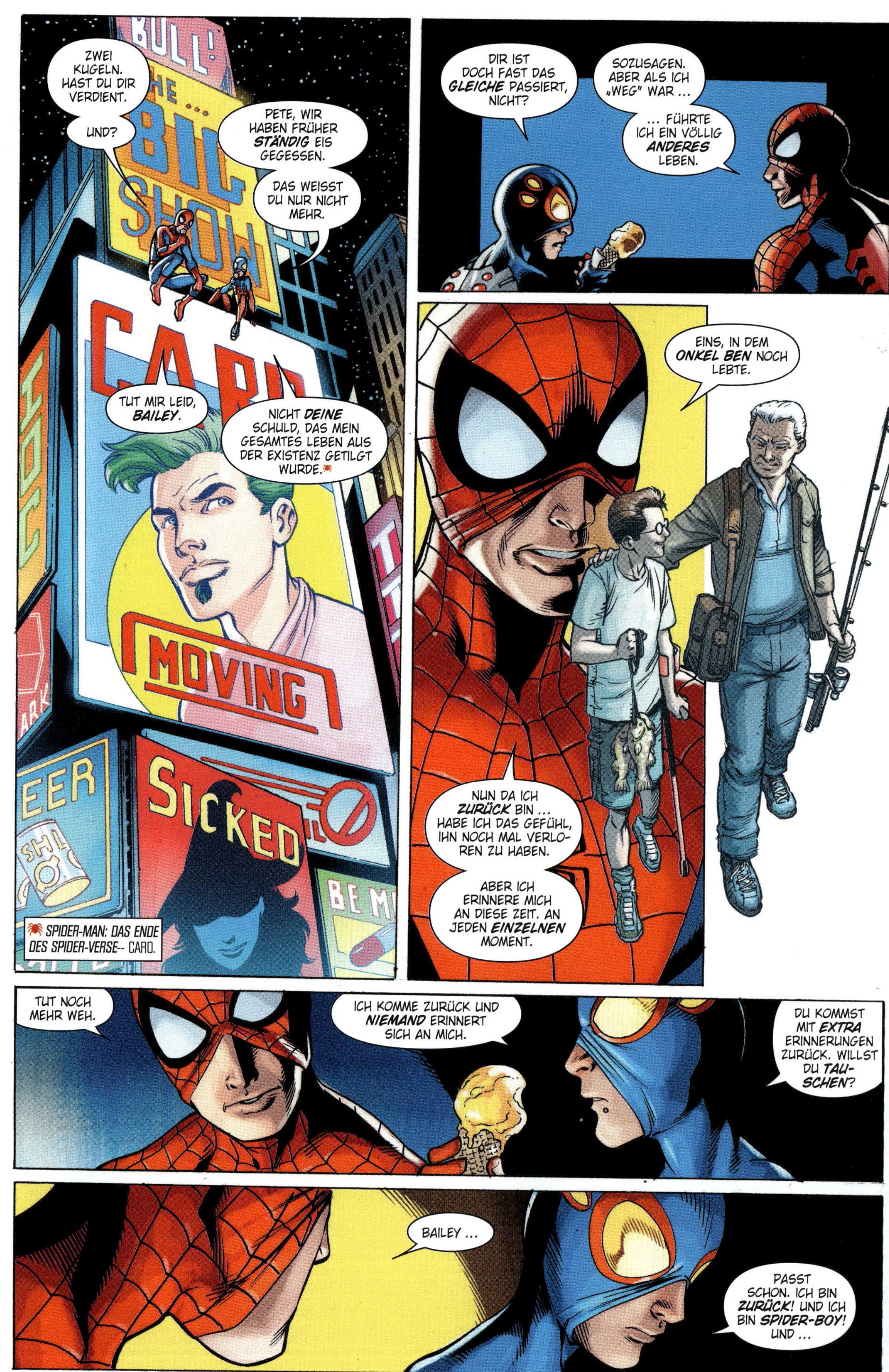
ZWEI KUGELN. HAST DU DIR VERDIENT.
UND?
PETE, WIR HABEN FRÜHER STÄNDIG EIS GEGESSEN.
DAS WEISST DU NUR NICHT MEHR.
BULL!
THE ... BIG SHOW
CARD
TUT MIR LEID, BAILEY.
NICHT DEINE SCHULD, DAS MEIN GESAMTES LEBEN AUS DER EXISTENZ GETILGT WURDE.
MOVING
SICKED
EER
SPIDER-MAN: DAS ENDE DES SPIDER-VERSE-- CARD.
DIR IST DOCH FAST DAS GLEICHE PASSIERT, NICHT?
SOZUSAGEN. ABER ALS ICH „WEG" WAR ...
... FÜHRTE ICH EIN VÖLLIG ANDERES LEBEN.
EINS, IN DEM ONKEL BEN NOCH LEBTE.
NUN DA ICH ZURÜCK BIN ... HABE ICH DAS GEFÜHL, IHN NOCH MAL VERLOREN ZU HABEN.
ABER ICH ERINNERE MICH AN DIESE ZEIT. AN JEDEN EINZELNEN MOMENT.
TUT NOCH MEHR WEH.
ICH KOMME ZURÜCK UND NIEMAND ERINNERT SICH AN MICH.
DU KOMMST MIT EXTRA ERINNERUNGEN ZURÜCK. WILLST DU TAUSCHEN?
BAILEY ...
PASST SCHON. ICH BIN ZURÜCK! UND ICH BIN SPIDER-BOY! UND ...

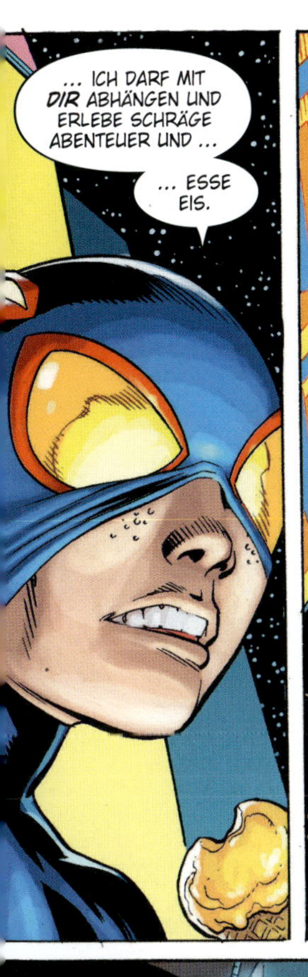
... ICH DARF MIT DIR ABHÄNGEN UND ERLEBE SCHRÄGE ABENTEUER UND ...
... ESSE EIS.

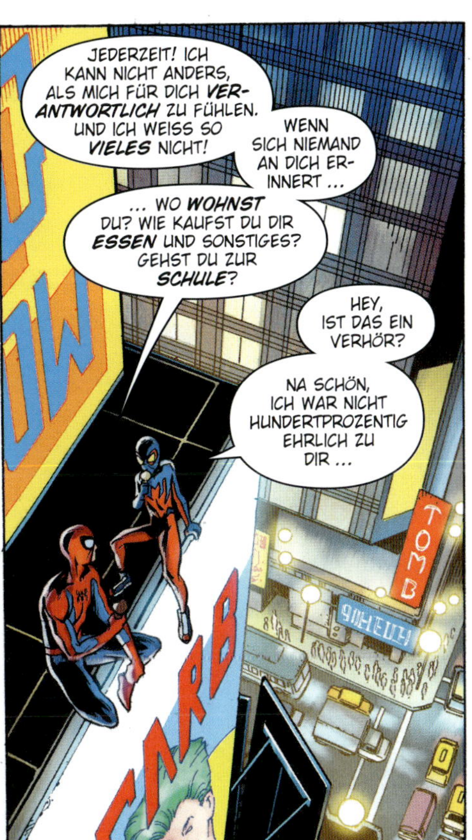
JEDERZEIT! ICH KANN NICHT ANDERS, ALS MICH FÜR DICH VERANTWORTLICH ZU FÜHLEN. UND ICH WEISS SO VIELES NICHT!
WENN SICH NIEMAND AN DICH ERINNERT ...
... WO WOHNST DU? WIE KAUFST DU DIR ESSEN UND SONSTIGES? GEHST DU ZUR SCHULE?
HEY, IST DAS EIN VERHÖR?
NA SCHÖN, ICH WAR NICHT HUNDERTPROZENTIG EHRLICH ZU DIR ...
TOMB

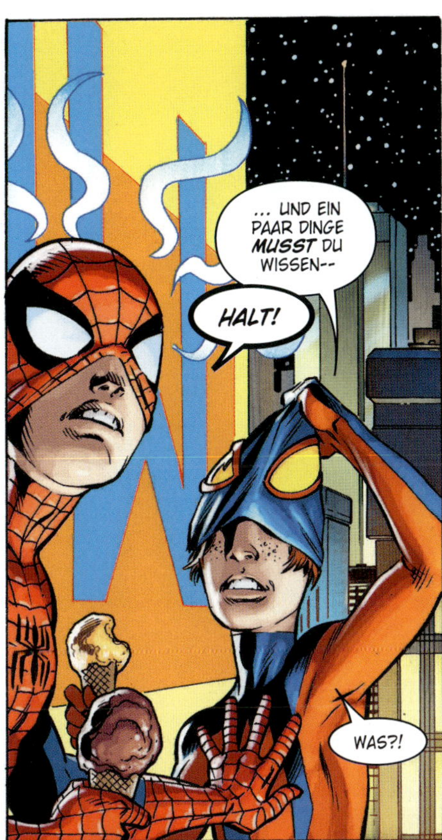
... UND EIN PAAR DINGE MUSST DU WISSEN--
HALT!
WAS?!

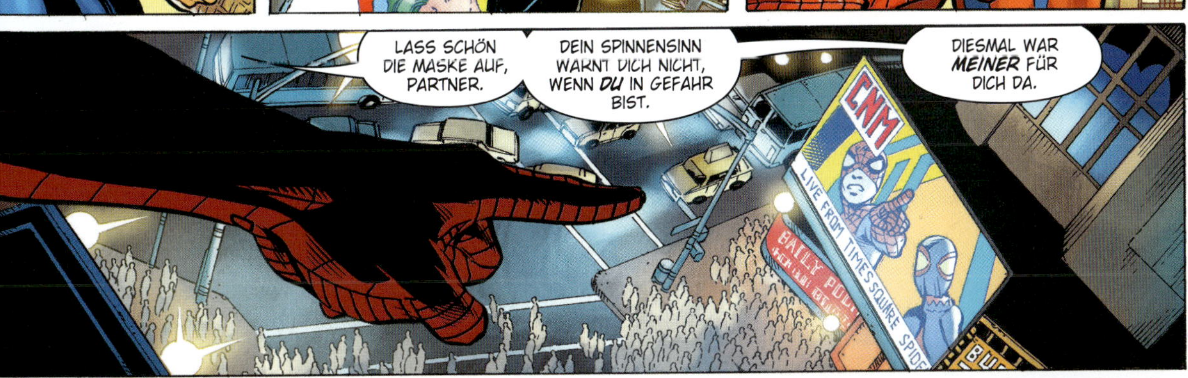
LASS SCHÖN DIE MASKE AUF, PARTNER.
DEIN SPINNENSINN WARNT DICH NICHT, WENN DU IN GEFAHR BIST.
DIESMAL WAR MEINER FÜR DICH DA.
CNM
LIVE FROM TIMES SQUARE

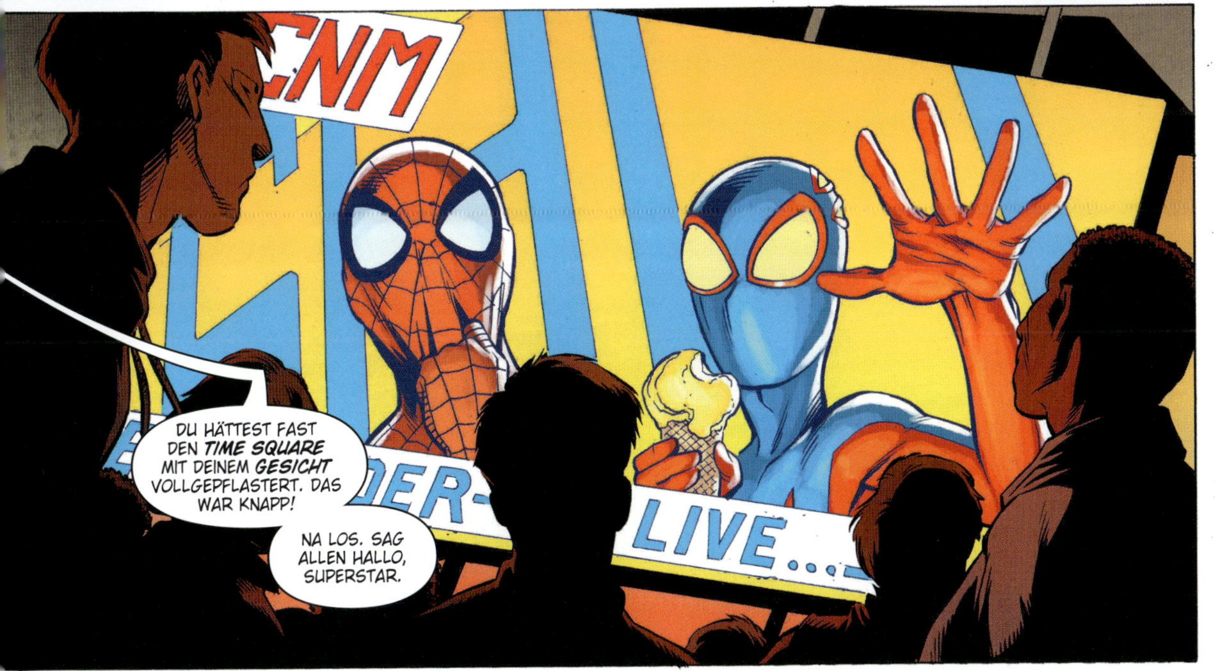
CNM
DU HÄTTEST FAST DEN TIME SQUARE MIT DEINEM GESICHT VOLLGEPFLASTERT. DAS WAR KNAPP!
NA LOS. SAG ALLEN HALLO, SUPERSTAR.
LIVE...

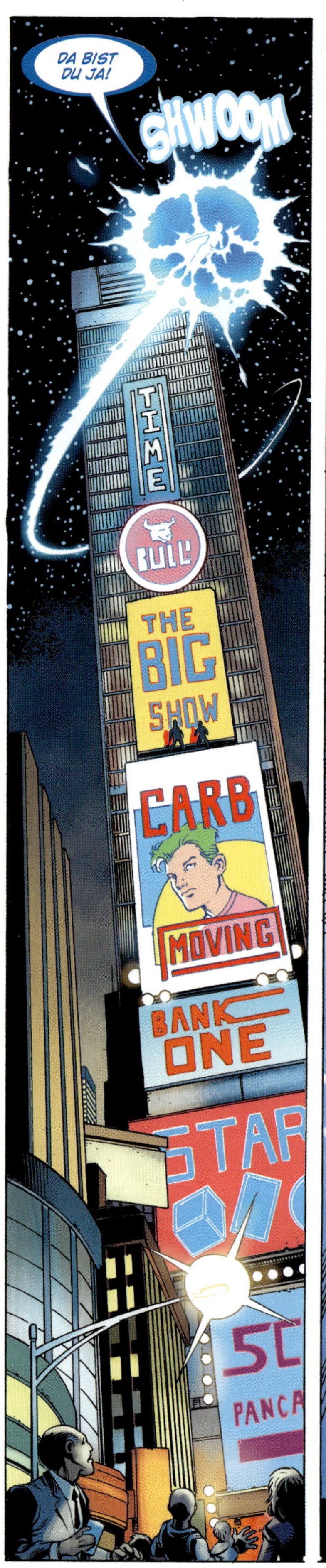

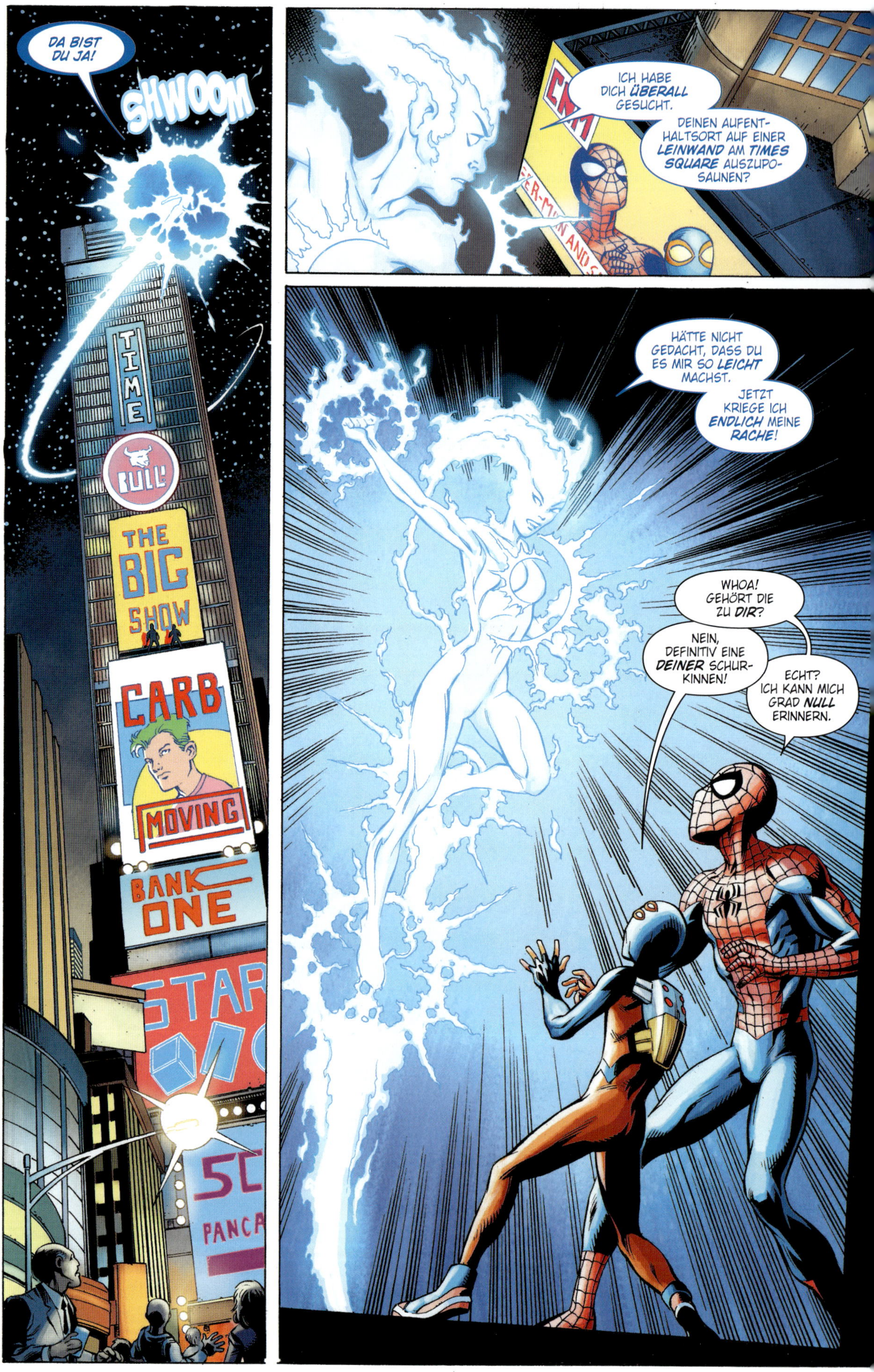

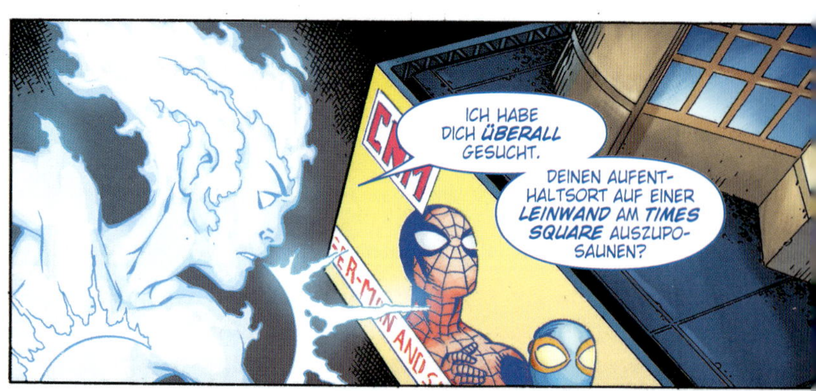

HÄTTE NICHT GEDACHT, DASS DU ES MIR SO **LEICHT** MACHST.

JETZT KRIEGE ICH **ENDLICH** MEINE **RACHE**!

WHOA! GEHÖRT DIE ZU **DIR**?

NEIN, DEFINITIV EINE **DEINER** SCHURKINNEN!

ECHT? ICH KANN MICH GRAD **NULL** ERINNERN.

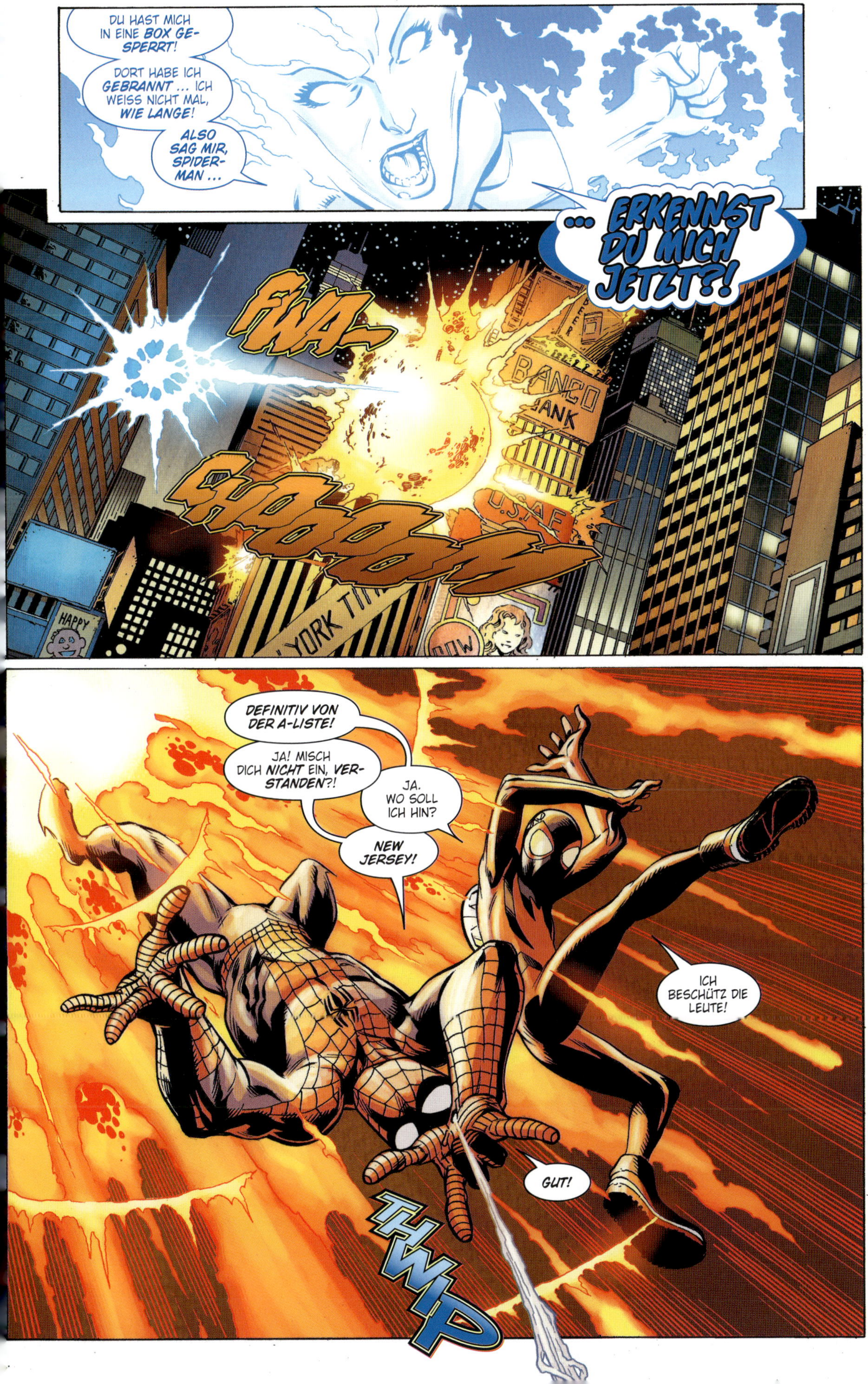

DU HAST MICH IN EINE *BOX* GE-SPERRT!
DORT HABE ICH *GEBRANNT* ... ICH WEISS NICHT MAL, *WIE LANGE*!
ALSO SAG MIR, SPIDER-MAN ...
... ERKENNST DU MICH JETZT?!
FWA-
DEFINITIV VON DER A-LISTE!
JA! MISCH DICH *NICHT* EIN, *VER-STANDEN*?!
JA. WO SOLL ICH HIN?
NEW JERSEY!
ICH BESCHÜTZ DIE LEUTE!
GUT!
THWIP

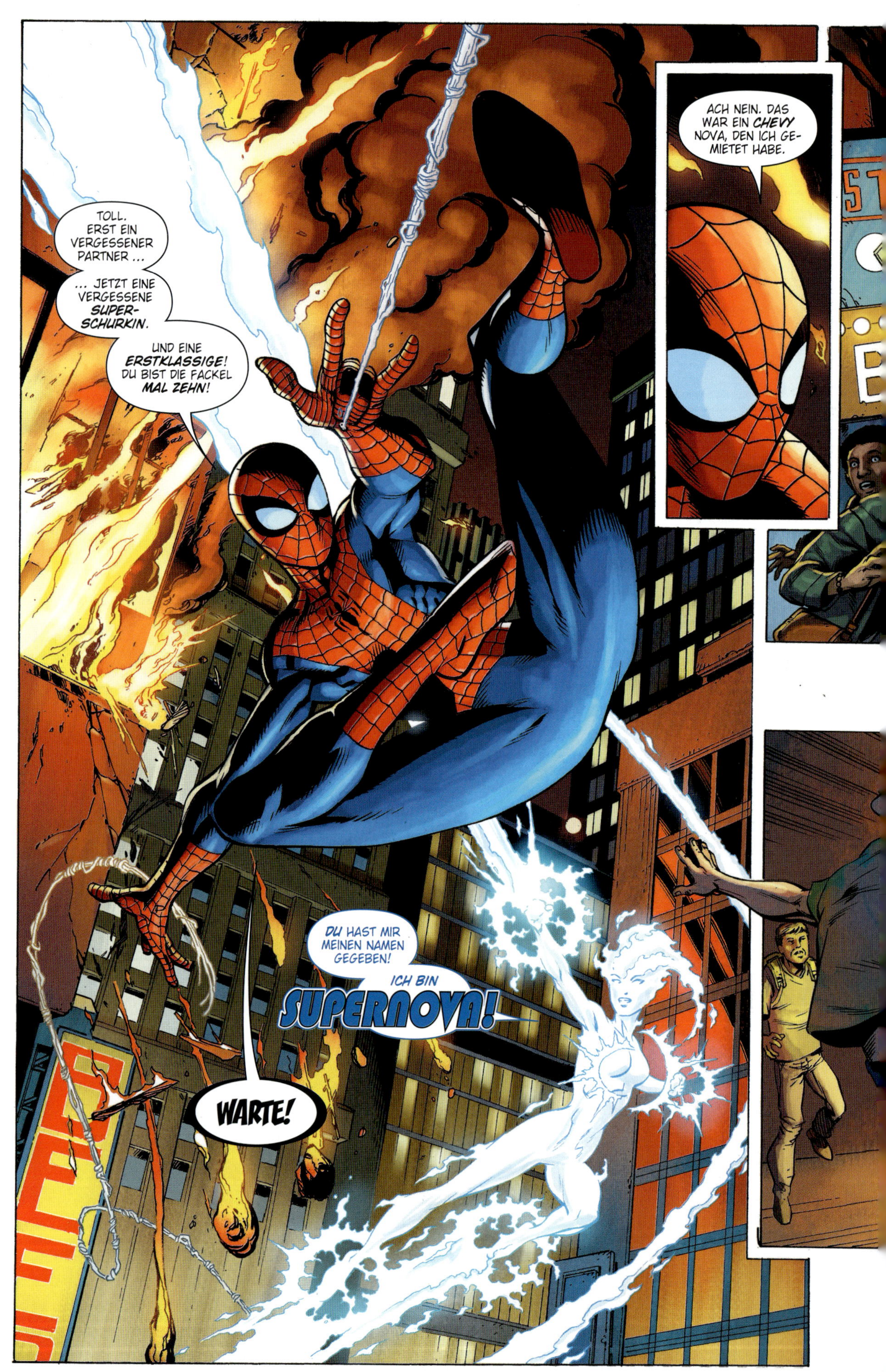
TOLL. ERST EIN VERGESSENER PARTNER ...
... JETZT EINE VERGESSENE SUPER-SCHURKIN.
UND EINE ERSTKLASSIGE! DU BIST DIE FACKEL MAL ZEHN!
ACH NEIN. DAS WAR EIN CHEVY NOVA, DEN ICH GE-MIETET HABE.
DU HAST MIR MEINEN NAMEN GEGEBEN!
ICH BIN SUPERNOVA!
WARTE!

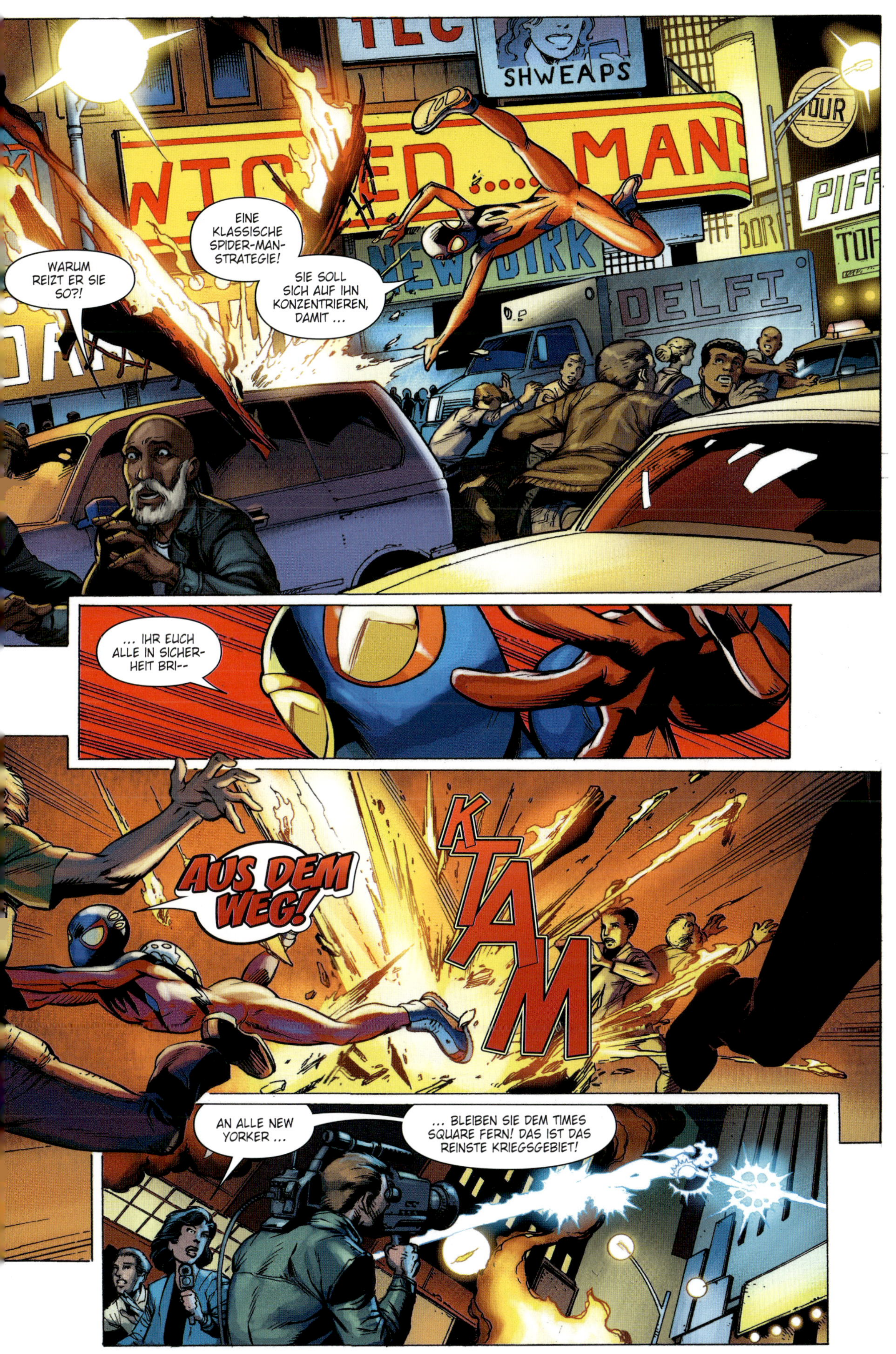
WARUM REIZT ER SIE SO?!
EINE KLASSISCHE SPIDER-MAN-STRATEGIE!
SIE SOLL SICH AUF IHN KONZENTRIEREN, DAMIT ...
... IHR EUCH ALLE IN SICHERHEIT BRI--
AUS DEM WEG!
KTAM
AN ALLE NEW YORKER ...
... BLEIBEN SIE DEM TIMES SQUARE FERN! DAS IST DAS REINSTE KRIEGSGEBIET!

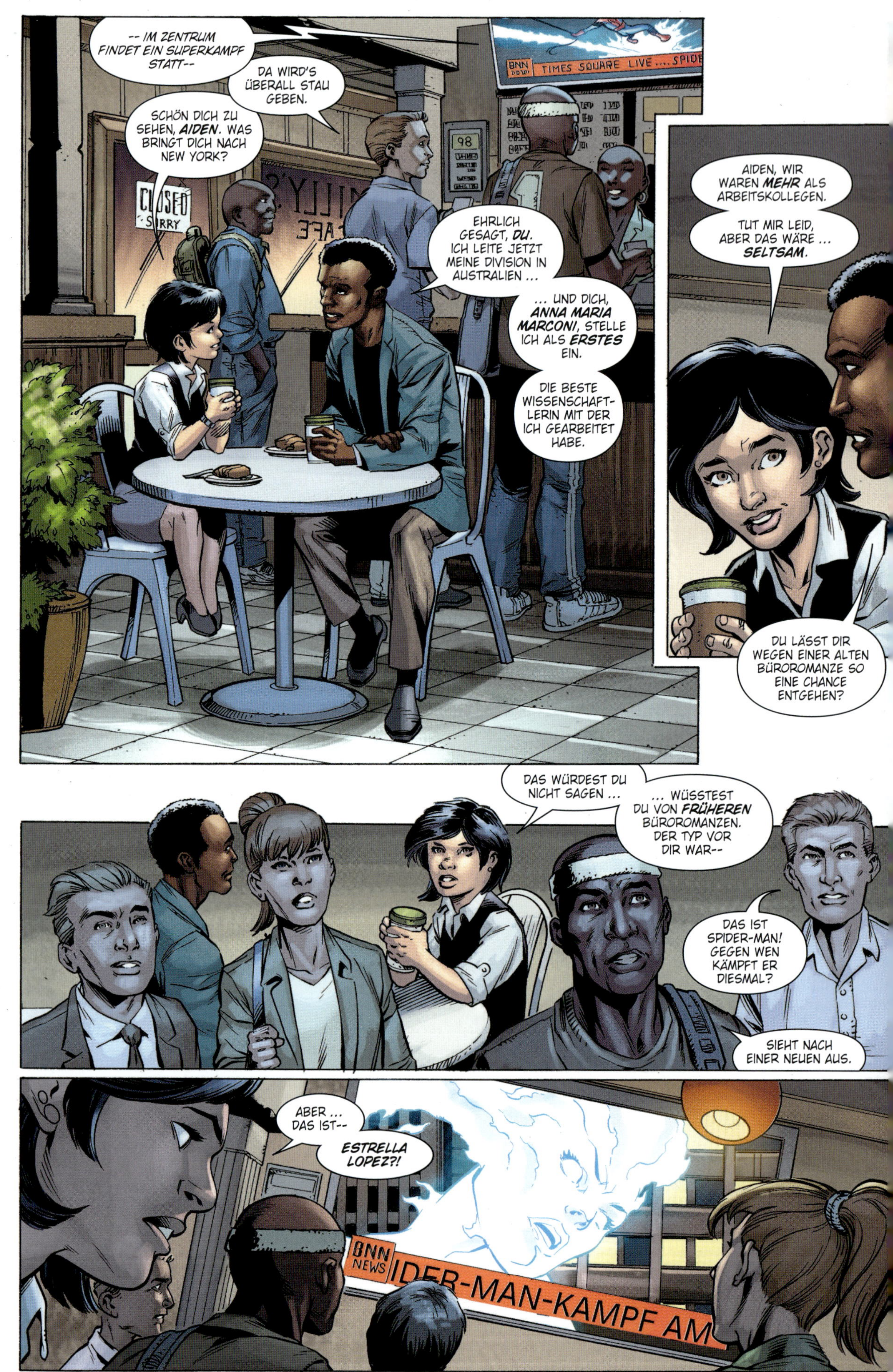
BNN NEWS TIMES SQUARE LIVE ... SPID
-- IM ZENTRUM FINDET EIN SUPERKAMPF STATT--
DA WIRD'S ÜBERALL STAU GEBEN.
SCHÖN DICH ZU SEHEN, AIDEN. WAS BRINGT DICH NACH NEW YORK?
CLOSED SORRY
EHRLICH GESAGT, DU. ICH LEITE JETZT MEINE DIVISION IN AUSTRALIEN ...
... UND DICH, ANNA MARIA MARCONI, STELLE ICH ALS ERSTES EIN.
DIE BESTE WISSENSCHAFTLERIN MIT DER ICH GEARBEITET HABE.
AIDEN, WIR WAREN MEHR ALS ARBEITSKOLLEGEN.
TUT MIR LEID, ABER DAS WÄRE ... SELTSAM.
DU LÄSST DIR WEGEN EINER ALTEN BÜROROMANZE SO EINE CHANCE ENTGEHEN?
DAS WÜRDEST DU NICHT SAGEN ...
... WÜSSTEST DU VON FRÜHEREN BÜROROMANZEN. DER TYP VOR DIR WAR--
DAS IST SPIDER-MAN! GEGEN WEN KÄMPFT ER DIESMAL?
SIEHT NACH EINER NEUEN AUS.
ABER ... DAS IST--
ESTRELLA LOPEZ?!
BNN NEWS IDER-MAN-KAMPF AM

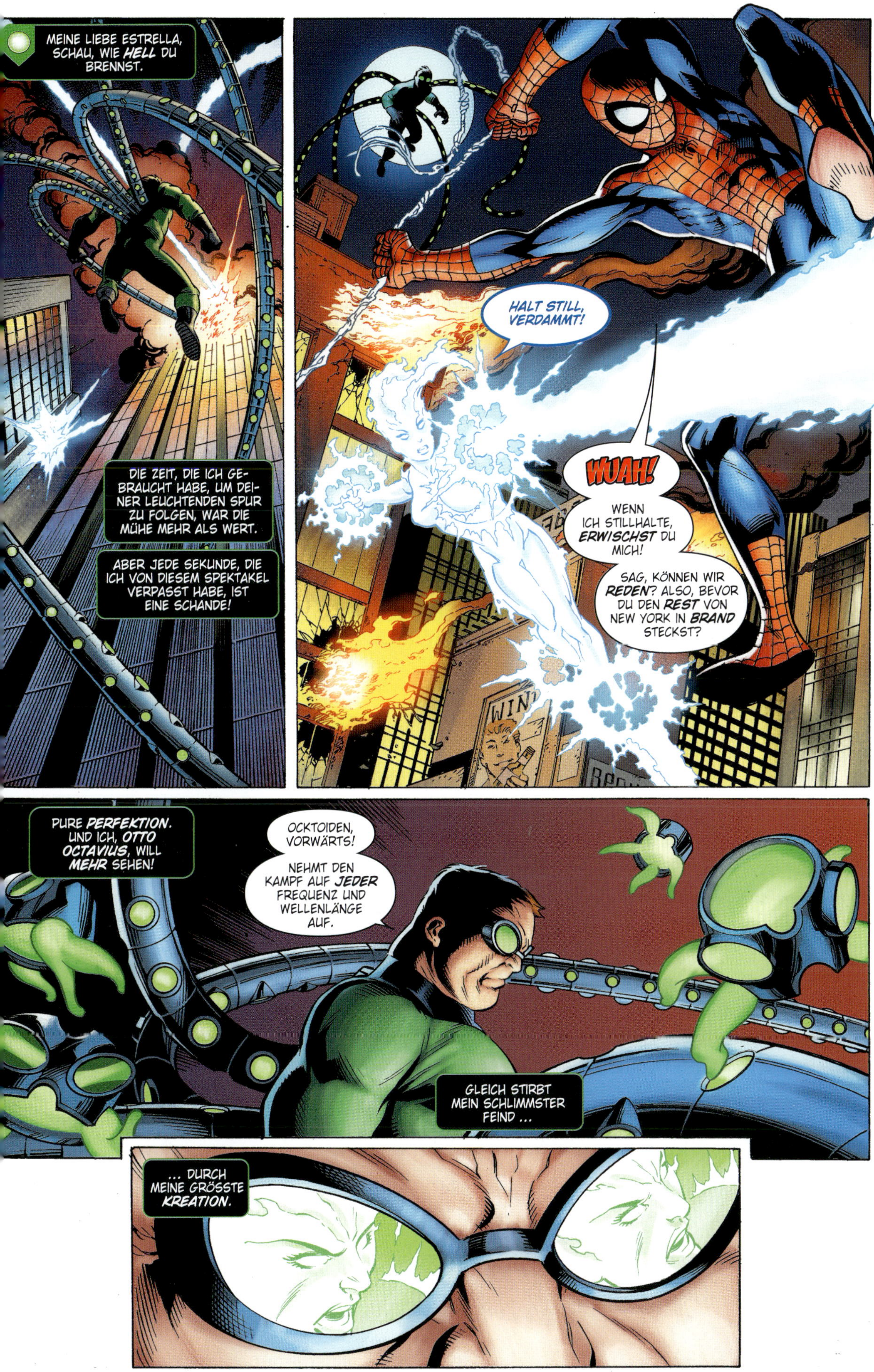

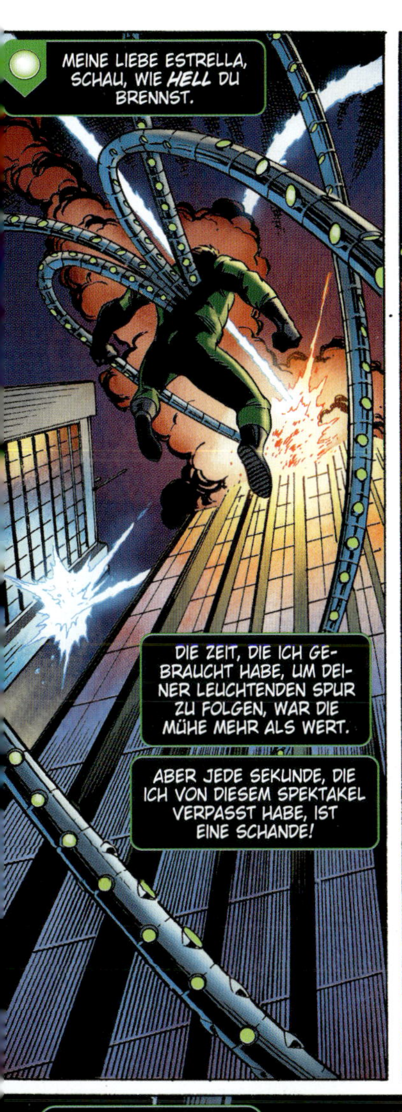

HALT STILL, VERDAMMT!

WUAH!

WENN ICH STILLHALTE, ERWISCHST DU MICH!

SAG, KÖNNEN WIR REDEN? ALSO, BEVOR DU DEN REST VON NEW YORK IN BRAND STECKST?

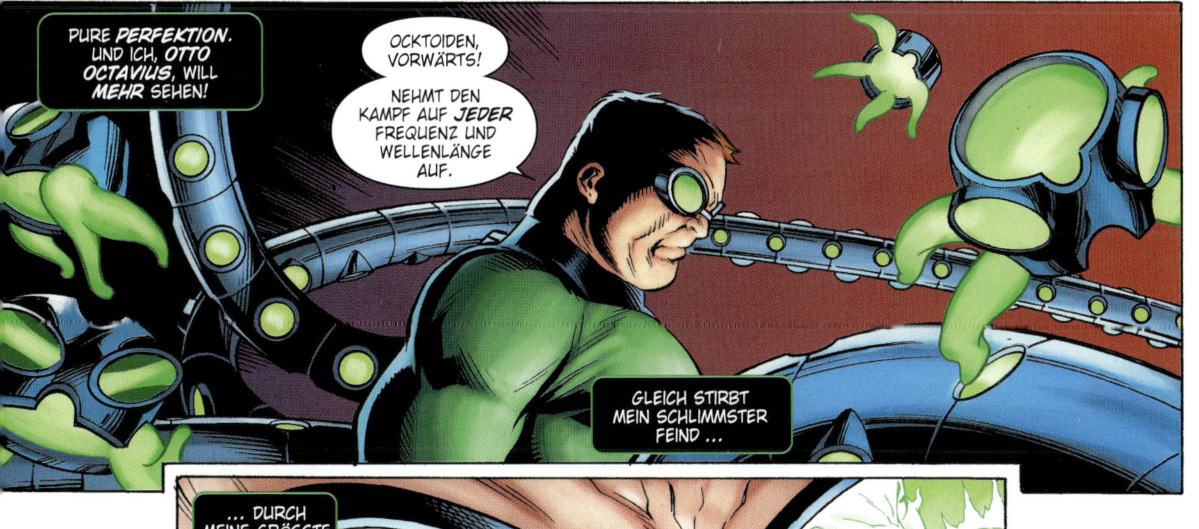

... DURCH MEINE GRÖSSTE KREATION.

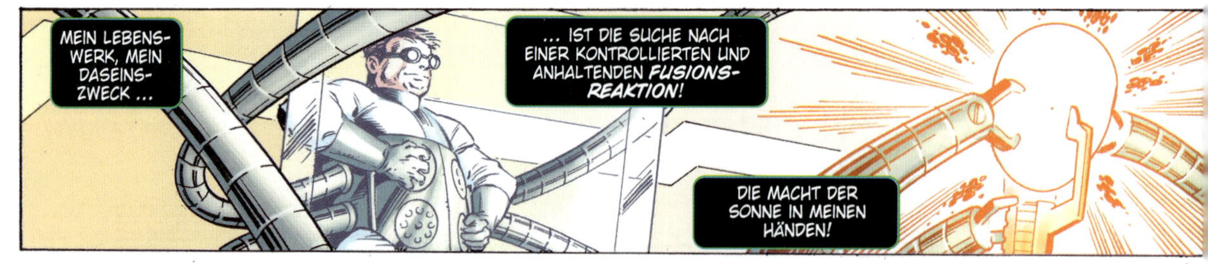
MEIN LEBENSWERK, MEIN DASEINSZWECK ...
... IST DIE SUCHE NACH EINER KONTROLLIERTEN UND ANHALTENDEN FUSIONSREAKTION!
DIE MACHT DER SONNE IN MEINEN HÄNDEN!

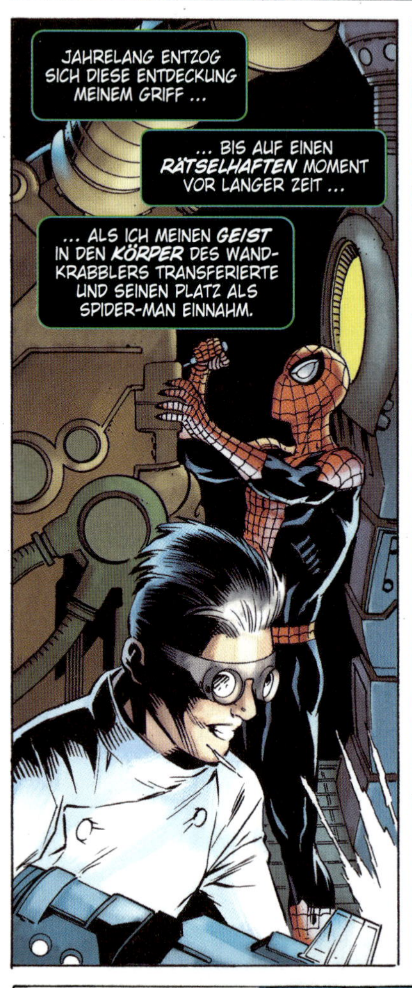
JAHRELANG ENTZOG SICH DIESE ENTDECKUNG MEINEM GRIFF ...
... BIS AUF EINEN RÄTSELHAFTEN MOMENT VOR LANGER ZEIT ...
... ALS ICH MEINEN GEIST IN DEN KÖRPER DES WANDKRABBLERS TRANSFERIERTE UND SEINEN PLATZ ALS SPIDER-MAN EINNAHM.

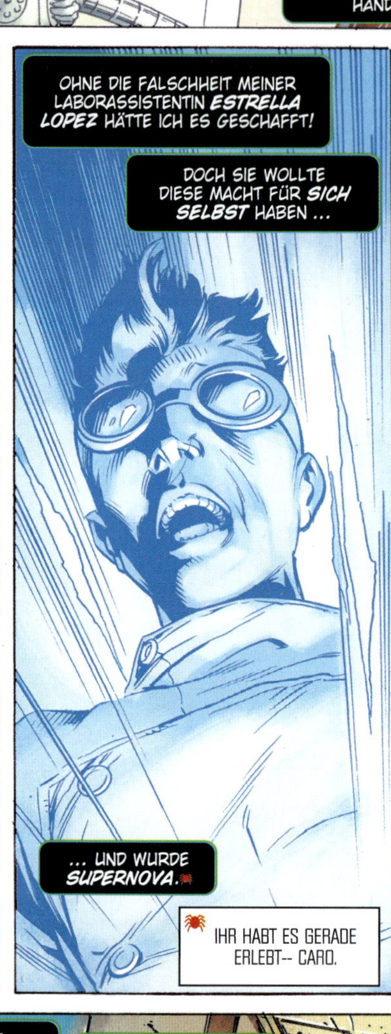
OHNE DIE FALSCHHEIT MEINER LABORASSISTENTIN ESTRELLA LOPEZ HÄTTE ICH ES GESCHAFFT!
DOCH SIE WOLLTE DIESE MACHT FÜR SICH SELBST HABEN ...
... UND WURDE SUPERNOVA.
IHR HABT ES GERADE ERLEBT-- CARO.

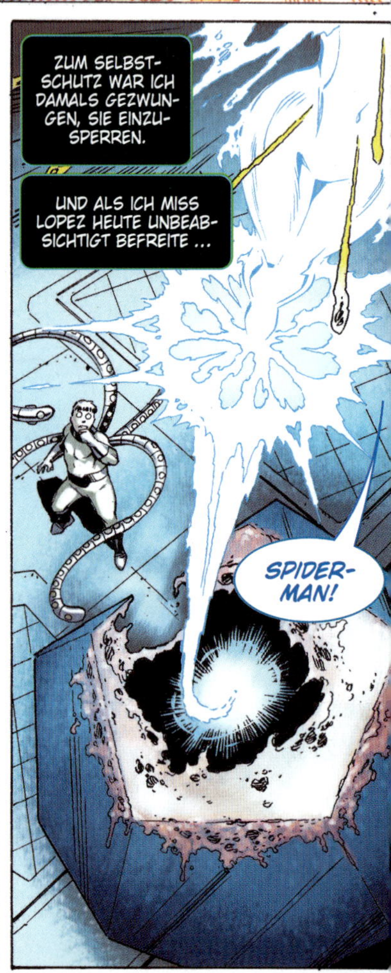
ZUM SELBSTSCHUTZ WAR ICH DAMALS GEZWUNGEN, SIE EINZUSPERREN.
UND ALS ICH MISS LOPEZ HEUTE UNBEABSICHTIGT BEFREITE ...
SPIDER-MAN!

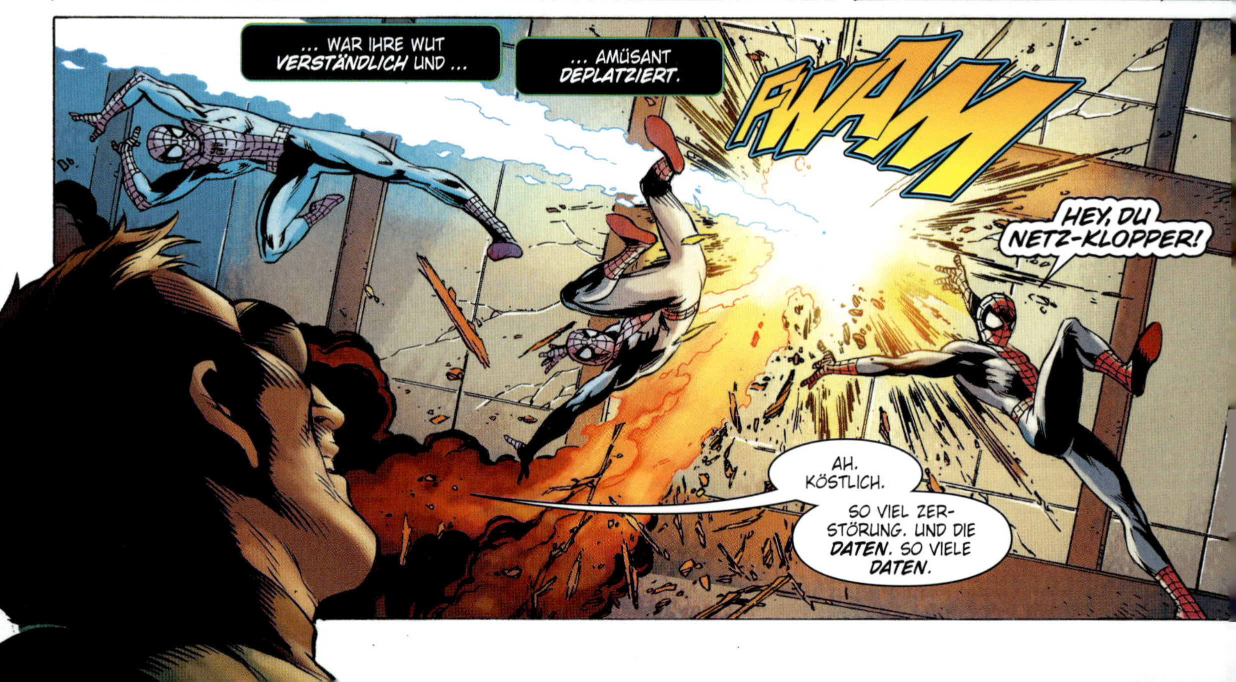
... WAR IHRE WUT VERSTÄNDLICH UND ...
... AMÜSANT DEPLATZIERT.
FWAM
HEY, DU NETZ-KLOPPER!
AH. KÖSTLICH.
SO VIEL ZERSTÖRUNG. UND DIE DATEN. SO VIELE DATEN.

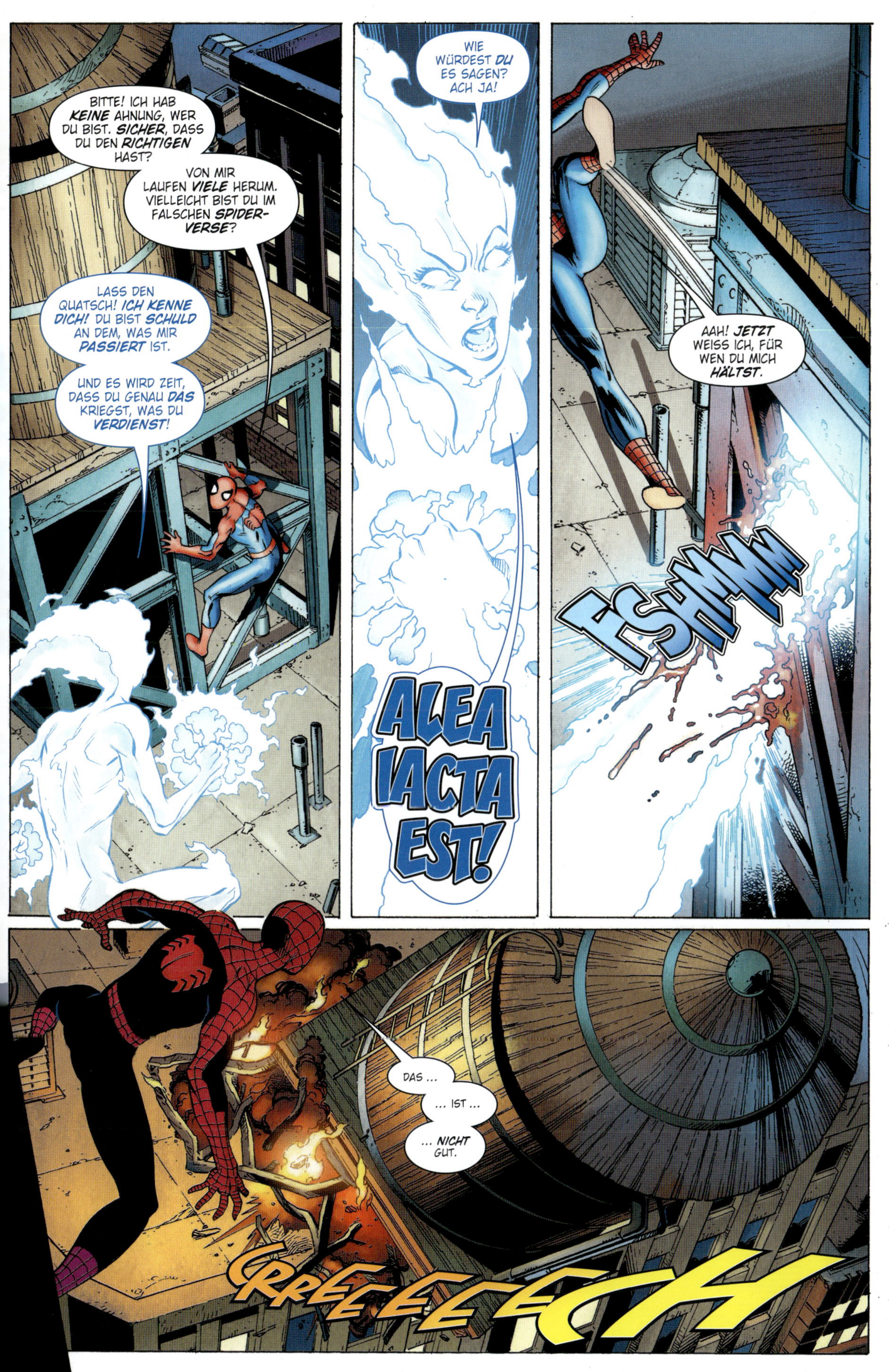
BITTE! ICH HAB KEINE AHNUNG, WER DU BIST. SICHER, DASS DU DEN RICHTIGEN HAST?
VON MIR LAUFEN VIELE HERUM. VIELLEICHT BIST DU IM FALSCHEN SPIDER-VERSE?
LASS DEN QUATSCH! ICH KENNE DICH! DU BIST SCHULD AN DEM, WAS MIR PASSIERT IST.
UND ES WIRD ZEIT, DASS DU GENAU DAS KRIEGST, WAS DU VERDIENST!
WIE WÜRDEST DU ES SAGEN? ACH JA!
ALEA IACTA EST!
AAH! JETZT WEISS ICH, FÜR WEN DU MICH HÄLTST.
FSHMMM
DAS ...
... IST ...
... NICHT GUT.
CRREEEEECH

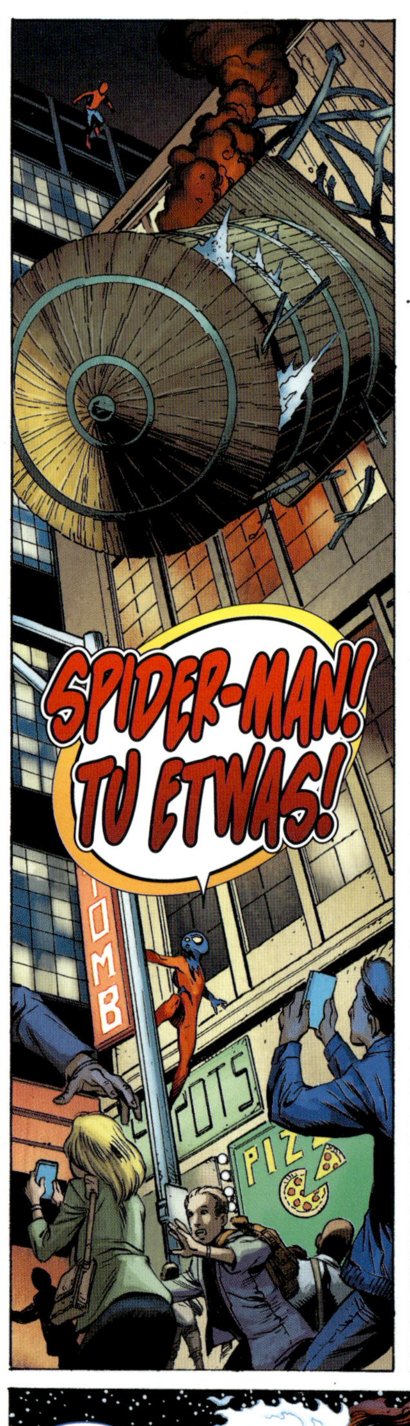
SPIDER-MAN! TU ETWAS!
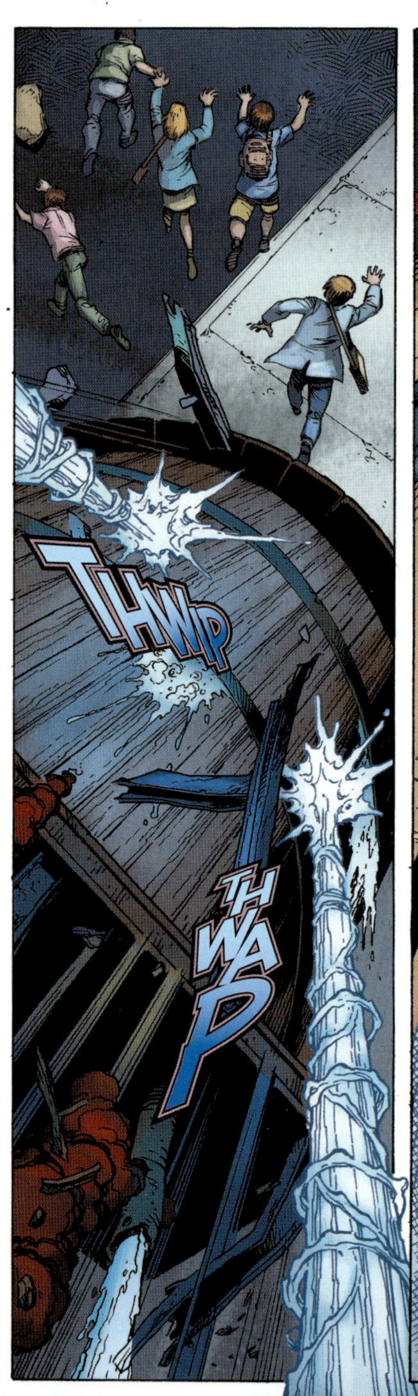
THWIP
THWAP
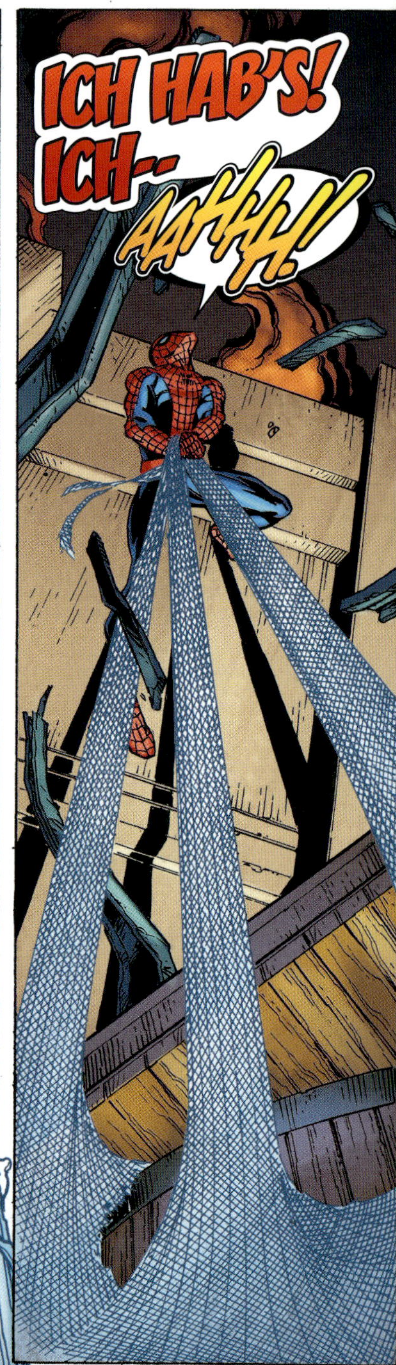
ICH HAB'S! ICH-- AAHHH!
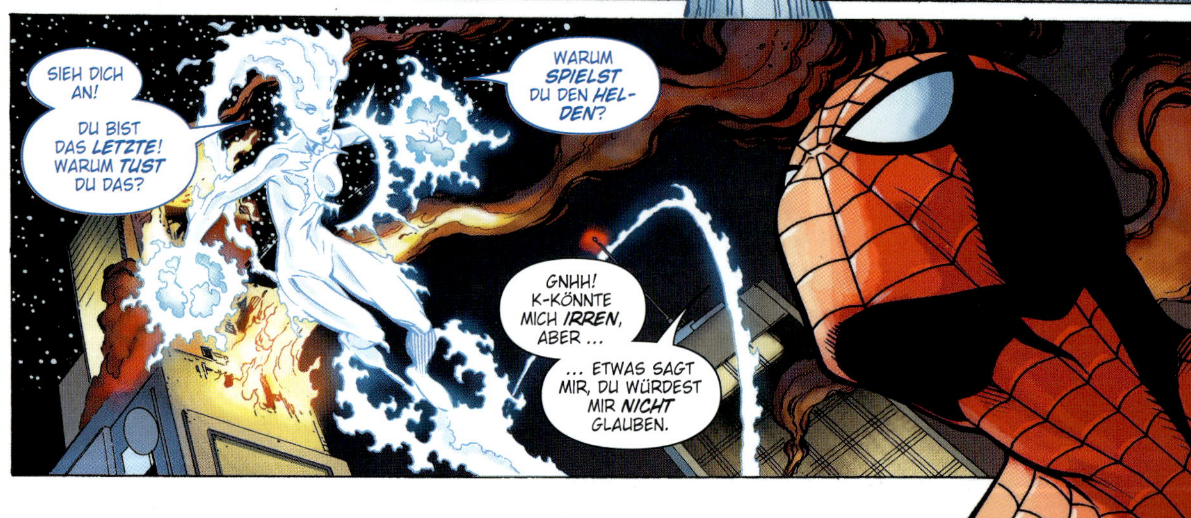
SIEH DICH AN!
DU BIST DAS LETZTE! WARUM TUST DU DAS?
WARUM SPIELST DU DEN HELDEN?
GNHH! K-KÖNNTE MICH IRREN, ABER ...
... ETWAS SAGT MIR, DU WÜRDEST MIR NICHT GLAUBEN.

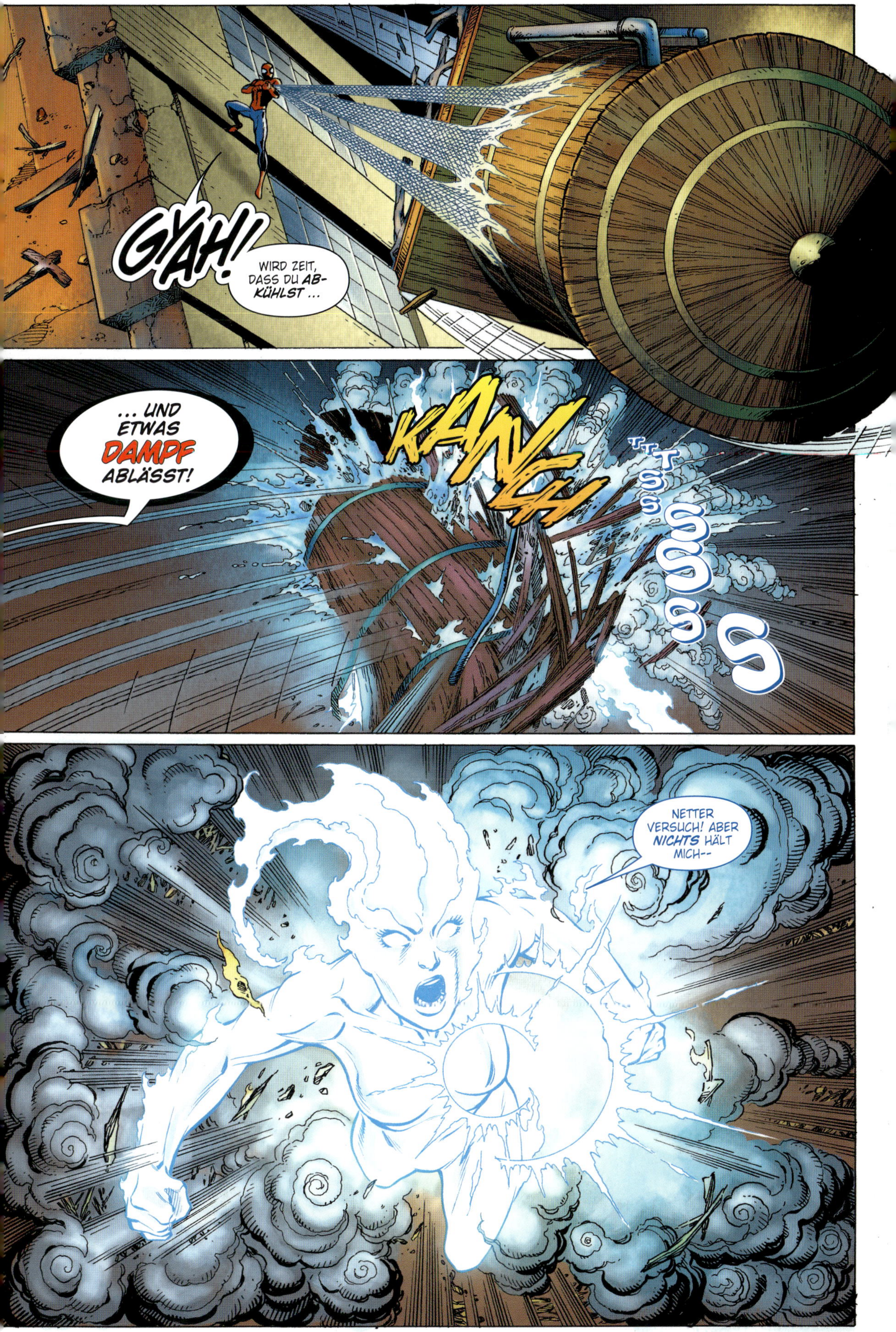

GYAH!
WIRD ZEIT, DASS DU ABKÜHLST ...
... UND ETWAS DAMPF ABLÄSST!
KANG
TTTSSSSSSS
NETTER VERSUCH! ABER NICHTS HÄLT MICH--

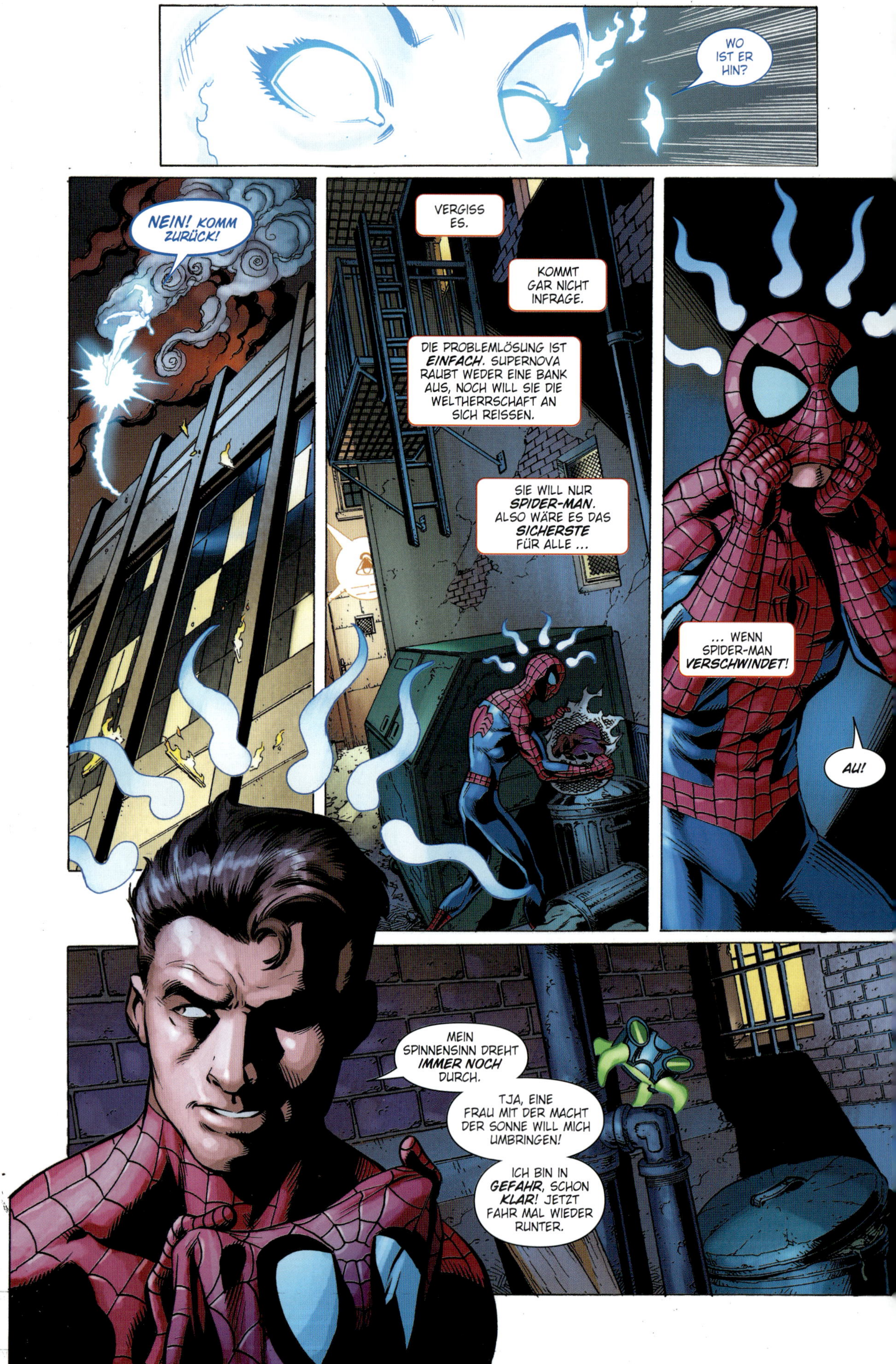

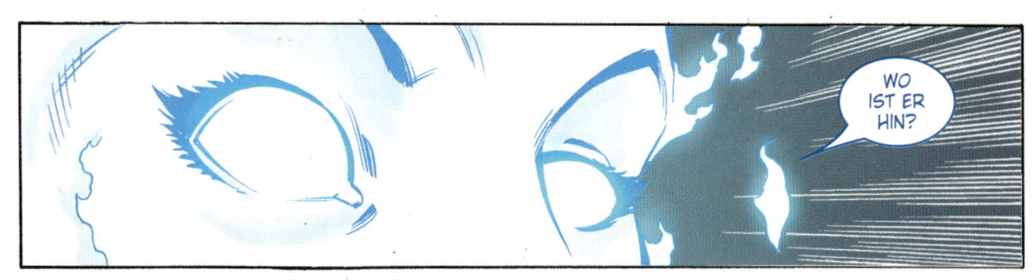

NEIN! KOMM ZURÜCK!

VERGISS ES.

KOMMT GAR NICHT INFRAGE.

DIE PROBLEMLÖSUNG IST **EINFACH**. SUPERNOVA RAUBT WEDER EINE BANK AUS, NOCH WILL SIE DIE WELTHERRSCHAFT AN SICH REISSEN.

SIE WILL NUR **SPIDER-MAN**. ALSO WÄRE ES DAS **SICHERSTE** FÜR ALLE ...

... WENN SPIDER-MAN **VERSCHWINDET**!

AU!

MEIN SPINNENSINN DREHT **IMMER NOCH** DURCH.

TJA, EINE FRAU MIT DER MACHT DER SONNE WILL MICH UMBRINGEN!

ICH BIN IN **GEFAHR**, SCHON **KLAR**! JETZT FAHR MAL WIEDER RUNTER.

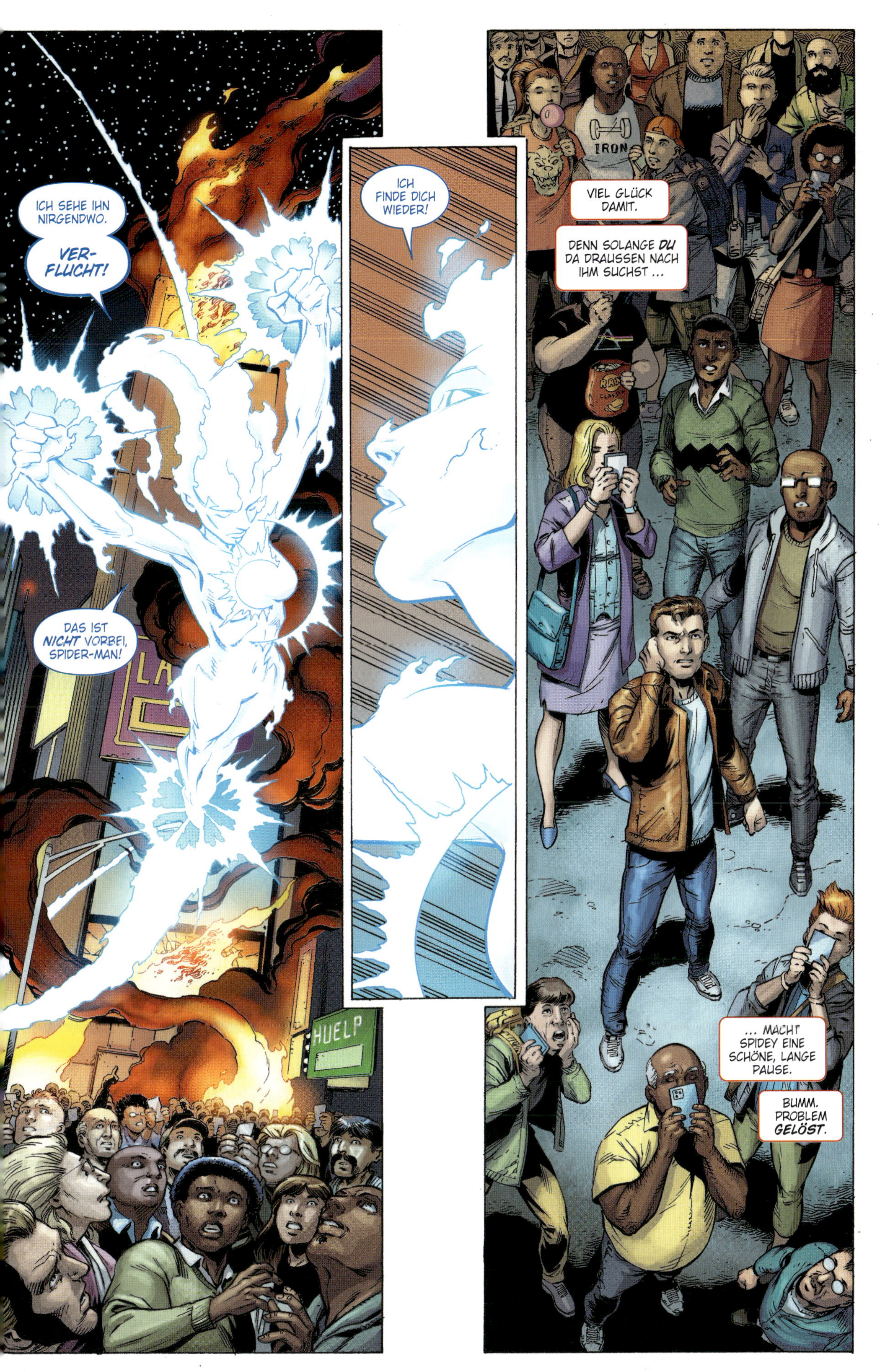
ICH SEHE IHN NIRGENDWO.
VERFLUCHT!
DAS IST NICHT VORBEI, SPIDER-MAN!
ICH FINDE DICH WIEDER!
VIEL GLÜCK DAMIT.
DENN SOLANGE DU DA DRAUSSEN NACH IHM SUCHST ...
... MACHT SPIDEY EINE SCHÖNE, LANGE PAUSE.
BUMM. PROBLEM GELÖST.
IRON
HUELP

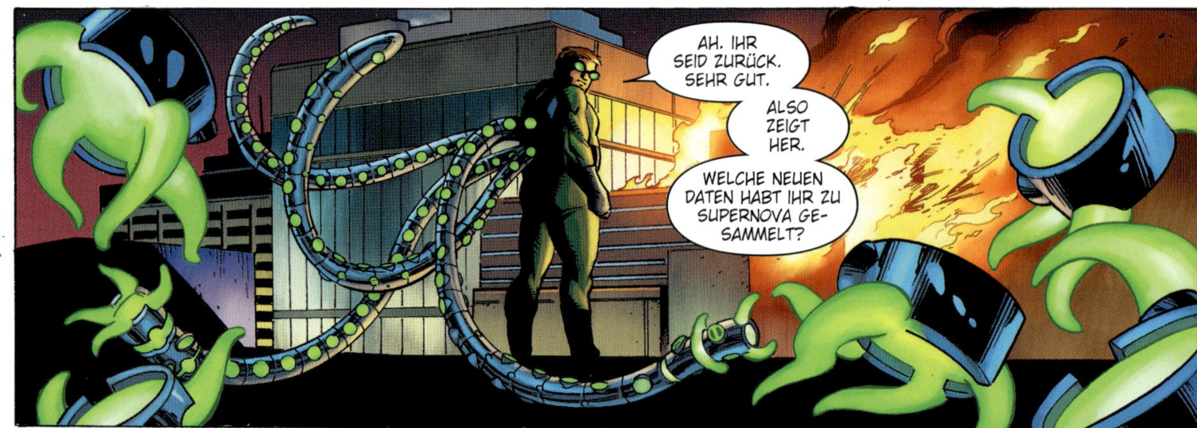
AH. IHR SEID ZURÜCK. SEHR GUT.
ALSO ZEIGT HER.
WELCHE NEUEN DATEN HABT IHR ZU SUPERNOVA GESAMMELT?

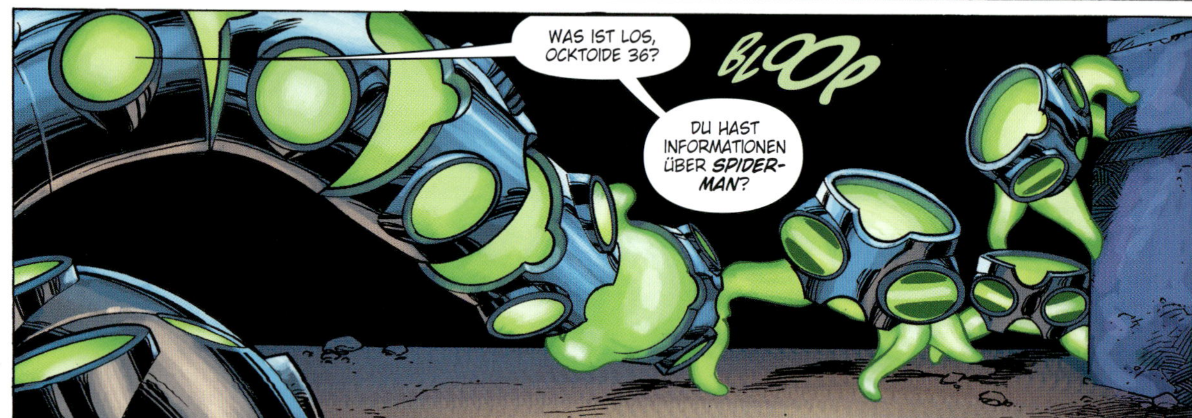
WAS IST LOS, OCKTOIDE 36?
BLOOP
DU HAST INFORMATIONEN ÜBER **SPIDER-MAN**?

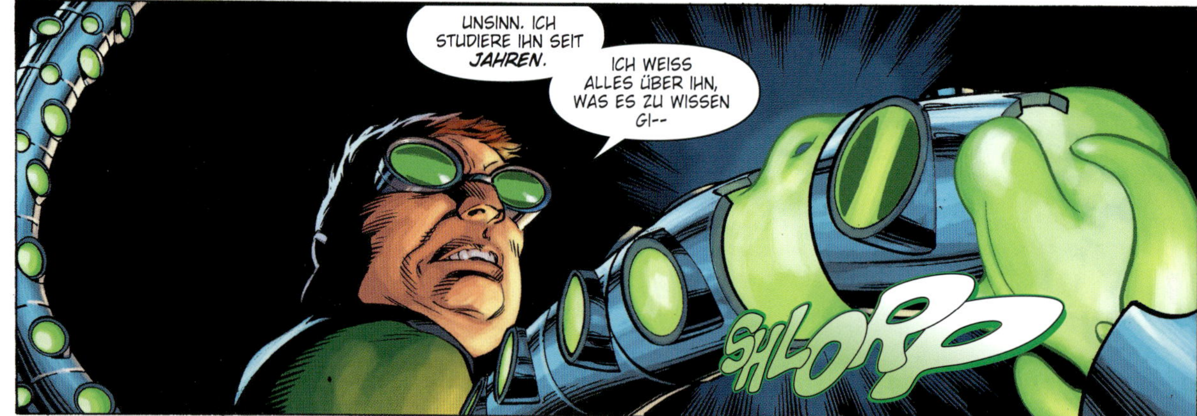
UNSINN. ICH STUDIERE IHN SEIT ***JAHREN***.
ICH WEISS ALLES ÜBER IHN, WAS ES ZU WISSEN GI--
SHLORP

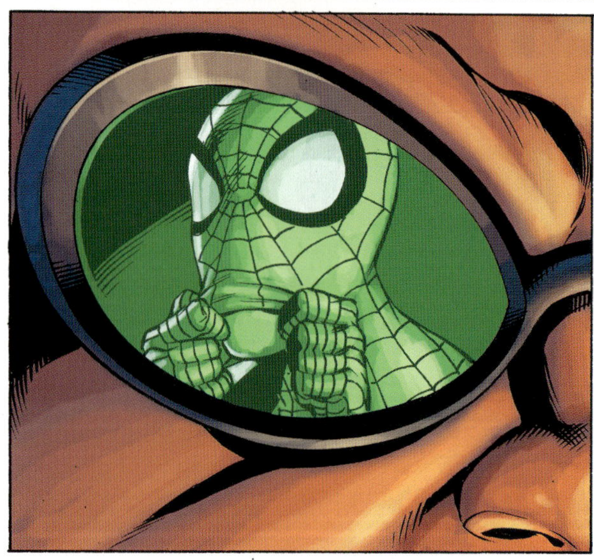

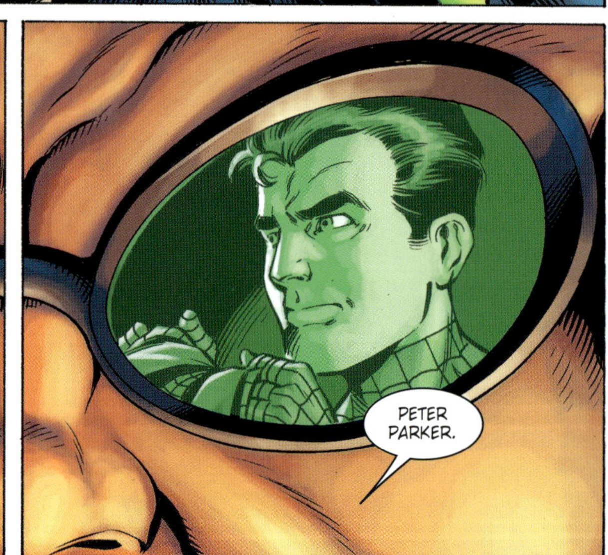
PETER PARKER.

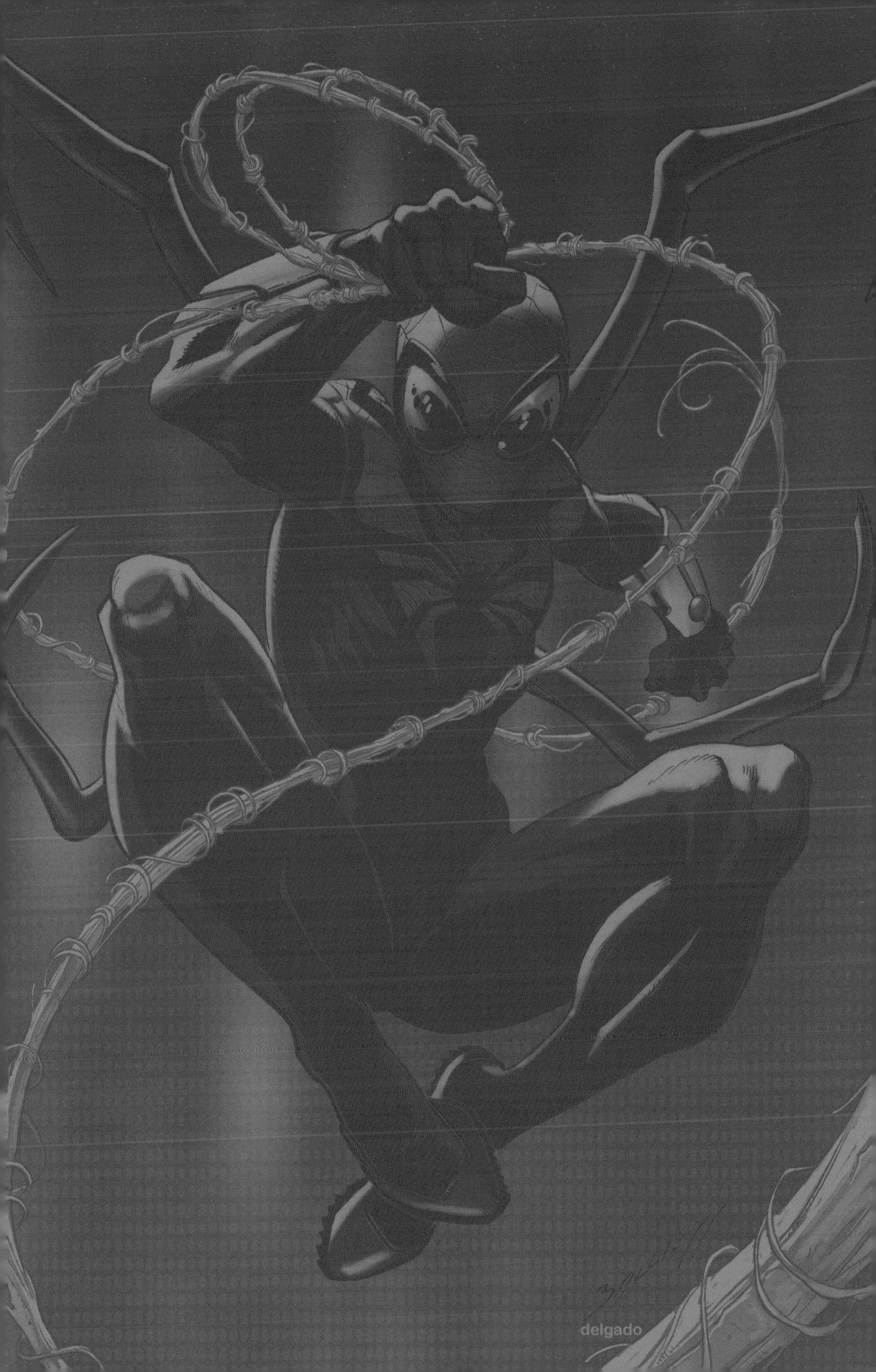
delgado

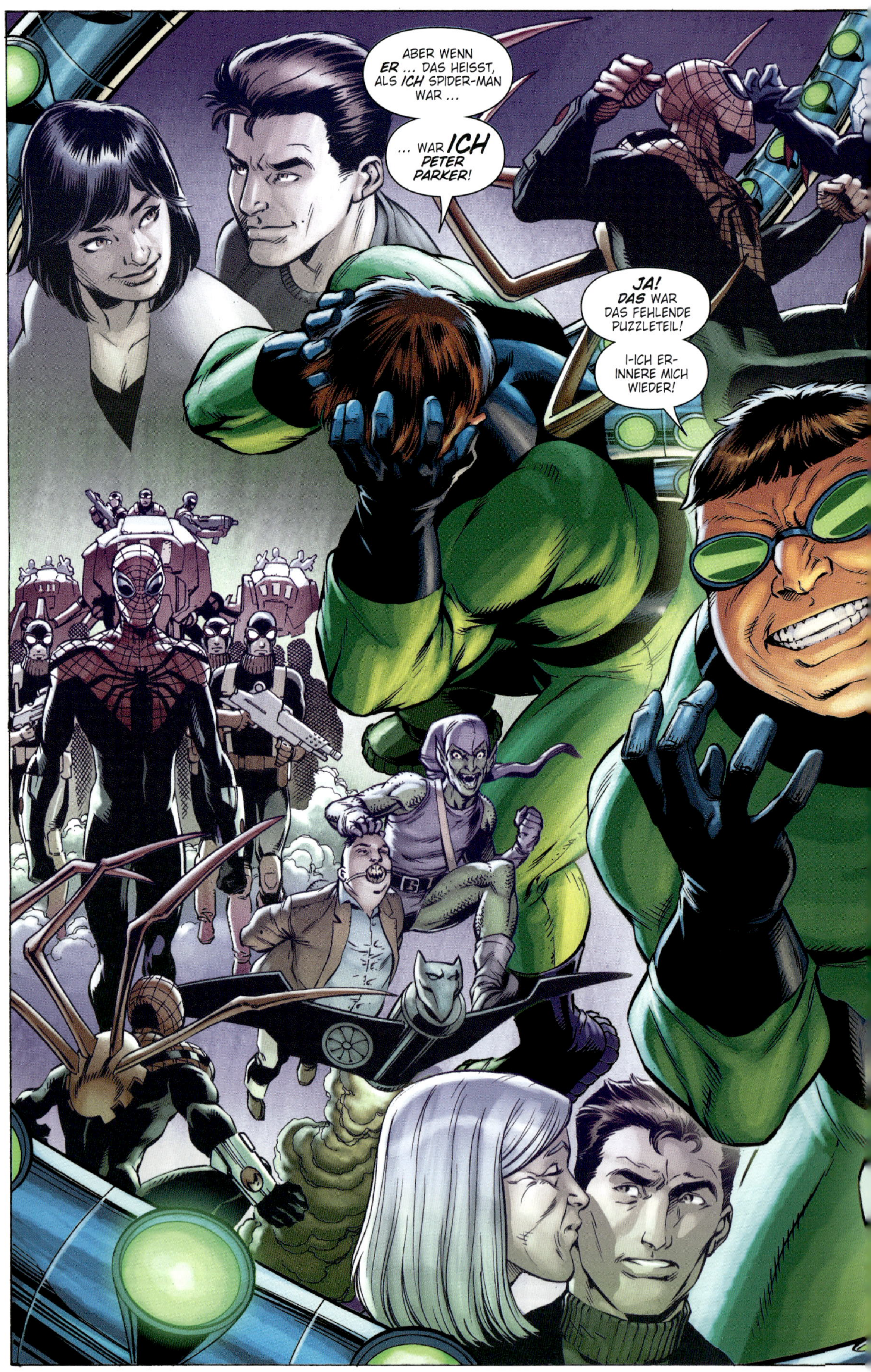
ABER WENN ER ... DAS HEISST, ALS ICH SPIDER-MAN WAR ...
... WAR ICH PETER PARKER!
JA! DAS WAR DAS FEHLENDE PUZZLETEIL!
I-ICH ER-INNERE MICH WIEDER!

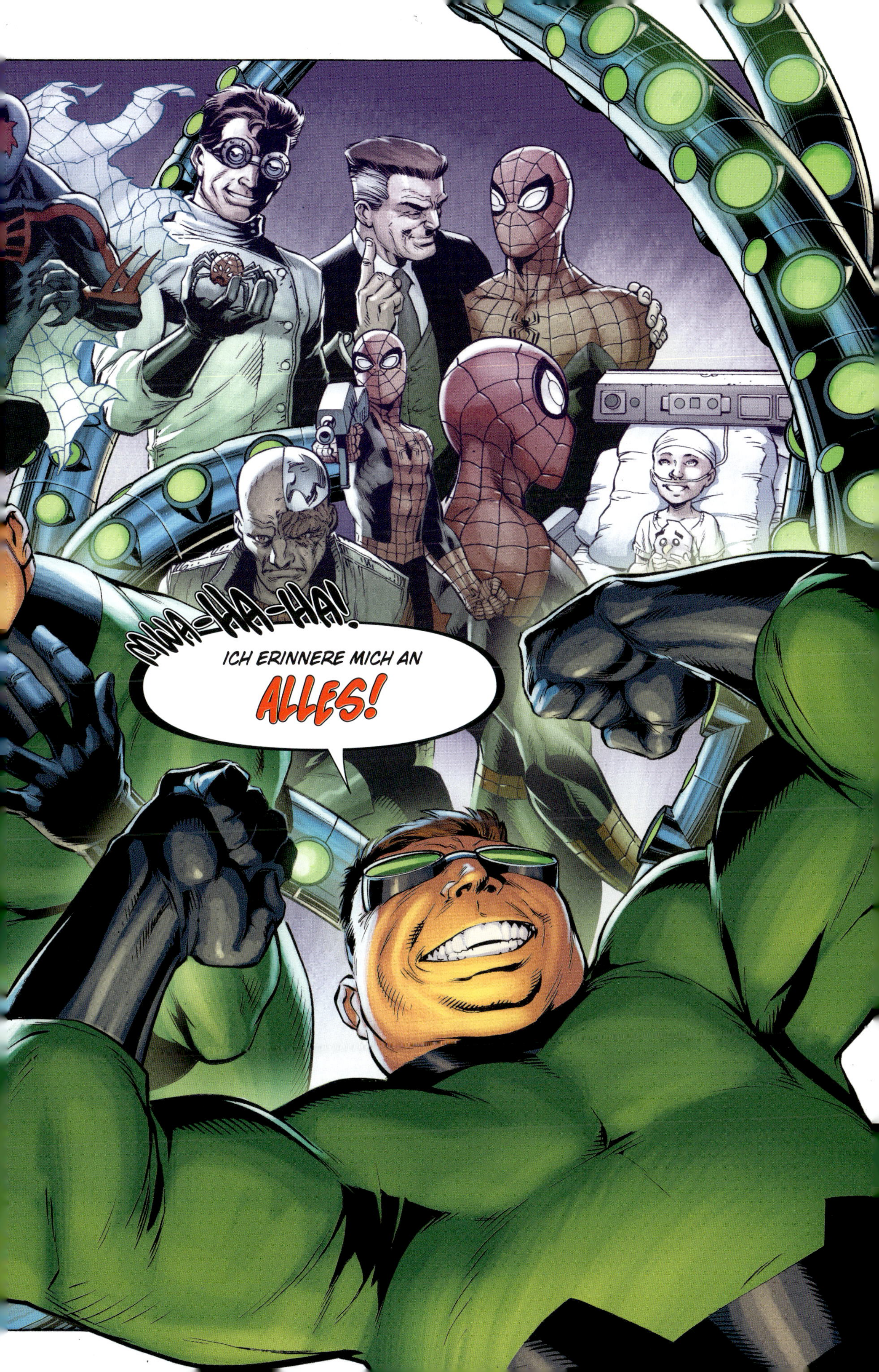
MWA-HA-HA-HA!
ICH ERINNERE MICH AN
ALLES!

ZIEH DICH UM!

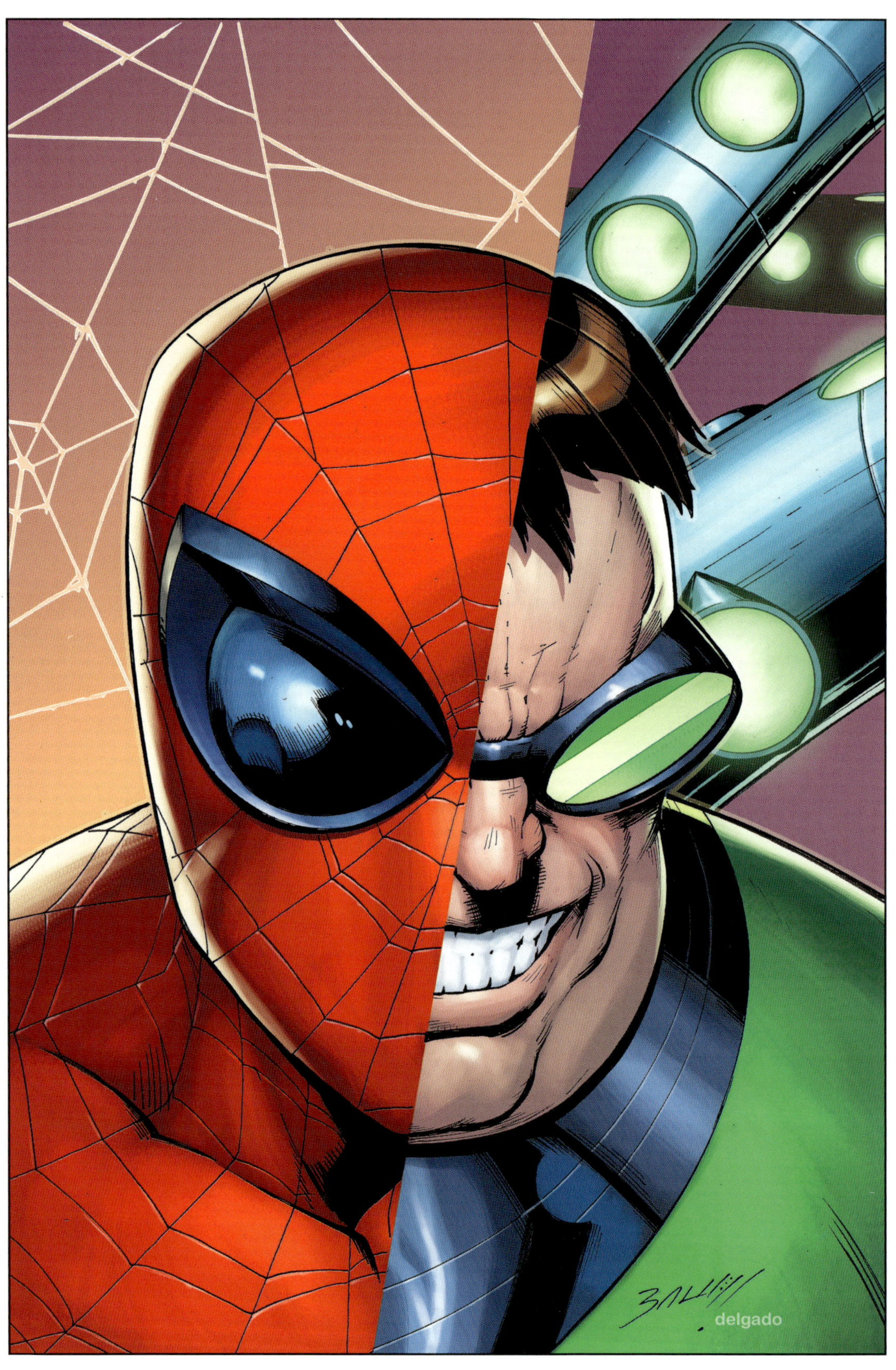

Superior Spider-Man (2024) 2
Cover von **MARK BAGLEY**

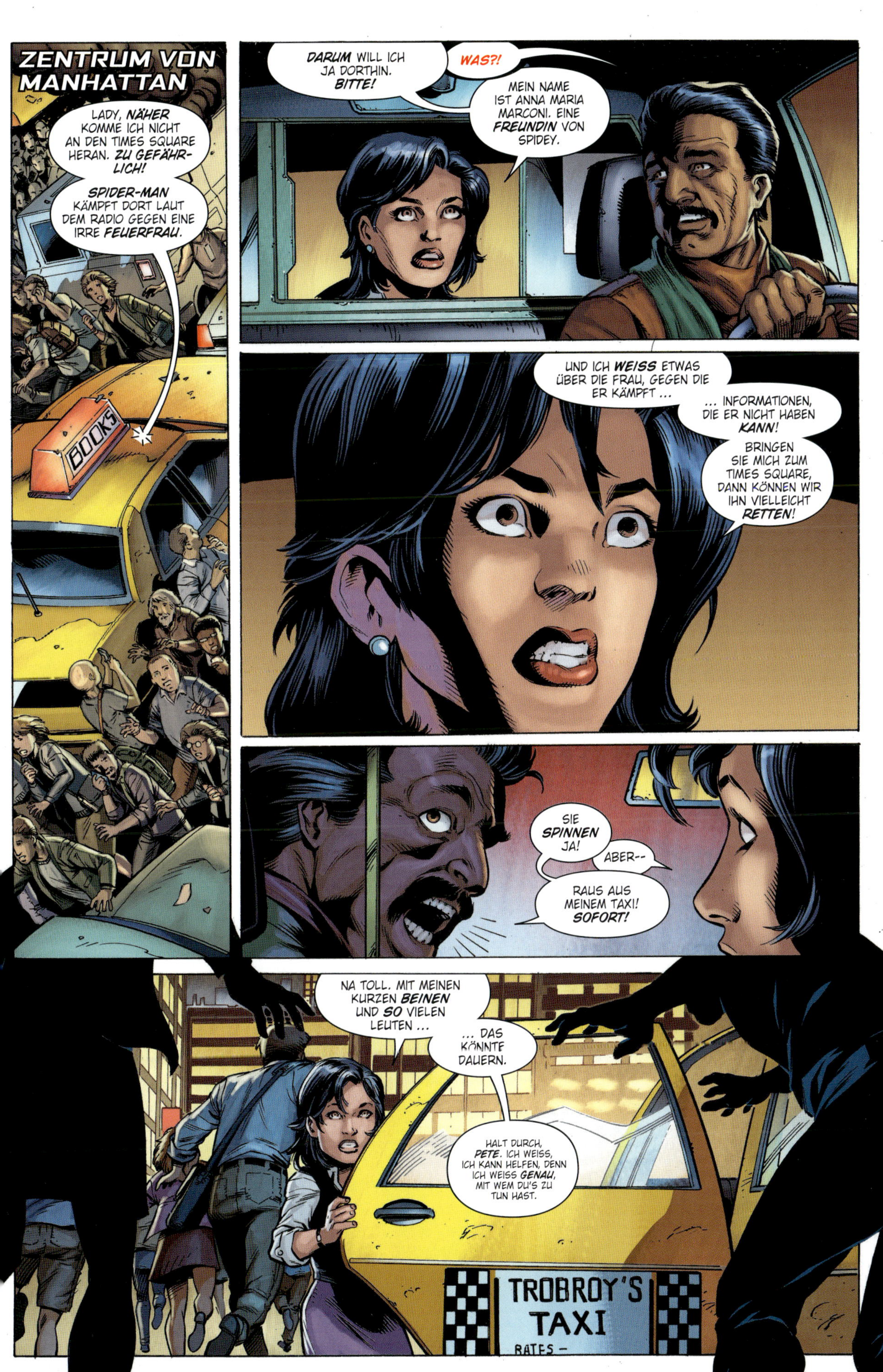
ZENTRUM VON MANHATTAN
LADY, NÄHER KOMME ICH NICHT AN DEN TIMES SQUARE HERAN. ZU GEFÄHRLICH!
SPIDER-MAN KÄMPFT DORT LAUT DEM RADIO GEGEN EINE IRRE FEUERFRAU.
BOOKS
DARUM WILL ICH JA DORTHIN. BITTE!
WAS?!
MEIN NAME IST ANNA MARIA MARCONI. EINE FREUNDIN VON SPIDEY.
UND ICH WEISS ETWAS ÜBER DIE FRAU, GEGEN DIE ER KÄMPFT ...
... INFORMATIONEN, DIE ER NICHT HABEN KANN!
BRINGEN SIE MICH ZUM TIMES SQUARE, DANN KÖNNEN WIR IHN VIELLEICHT RETTEN!
SIE SPINNEN JA!
ABER--
RAUS AUS MEINEM TAXI! SOFORT!
NA TOLL. MIT MEINEN KURZEN BEINEN UND SO VIELEN LEUTEN ...
... DAS KÖNNTE DAUERN.
HALT DURCH, PETE. ICH WEISS, ICH KANN HELFEN, DENN ICH WEISS GENAU, MIT WEM DU'S ZU TUN HAST.
TROBROY'S TAXI
RATES -

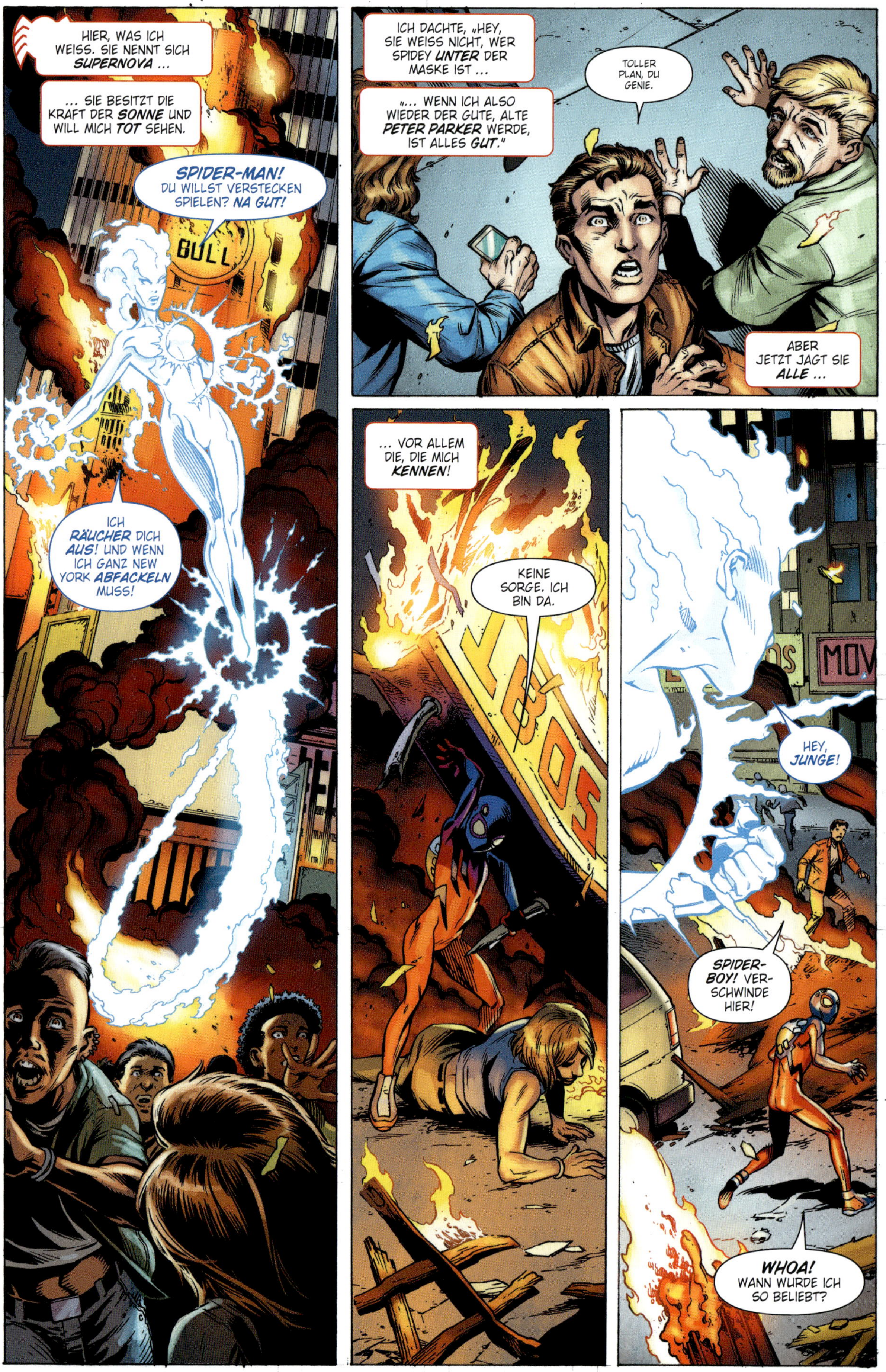

HIER, WAS ICH WEISS. SIE NENNT SICH **SUPERNOVA** …

… SIE BESITZT DIE KRAFT DER **SONNE** UND WILL MICH **TOT** SEHEN.

SPIDER-MAN! DU WILLST VERSTECKEN SPIELEN? **NA GUT!**

ICH **RÄUCHER** DICH **AUS!** UND WENN ICH GANZ NEW YORK **ABFACKELN** MUSS!

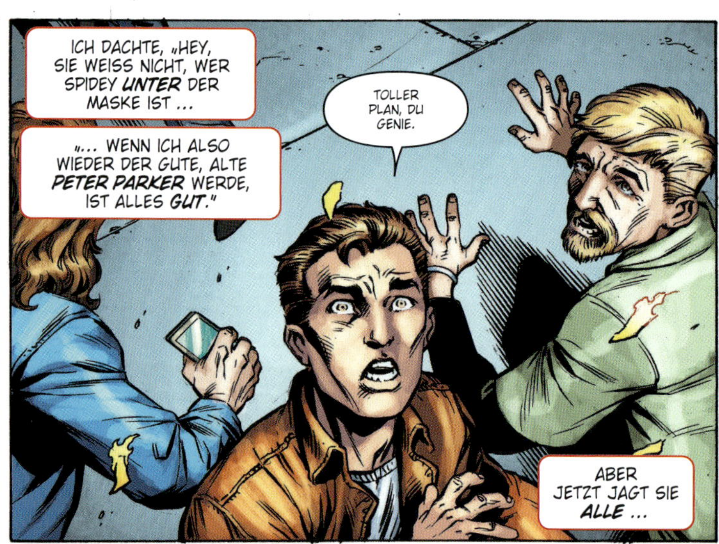

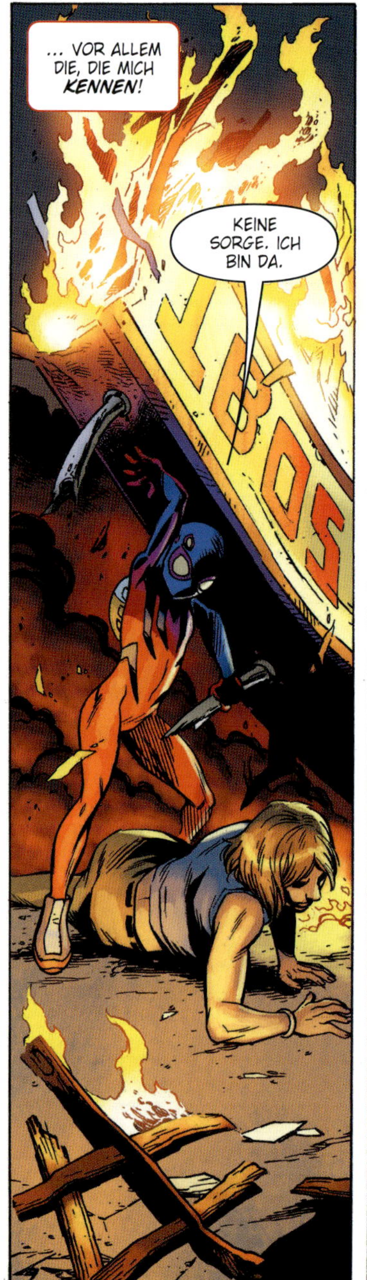

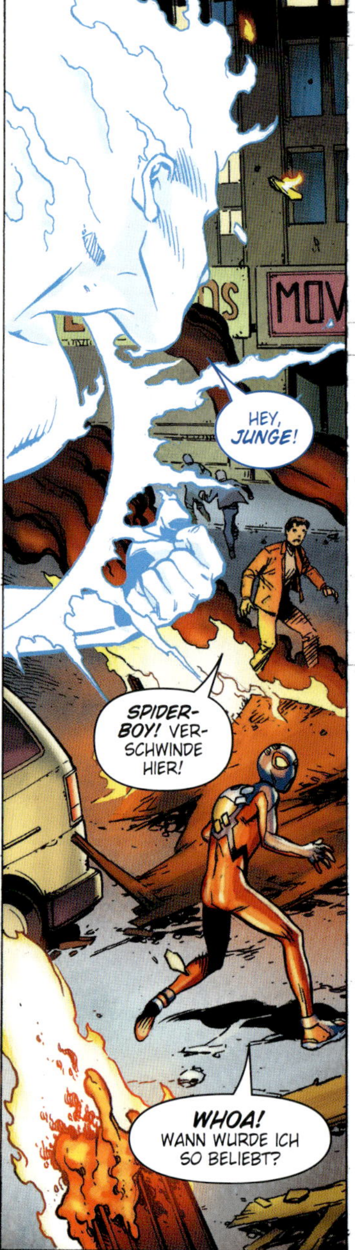

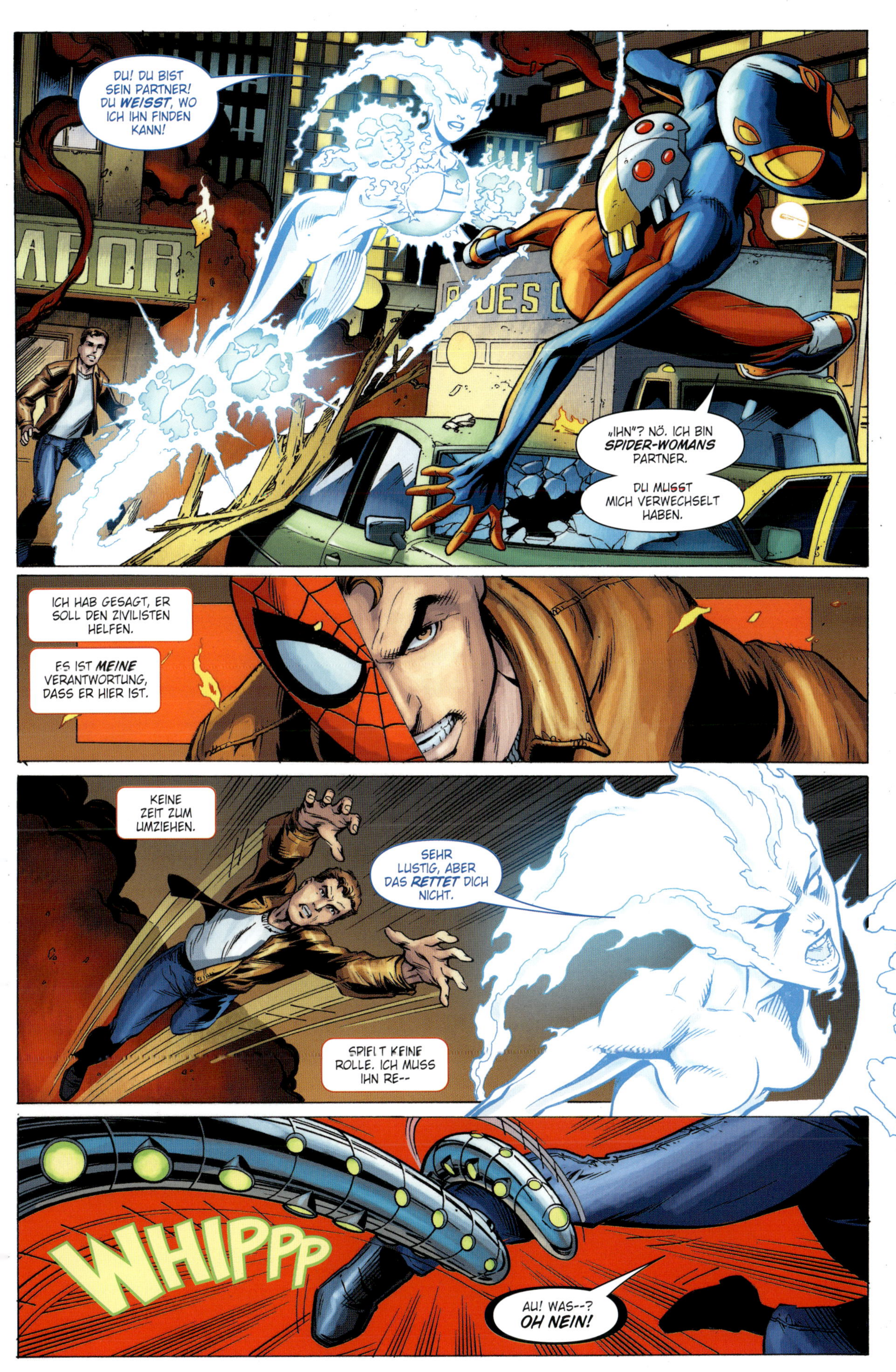

DU! DU BIST SEIN PARTNER! DU *WEISST*, WO ICH IHN FINDEN KANN!
„IHN"? NÖ. ICH BIN **SPIDER-WOMANS** PARTNER.
DU MUSST MICH VERWECHSELT HABEN.
ICH HAB GESAGT, ER SOLL DEN ZIVILISTEN HELFEN.
ES IST ***MEINE*** VERANTWORTUNG, DASS ER HIER IST.
KEINE ZEIT ZUM UMZIEHEN.
SEHR LUSTIG, ABER DAS ***RETTET*** DICH NICHT.
SPIELT KEINE ROLLE. ICH MUSS IHN RE--
WHIPPP
AU! WAS--?
OH NEIN!

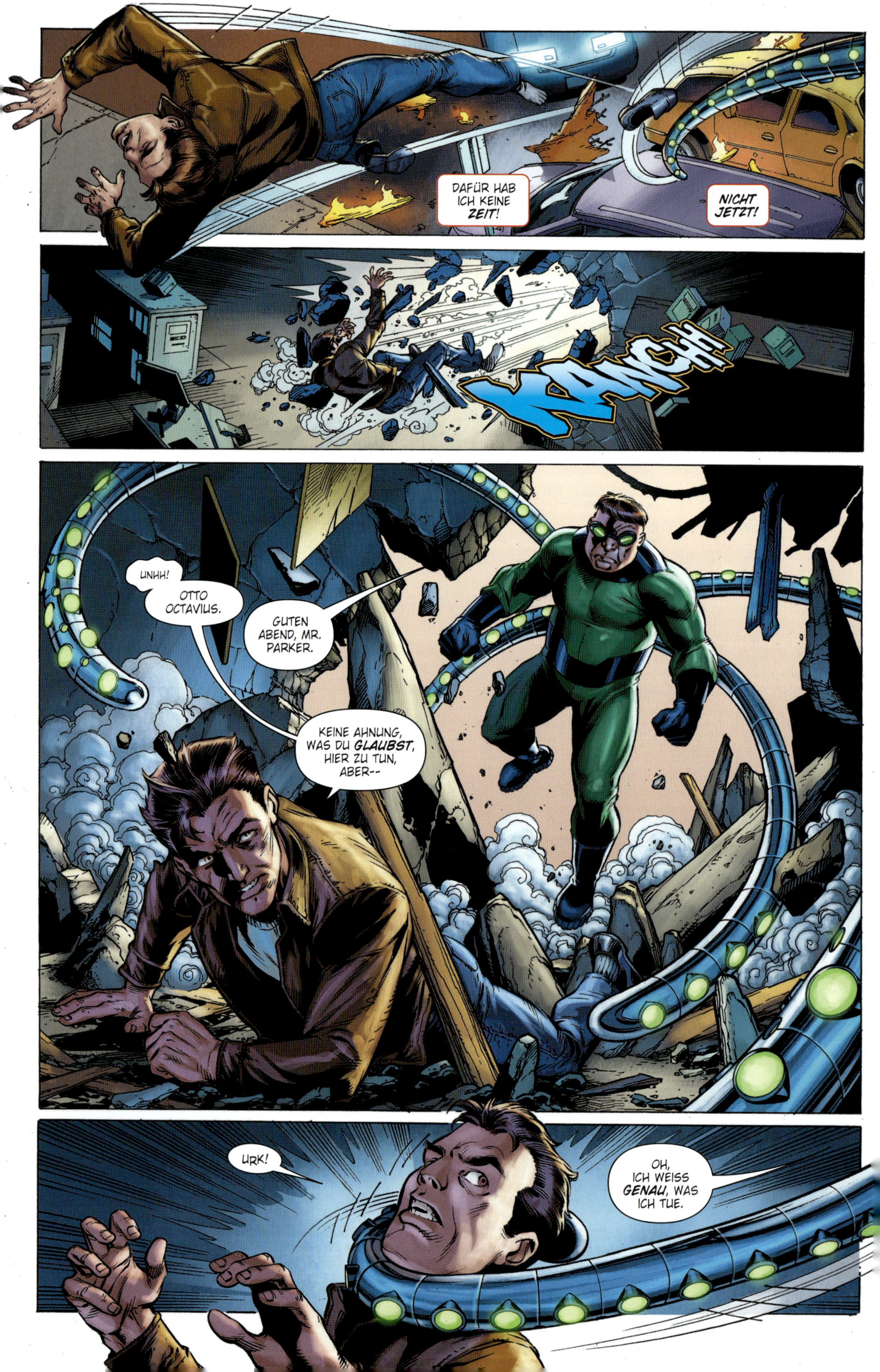

DAFÜR HAB ICH KEINE **ZEIT**!

NICHT JETZT!

UNHH!

OTTO OCTAVIUS.

GUTEN ABEND, MR. PARKER.

KEINE AHNUNG, WAS DU ***GLAUBST***, HIER ZU TUN, ABER--

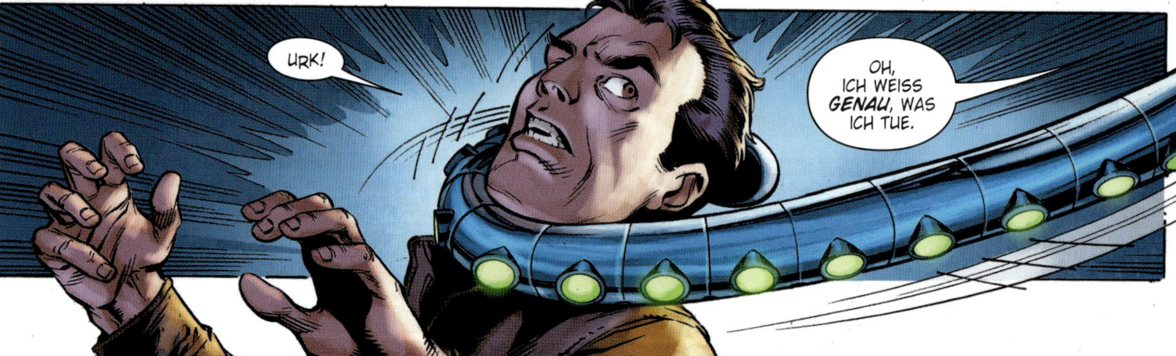

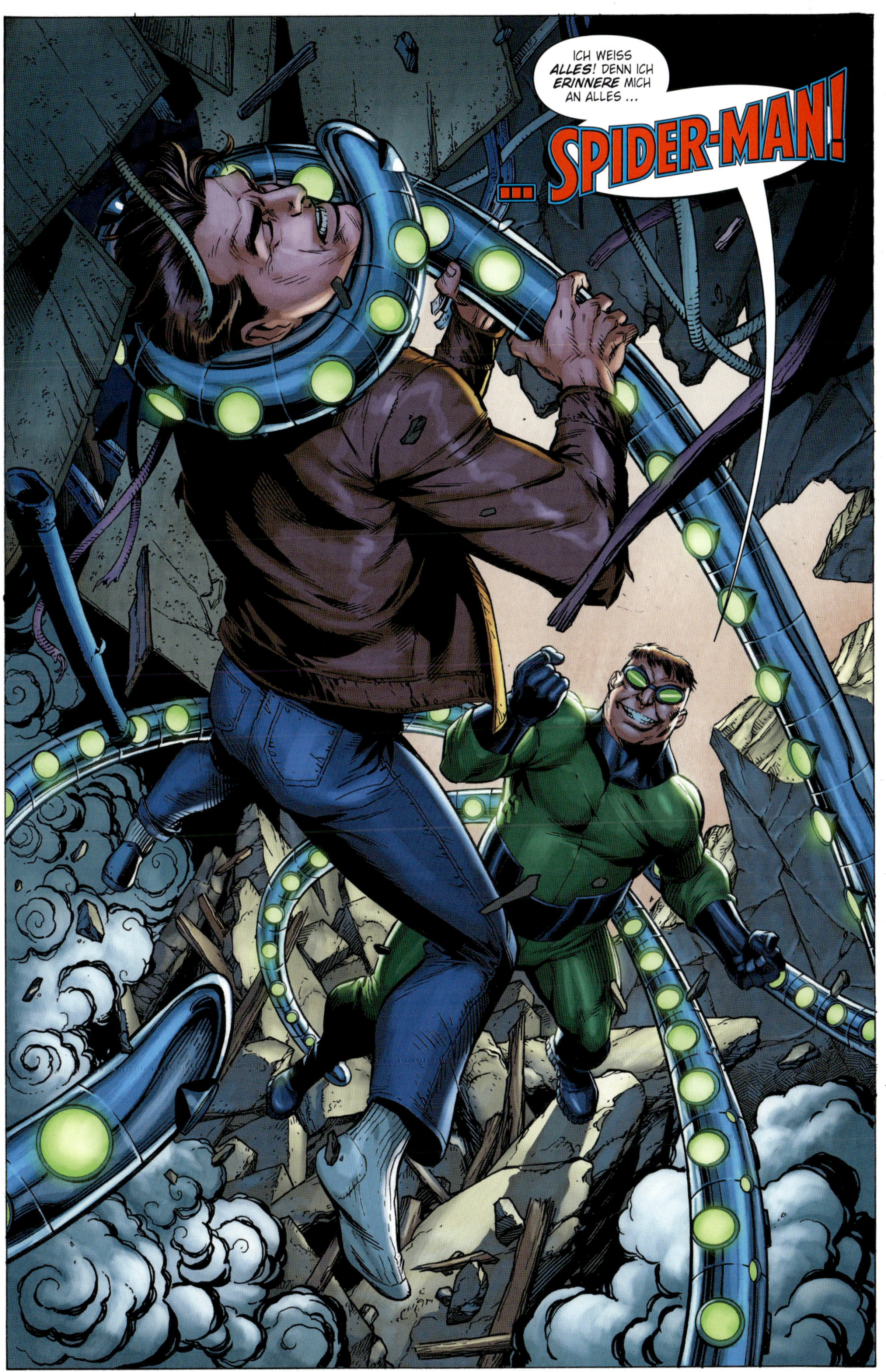
ICH WEISS ALLES! DENN ICH ERINNERE MICH AN ALLES ...
... SPIDER-MAN!

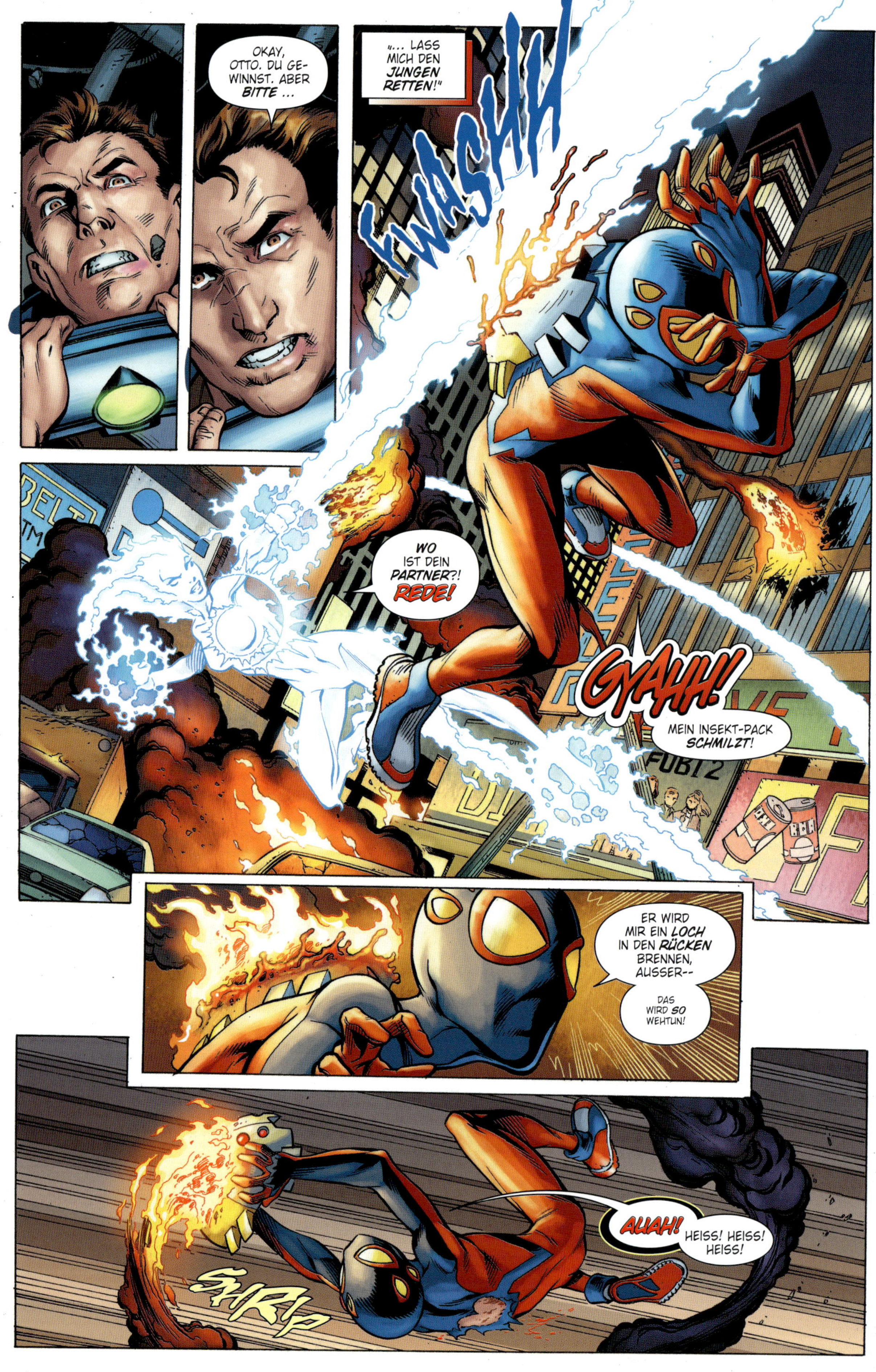
OKAY, OTTO. DU GEWINNST. ABER BITTE ...
"... LASS MICH DEN JUNGEN RETTEN!"
FWASHH
WO IST DEIN PARTNER?! REDE!
GYAHH!
MEIN INSEKT-PACK SCHMILZT!
ER WIRD MIR EIN LOCH IN DEN RÜCKEN BRENNEN, AUSSER--
DAS WIRD SO WEHTUN!
AUAH!
HEISS! HEISS! HEISS!
SHRIP

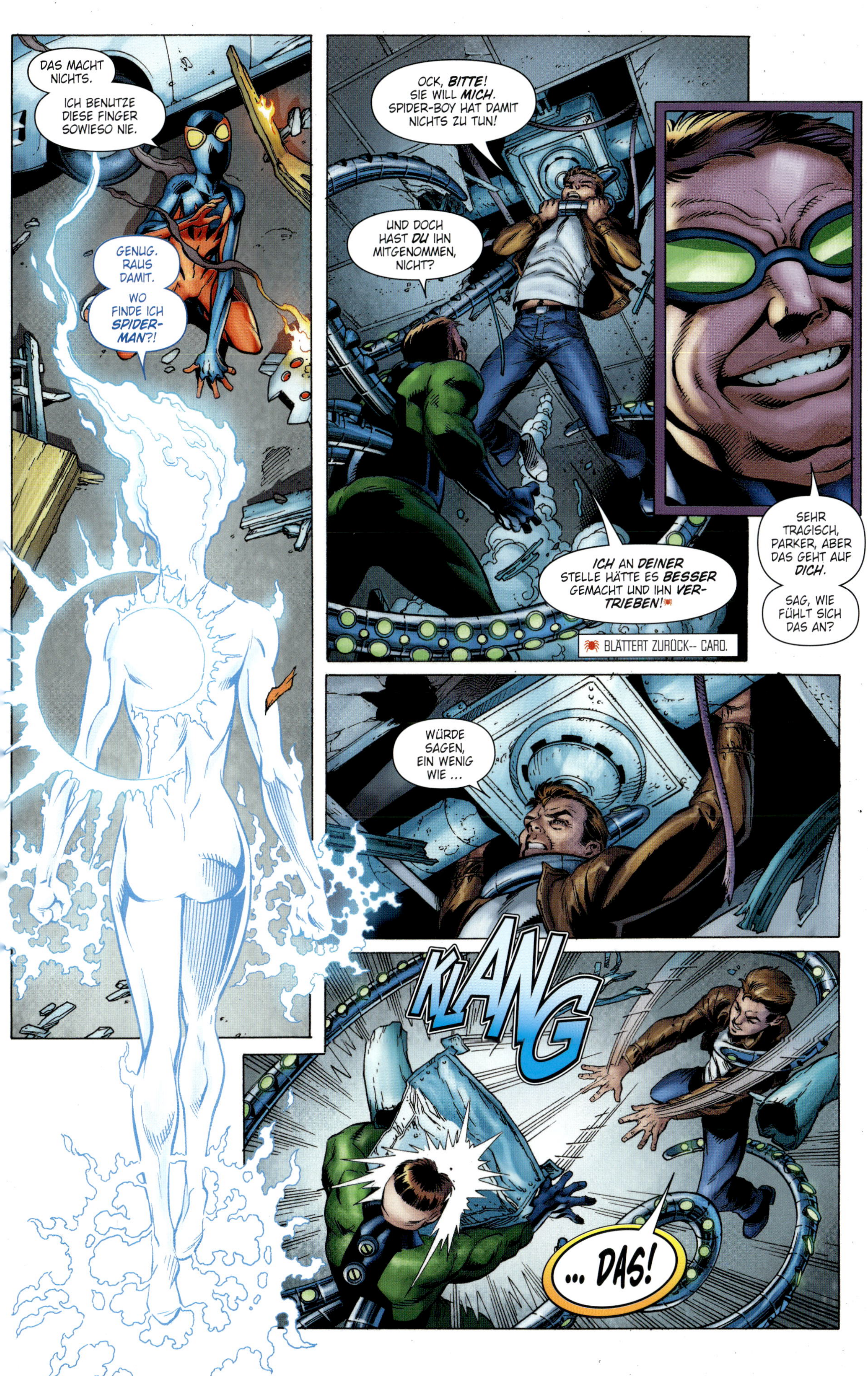
DAS MACHT NICHTS.
ICH BENUTZE DIESE FINGER SOWIESO NIE.
GENUG. RAUS DAMIT.
WO FINDE ICH *SPIDER-MAN*?!
OCK, *BITTE!* SIE WILL *MICH*. SPIDER-BOY HAT DAMIT NICHTS ZU TUN!
UND DOCH HAST *DU* IHN MITGENOMMEN, NICHT?
ICH AN *DEINER* STELLE HÄTTE ES *BESSER* GEMACHT UND IHN *VERTRIEBEN!*
BLÄTTERT ZURÜCK-- CARO.
SEHR TRAGISCH, PARKER, ABER DAS GEHT AUF *DICH*.
SAG, WIE FÜHLT SICH DAS AN?
WÜRDE SAGEN, EIN WENIG WIE ...
KLANG
... DAS!

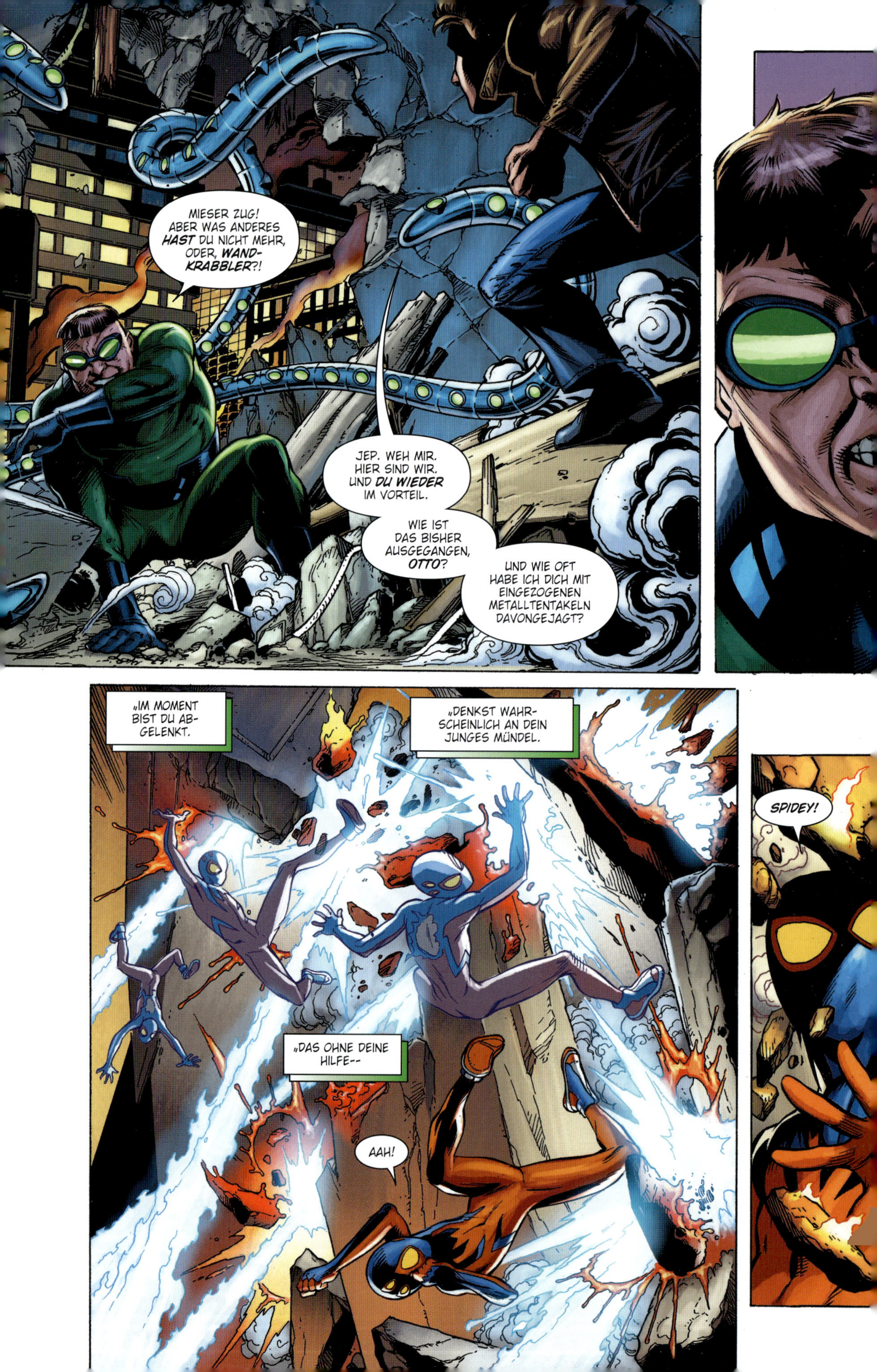

MIESER ZUG! ABER WAS ANDERES **HAST** DU NICHT MEHR, ODER, **WAND-KRABBLER**?!
JEP. WEH MIR. HIER SIND WIR. UND ***DU WIEDER*** IM VORTEIL.
WIE IST DAS BISHER AUSGEGANGEN, ***OTTO***?
UND WIE OFT HABE ICH DICH MIT EINGEZOGENEN METALLTENTAKELN DAVONGEJAGT?

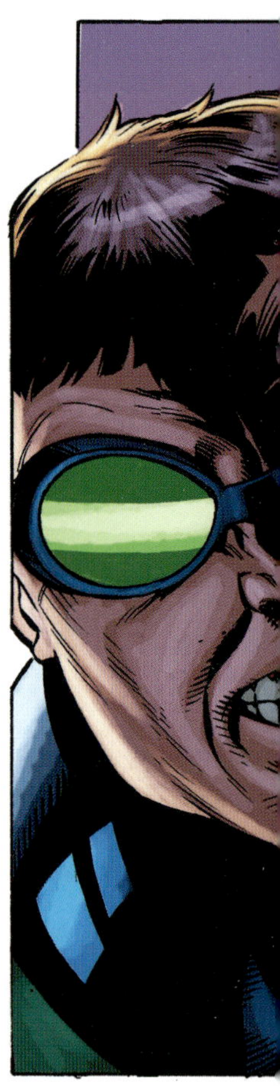

„IM MOMENT BIST DU AB-GELENKT.
„DENKST WAHR-SCHEINLICH AN DEIN JUNGES MÜNDEL.
„DAS OHNE DEINE HILFE--
AAH!

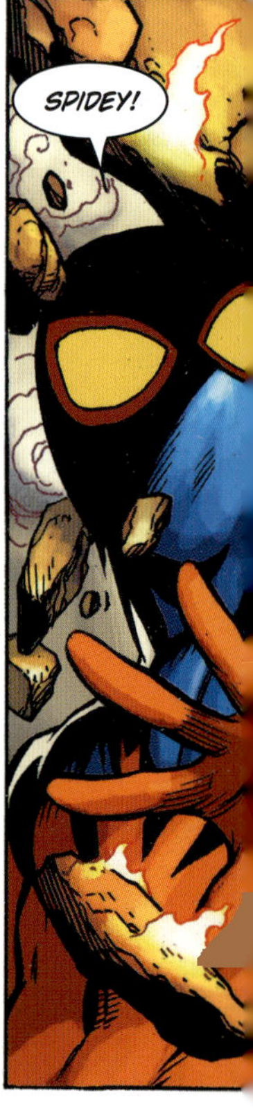
SPIDEY!

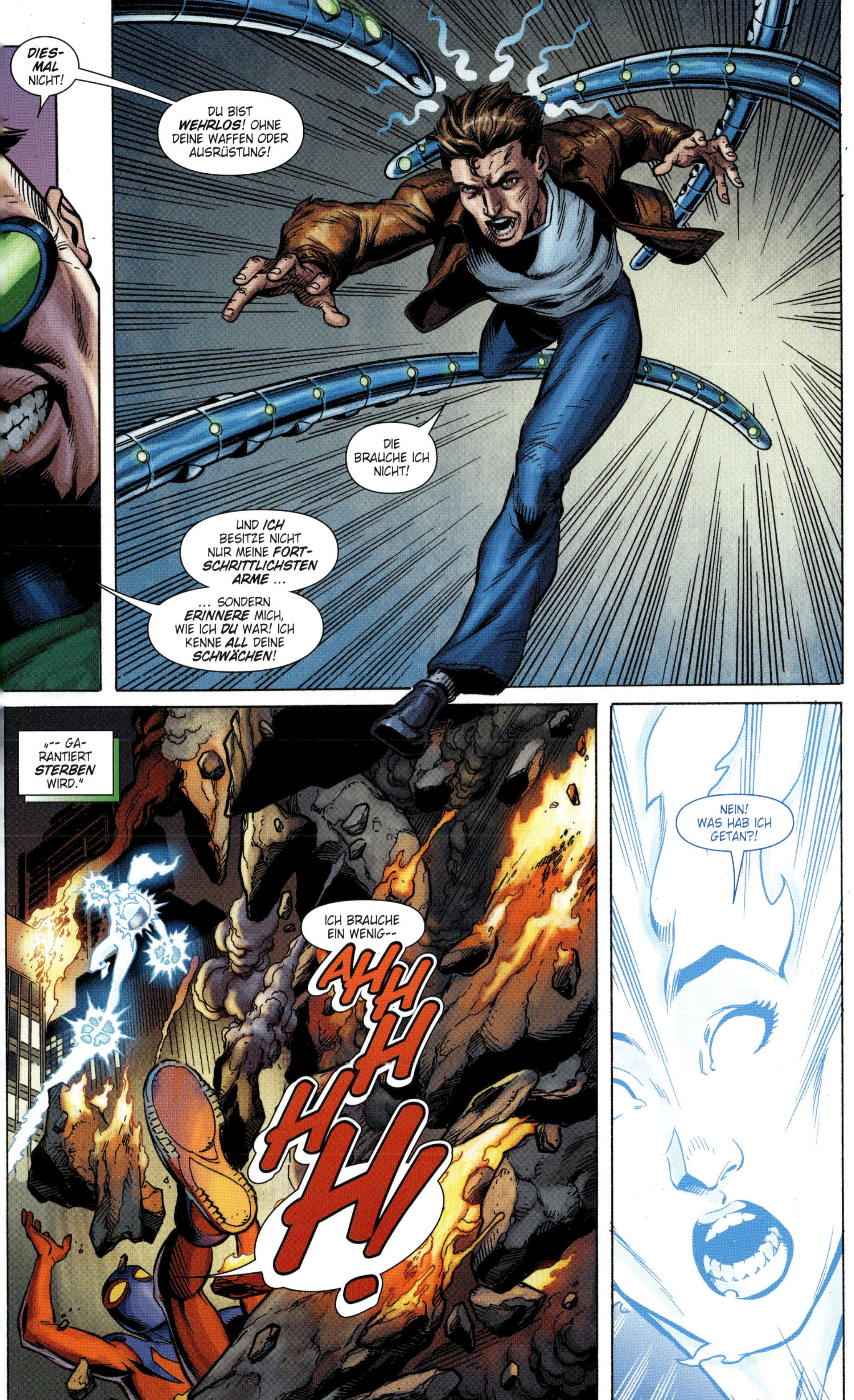
DIES-MAL NICHT!
DU BIST WEHRLOS! OHNE DEINE WAFFEN ODER AUSRÜSTUNG!
DIE BRAUCHE ICH NICHT!
UND ICH BESITZE NICHT NUR MEINE FORT-SCHRITTLICHSTEN ARME ...
... SONDERN ERINNERE MICH, WIE ICH DU WAR! ICH KENNE ALL DEINE SCHWÄCHEN!
„-- GA-RANTIERT STERBEN WIRD."
ICH BRAUCHE EIN WENIG--
AHHHHHH!
NEIN! WAS HAB ICH GETAN?!

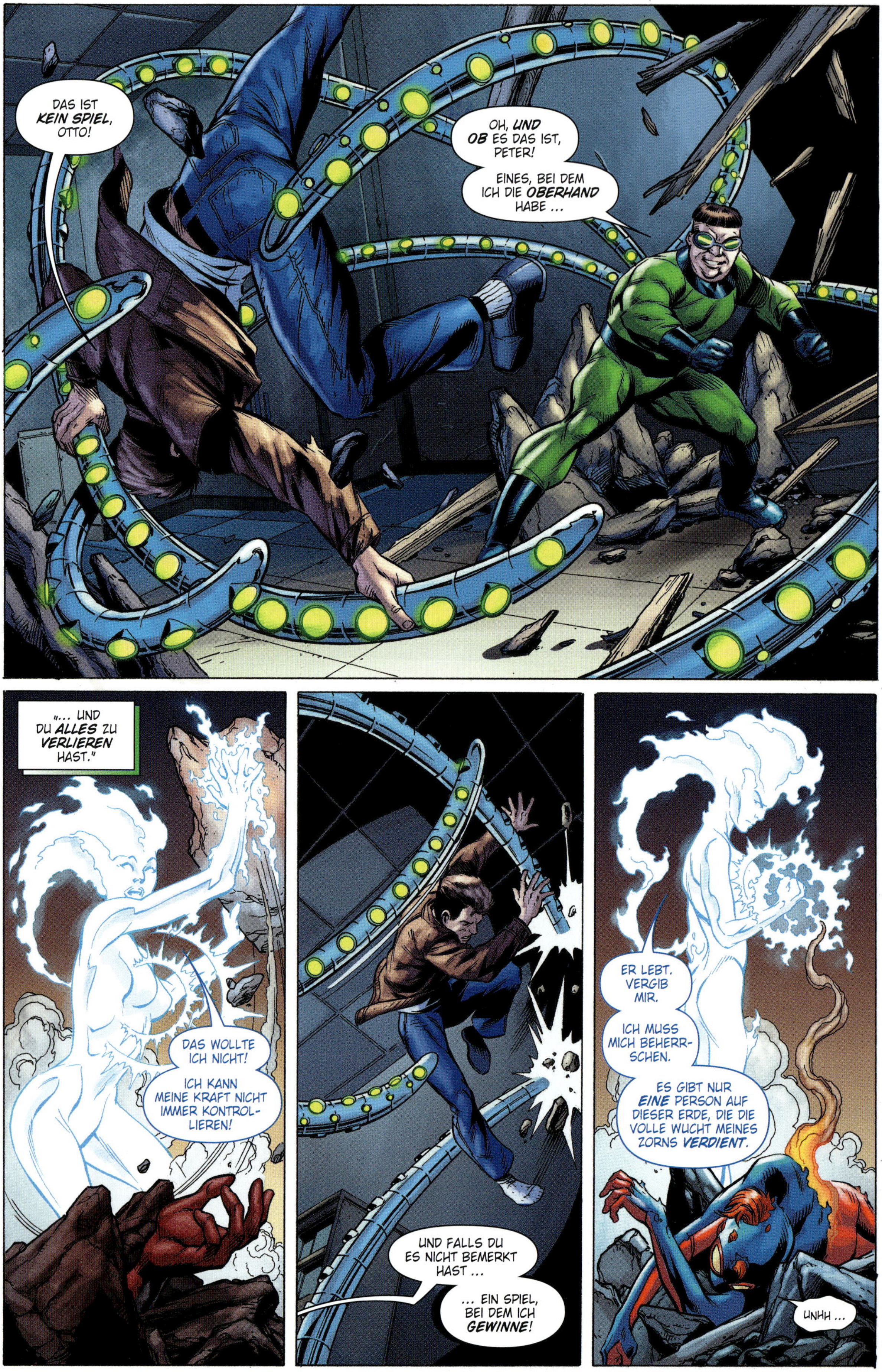

DAS IST **KEIN SPIEL**, OTTO!

OH, **UND OB** ES DAS IST, PETER!

EINES, BEI DEM ICH DIE **OBERHAND** HABE ...

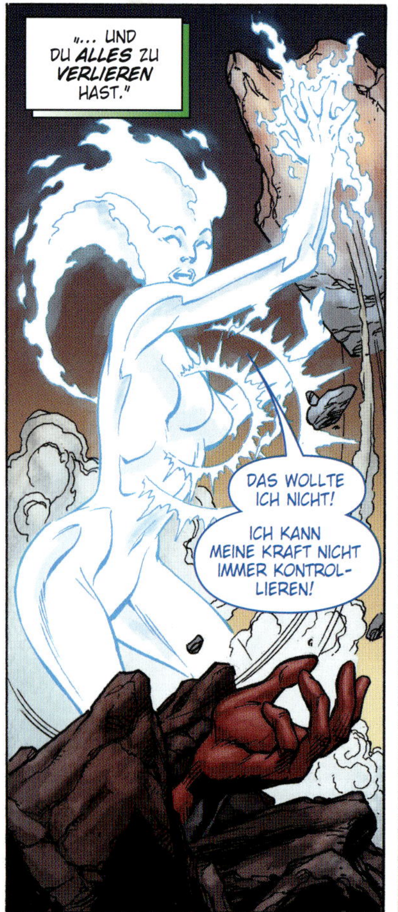

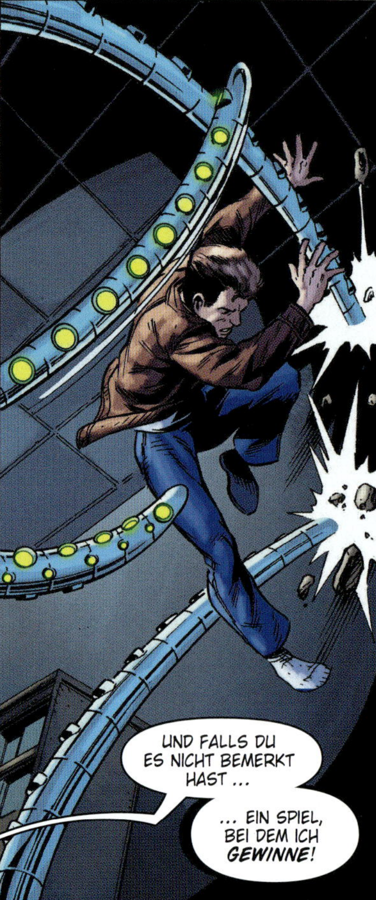

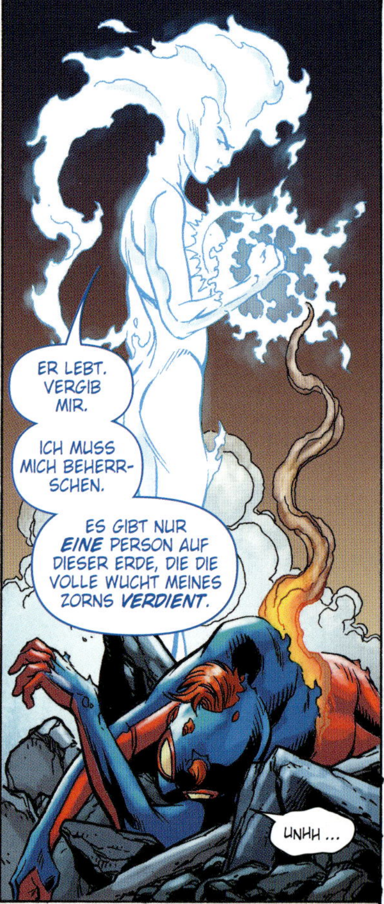

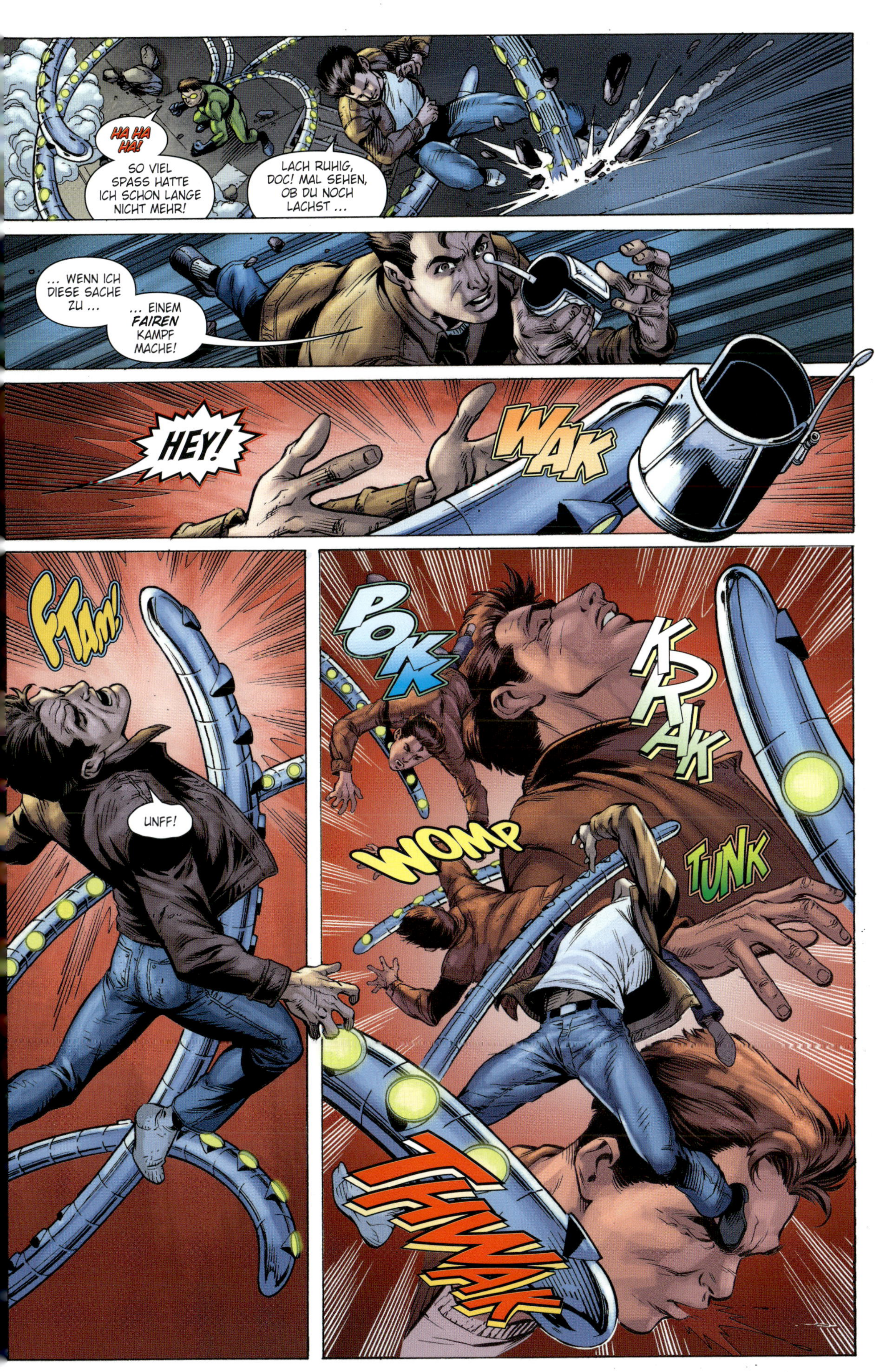
HA HA HA!
SO VIEL SPASS HATTE ICH SCHON LANGE NICHT MEHR!
LACH RUHIG, DOC! MAL SEHEN, OB DU NOCH LACHST ...
... WENN ICH DIESE SACHE ZU ...
... EINEM FAIREN KAMPF MACHE!
HEY!
WAK
FTAM!
UNFF!
POKK
KRAK
WOMP
TUNK
THWAK

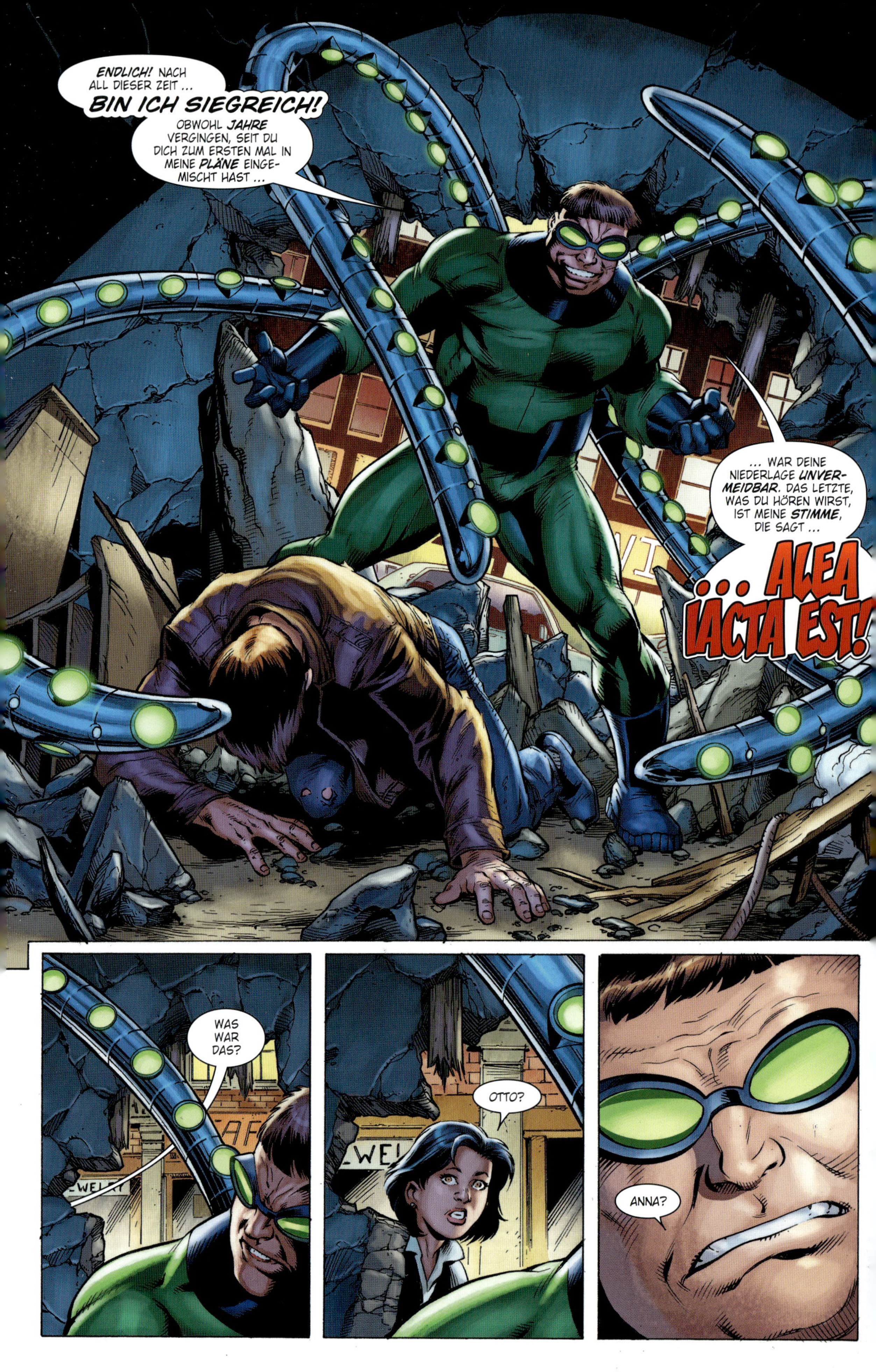

ENDLICH! NACH ALL DIESER ZEIT ...
BIN ICH SIEGREICH!
OBWOHL JAHRE VERGINGEN, SEIT DU DICH ZUM ERSTEN MAL IN MEINE PLÄNE EINGEMISCHT HAST ...
... WAR DEINE NIEDERLAGE UNVERMEIDBAR. DAS LETZTE, WAS DU HÖREN WIRST, IST MEINE STIMME, DIE SAGT ...
... ALEA IACTA EST!

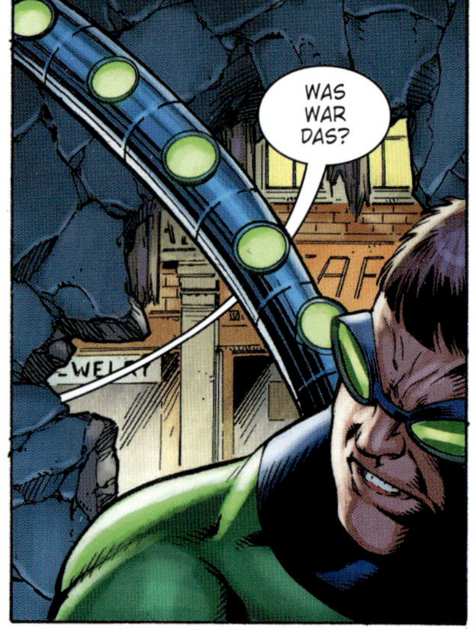

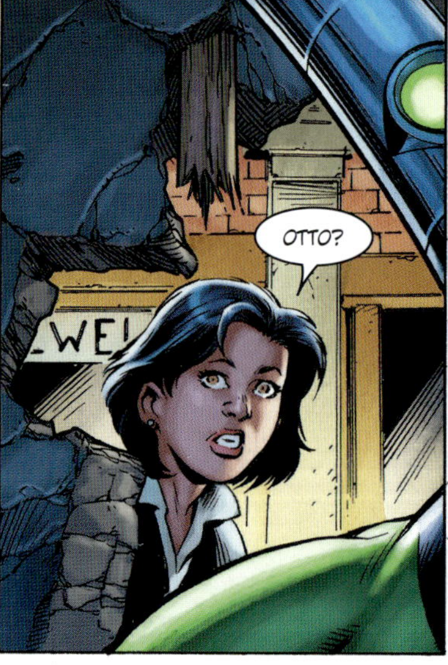

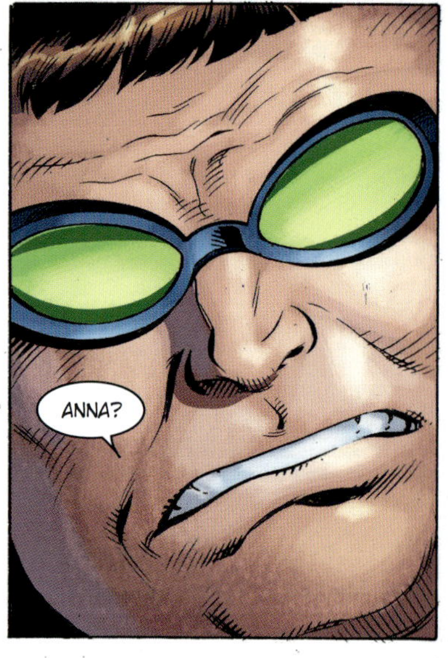

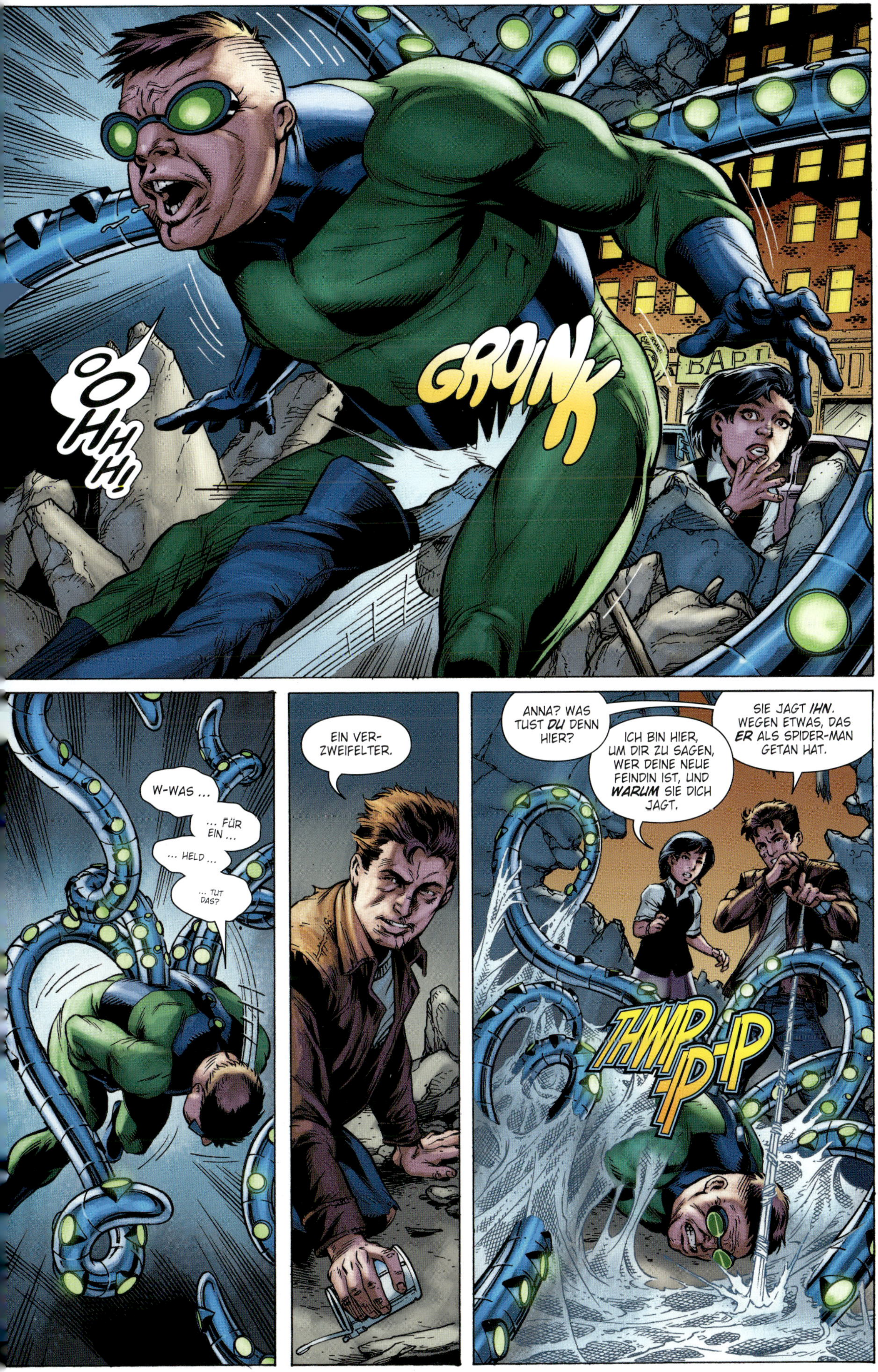

OOHHH!
GROINK

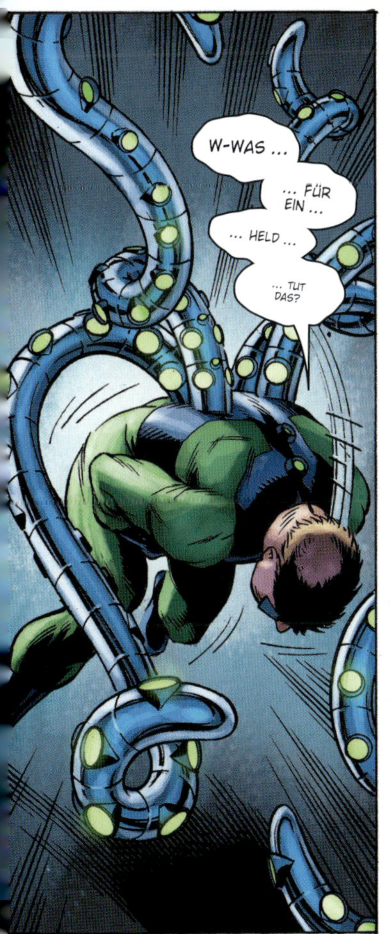

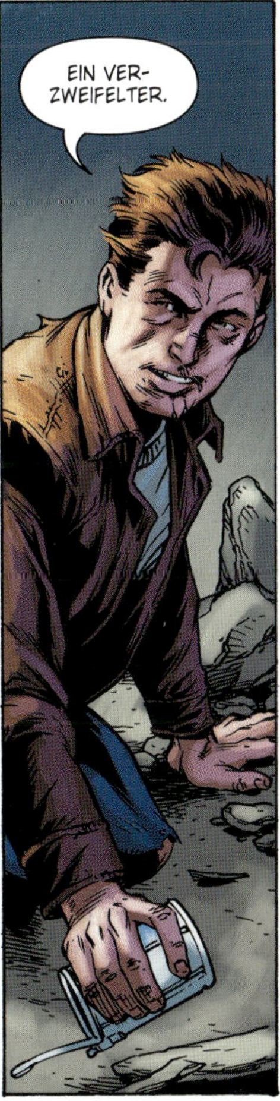

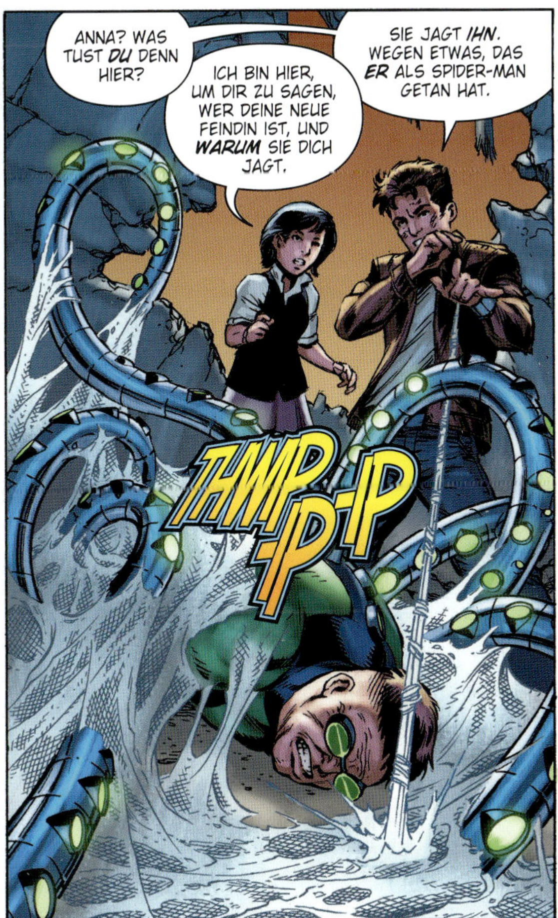

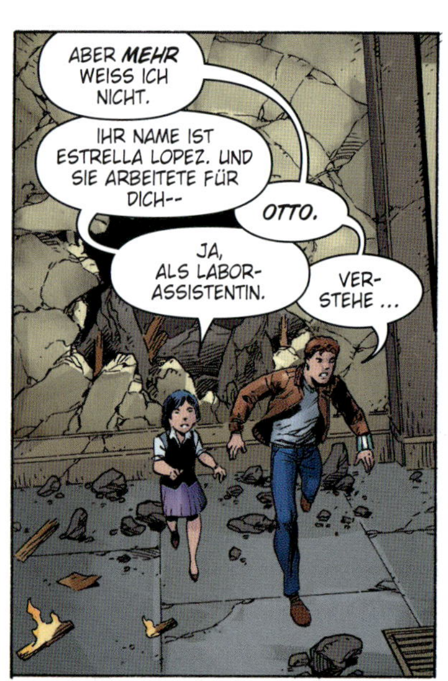
ABER **MEHR** WEISS ICH NICHT.
IHR NAME IST ESTRELLA LOPEZ. UND SIE ARBEITETE FÜR DICH--
OTTO.
JA, ALS LABOR-ASSISTENTIN.
VER-STEHE ...

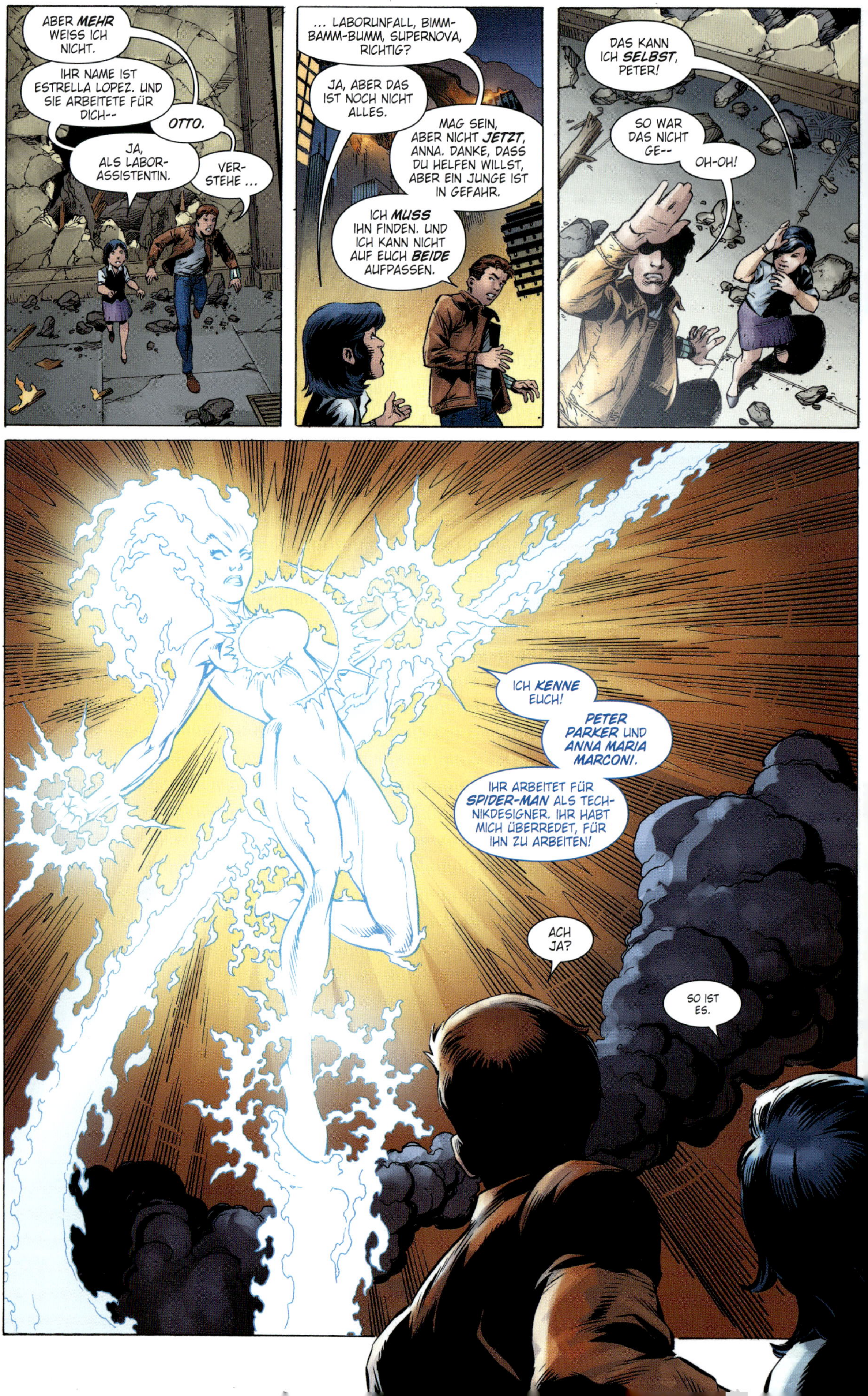

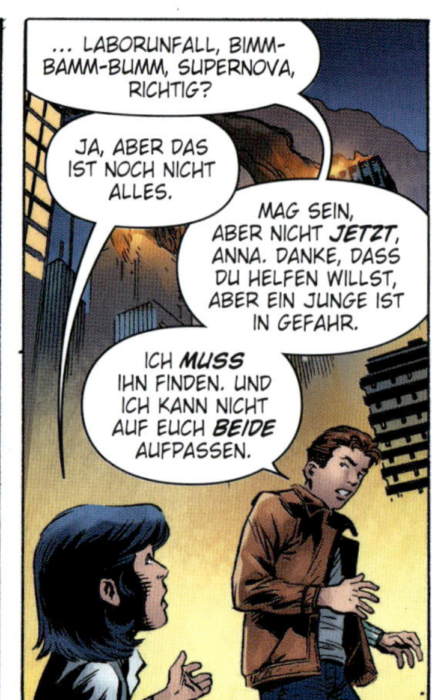
... LABORUNFALL, BIMM-BAMM-BUMM, SUPERNOVA, RICHTIG?
JA, ABER DAS IST NOCH NICHT ALLES.
MAG SEIN, ABER NICHT **JETZT**, ANNA. DANKE, DASS DU HELFEN WILLST, ABER EIN JUNGE IST IN GEFAHR.
ICH **MUSS** IHN FINDEN. UND ICH KANN NICHT AUF EUCH **BEIDE** AUFPASSEN.

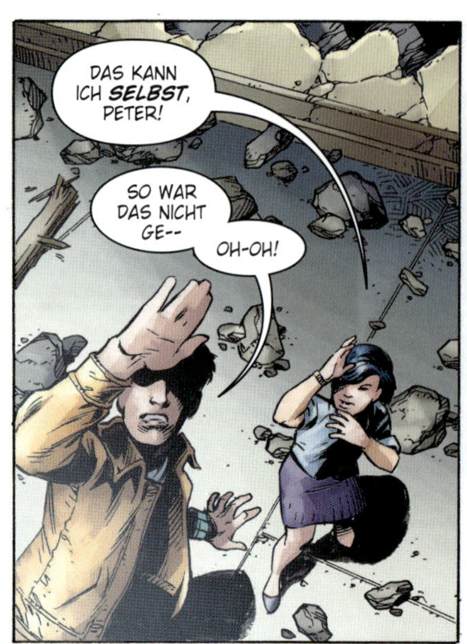
DAS KANN ICH **SELBST**, PETER!
SO WAR DAS NICHT GE--
OH-OH!

ICH **KENNE** EUCH!
PETER PARKER UND **ANNA MARIA MARCONI.**
IHR ARBEITET FÜR **SPIDER-MAN** ALS TECH-NIKDESIGNER. IHR HABT MICH ÜBERREDET, FÜR IHN ZU ARBEITEN!
ACH JA?
SO IST ES.

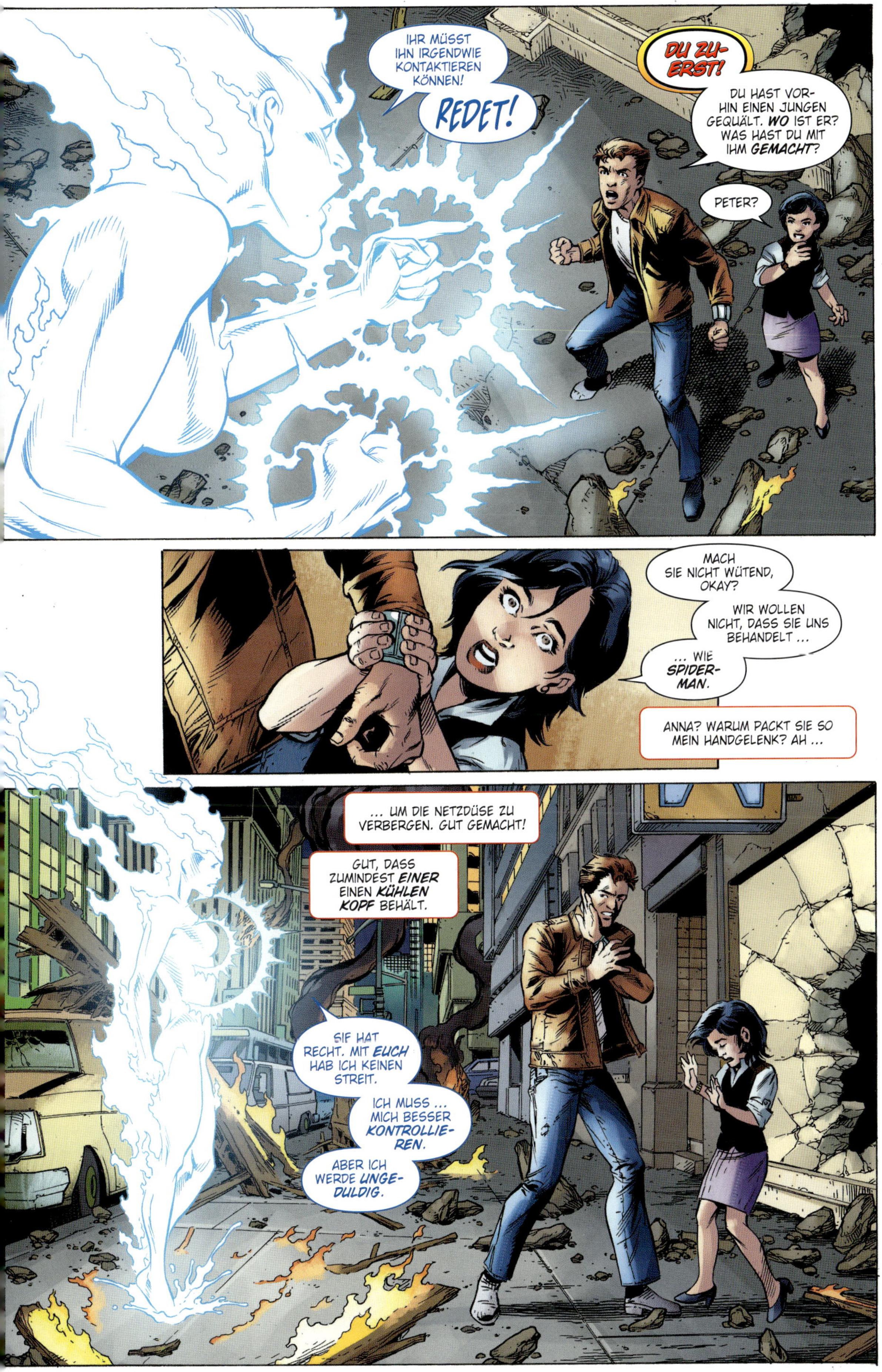

IHR MÜSST IHN IRGENDWIE KONTAKTIEREN KÖNNEN!
REDET!
DU ZU-ERST!
DU HAST VOR-HIN EINEN JUNGEN GEQUÄLT. **WO** IST ER? WAS HAST DU MIT IHM **GEMACHT**?
PETER?

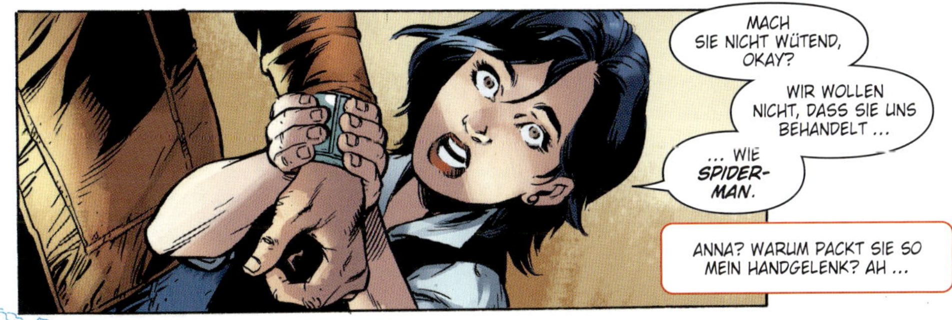

... UM DIE NETZDÜSE ZU VERBERGEN. GUT GEMACHT!
GUT, DASS ZUMINDEST **EINER** EINEN **KÜHLEN KOPF** BEHÄLT.
SIE HAT RECHT. MIT **EUCH** HAB ICH KEINEN STREIT.
ICH MUSS ... MICH BESSER **KONTROLLIE-REN.**
ABER ICH WERDE **UNGE-DULDIG.**

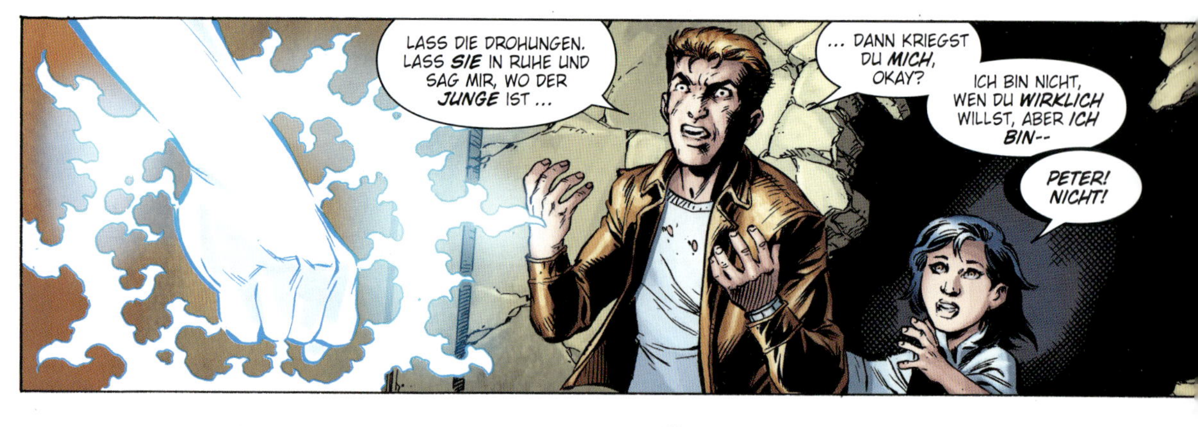

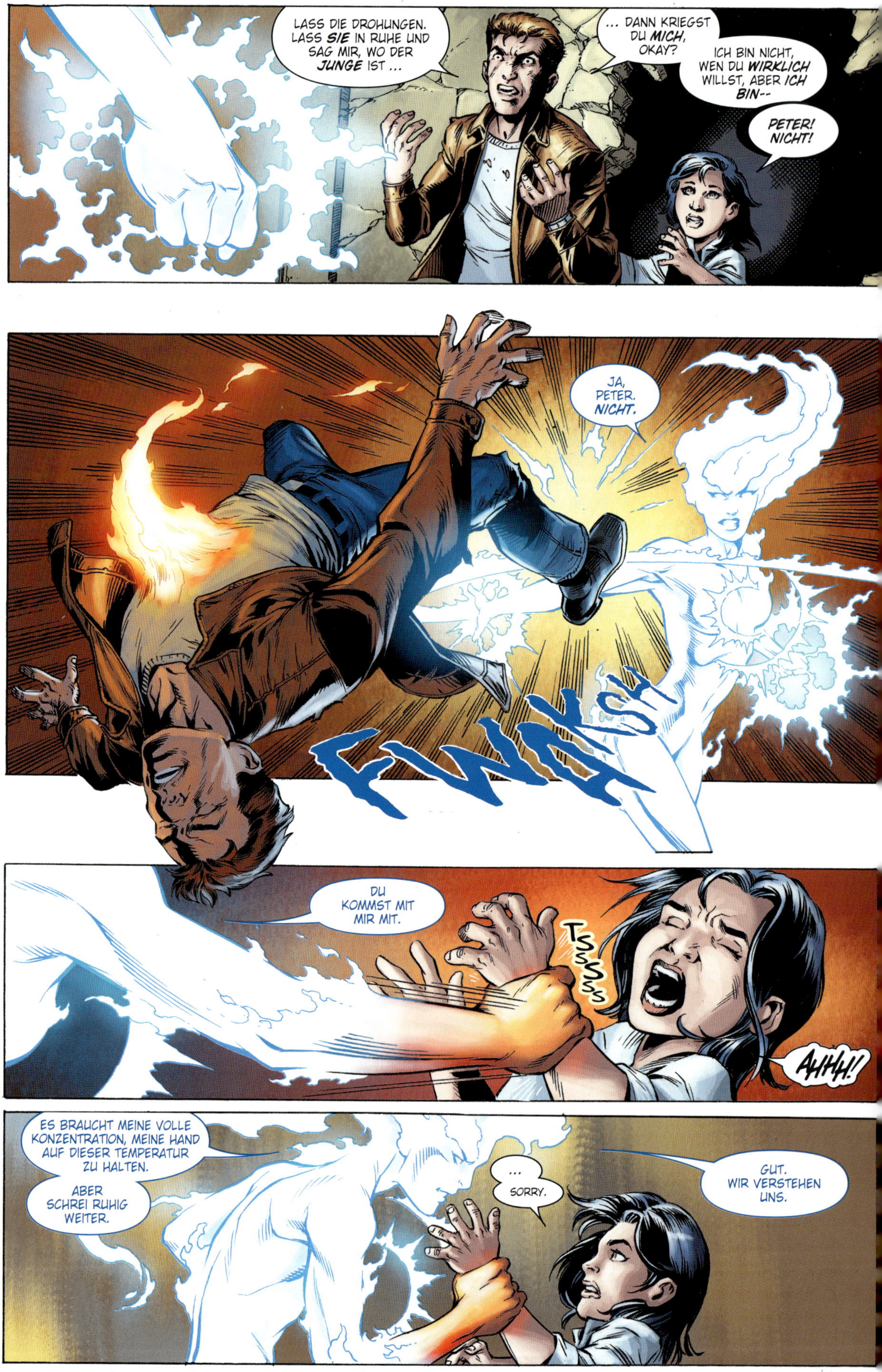

JA, PETER. NICHT.

FWASH

DU KOMMST MIT MIR MIT.

TSSSSS

AHHH!

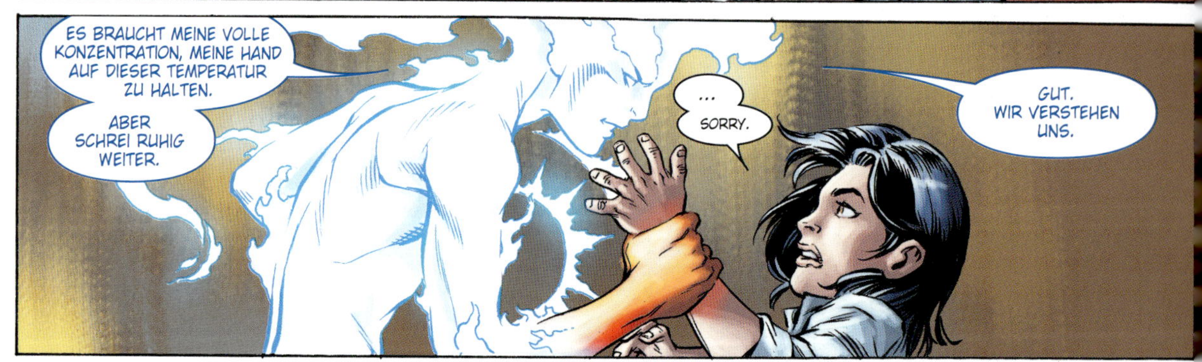

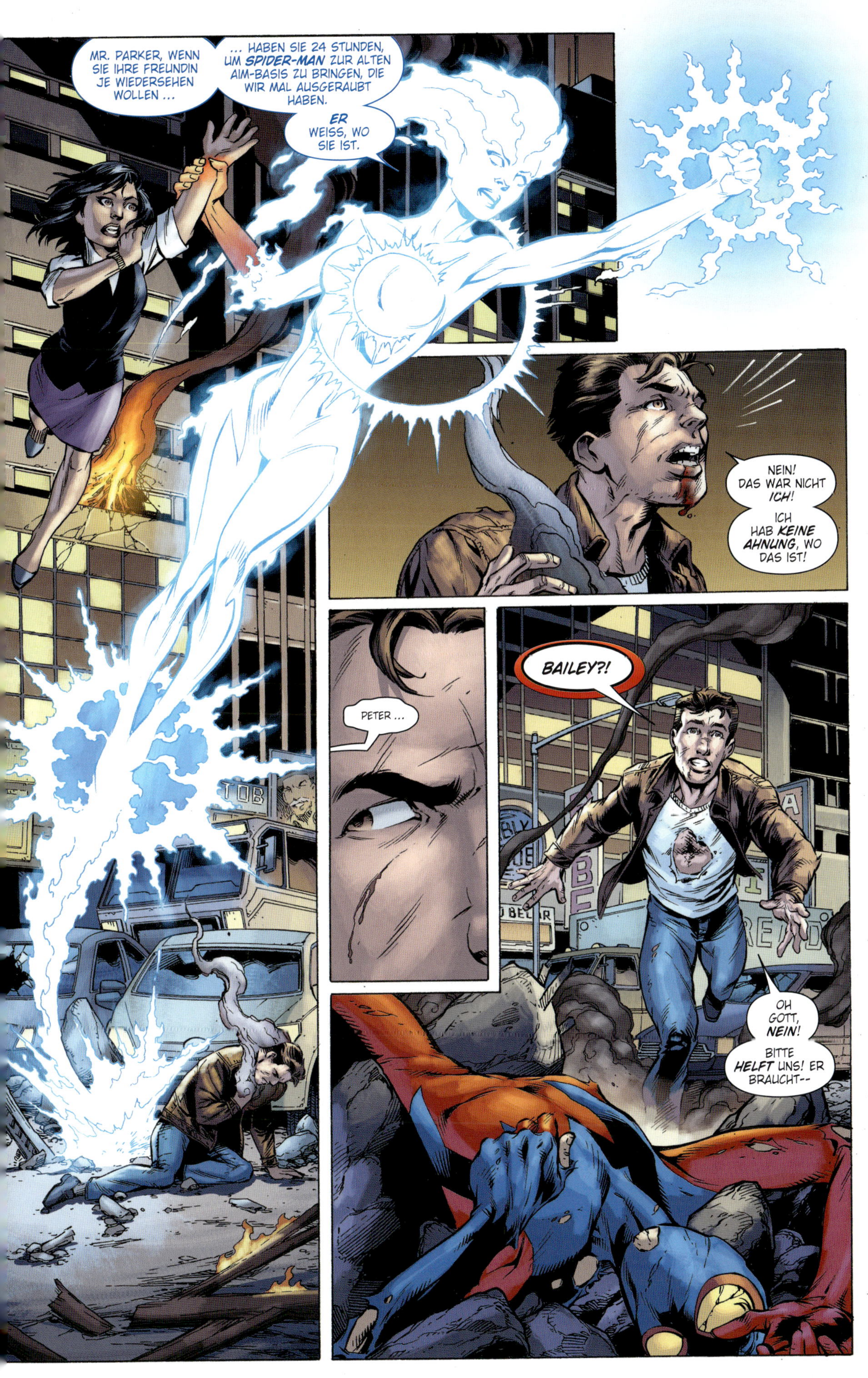
MR. PARKER, WENN SIE IHRE FREUNDIN JE WIEDERSEHEN WOLLEN ...
... HABEN SIE 24 STUNDEN, UM SPIDER-MAN ZUR ALTEN AIM-BASIS ZU BRINGEN, DIE WIR MAL AUSGERAUBT HABEN.
ER WEISS, WO SIE IST.
NEIN! DAS WAR NICHT ICH!
ICH HAB KEINE AHNUNG, WO DAS IST!
PETER ...
BAILEY?!
OH GOTT, NEIN!
BITTE HELFT UNS! ER BRAUCHT--

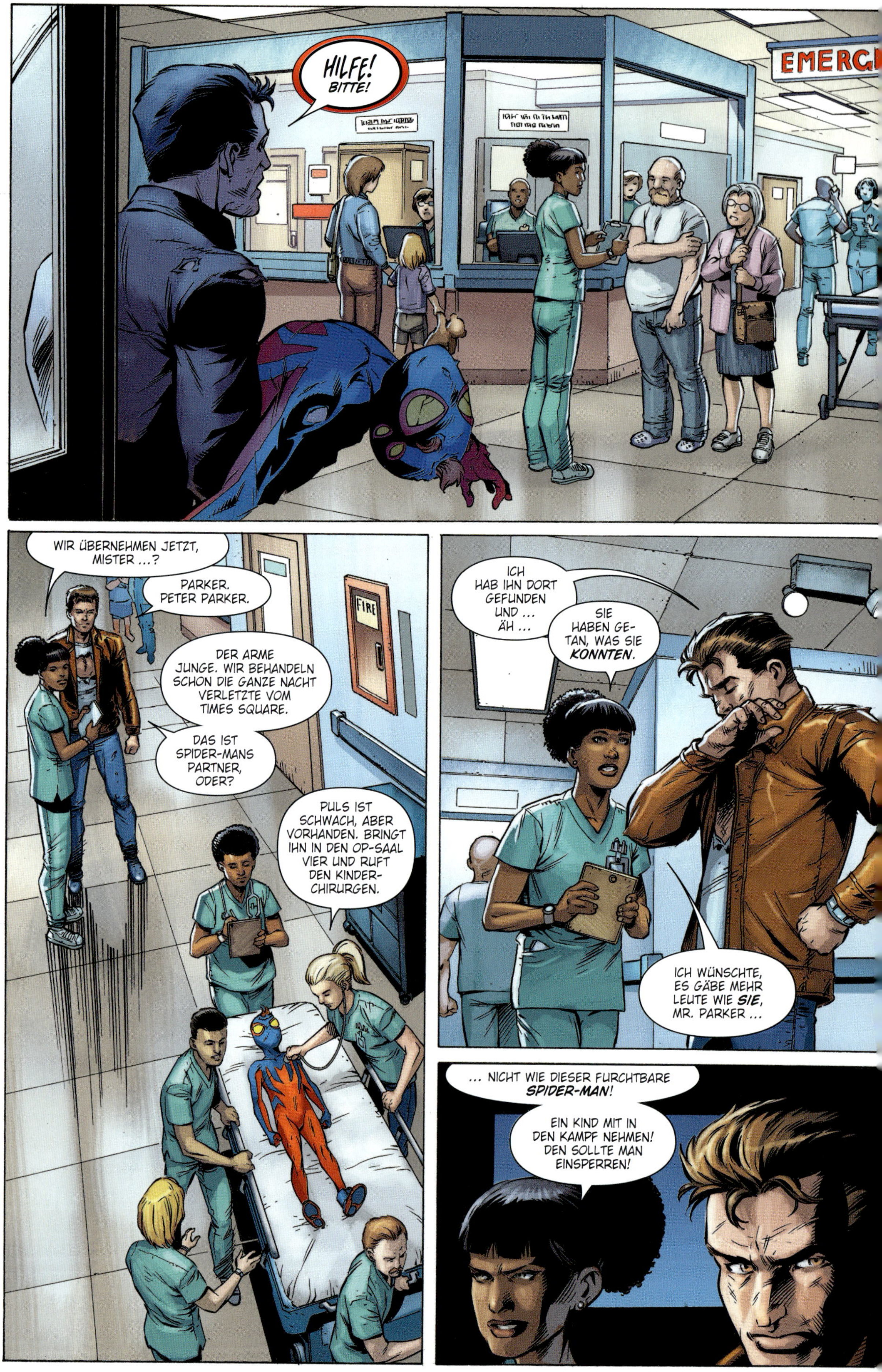

HILFE! BITTE!

EMERG

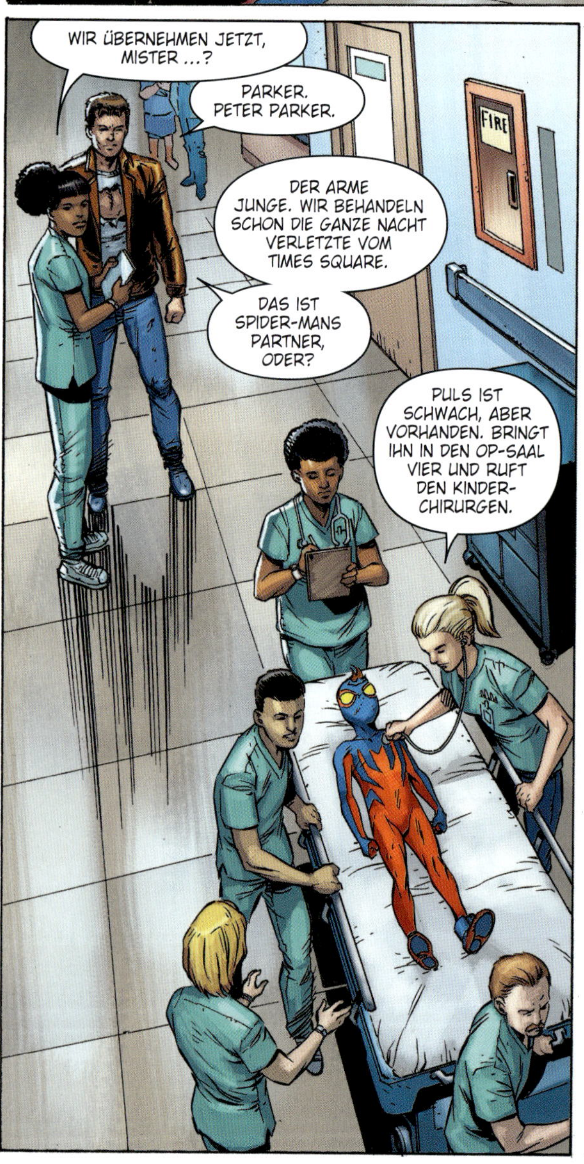

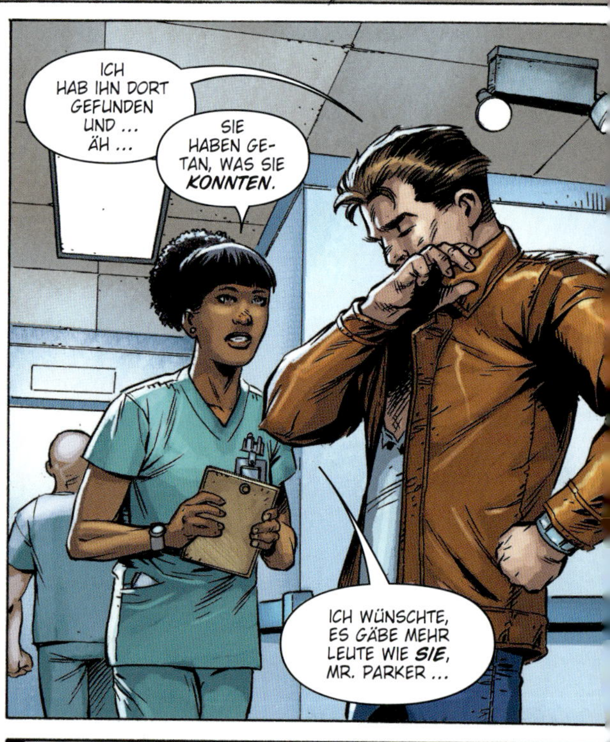

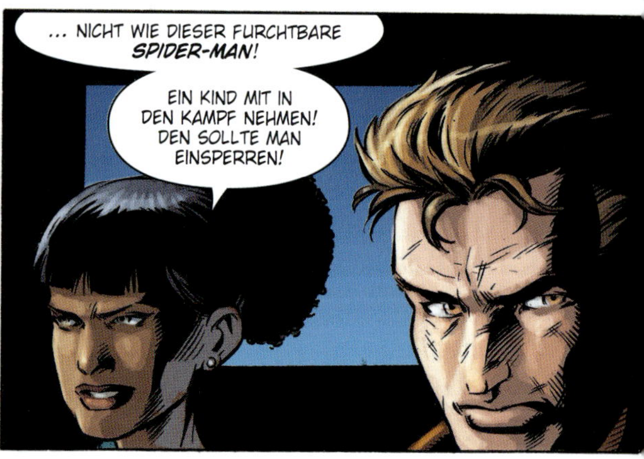

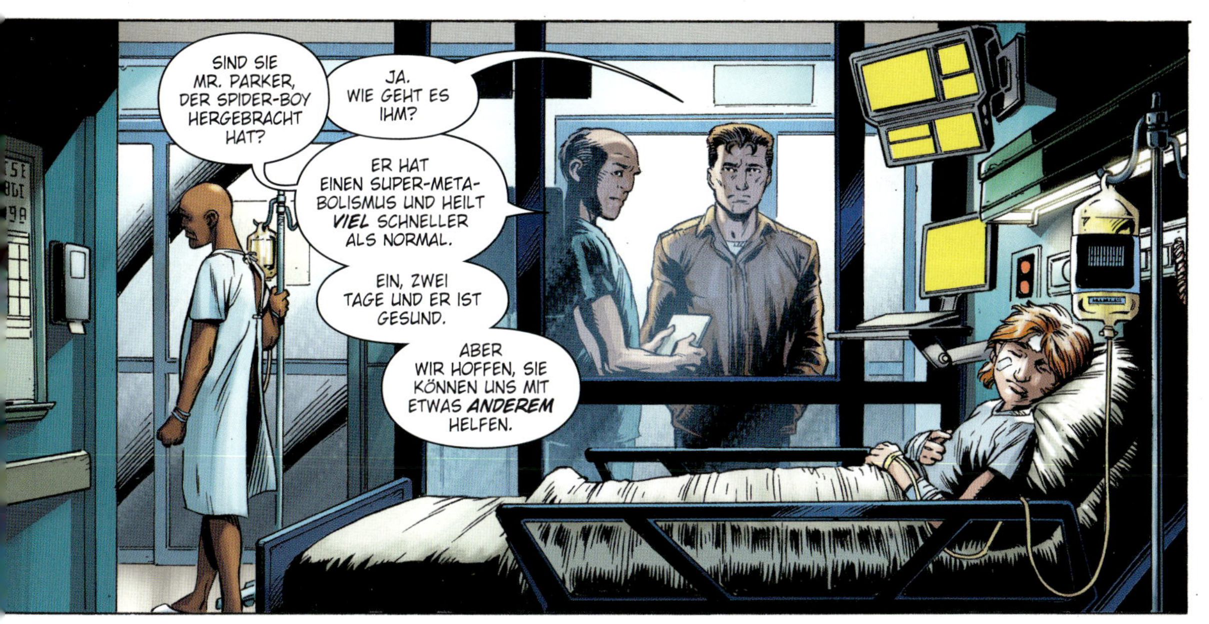
SIND SIE MR. PARKER, DER SPIDER-BOY HERGEBRACHT HAT?
JA. WIE GEHT ES IHM?
ER HAT EINEN SUPER-METABOLISMUS UND HEILT VIEL SCHNELLER ALS NORMAL.
EIN, ZWEI TAGE UND ER IST GESUND.
ABER WIR HOFFEN, SIE KÖNNEN UNS MIT ETWAS ANDEREM HELFEN.

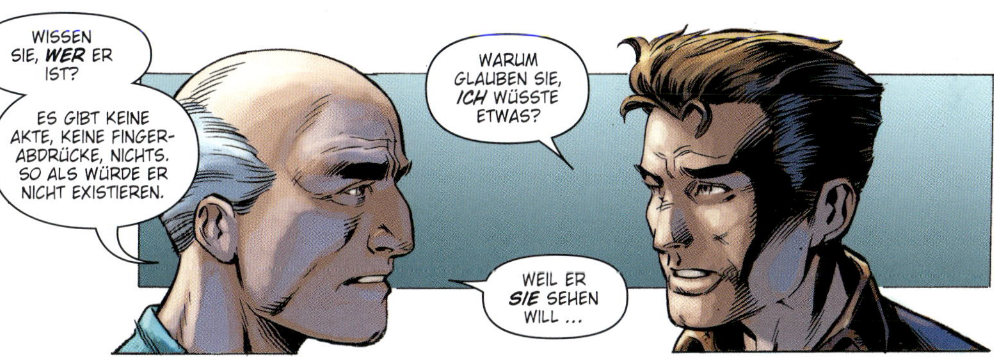
WISSEN SIE, WER ER IST?
ES GIBT KEINE AKTE, KEINE FINGERABDRÜCKE, NICHTS. SO ALS WÜRDE ER NICHT EXISTIEREN.
WARUM GLAUBEN SIE, ICH WÜSSTE ETWAS?
WEIL ER SIE SEHEN WILL …

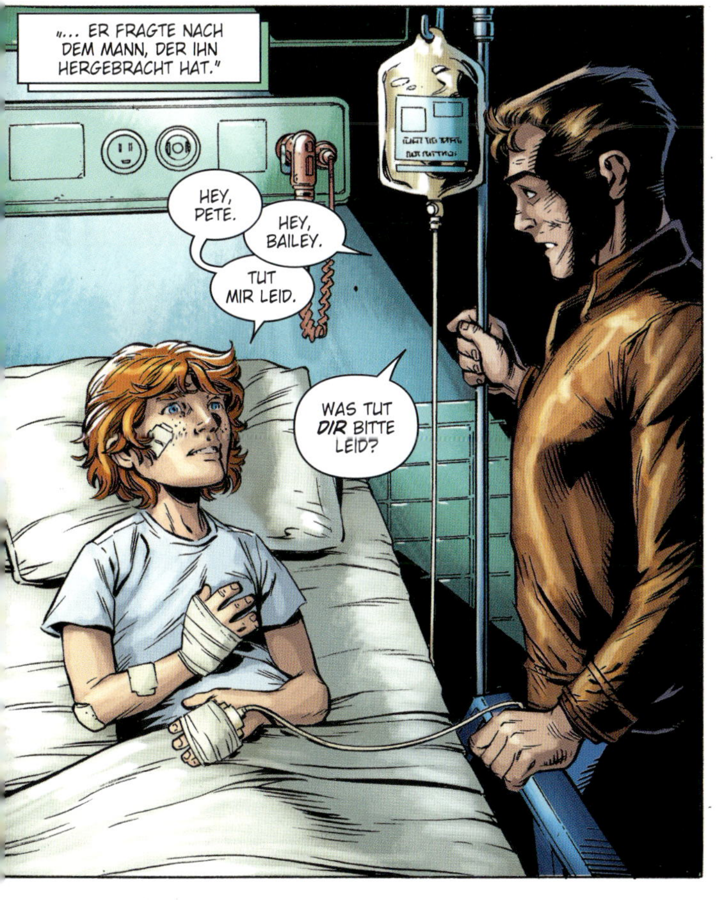
„… ER FRAGTE NACH DEM MANN, DER IHN HERGEBRACHT HAT."
HEY, PETE.
HEY, BAILEY.
TUT MIR LEID.
WAS TUT DIR BITTE LEID?

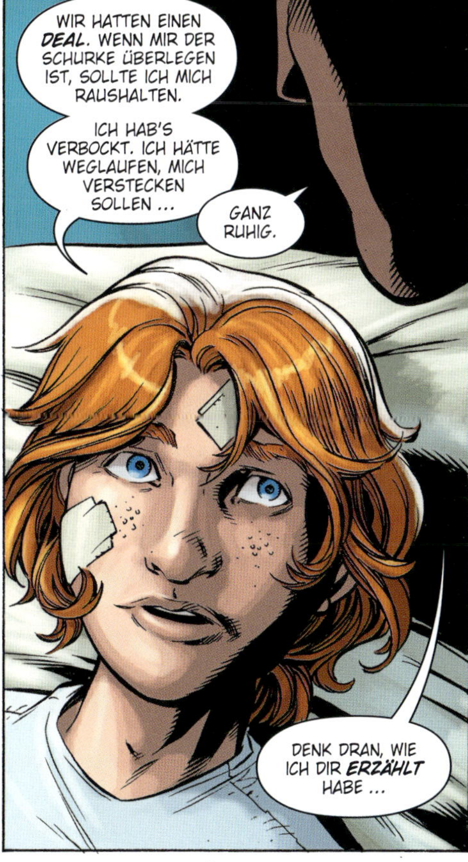
WIR HATTEN EINEN DEAL. WENN MIR DER SCHURKE ÜBERLEGEN IST, SOLLTE ICH MICH RAUSHALTEN.
ICH HAB'S VERBOCKT. ICH HÄTTE WEGLAUFEN, MICH VERSTECKEN SOLLEN …
GANZ RUHIG.
DENK DRAN, WIE ICH DIR ERZÄHLT HABE …

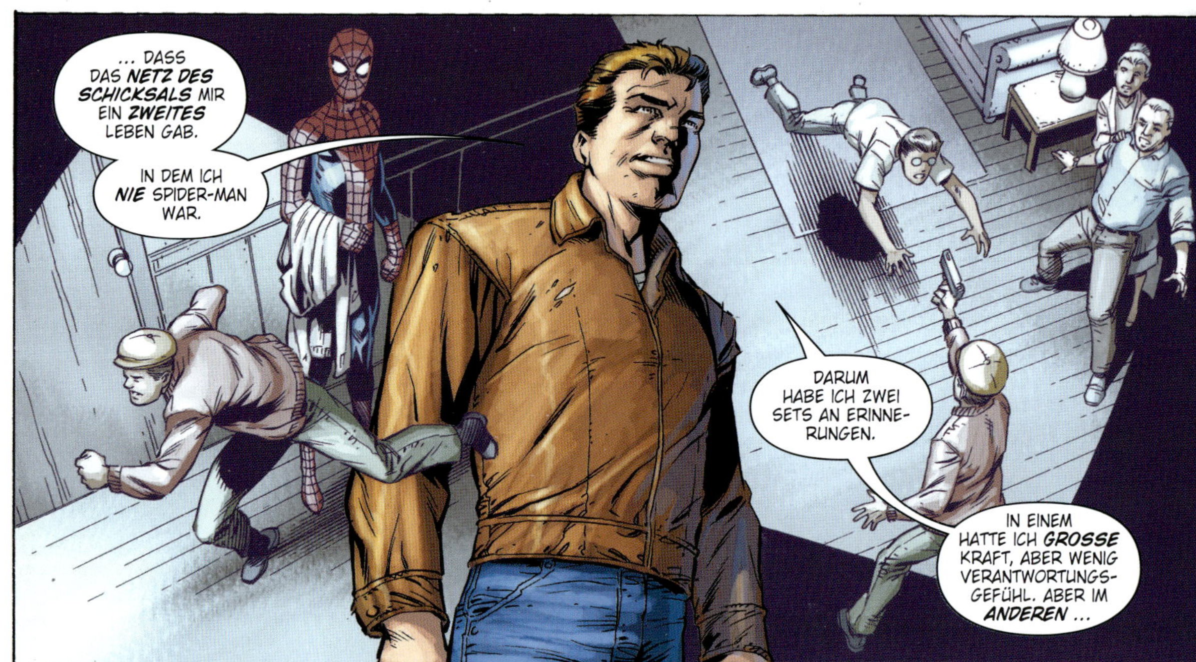
… DASS DAS NETZ DES SCHICKSALS MIR EIN ZWEITES LEBEN GAB.
IN DEM ICH NIE SPIDER-MAN WAR.
DARUM HABE ICH ZWEI SETS AN ERINNE-RUNGEN.
IN EINEM HATTE ICH GROSSE KRAFT, ABER WENIG VERANTWORTUNGS-GEFÜHL. ABER IM ANDEREN …

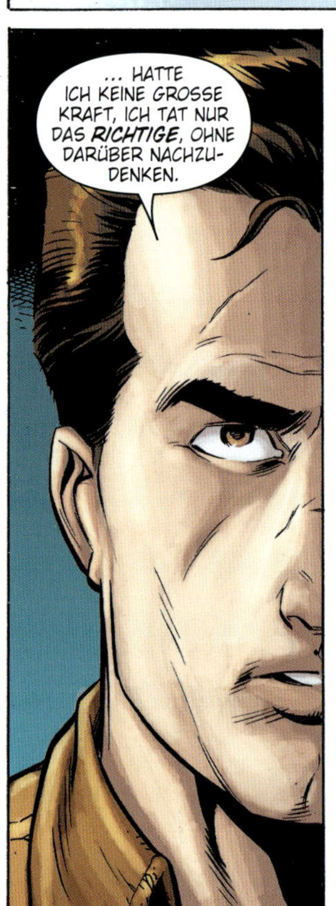
… HATTE ICH KEINE GROSSE KRAFT, ICH TAT NUR DAS RICHTIGE, OHNE DARÜBER NACHZU-DENKEN.

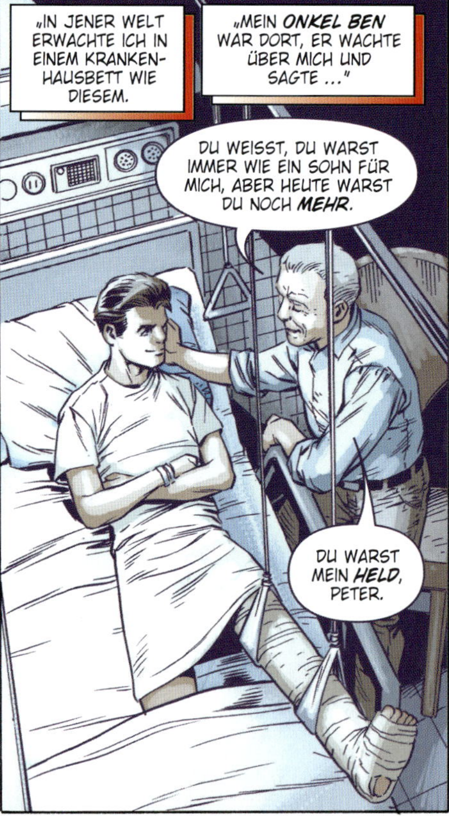
„IN JENER WELT ERWACHTE ICH IN EINEM KRANKEN-HAUSBETT WIE DIESEM.
„MEIN ONKEL BEN WAR DORT, ER WACHTE ÜBER MICH UND SAGTE …"
DU WEISST, DU WARST IMMER WIE EIN SOHN FÜR MICH, ABER HEUTE WARST DU NOCH MEHR.
DU WARST MEIN HELD, PETER.

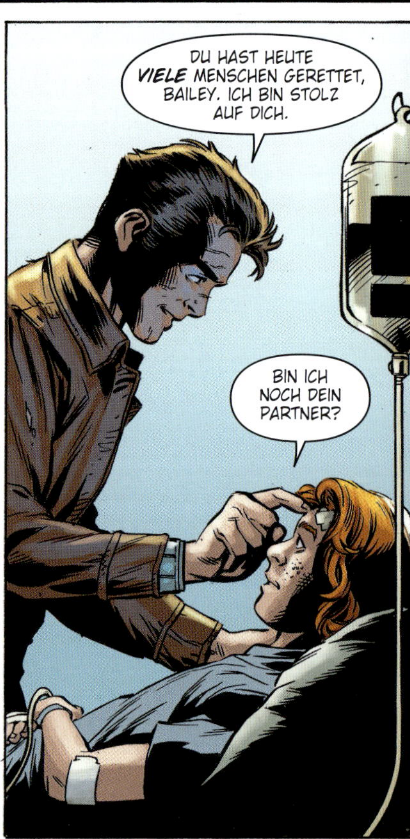
DU HAST HEUTE VIELE MENSCHEN GERETTET, BAILEY. ICH BIN STOLZ AUF DICH.
BIN ICH NOCH DEIN PARTNER?

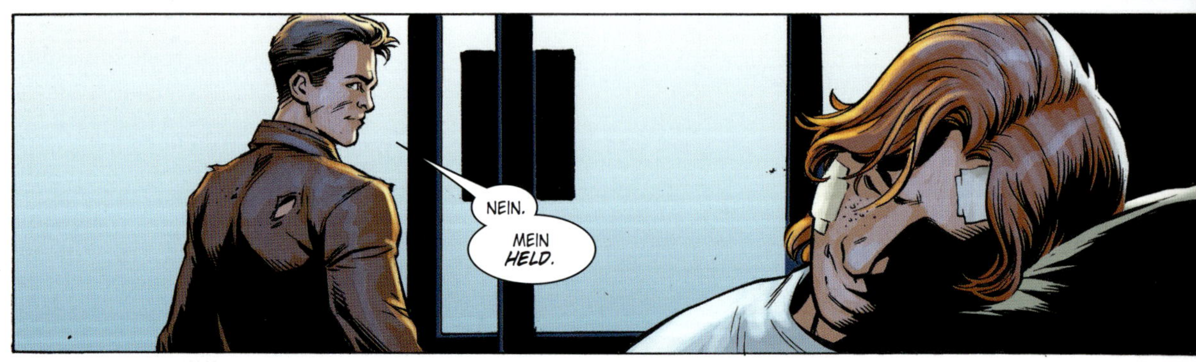
NEIN.
MEIN HELD.

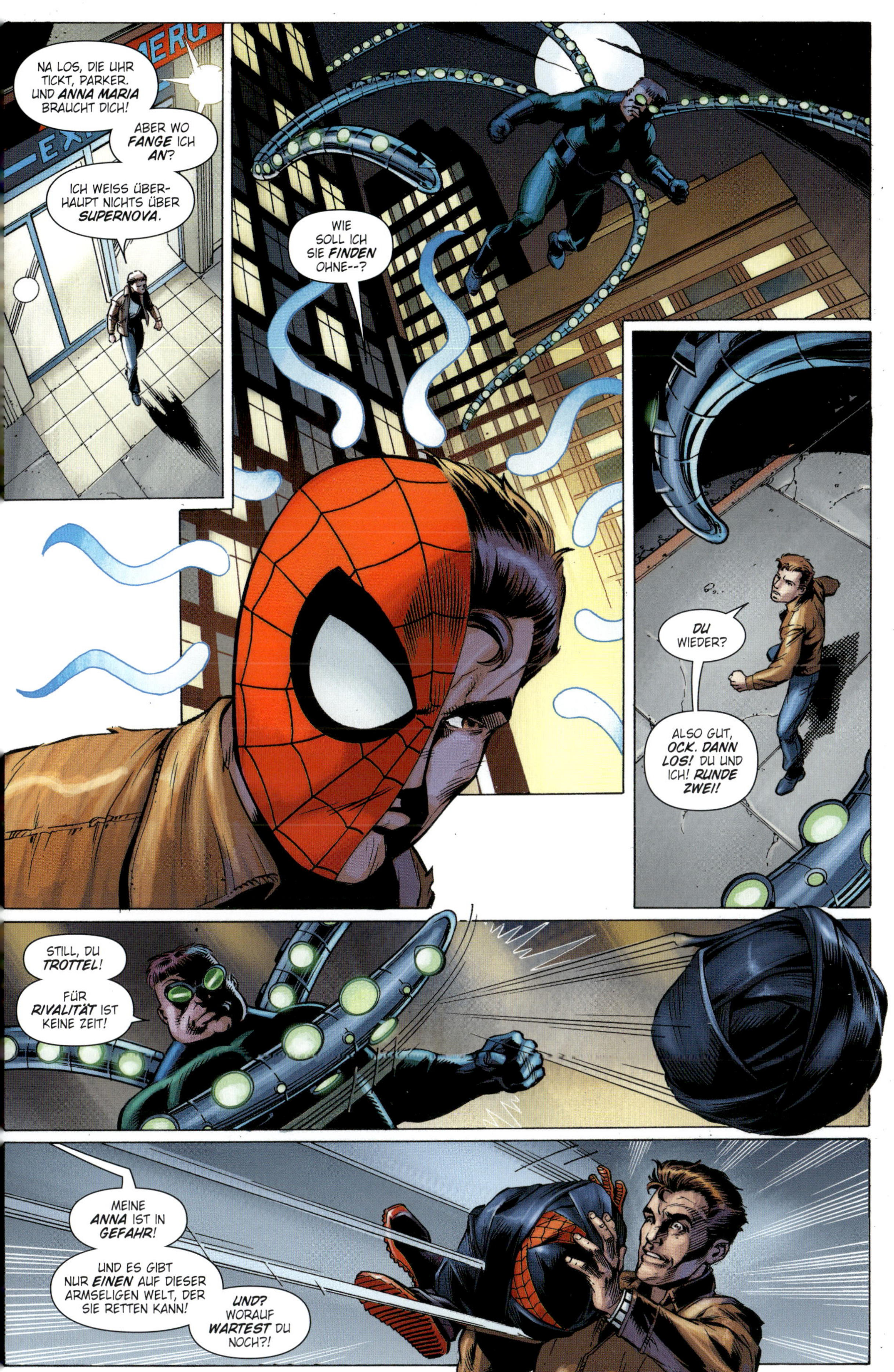

NA LOS, DIE UHR TICKT, PARKER. UND ANNA MARIA BRAUCHT DICH!
ABER WO FANGE ICH AN?
ICH WEISS ÜBERHAUPT NICHTS ÜBER SUPERNOVA.
WIE SOLL ICH SIE FINDEN OHNE--?
DU WIEDER?
ALSO GUT, OCK. DANN LOS! DU UND ICH! RUNDE ZWEI!
STILL, DU TROTTEL!
FÜR RIVALITÄT IST KEINE ZEIT!
MEINE ANNA IST IN GEFAHR!
UND ES GIBT NUR EINEN AUF DIESER ARMSELIGEN WELT, DER SIE RETTEN KANN!
UND? WORAUF WARTEST DU NOCH?!

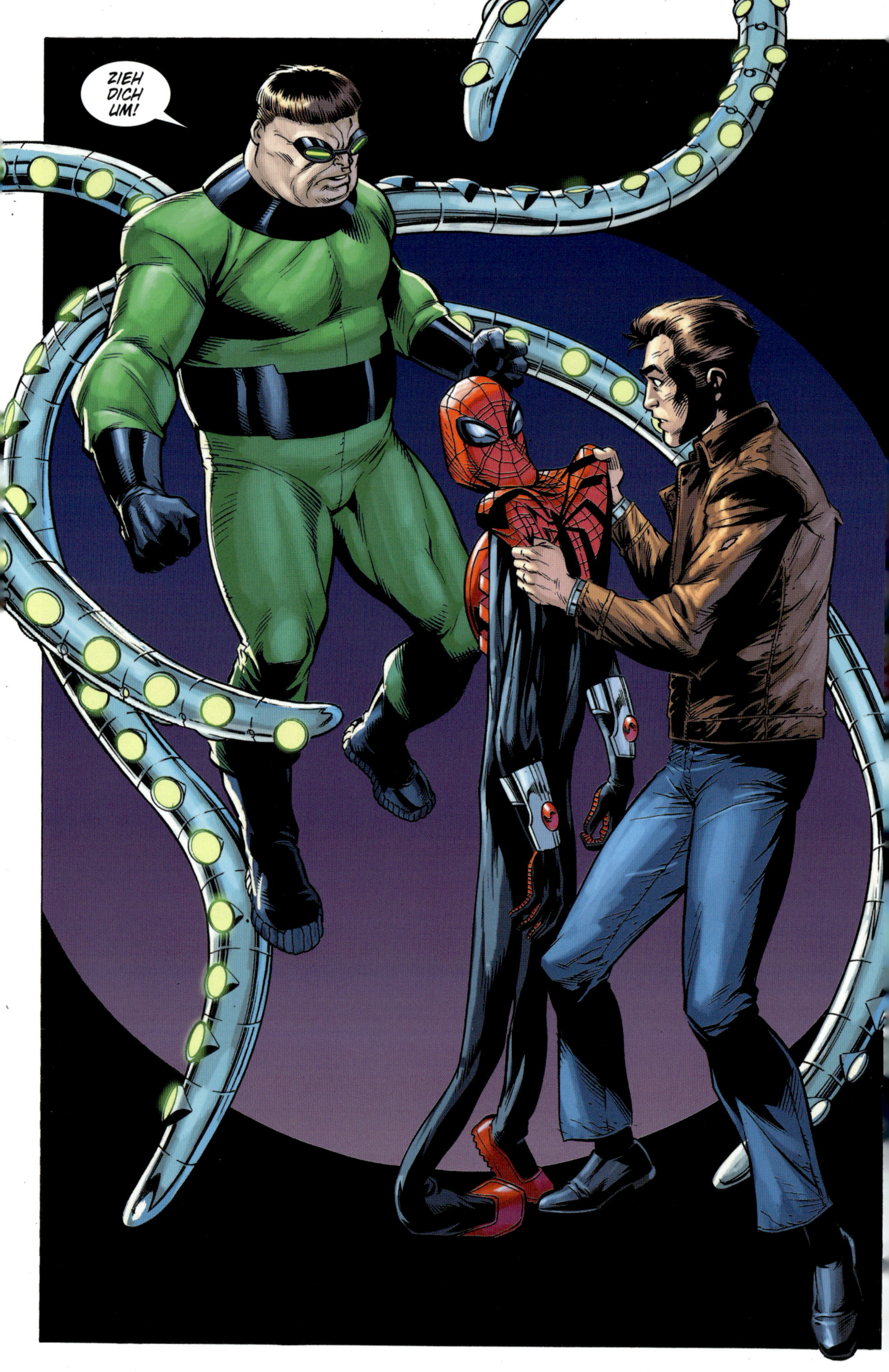
ZIEH DICH UM!

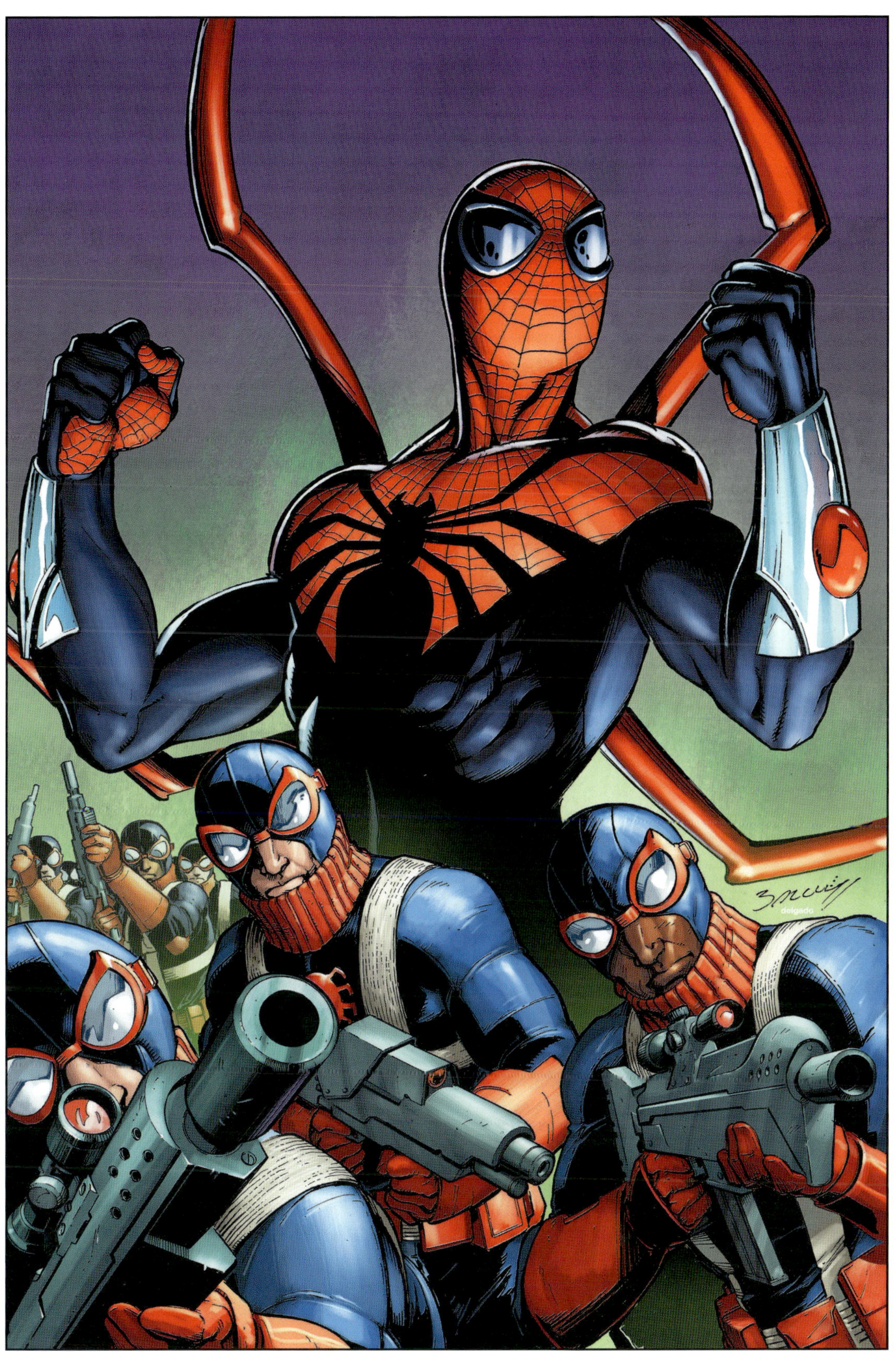

Superior Spider-Man (2024) 3
Cover von **MARK BAGLEY**

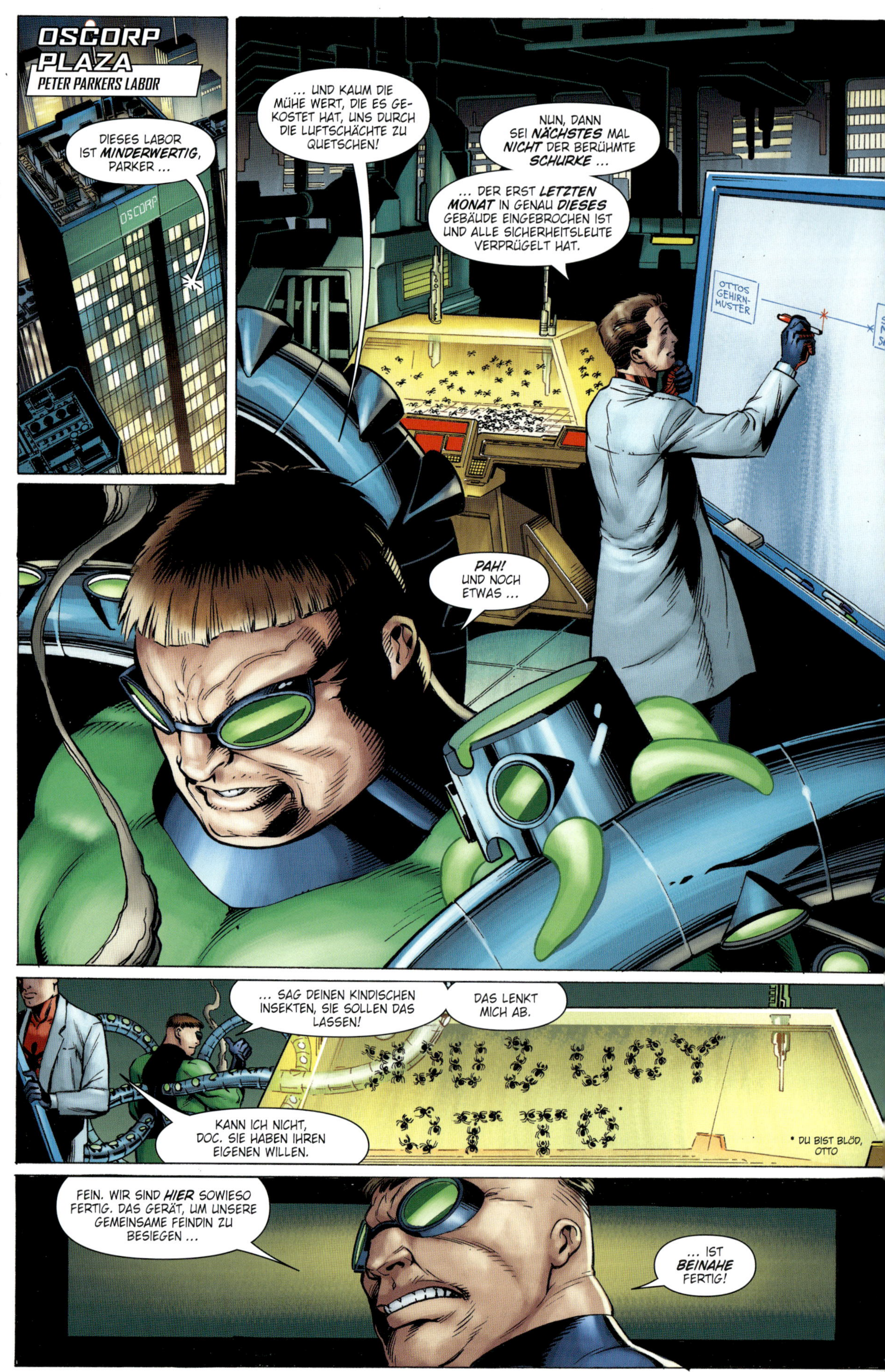
OSCORP PLAZA
PETER PARKERS LABOR
DIESES LABOR IST MINDERWERTIG, PARKER ...
OSCORP
... UND KAUM DIE MÜHE WERT, DIE ES GEKOSTET HAT, UNS DURCH DIE LUFTSCHÄCHTE ZU QUETSCHEN!
NUN, DANN SEI NÄCHSTES MAL NICHT DER BERÜHMTE SCHURKE ...
... DER ERST LETZTEN MONAT IN GENAU DIESES GEBÄUDE EINGEBROCHEN IST UND ALLE SICHERHEITSLEUTE VERPRÜGELT HAT.
OTTOS GEHIRN-MUSTER
PAH! UND NOCH ETWAS ...
... SAG DEINEN KINDISCHEN INSEKTEN, SIE SOLLEN DAS LASSEN!
DAS LENKT MICH AB.
KANN ICH NICHT, DOC. SIE HABEN IHREN EIGENEN WILLEN.
* DU BIST BLÖD, OTTO
FEIN. WIR SIND HIER SOWIESO FERTIG. DAS GERÄT, UM UNSERE GEMEINSAME FEINDIN ZU BESIEGEN ...
... IST BEINAHE FERTIG!

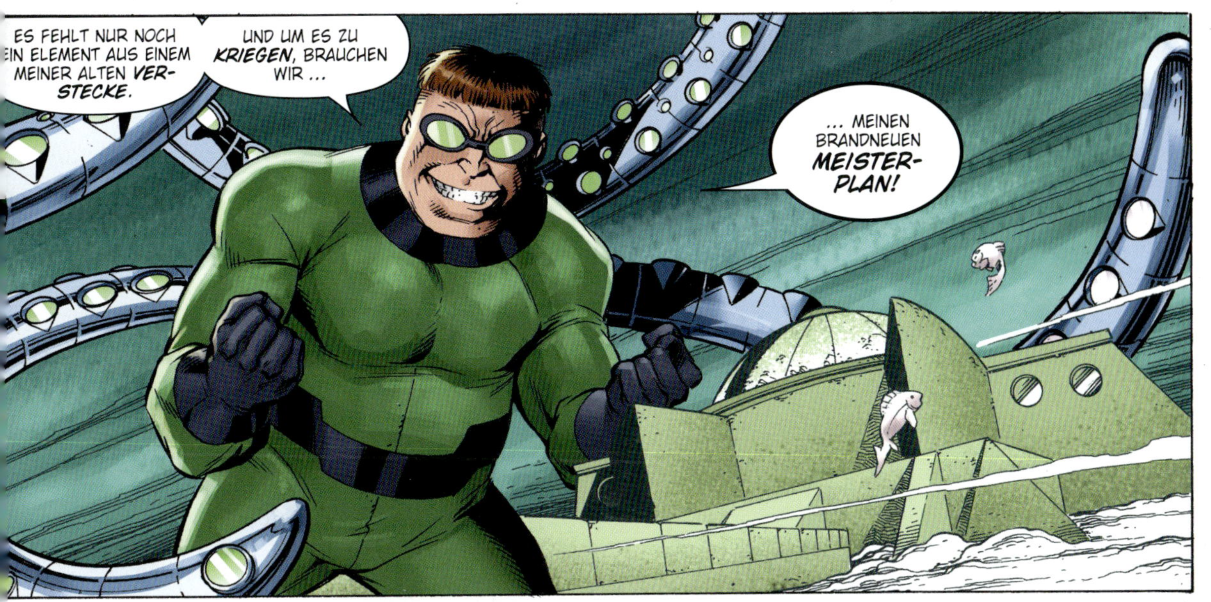
ES FEHLT NUR NOCH EIN ELEMENT AUS EINEM MEINER ALTEN VERSTECKE.
UND UM ES ZU KRIEGEN, BRAUCHEN WIR …
… MEINEN BRANDNEUEN MEISTERPLAN!

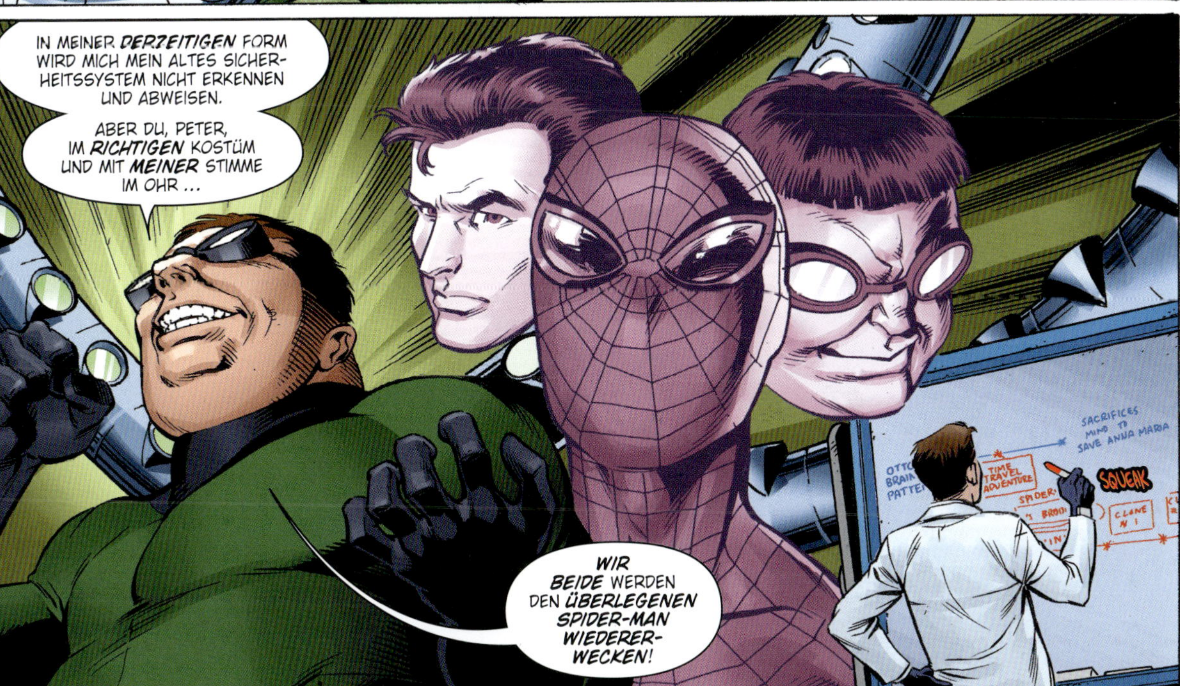
IN MEINER DERZEITIGEN FORM WIRD MICH MEIN ALTES SICHERHEITSSYSTEM NICHT ERKENNEN UND ABWEISEN.
ABER DU, PETER, IM RICHTIGEN KOSTÜM UND MIT MEINER STIMME IM OHR …
SQUEAK
WIR BEIDE WERDEN DEN ÜBERLEGENEN SPIDER-MAN WIEDERERWECKEN!

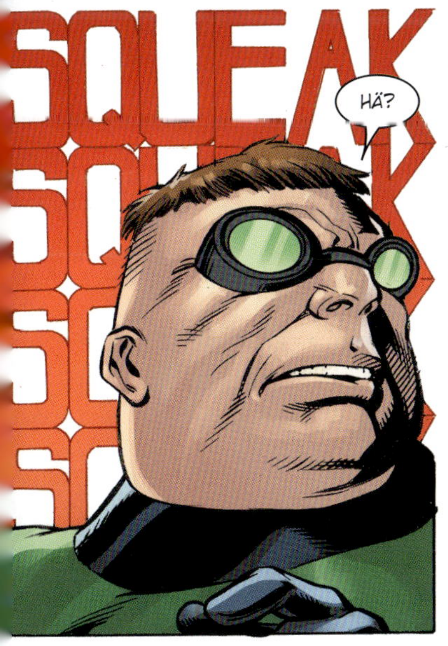
SQUEAK
HÄ?

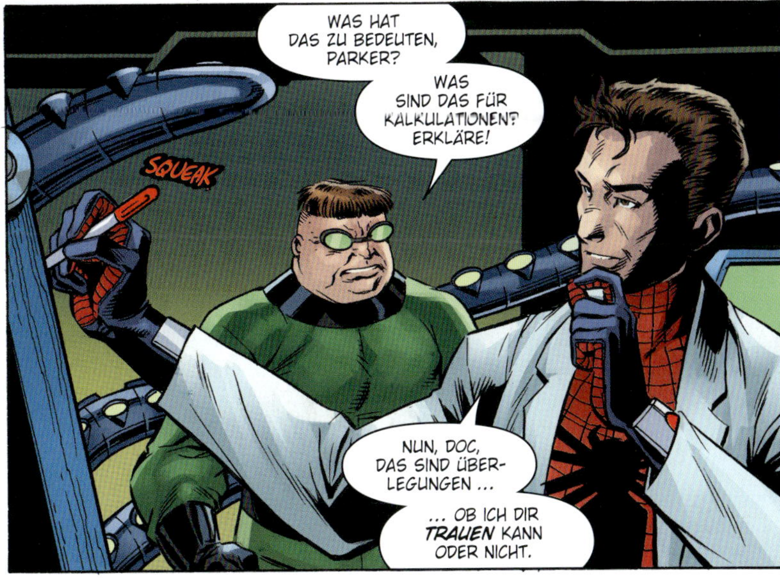
WAS HAT DAS ZU BEDEUTEN, PARKER?
WAS SIND DAS FÜR KALKULATIONEN? ERKLÄRE!
SQUEAK
NUN, DOC, DAS SIND ÜBERLEGUNGEN …
… OB ICH DIR TRAUEN KANN ODER NICHT.

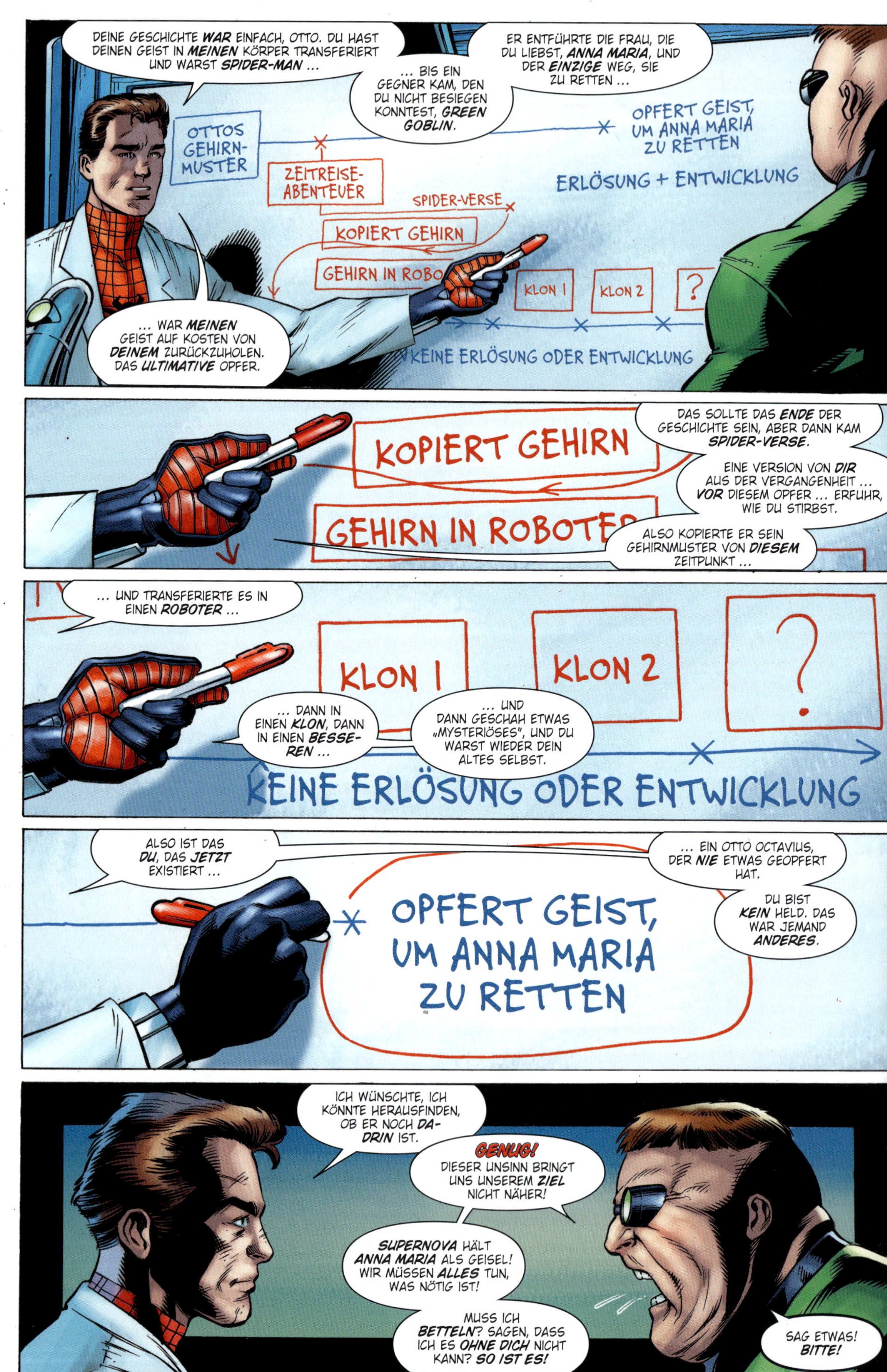
DEINE GESCHICHTE WAR EINFACH, OTTO. DU HAST DEINEN GEIST IN MEINEN KÖRPER TRANSFERIERT UND WARST SPIDER-MAN …
… BIS EIN GEGNER KAM, DEN DU NICHT BESIEGEN KONNTEST, GREEN GOBLIN.
ER ENTFÜHRTE DIE FRAU, DIE DU LIEBST, ANNA MARIA, UND DER EINZIGE WEG, SIE ZU RETTEN …
… WAR MEINEN GEIST AUF KOSTEN VON DEINEM ZURÜCKZUHOLEN. DAS ULTIMATIVE OPFER.
OTTOS GEHIRN-MUSTER
ZEITREISE-ABENTEUER
SPIDER-VERSE
KOPIERT GEHIRN
GEHIRN IN ROBO
KLON 1
KLON 2
?
OPFERT GEIST, UM ANNA MARIA ZU RETTEN
ERLÖSUNG + ENTWICKLUNG
KEINE ERLÖSUNG ODER ENTWICKLUNG
DAS SOLLTE DAS ENDE DER GESCHICHTE SEIN, ABER DANN KAM SPIDER-VERSE.
EINE VERSION VON DIR AUS DER VERGANGENHEIT … VOR DIESEM OPFER … ERFUHR, WIE DU STIRBST.
ALSO KOPIERTE ER SEIN GEHIRNMUSTER VON DIESEM ZEITPUNKT …
KOPIERT GEHIRN
GEHIRN IN ROBOTER
… UND TRANSFERIERTE ES IN EINEN ROBOTER …
… DANN IN EINEN KLON, DANN IN EINEN BESSEREN …
… UND DANN GESCHAH ETWAS „MYSTERIÖSES“, UND DU WARST WIEDER DEIN ALTES SELBST.
KLON 1
KLON 2
?
KEINE ERLÖSUNG ODER ENTWICKLUNG
ALSO IST DAS DU, DAS JETZT EXISTIERT …
… EIN OTTO OCTAVIUS, DER NIE ETWAS GEOPFERT HAT.
DU BIST KEIN HELD. DAS WAR JEMAND ANDERES.
OPFERT GEIST, UM ANNA MARIA ZU RETTEN
ICH WÜNSCHTE, ICH KÖNNTE HERAUSFINDEN, OB ER NOCH DA-DRIN IST.
GENUG! DIESER UNSINN BRINGT UNS UNSEREM ZIEL NICHT NÄHER!
SUPERNOVA HÄLT ANNA MARIA ALS GEISEL! WIR MÜSSEN ALLES TUN, WAS NÖTIG IST!
MUSS ICH BETTELN? SAGEN, DASS ICH ES OHNE DICH NICHT KANN? SO IST ES!
SAG ETWAS! BITTE!

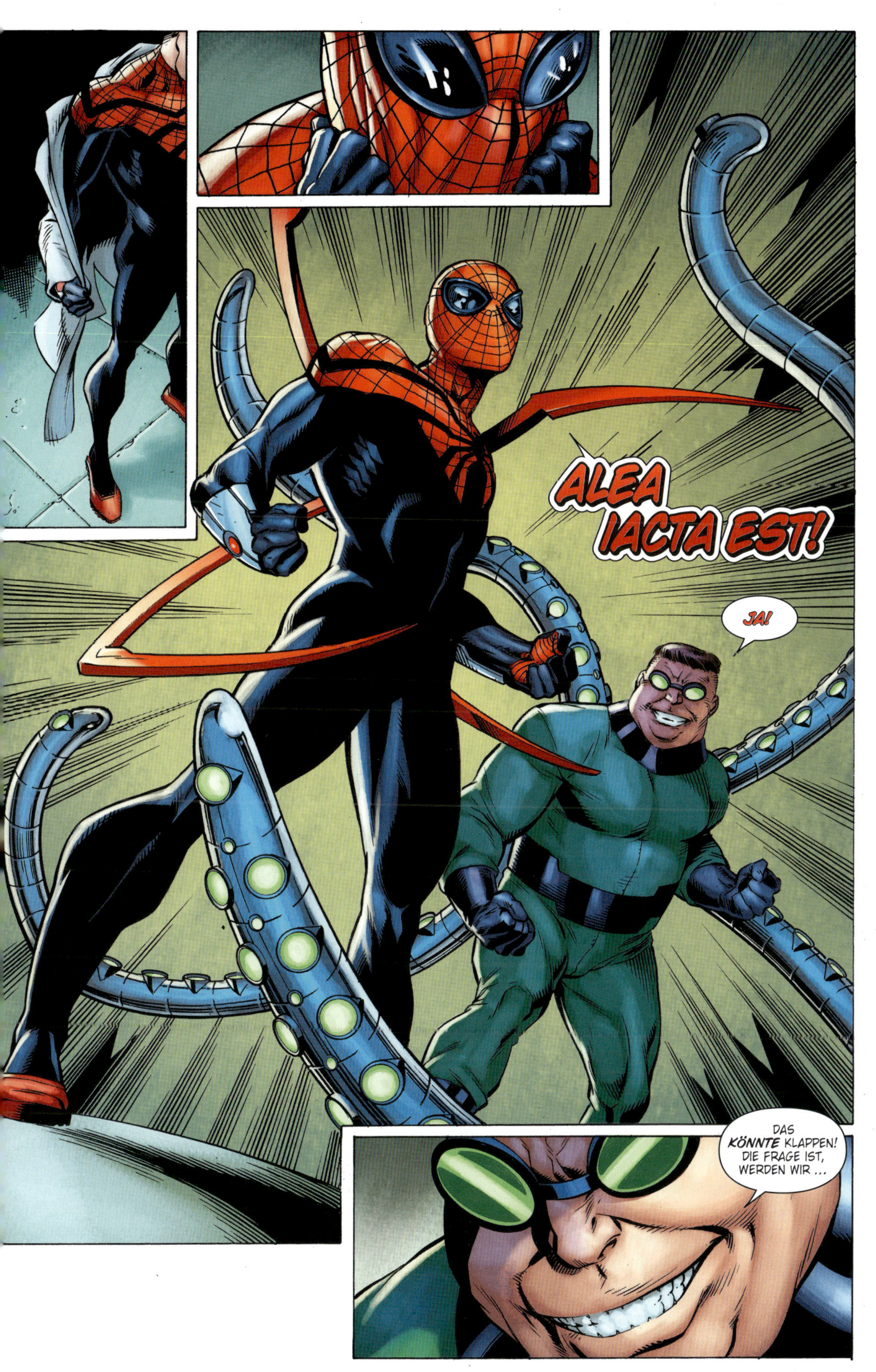
ALEA IACTA EST!
JA!
DAS *KÖNNTE* KLAPPEN! DIE FRAGE IST, WERDEN WIR ...

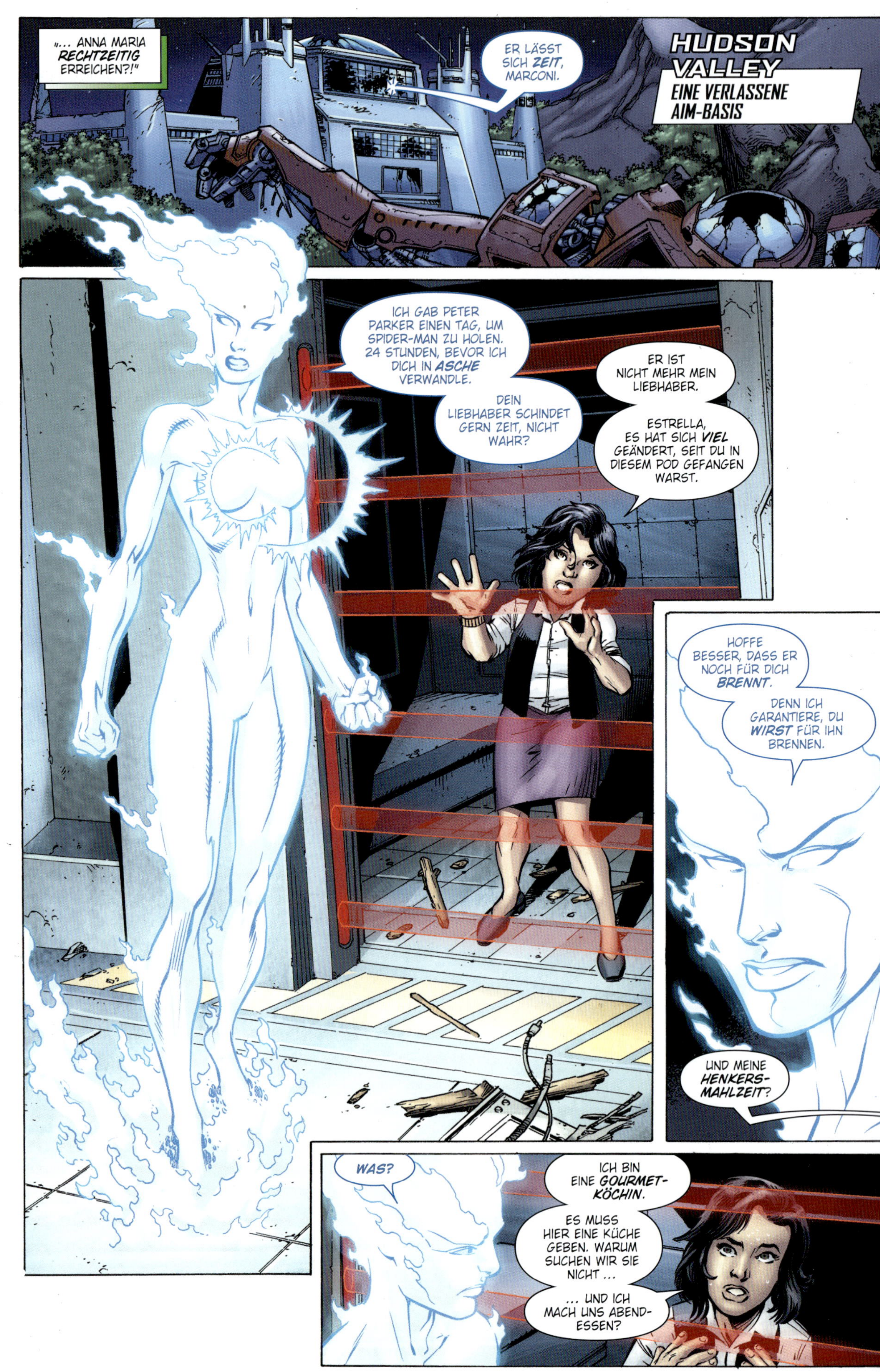
"... ANNA MARIA RECHTZEITIG ERREICHEN?!"
HUDSON VALLEY
EINE VERLASSENE AIM-BASIS
ER LÄSST SICH ZEIT, MARCONI.
ICH GAB PETER PARKER EINEN TAG, UM SPIDER-MAN ZU HOLEN. 24 STUNDEN, BEVOR ICH DICH IN ASCHE VERWANDLE.
DEIN LIEBHABER SCHINDET GERN ZEIT, NICHT WAHR?
ER IST NICHT MEHR MEIN LIEBHABER.
ESTRELLA, ES HAT SICH VIEL GEÄNDERT, SEIT DU IN DIESEM POD GEFANGEN WARST.
HOFFE BESSER, DASS ER NOCH FÜR DICH BRENNT.
DENN ICH GARANTIERE, DU WIRST FÜR IHN BRENNEN.
UND MEINE HENKERS-MAHLZEIT?
WAS?
ICH BIN EINE GOURMET-KÖCHIN.
ES MUSS HIER EINE KÜCHE GEBEN. WARUM SUCHEN WIR SIE NICHT ...
... UND ICH MACH UNS ABEND-ESSEN?

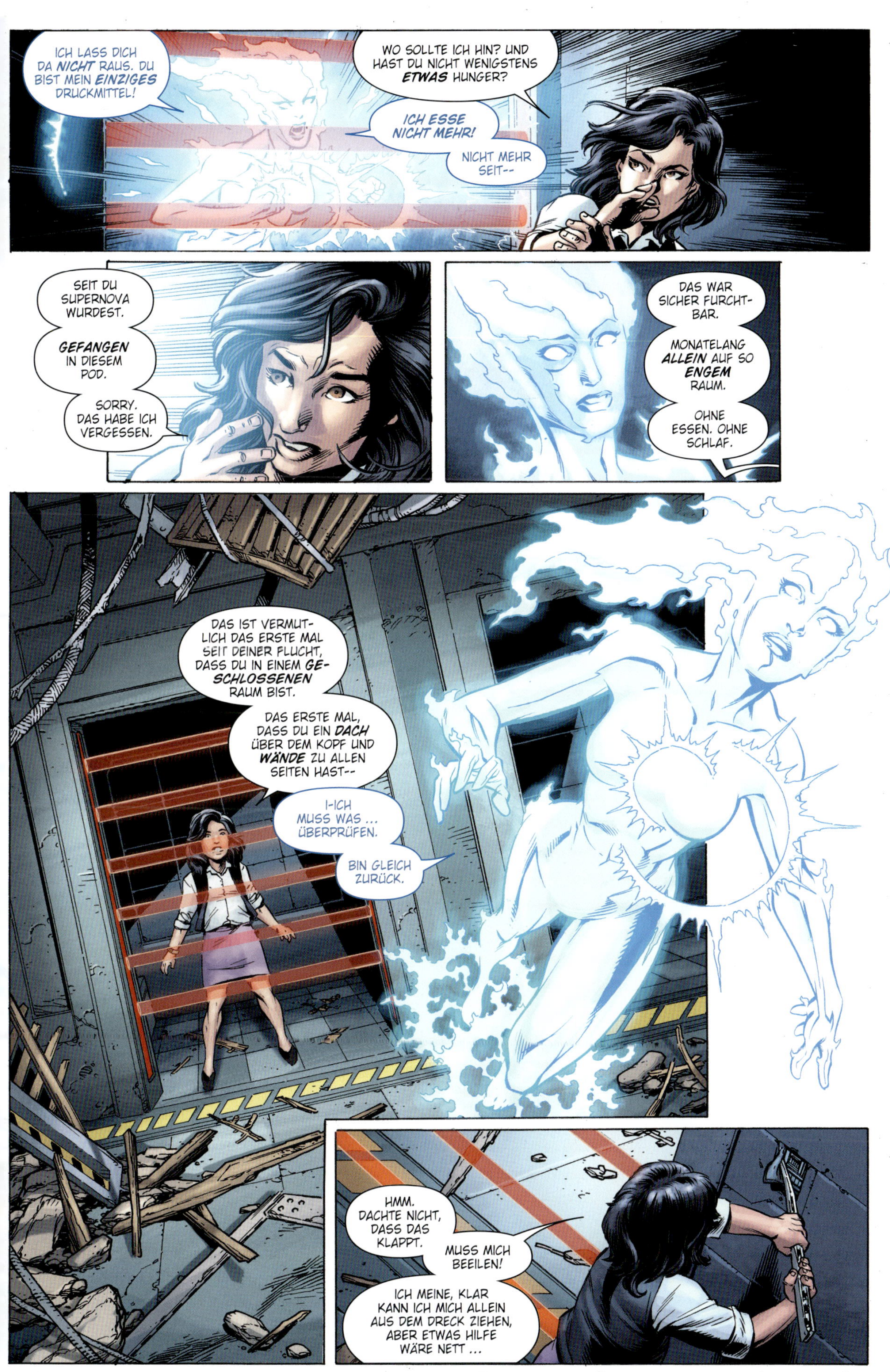
ICH LASS DICH DA NICHT RAUS. DU BIST MEIN EINZIGES DRUCKMITTEL!
WO SOLLTE ICH HIN? UND HAST DU NICHT WENIGSTENS ETWAS HUNGER?
ICH ESSE NICHT MEHR!
NICHT MEHR SEIT--
SEIT DU SUPERNOVA WURDEST.
GEFANGEN IN DIESEM POD.
SORRY. DAS HABE ICH VERGESSEN.
DAS WAR SICHER FURCHTBAR.
MONATELANG ALLEIN AUF SO ENGEM RAUM.
OHNE ESSEN. OHNE SCHLAF.
DAS IST VERMUTLICH DAS ERSTE MAL SEIT DEINER FLUCHT, DASS DU IN EINEM GESCHLOSSENEN RAUM BIST.
DAS ERSTE MAL, DASS DU EIN DACH ÜBER DEM KOPF UND WÄNDE ZU ALLEN SEITEN HAST--
I-ICH MUSS WAS ... ÜBERPRÜFEN.
BIN GLEICH ZURÜCK.
HMM. DACHTE NICHT, DASS DAS KLAPPT.
MUSS MICH BEEILEN!
ICH MEINE, KLAR KANN ICH MICH ALLEIN AUS DEM DRECK ZIEHEN, ABER ETWAS HILFE WÄRE NETT ...

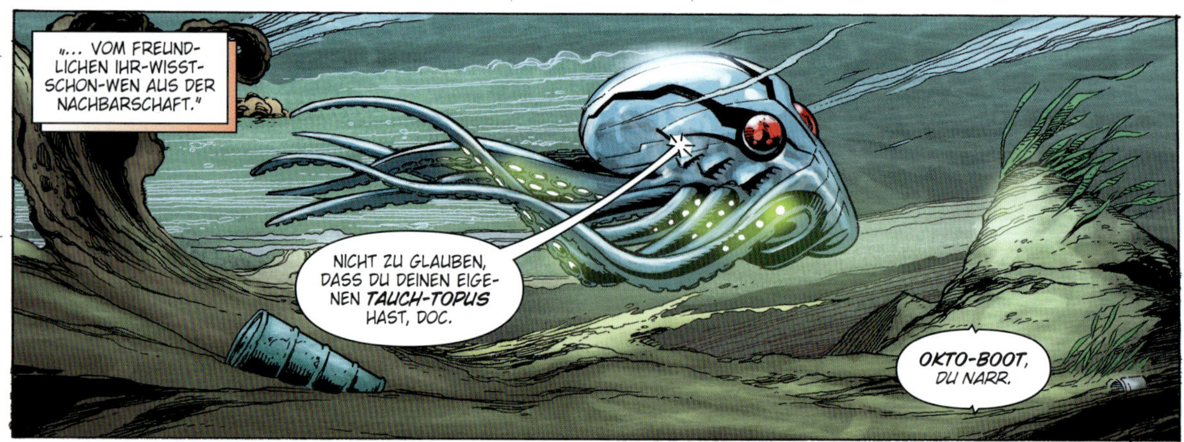

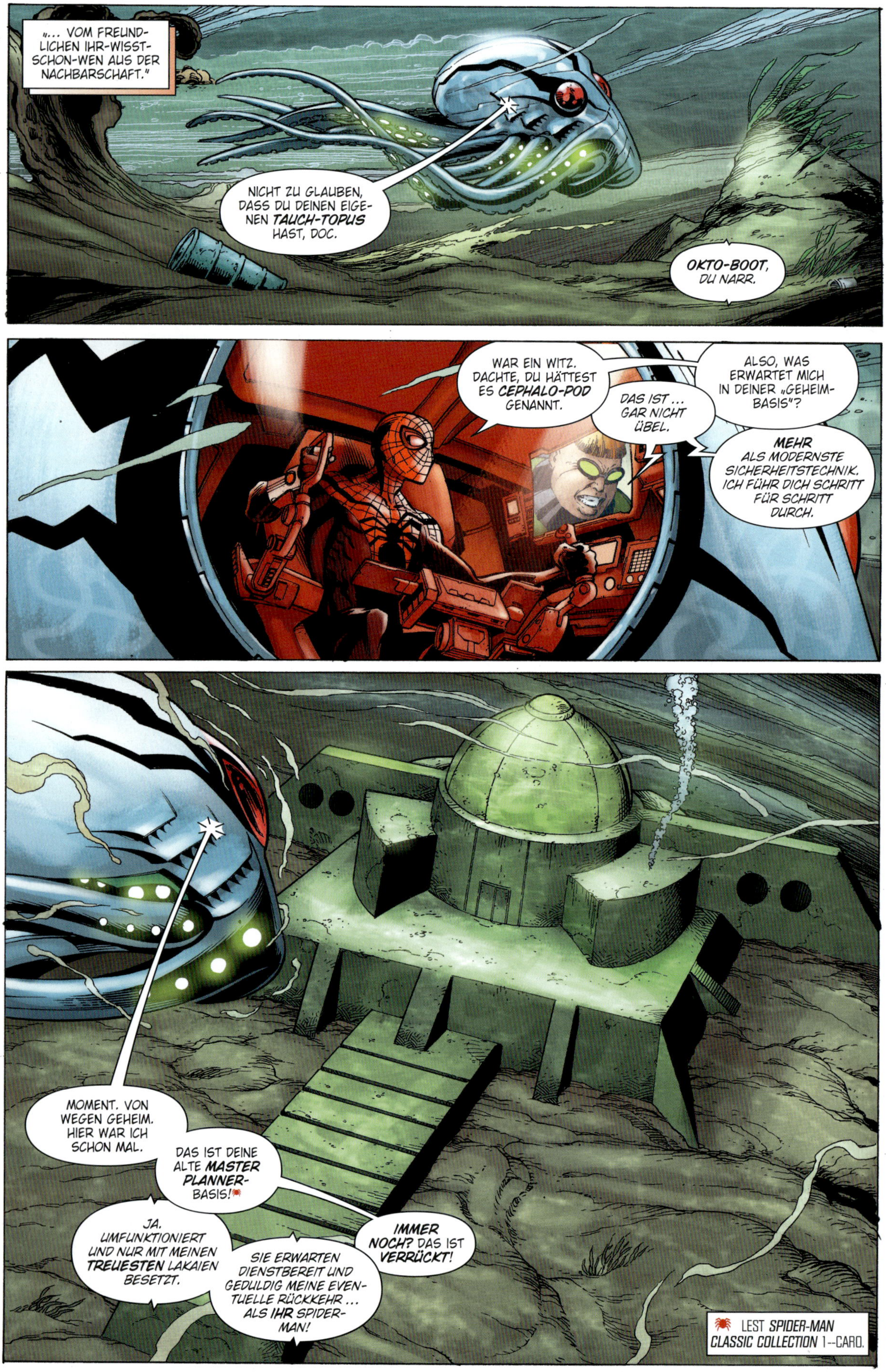

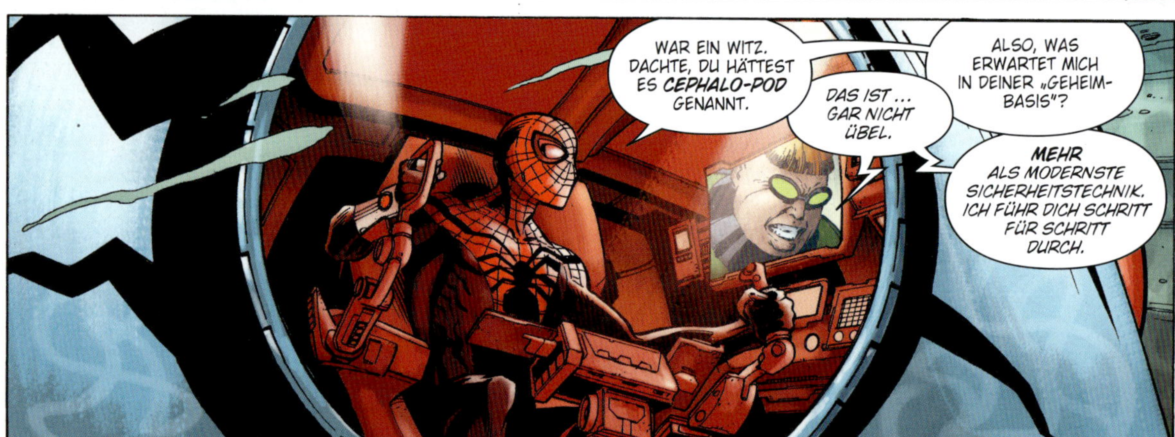

MOMENT. VON WEGEN GEHEIM. HIER WAR ICH SCHON MAL.
DAS IST DEINE ALTE **MASTER PLANNER**-BASIS!
JA. UMFUNKTIONIERT UND NUR MIT MEINEN **TREUESTEN** LAKAIEN BESETZT.
IMMER NOCH? DAS IST **VERRÜCKT**!
SIE ERWARTEN DIENSTBEREIT UND GEDULDIG MEINE EVENTUELLE RÜCKKEHR ... ALS **IHR** SPIDER-MAN!

LEST *SPIDER-MAN CLASSIC COLLECTION* 1 -- CARD.

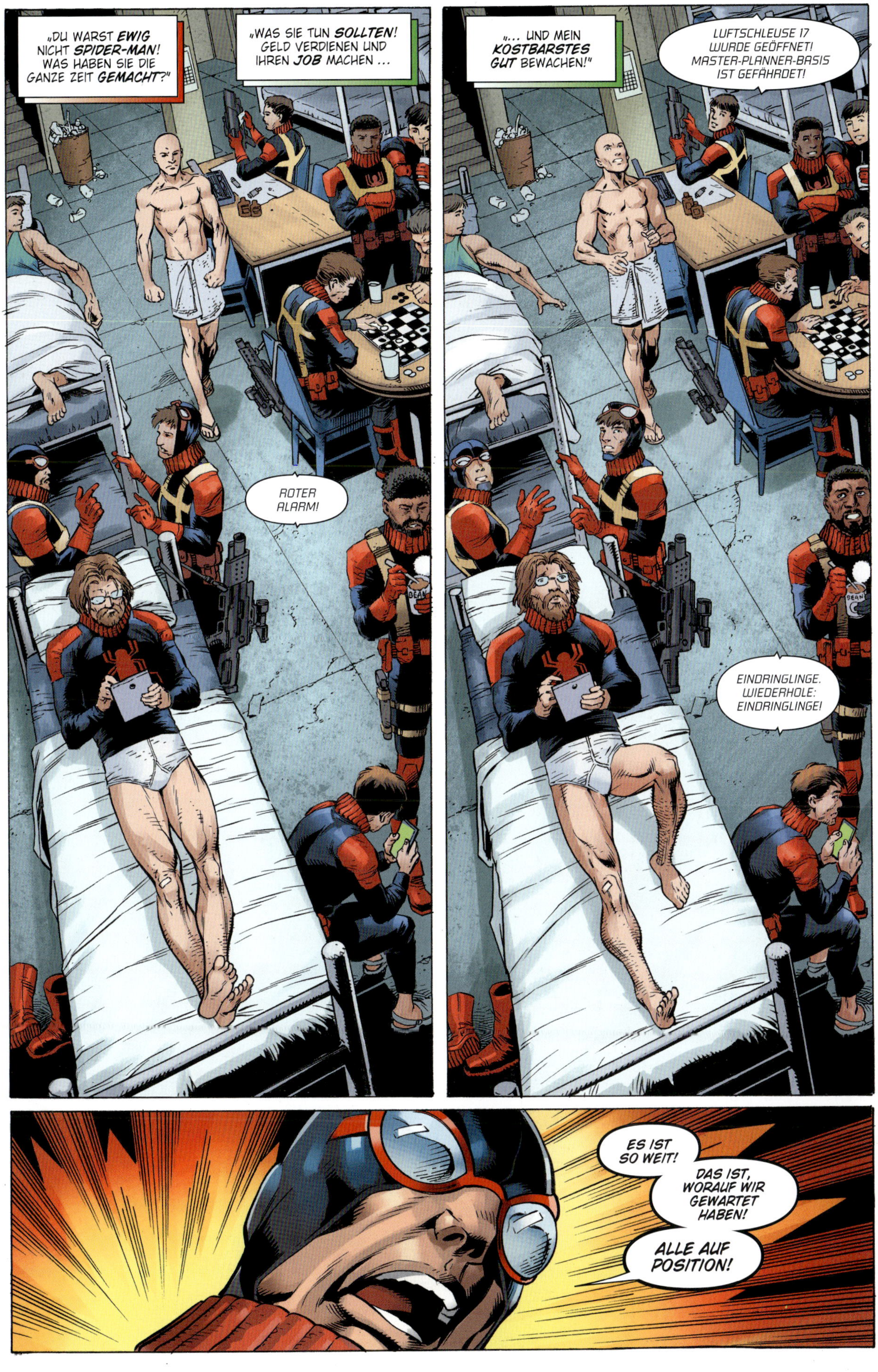

„DU WARST **EWIG** NICHT **SPIDER-MAN**! WAS HABEN SIE DIE GANZE ZEIT **GEMACHT**?"

„WAS SIE TUN **SOLLTEN**! GELD VERDIENEN UND IHREN **JOB** MACHEN ...

ROTER ALARM!

„... UND MEIN **KOSTBARSTES GUT** BEWACHEN!"

LUFTSCHLEUSE 17 WURDE GEÖFFNET! MASTER-PLANNER-BASIS IST GEFÄHRDET!

EINDRINGLINGE. WIEDERHOLE: EINDRINGLINGE!

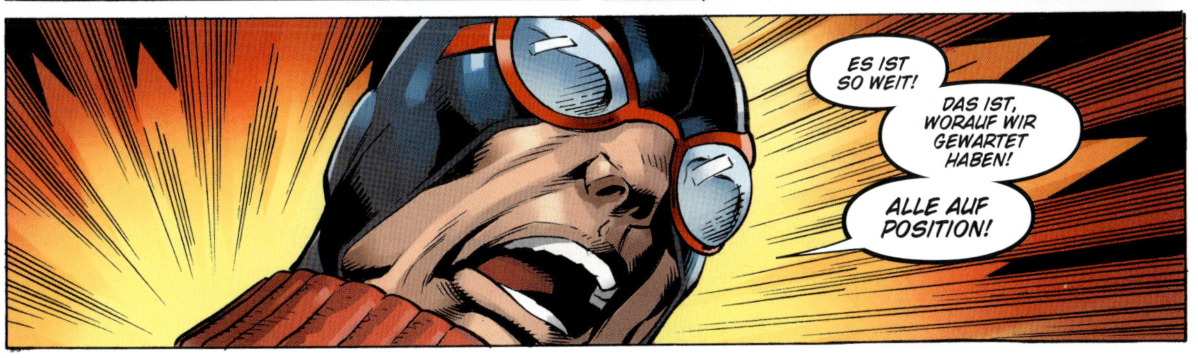

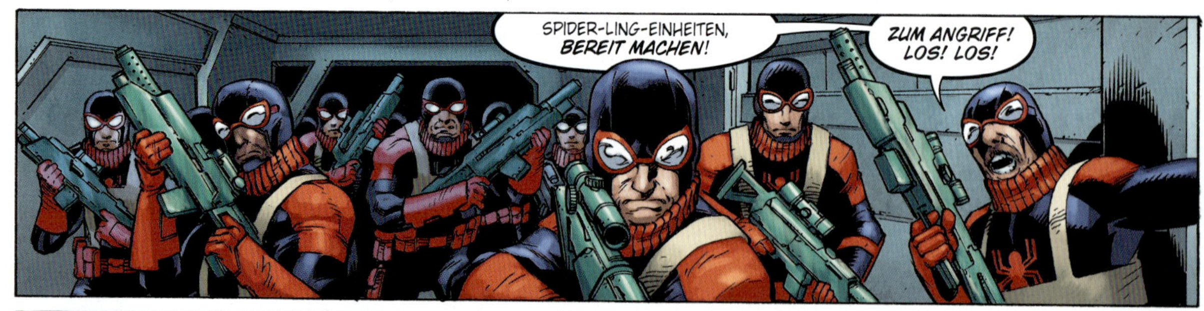
SPIDER-LING-EINHEITEN, BEREIT MACHEN!
ZUM ANGRIFF! LOS! LOS!

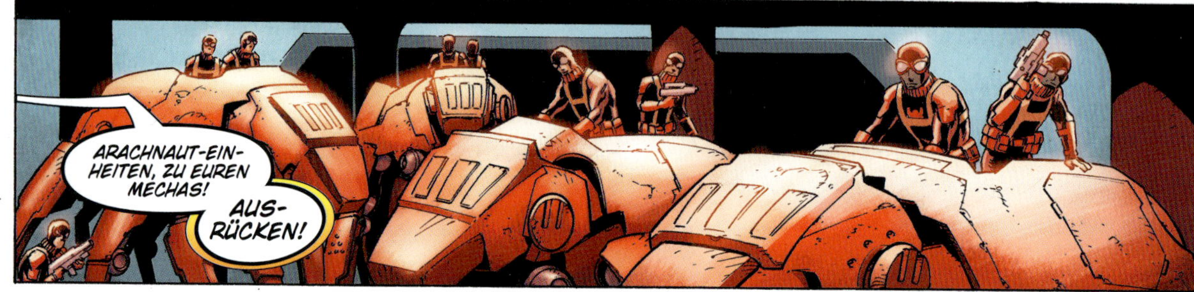
ARACHNAUT-EIN-HEITEN, ZU EUREN MECHAS!
AUS-RÜCKEN!

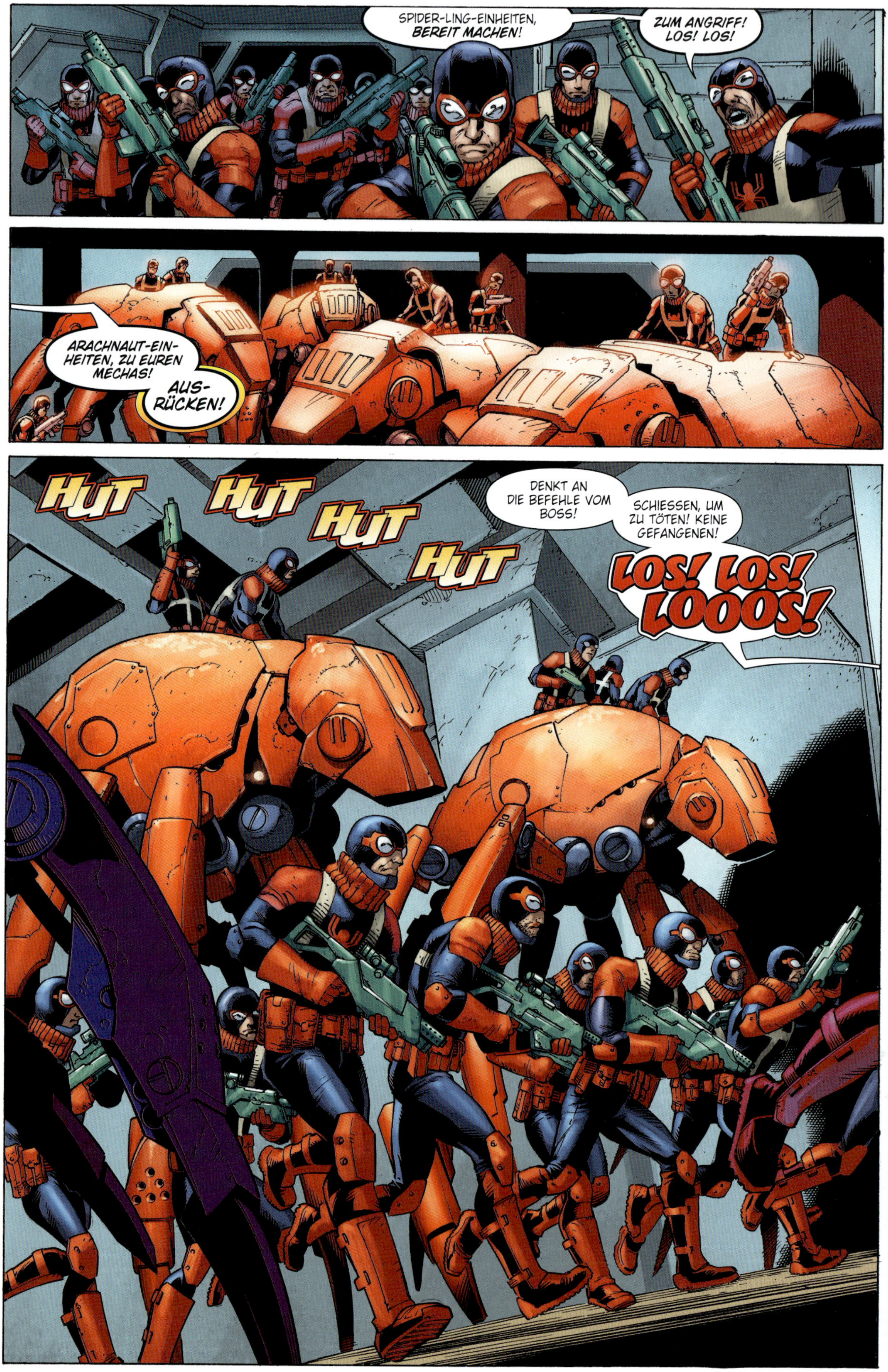

HUT
HUT
HUT
HUT
DENKT AN DIE BEFEHLE VOM BOSS!
SCHIESSEN, UM ZU TÖTEN! KEINE GEFANGENEN!
LOS! LOS! LOOOS!

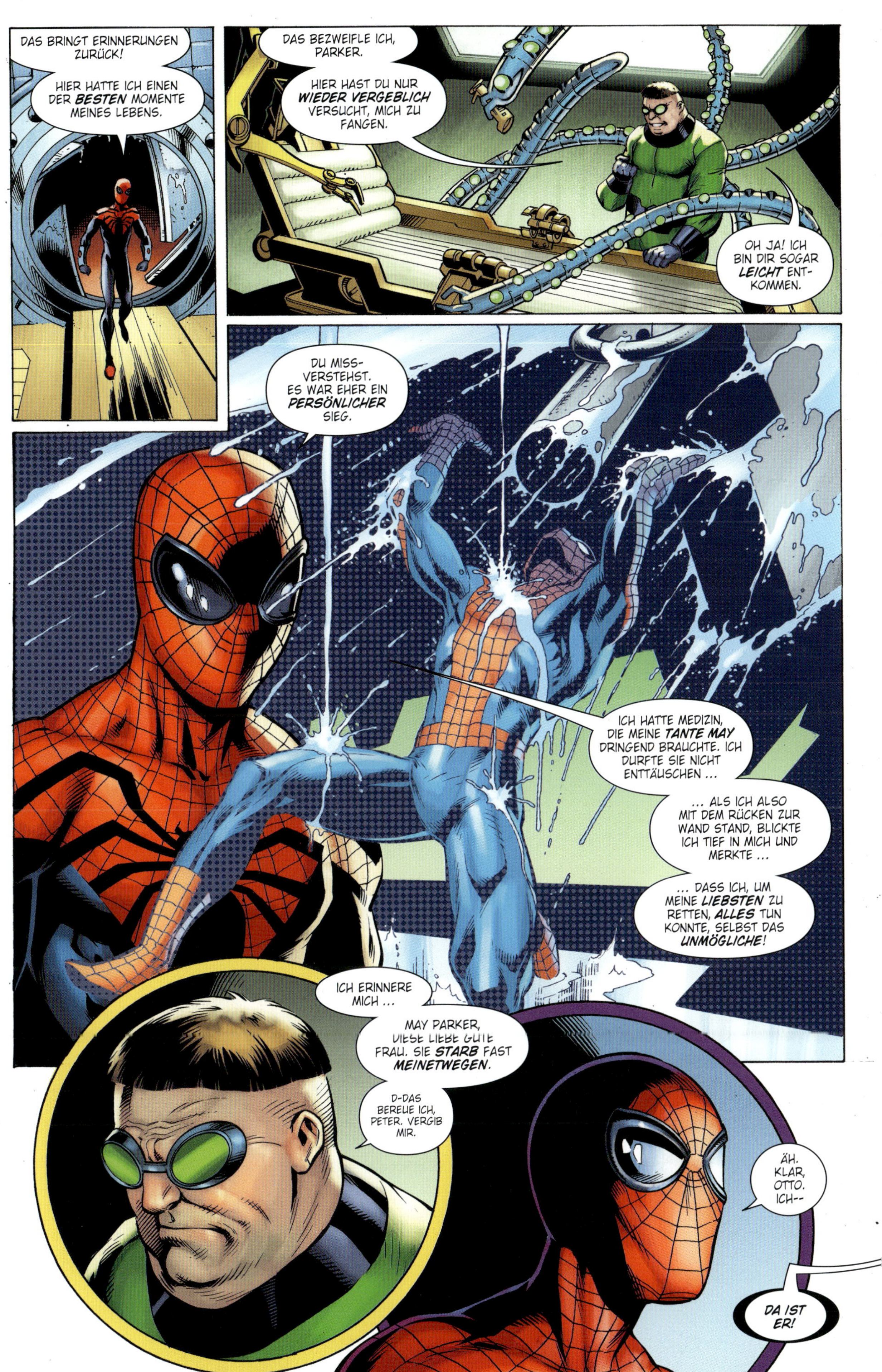
DAS BRINGT ERINNERUNGEN ZURÜCK!
HIER HATTE ICH EINEN DER **BESTEN** MOMENTE MEINES LEBENS.
DAS BEZWEIFLE ICH, PARKER.
HIER HAST DU NUR **WIEDER VERGEBLICH** VERSUCHT, MICH ZU FANGEN.
OH JA! ICH BIN DIR SOGAR **LEICHT** ENT-KOMMEN.
DU MISS-VERSTEHST. ES WAR EHER EIN **PERSÖNLICHER** SIEG.
ICH HATTE MEDIZIN, DIE MEINE **TANTE MAY** DRINGEND BRAUCHTE. ICH DURFTE SIE NICHT ENTTÄUSCHEN ...
... ALS ICH ALSO MIT DEM RÜCKEN ZUR WAND STAND, BLICKTE ICH TIEF IN MICH UND MERKTE ...
... DASS ICH, UM MEINE **LIEBSTEN** ZU RETTEN, **ALLES** TUN KONNTE, SELBST DAS **UNMÖGLICHE**!
ICH ERINNERE MICH ...
MAY PARKER, DIESE LIEBE GUTE FRAU. SIE **STARB** FAST **MEINETWEGEN**.
D-DAS BEREUE ICH, PETER. VERGIB MIR.
ÄH. KLAR, OTTO. ICH--
DA IST ER!

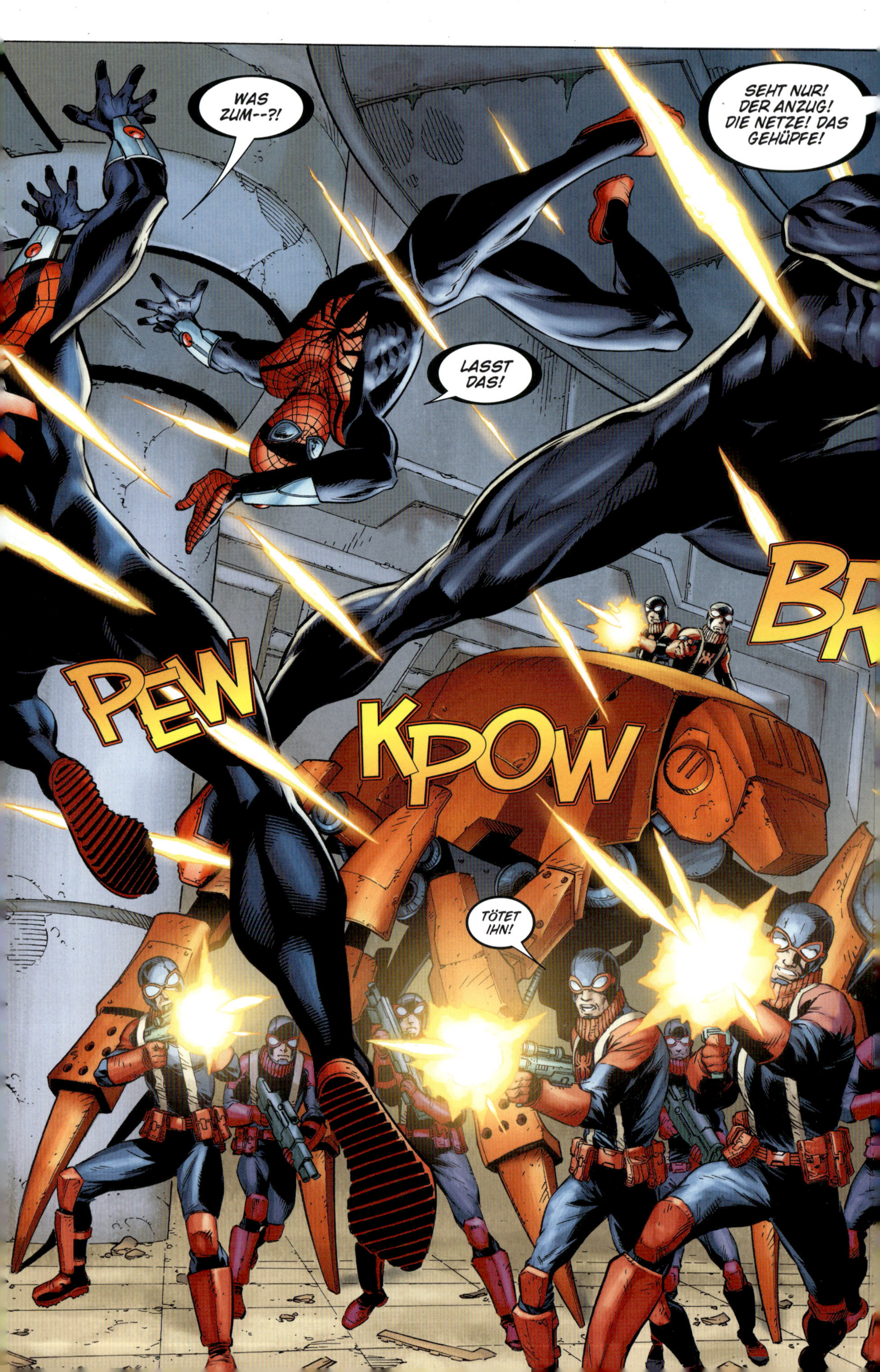
WAS ZUM--?!
SEHT NUR! DER ANZUG! DIE NETZE! DAS GEHÜPFE!
LASST DAS!
PEW
KPOW
TÖTET IHN!

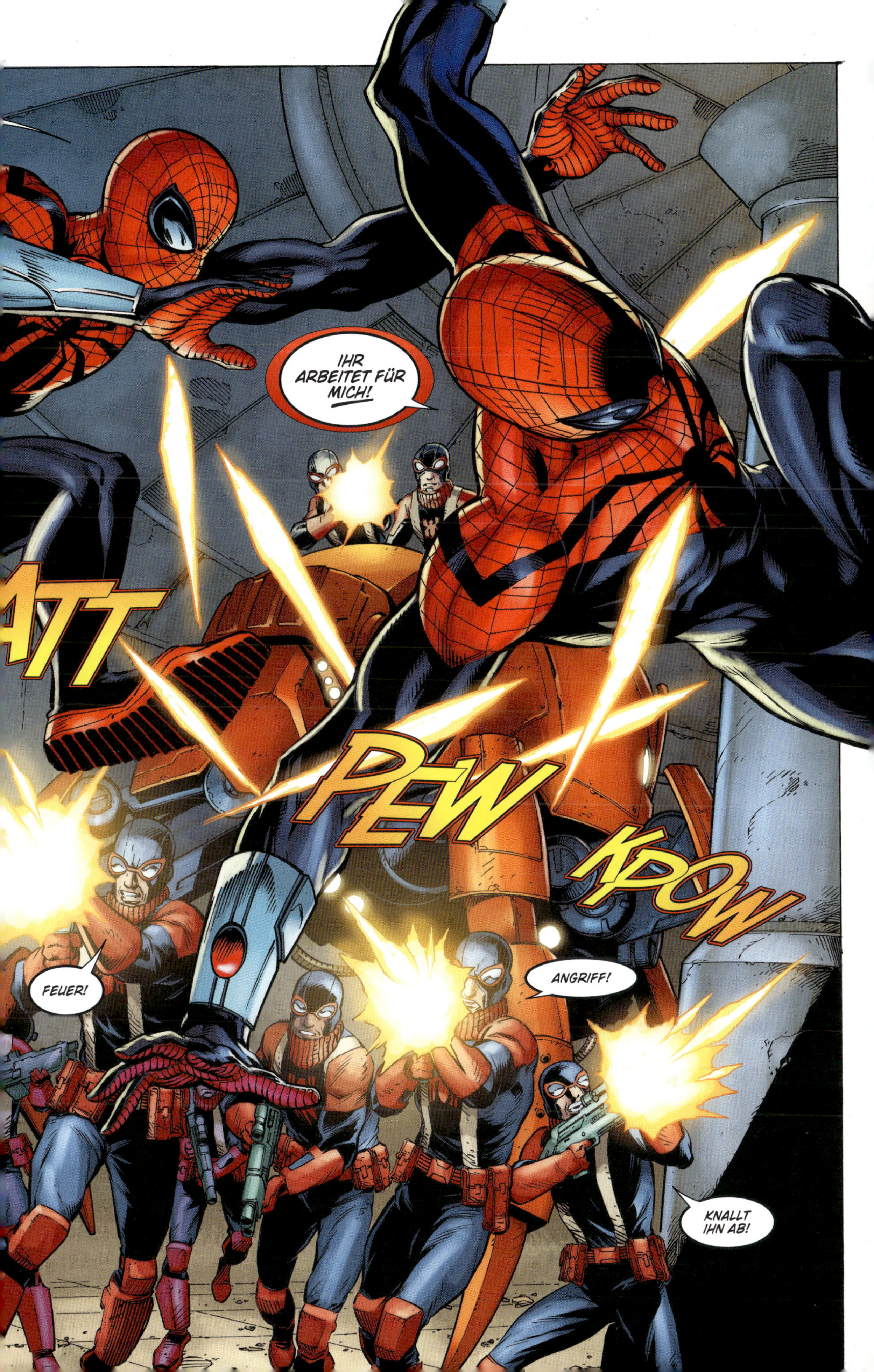

IHR ARBEITET FÜR MICH!
ATT
PEW
KPOW
FEUER!
ANGRIFF!
KNALLT IHN AB!

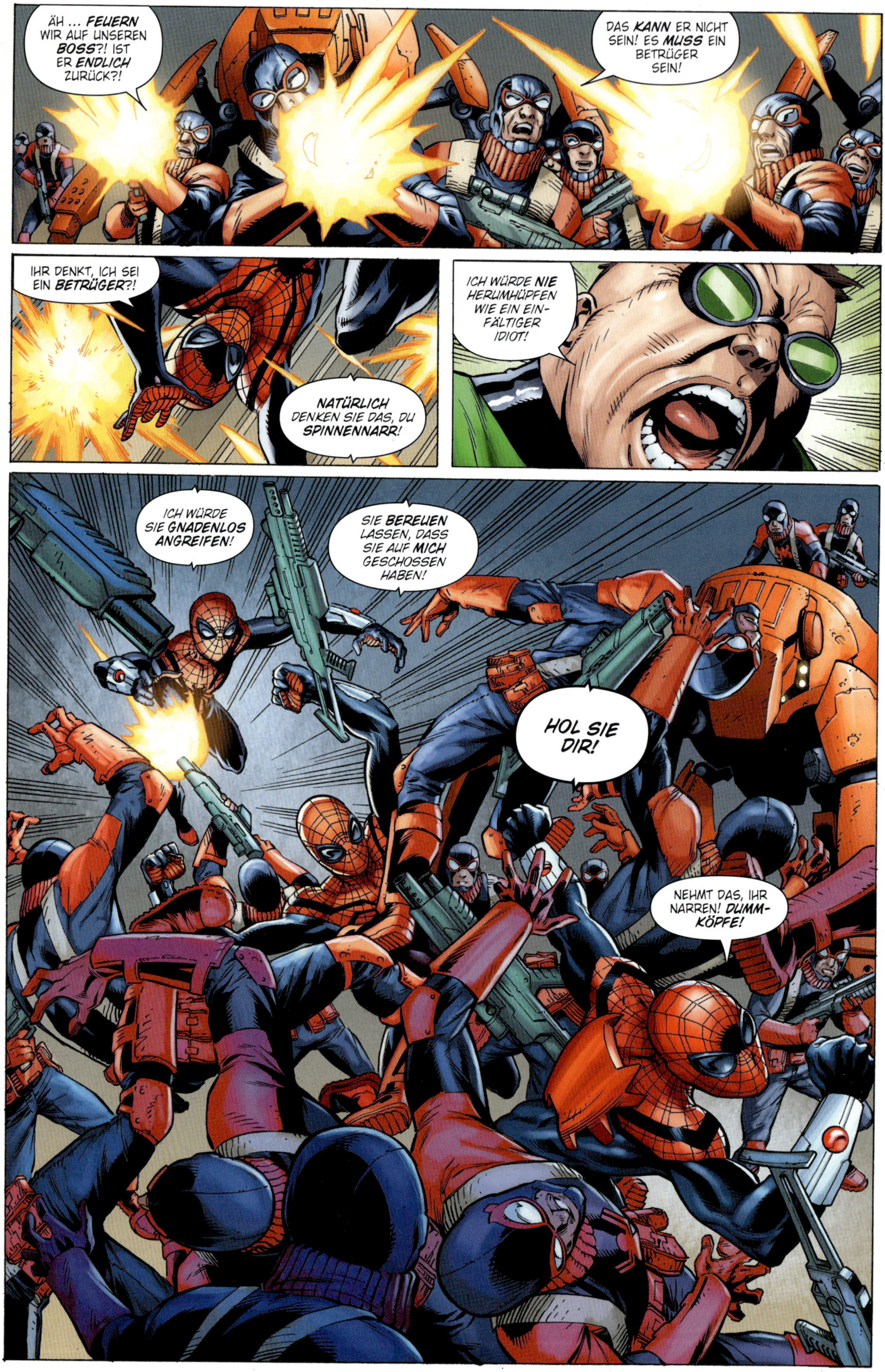

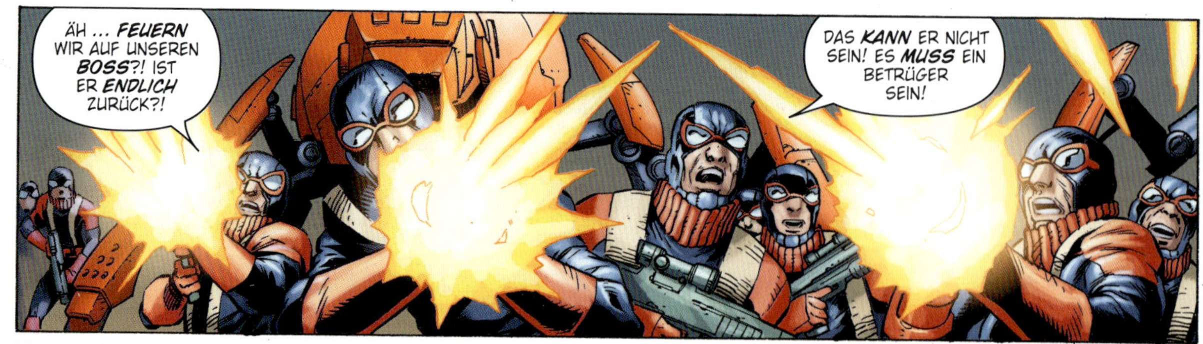
ÄH ... **FEUERN** WIR AUF UNSEREN **BOSS**?! IST ER **ENDLICH** ZURÜCK?!
DAS **KANN** ER NICHT SEIN! ES **MUSS** EIN BETRÜGER SEIN!

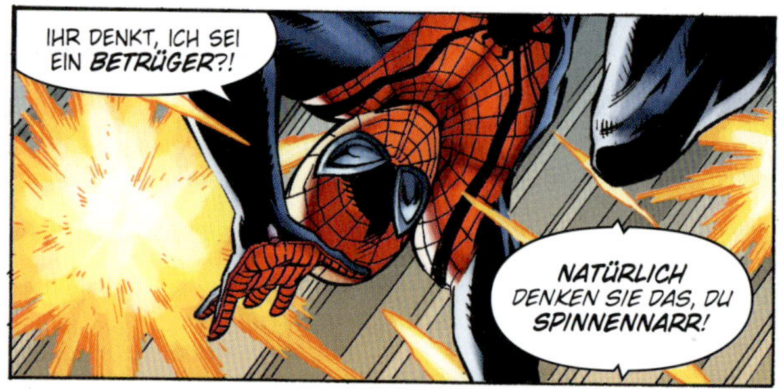
IHR DENKT, ICH SEI EIN **BETRÜGER**?!
NATÜRLICH DENKEN SIE DAS, DU **SPINNENNARR**!

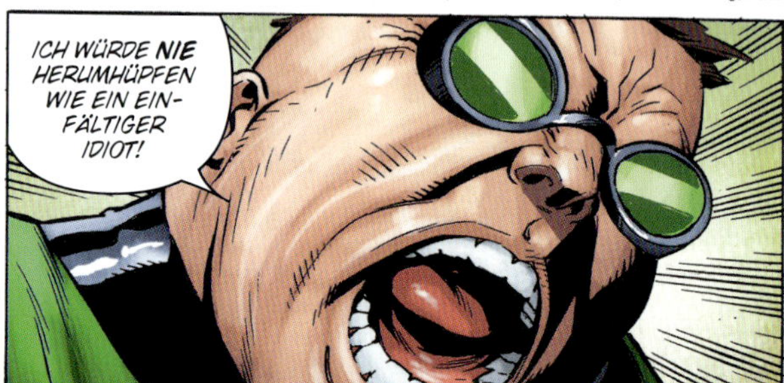
ICH WÜRDE **NIE** HERUMHÜPFEN WIE EIN EIN-FÄLTIGER IDIOT!

ICH WÜRDE SIE **GNADENLOS ANGREIFEN**!
SIE **BEREUEN** LASSEN, DASS SIE AUF **MICH** GESCHOSSEN HABEN!
HOL SIE DIR!
NEHMT DAS, IHR NARREN! **DUMM-KÖPFE!**

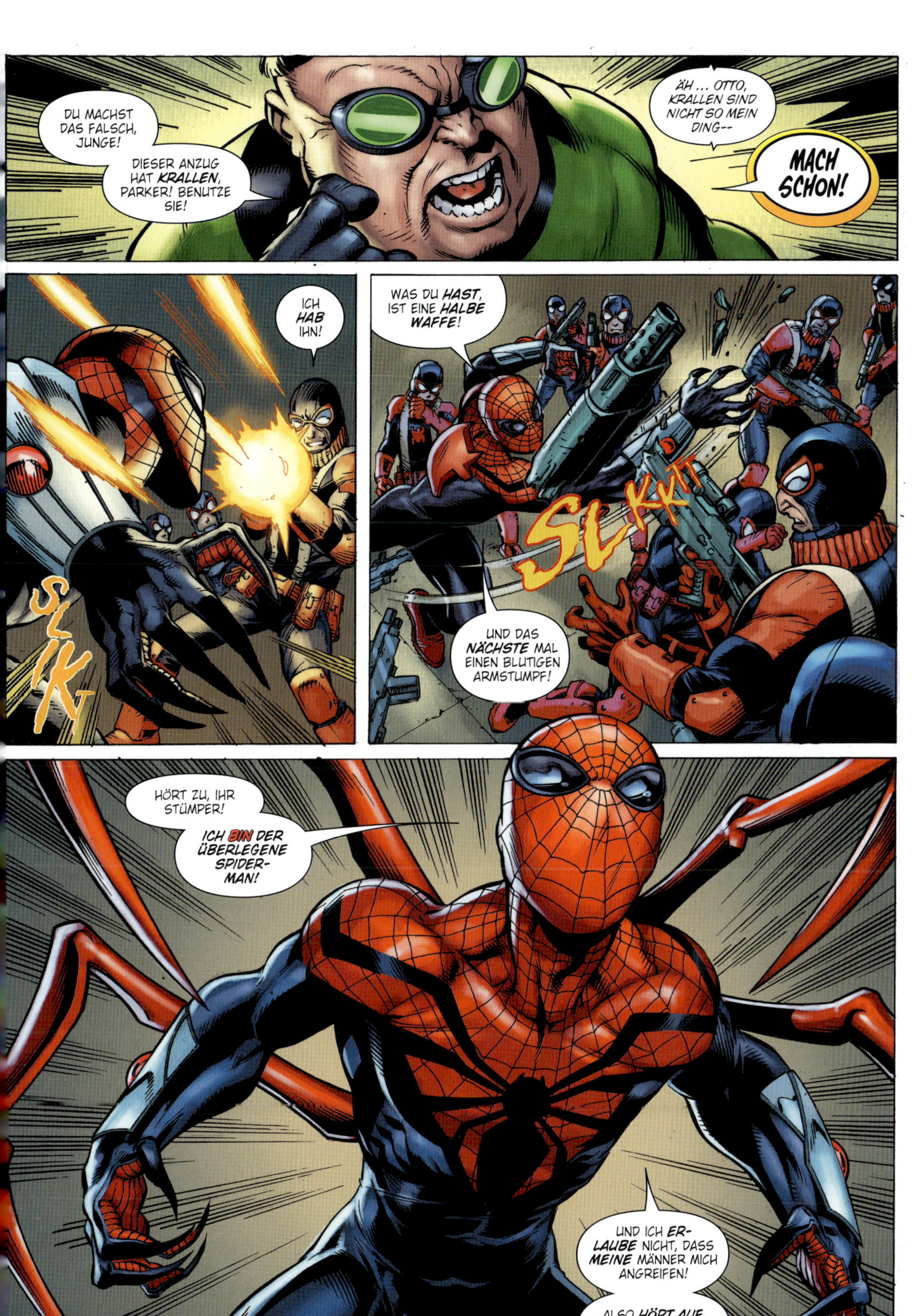

DU MACHST DAS FALSCH, JUNGE!
DIESER ANZUG HAT KRALLEN, PARKER! BENUTZE SIE!
ÄH ... OTTO, KRALLEN SIND NICHT SO MEIN DING--
MACH SCHON!
ICH HAB IHN!
SLIKT
WAS DU HAST, IST EINE HALBE WAFFE!
SLKKT
UND DAS NÄCHSTE MAL EINEN BLUTIGEN ARMSTUMPF!
HÖRT ZU, IHR STÜMPER!
ICH BIN DER ÜBERLEGENE SPIDER-MAN!
UND ICH ERLAUBE NICHT, DASS MEINE MÄNNER MICH ANGREIFEN!
ALSO HÖRT AUF, WENN IHR LEBEN WOLLT!

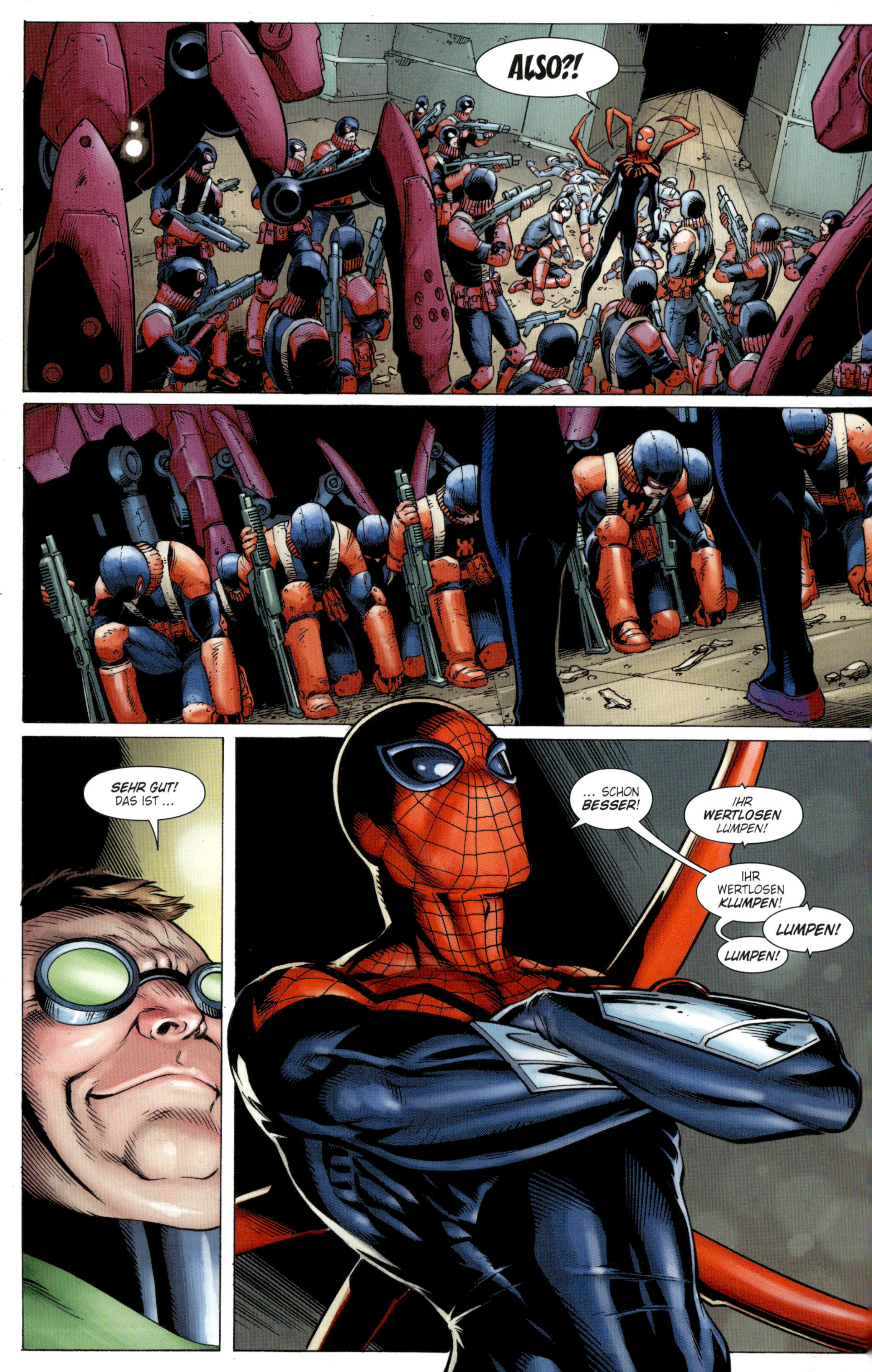
ALSO?!
SEHR GUT! DAS IST ...
... SCHON BESSER!
IHR WERTLOSEN LUMPEN!
IHR WERTLOSEN KLUMPEN!
LUMPEN!
LUMPEN!

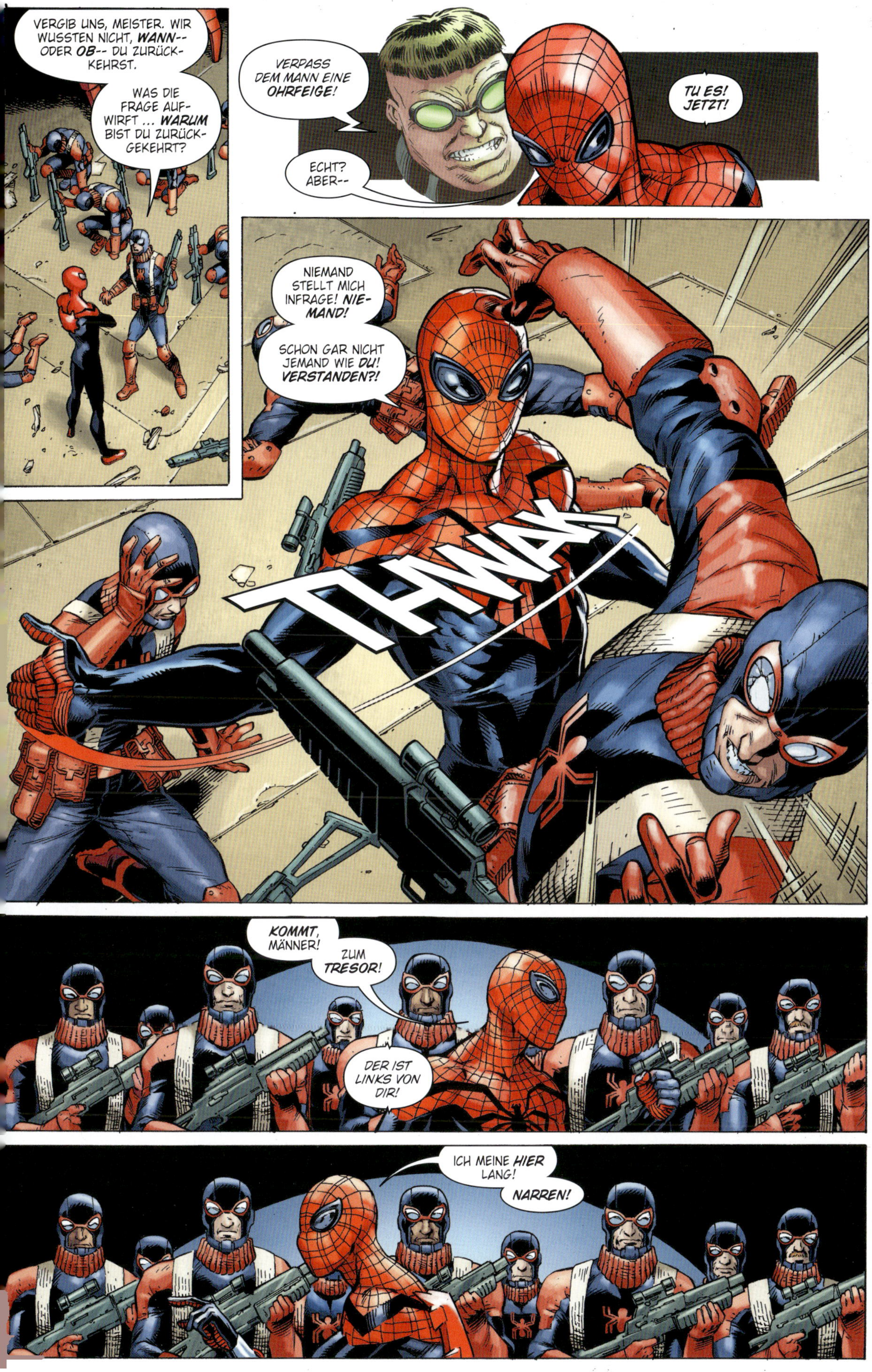

VERGIB UNS, MEISTER. WIR WUSSTEN NICHT, **WANN**-- ODER **OB**-- DU ZURÜCKKEHRST.

WAS DIE FRAGE AUFWIRFT ... **WARUM** BIST DU ZURÜCKGEKEHRT?

VERPASS DEM MANN EINE ***OHRFEIGE!***

TU ES! JETZT!

ECHT? ABER--

NIEMAND STELLT MICH INFRAGE! ***NIEMAND!***

SCHON GAR NICHT JEMAND WIE ***DU!*** ***VERSTANDEN?!***

THWAK

KOMMT, MÄNNER!

ZUM ***TRESOR!***

DER IST LINKS VON DIR!

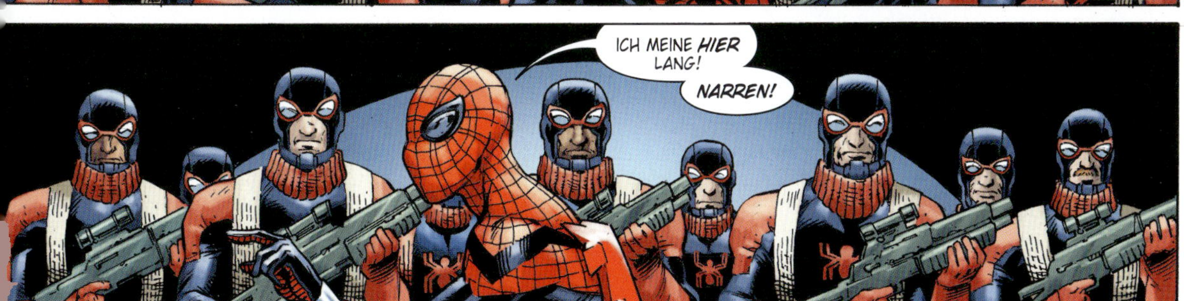

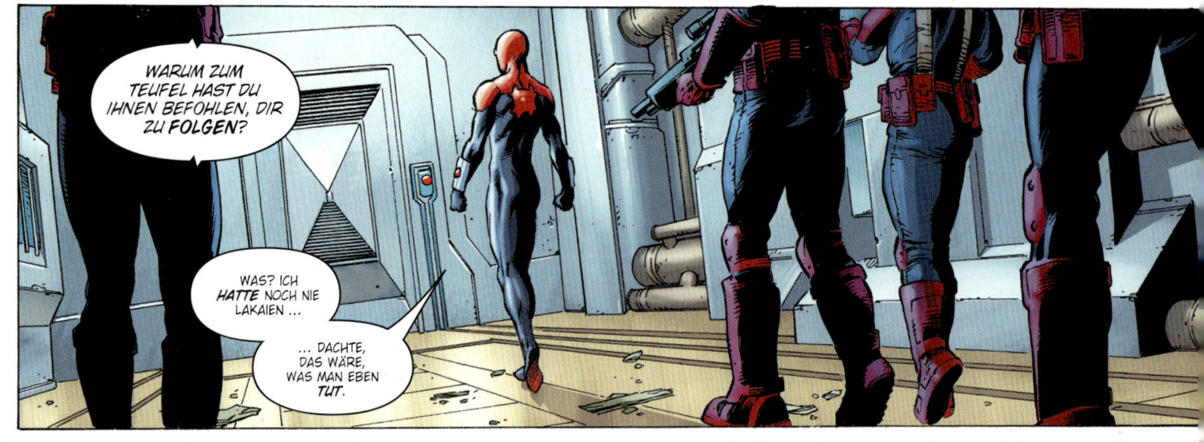
WARUM ZUM TEUFEL HAST DU IHNEN BEFOHLEN, DIR ZU **FOLGEN**?
WAS? ICH ***HATTE*** NOCH NIE LAKAIEN ...
... DACHTE, DAS WÄRE, WAS MAN EBEN ***TUT***.

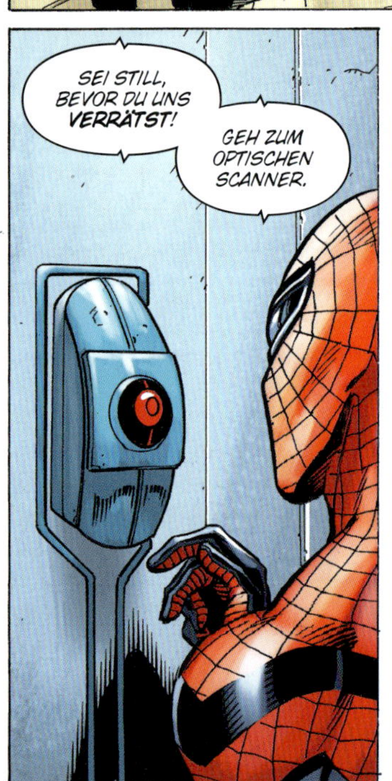
SEI STILL, BEVOR DU UNS ***VERRÄTST***!
GEH ZUM OPTISCHEN SCANNER.

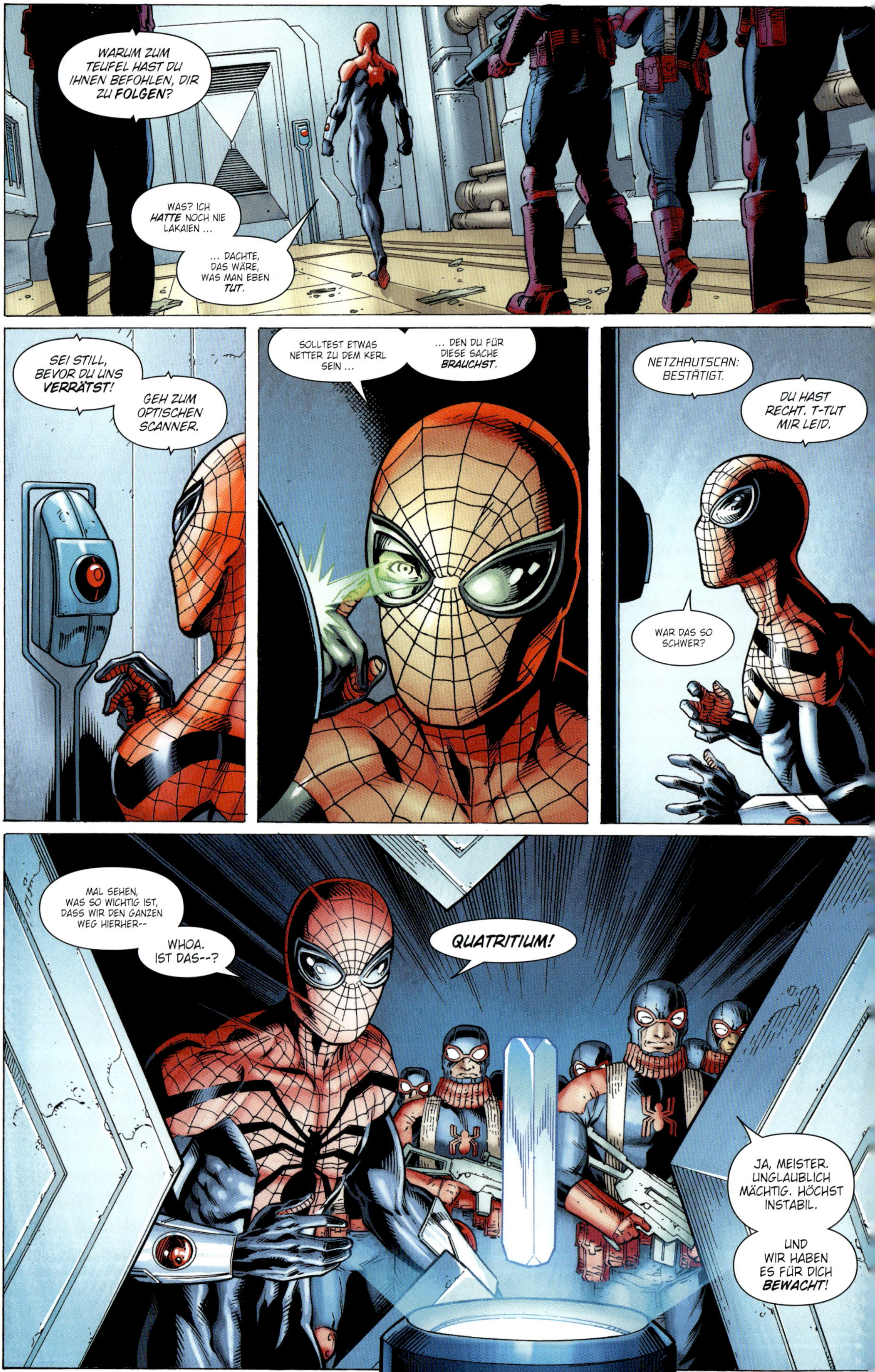

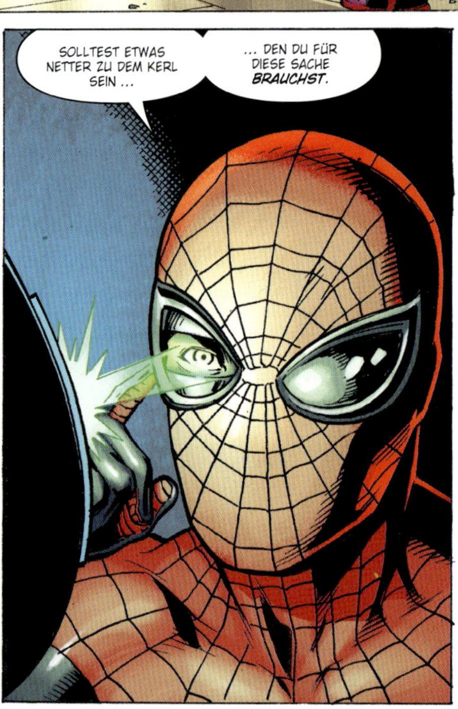
SOLLTEST ETWAS NETTER ZU DEM KERL SEIN ...
... DEN DU FÜR DIESE SACHE ***BRAUCHST***.

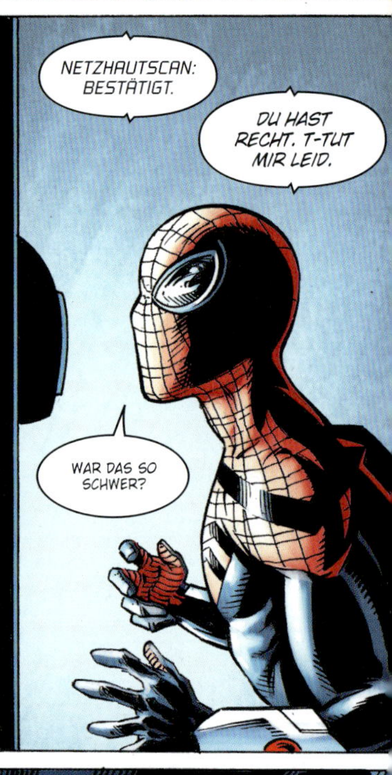
NETZHAUTSCAN: BESTÄTIGT.
DU HAST RECHT. T-TUT MIR LEID.
WAR DAS SO SCHWER?

MAL SEHEN, WAS SO WICHTIG IST, DASS WIR DEN GANZEN WEG HIERHER--
WHOA. IST DAS--?
QUATRITIUM!
JA, MEISTER. UNGLAUBLICH MÄCHTIG. HÖCHST INSTABIL.
UND WIR HABEN ES FÜR DICH ***BEWACHT***!

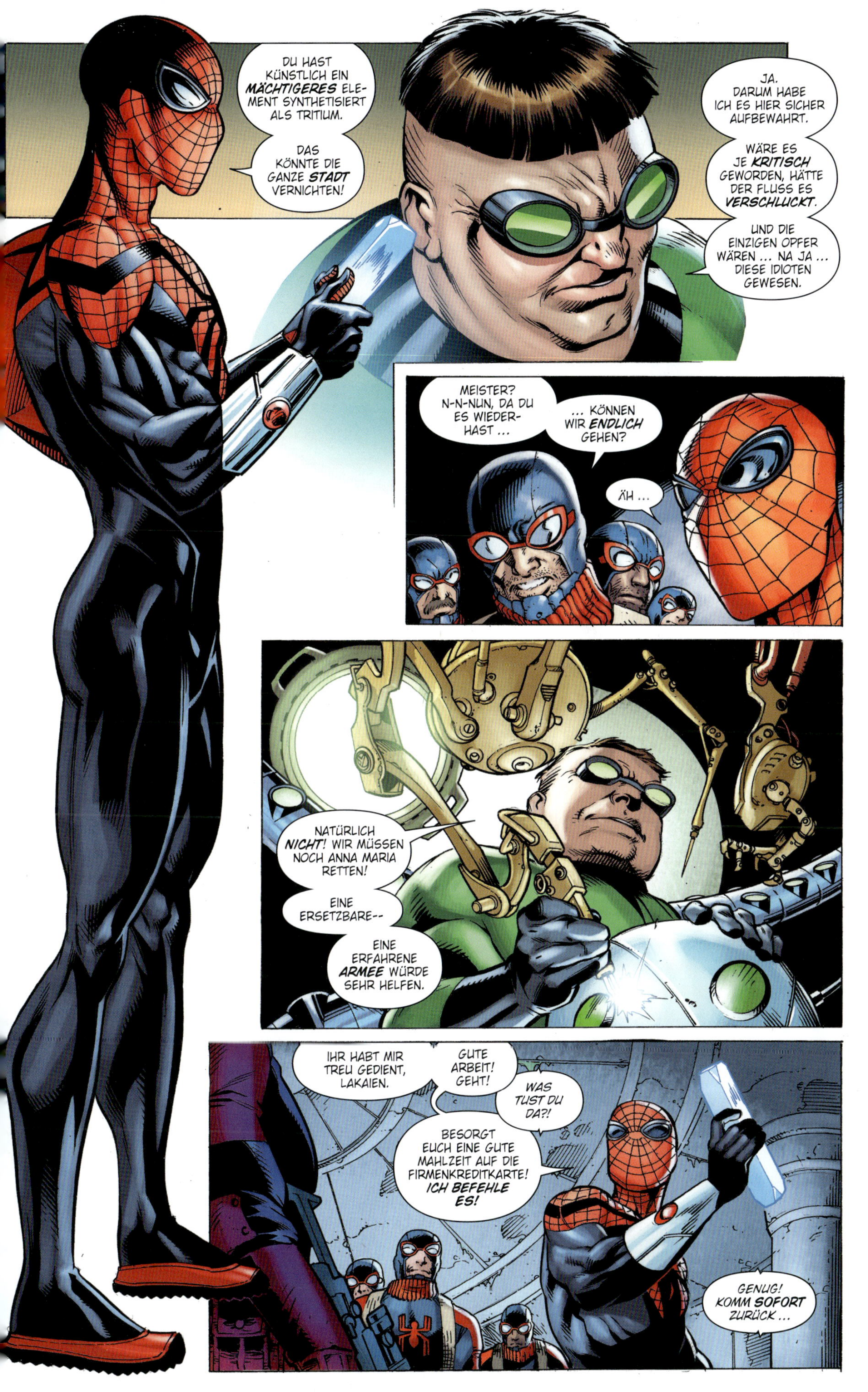
DU HAST KÜNSTLICH EIN MÄCHTIGERES ELEMENT SYNTHETISIERT ALS TRITIUM.
DAS KÖNNTE DIE GANZE STADT VERNICHTEN!
JA. DARUM HABE ICH ES HIER SICHER AUFBEWAHRT.
WÄRE ES JE KRITISCH GEWORDEN, HÄTTE DER FLUSS ES VERSCHLUCKT.
UND DIE EINZIGEN OPFER WÄREN ... NA JA ... DIESE IDIOTEN GEWESEN.
MEISTER? N-N-NUN, DA DU ES WIEDERHAST ...
... KÖNNEN WIR ENDLICH GEHEN?
ÄH ...
NATÜRLICH NICHT! WIR MÜSSEN NOCH ANNA MARIA RETTEN!
EINE ERSETZBARE--
EINE ERFAHRENE ARMEE WÜRDE SEHR HELFEN.
IHR HABT MIR TREU GEDIENT, LAKAIEN.
GUTE ARBEIT! GEHT!
WAS TUST DU DA?!
BESORGT EUCH EINE GUTE MAHLZEIT AUF DIE FIRMENKREDITKARTE! ICH BEFEHLE ES!
GENUG! KOMM SOFORT ZURÜCK ...

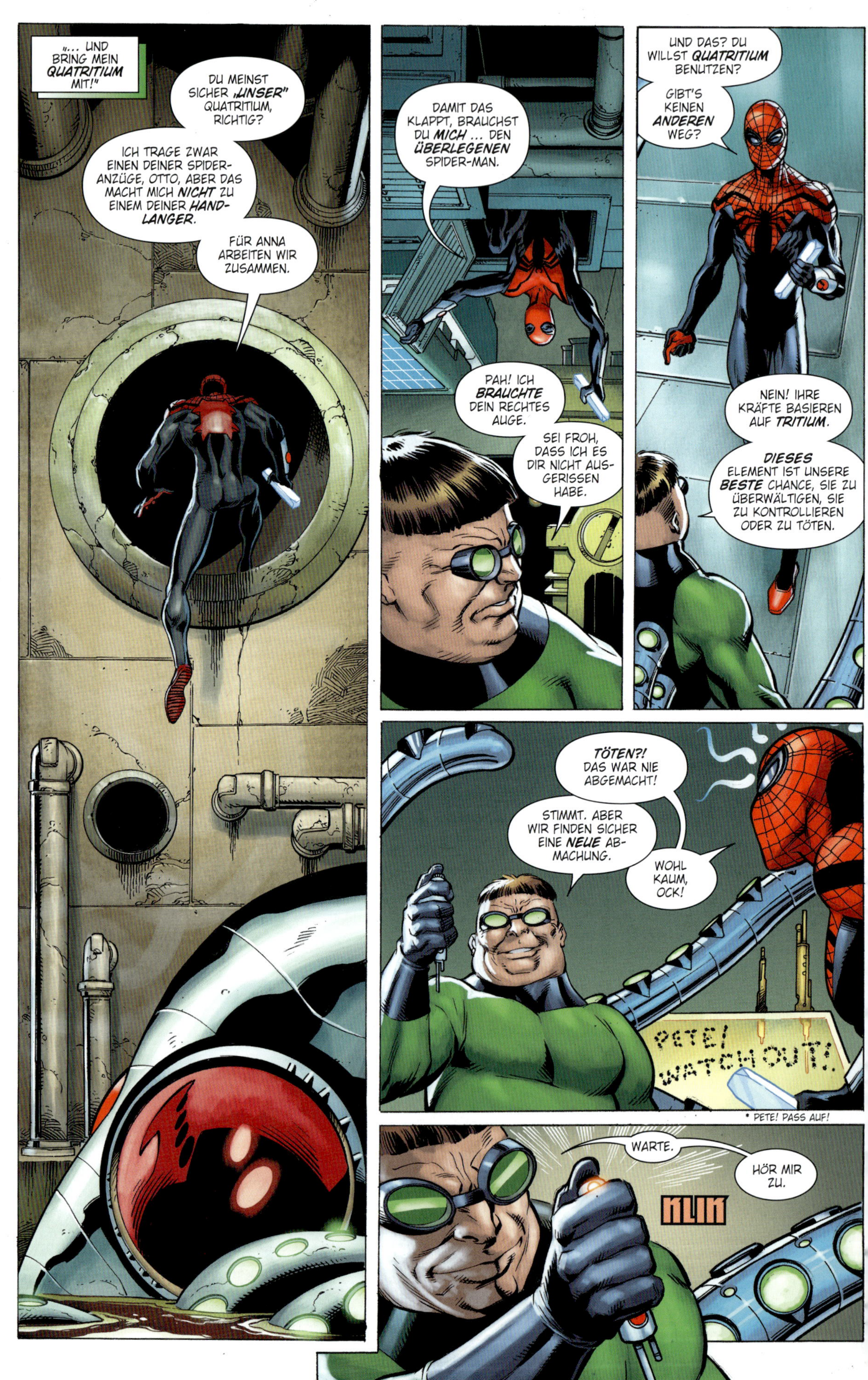
„... UND BRING MEIN QUATRITIUM MIT!"
DU MEINST SICHER „UNSER" QUATRITIUM, RICHTIG?
ICH TRAGE ZWAR EINEN DEINER SPIDER-ANZÜGE, OTTO, ABER DAS MACHT MICH NICHT ZU EINEM DEINER HANDLANGER.
FÜR ANNA ARBEITEN WIR ZUSAMMEN.
DAMIT DAS KLAPPT, BRAUCHST DU MICH ... DEN ÜBERLEGENEN SPIDER-MAN.
PAH! ICH BRAUCHTE DEIN RECHTES AUGE.
SEI FROH, DASS ICH ES DIR NICHT AUSGERISSEN HABE.
UND DAS? DU WILLST QUATRITIUM BENUTZEN?
GIBT'S KEINEN ANDEREN WEG?
NEIN! IHRE KRÄFTE BASIEREN AUF TRITIUM.
DIESES ELEMENT IST UNSERE BESTE CHANCE, SIE ZU ÜBERWÄLTIGEN, SIE ZU KONTROLLIEREN ODER ZU TÖTEN.
TÖTEN?! DAS WAR NIE ABGEMACHT!
STIMMT. ABER WIR FINDEN SICHER EINE NEUE ABMACHUNG.
WOHL KAUM, OCK!
PETE! WATCH OUT!
* PETE! PASS AUF!
WARTE.
HÖR MIR ZU.
KLIK

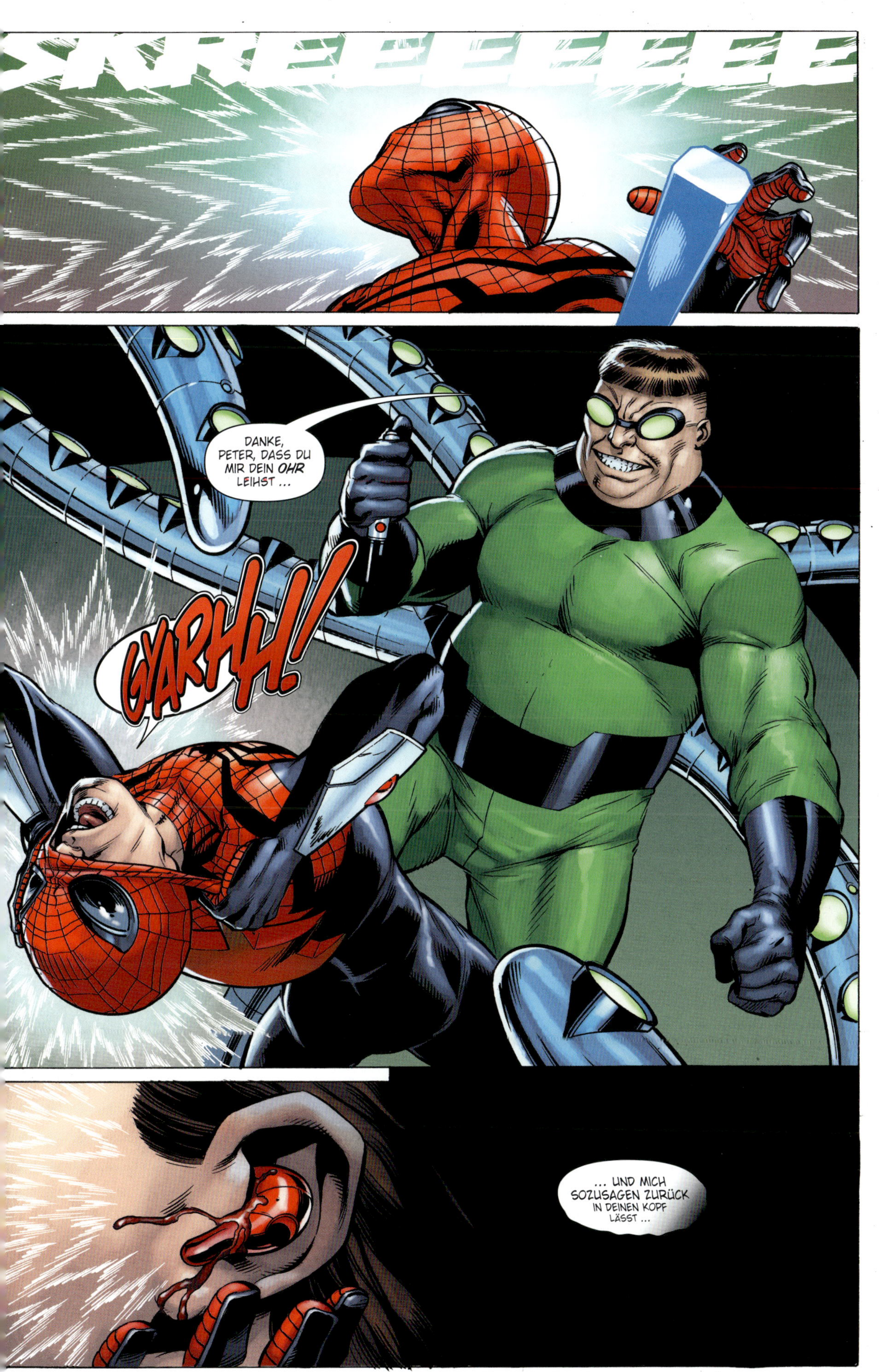
SKREEEEEEEE
DANKE, PETER, DASS DU MIR DEIN OHR LEIHST ...
GYARHH!
... UND MICH SOZUSAGEN ZURÜCK IN DEINEN KOPF LÄSST ...

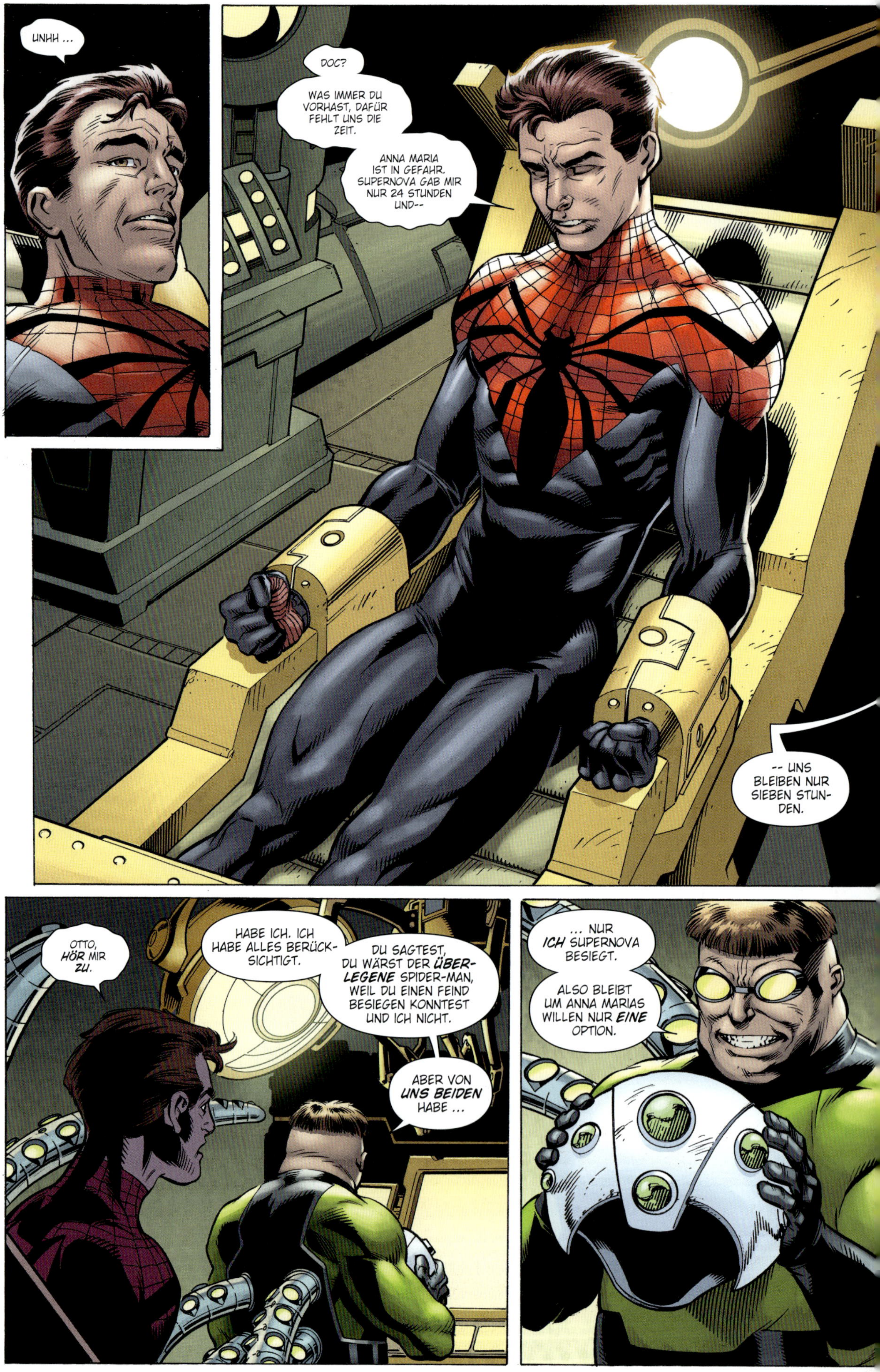

UNHH ...

DOC?

WAS IMMER DU VORHAST, DAFÜR FEHLT UNS DIE ZEIT.

ANNA MARIA IST IN GEFAHR. SUPERNOVA GAB MIR NUR 24 STUNDEN UND--

-- UNS BLEIBEN NUR SIEBEN STUNDEN.

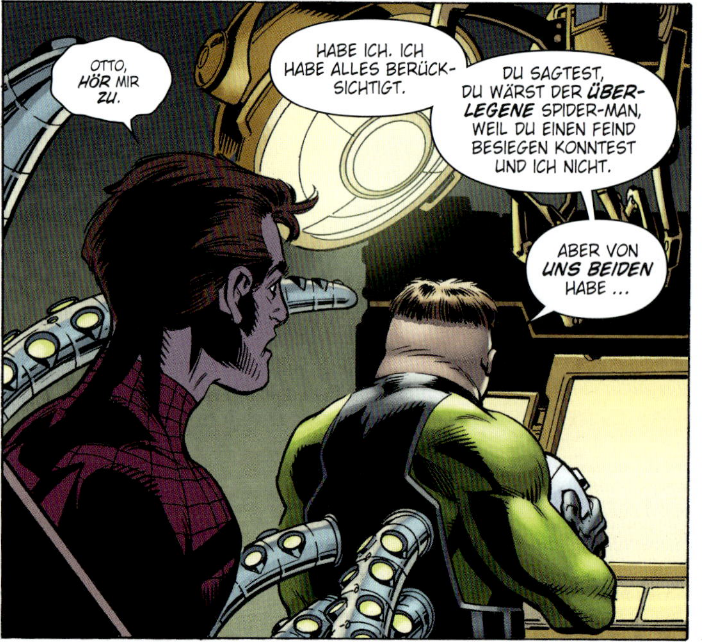

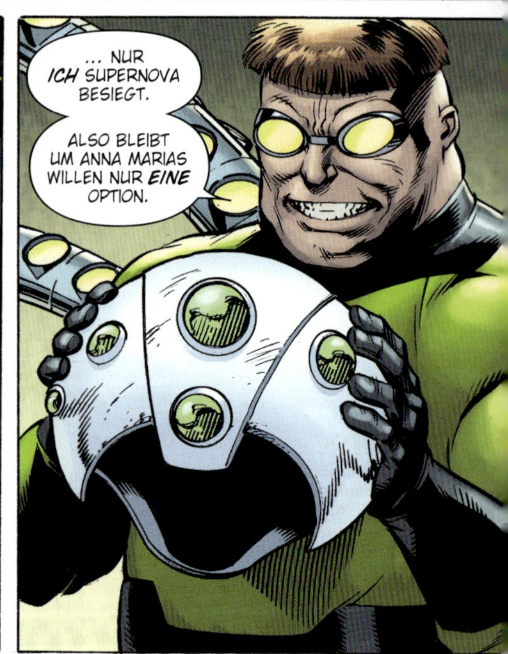

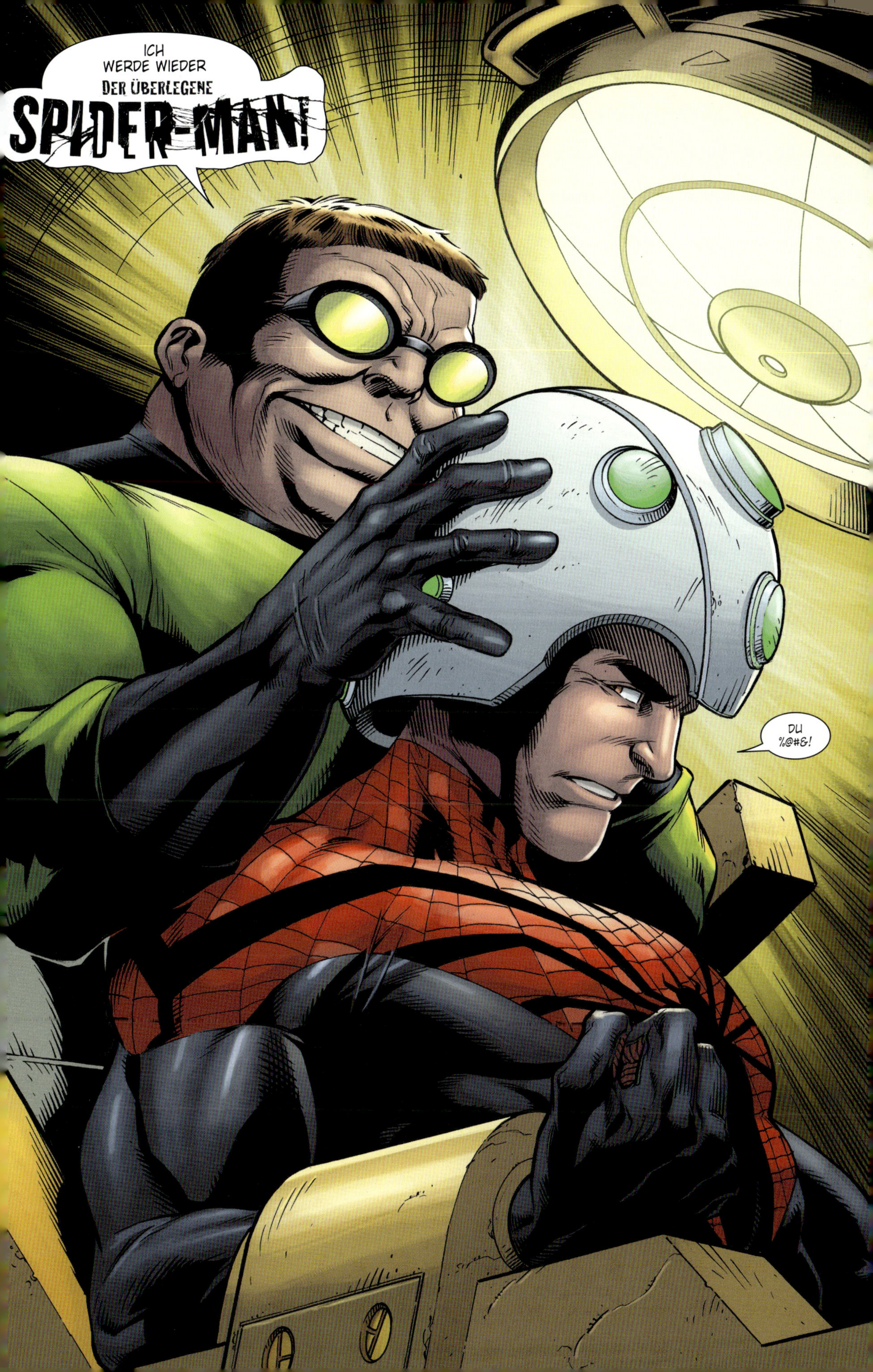
ICH WERDE WIEDER DER ÜBERLEGENE SPIDER-MAN!
DU %@#&!

IN DER GEDANKENWELT

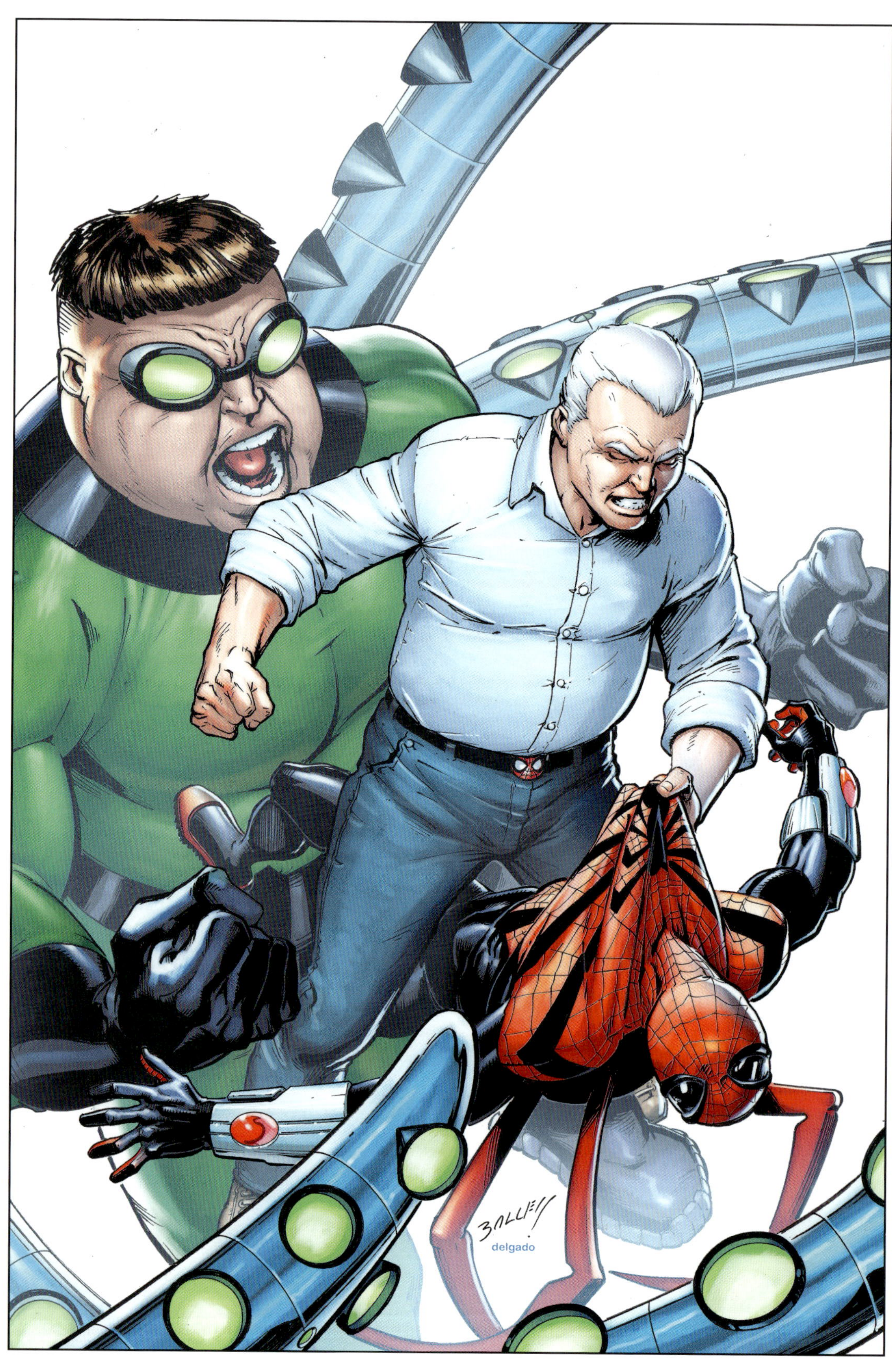

Superior Spider-Man (2024) 4
Cover von **MARK BAGLEY**

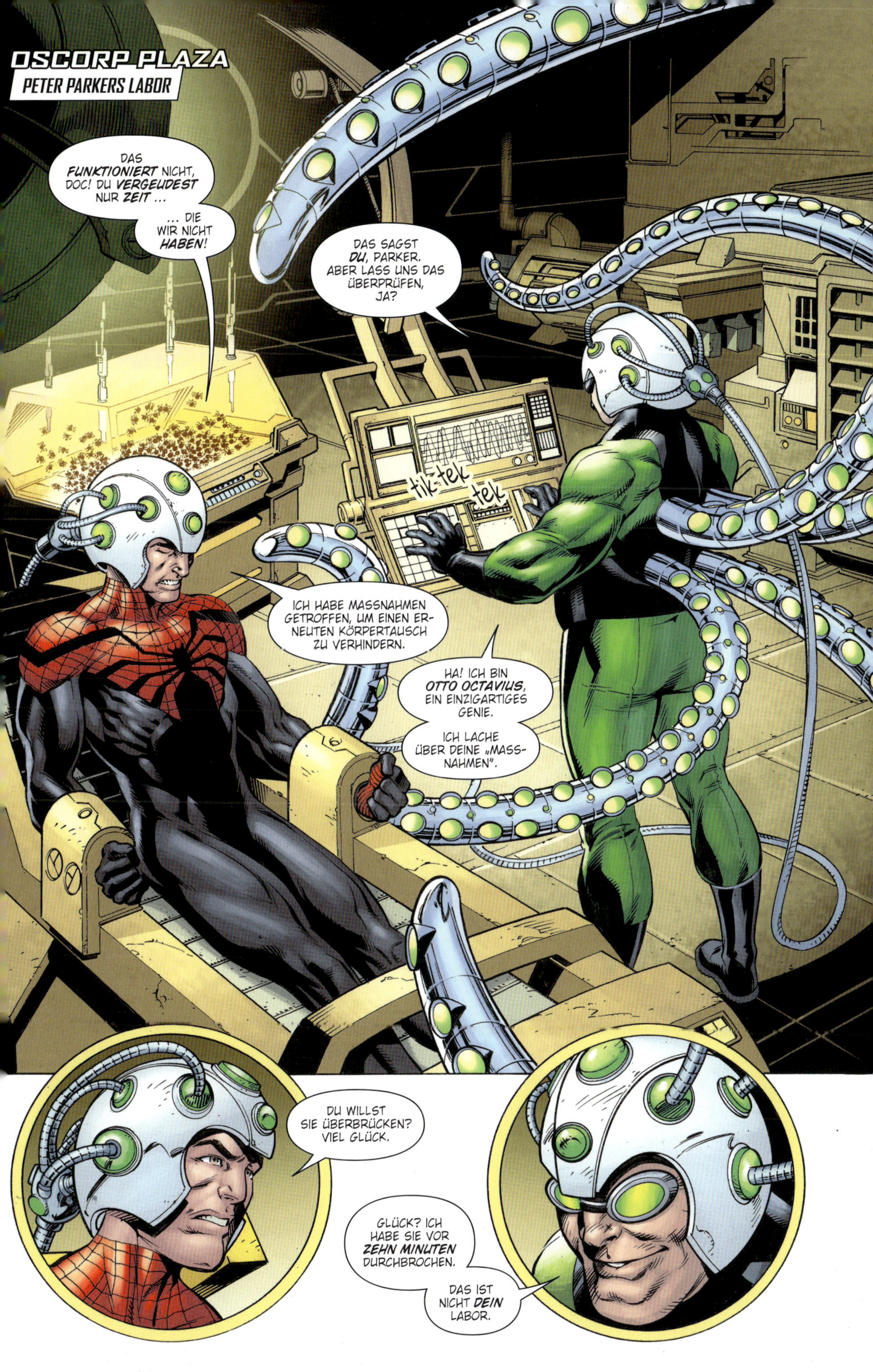
OSCORP PLAZA
PETER PARKERS LABOR
DAS FUNKTIONIERT NICHT, DOC! DU VERGEUDEST NUR ZEIT ...
... DIE WIR NICHT HABEN!
DAS SAGST DU, PARKER. ABER LASS UNS DAS ÜBERPRÜFEN, JA?
tik-tek
tek
ICH HABE MASSNAHMEN GETROFFEN, UM EINEN ERNEUTEN KÖRPERTAUSCH ZU VERHINDERN.
HA! ICH BIN OTTO OCTAVIUS, EIN EINZIGARTIGES GENIE.
ICH LACHE ÜBER DEINE „MASSNAHMEN".
DU WILLST SIE ÜBERBRÜCKEN? VIEL GLÜCK.
GLÜCK? ICH HABE SIE VOR ZEHN MINUTEN DURCHBROCHEN.
DAS IST NICHT DEIN LABOR.

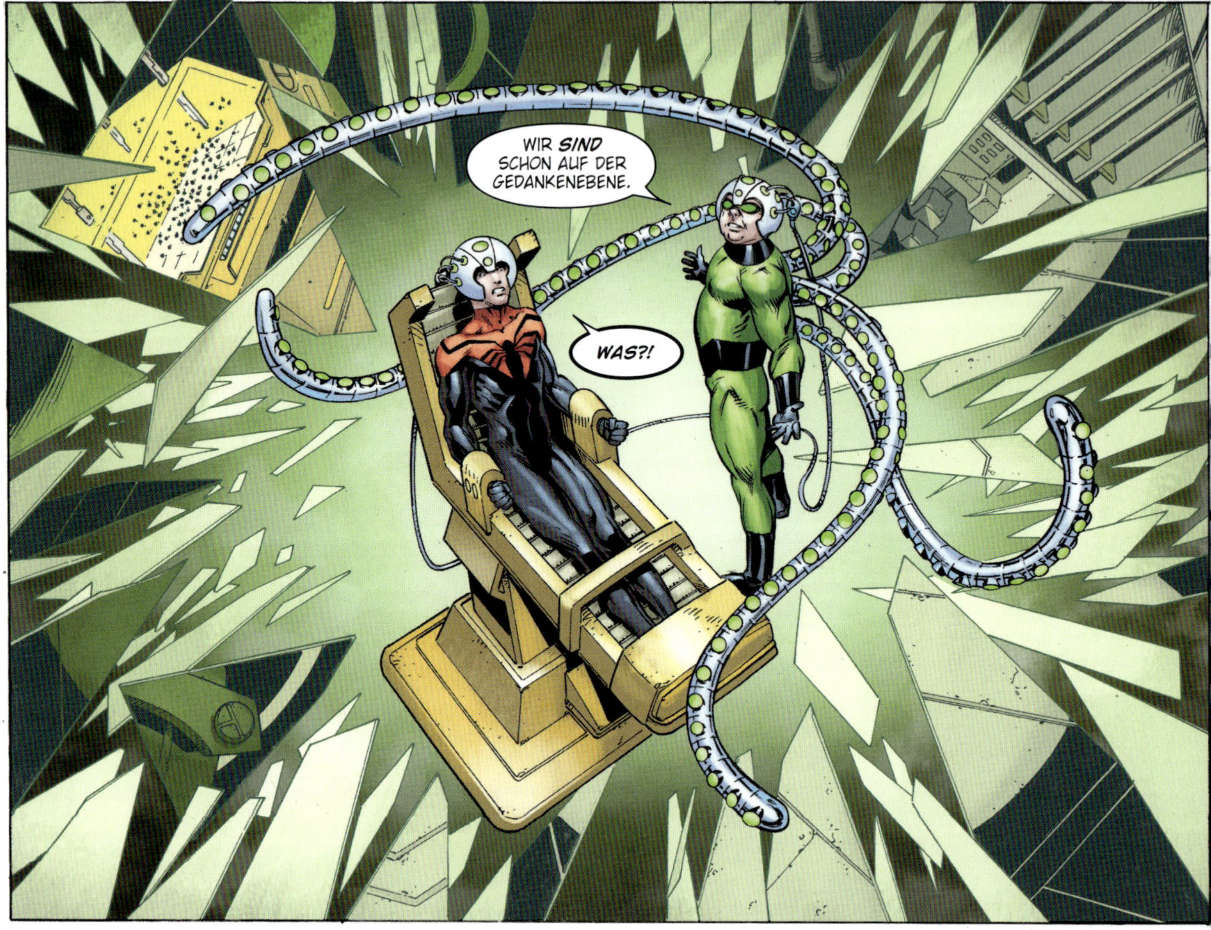

WIR **SIND** SCHON AUF DER GEDANKENEBENE.

WAS?!

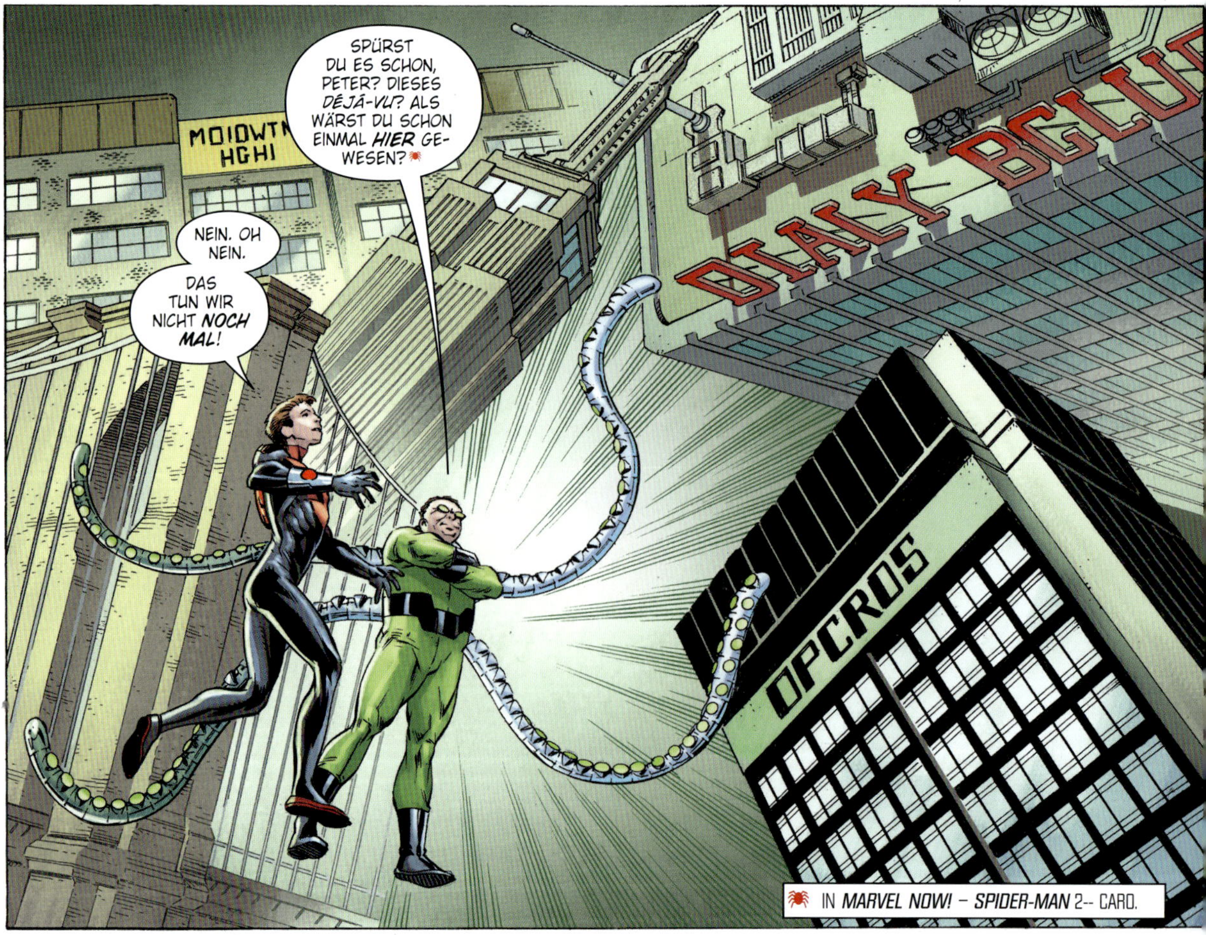

SPÜRST DU ES SCHON, PETER? DIESES *DÉJÀ-VU*? ALS WÄRST DU SCHON EINMAL **HIER** GEWESEN?

NEIN. OH NEIN.

DAS TUN WIR NICHT **NOCH MAL**!

MOIOWTN HGHI

DIALY BGLU

OPCROS

IN *MARVEL NOW! – SPIDER-MAN* 2-- CARD.

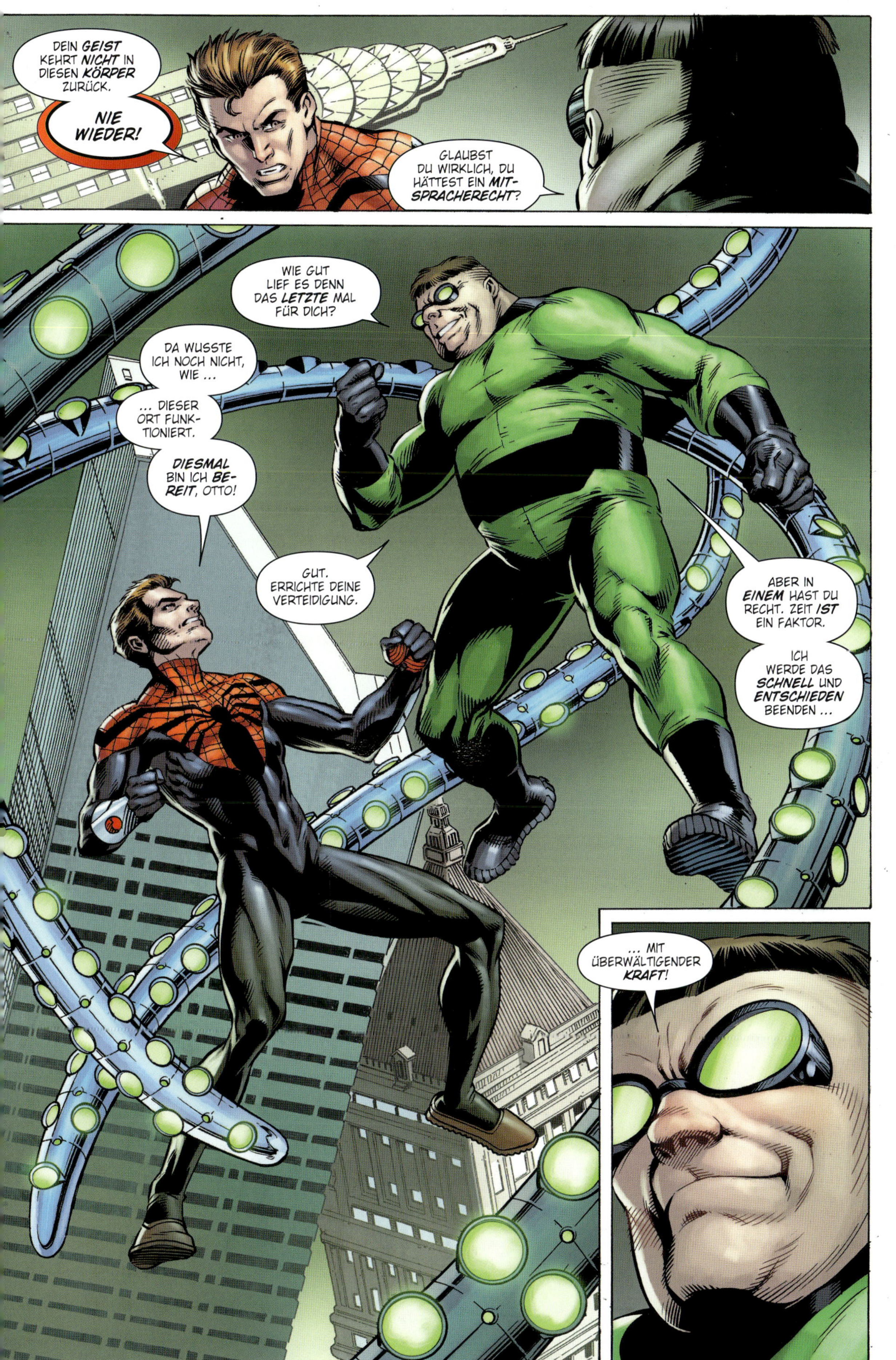
DEIN GEIST KEHRT NICHT IN DIESEN KÖRPER ZURÜCK.
NIE WIEDER!
GLAUBST DU WIRKLICH, DU HÄTTEST EIN MIT-SPRACHERECHT?
WIE GUT LIEF ES DENN DAS LETZTE MAL FÜR DICH?
DA WUSSTE ICH NOCH NICHT, WIE ...
... DIESER ORT FUNK-TIONIERT.
DIESMAL BIN ICH BE-REIT, OTTO!
GUT. ERRICHTE DEINE VERTEIDIGUNG.
ABER IN EINEM HAST DU RECHT. ZEIT IST EIN FAKTOR.
ICH WERDE DAS SCHNELL UND ENTSCHIEDEN BEENDEN ...
... MIT ÜBERWÄLTIGENDER KRAFT!

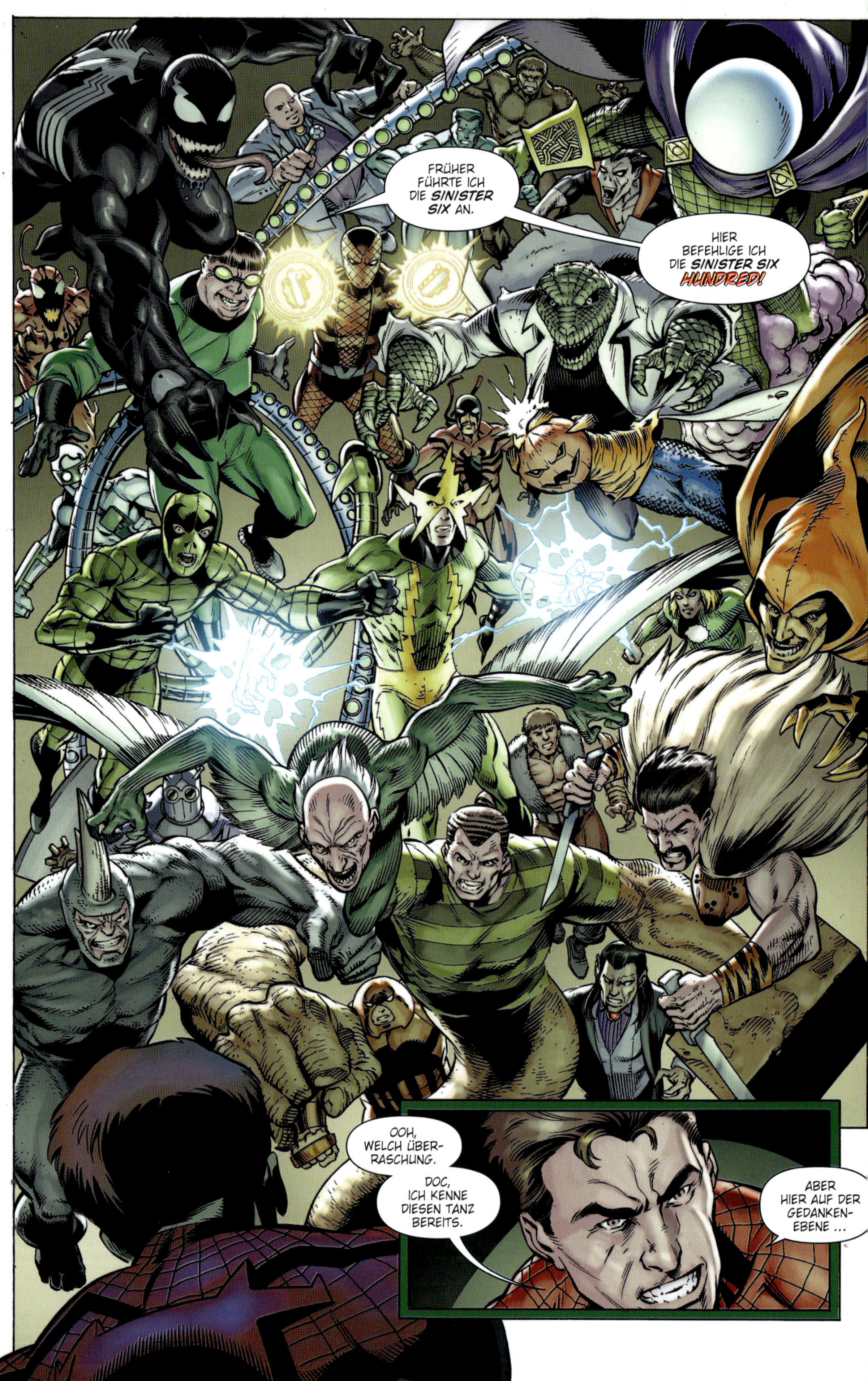
FRÜHER FÜHRTE ICH DIE SINISTER SIX AN.
HIER BEFEHLIGE ICH DIE SINISTER SIX HUNDRED!
OOH, WELCH ÜBER-RASCHUNG.
DOC, ICH KENNE DIESEN TANZ BEREITS.
ABER HIER AUF DER GEDANKEN-EBENE ...

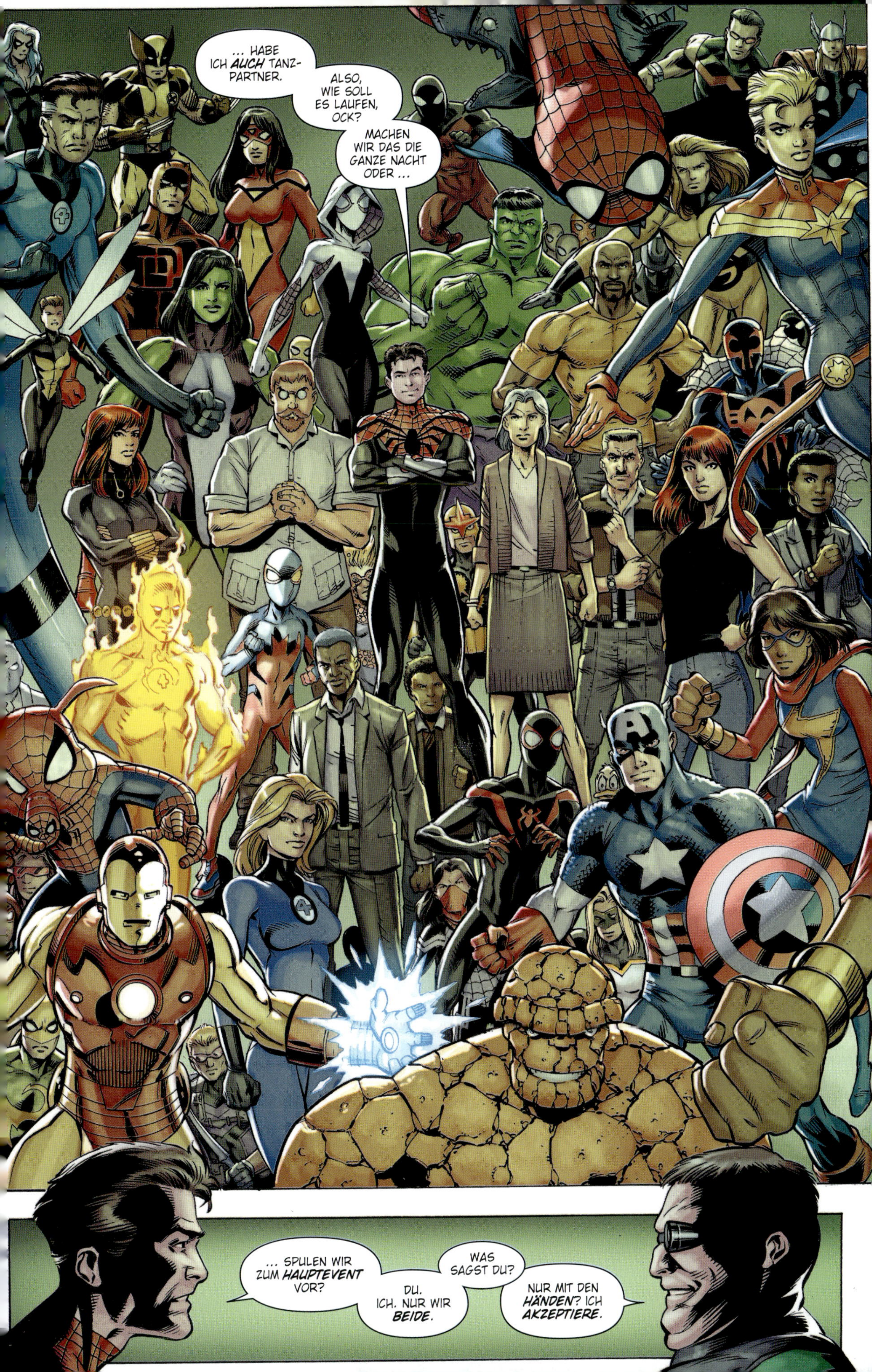
... HABE ICH *AUCH* TANZPARTNER.
ALSO, WIE SOLL ES LAUFEN, OCK?
MACHEN WIR DAS DIE GANZE NACHT ODER ...
... SPULEN WIR ZUM *HAUPTEVENT* VOR?
WAS SAGST DU?
DU. ICH. NUR WIR *BEIDE*.
NUR MIT DEN *HÄNDEN*? ICH *AKZEPTIERE*.

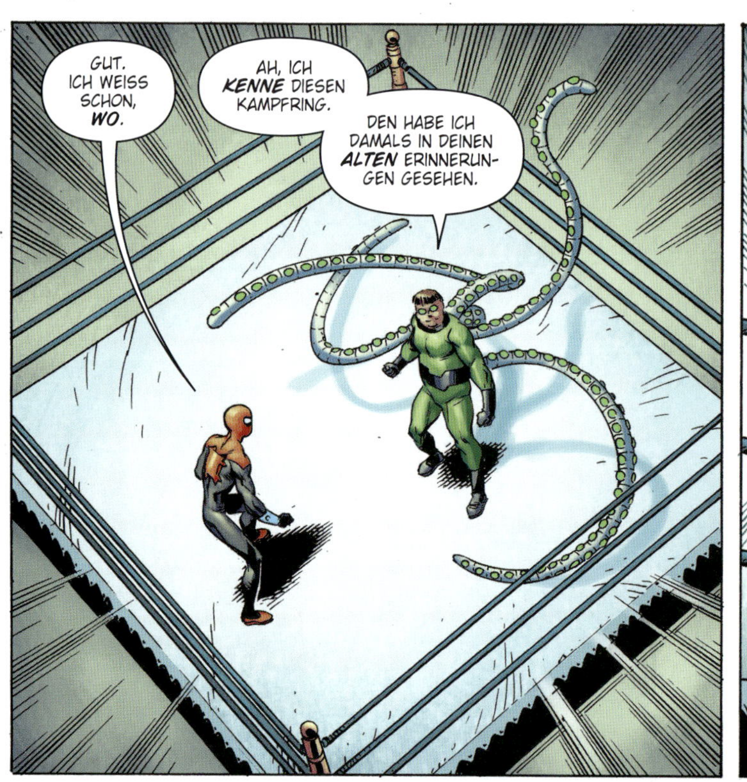
GUT. ICH WEISS SCHON, WO.
AH, ICH KENNE DIESEN KAMPFRING.
DEN HABE ICH DAMALS IN DEINEN ALTEN ERINNERUNGEN GESEHEN.

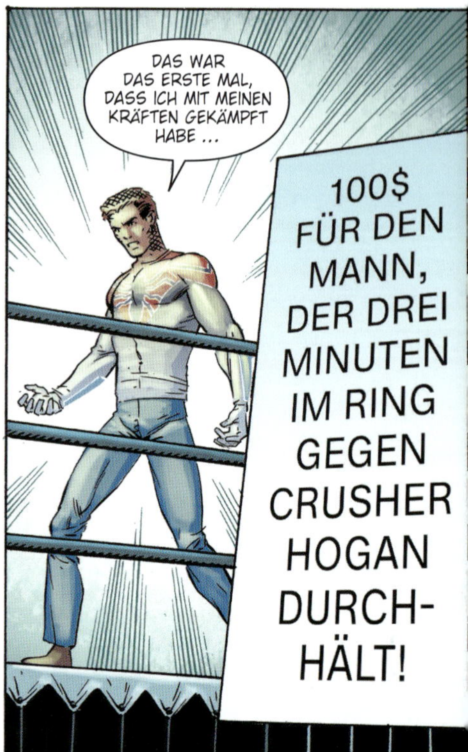
DAS WAR DAS ERSTE MAL, DASS ICH MIT MEINEN KRÄFTEN GEKÄMPFT HABE …
100$ FÜR DEN MANN, DER DREI MINUTEN IM RING GEGEN CRUSHER HOGAN DURCH-HÄLT!

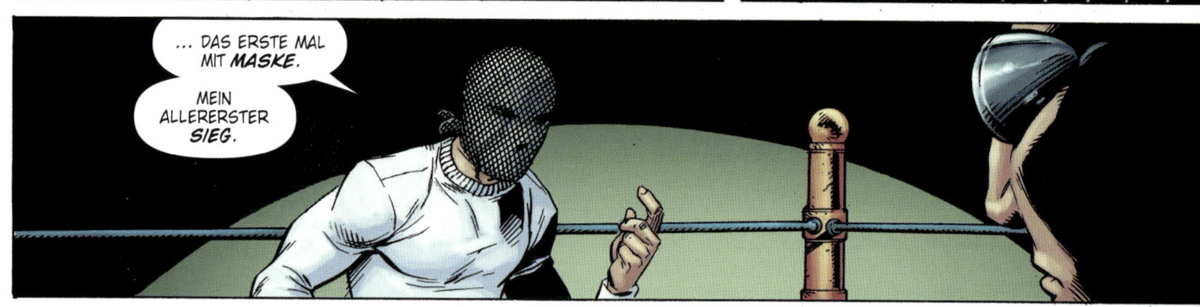
… DAS ERSTE MAL MIT MASKE.
MEIN ALLERERSTER SIEG.

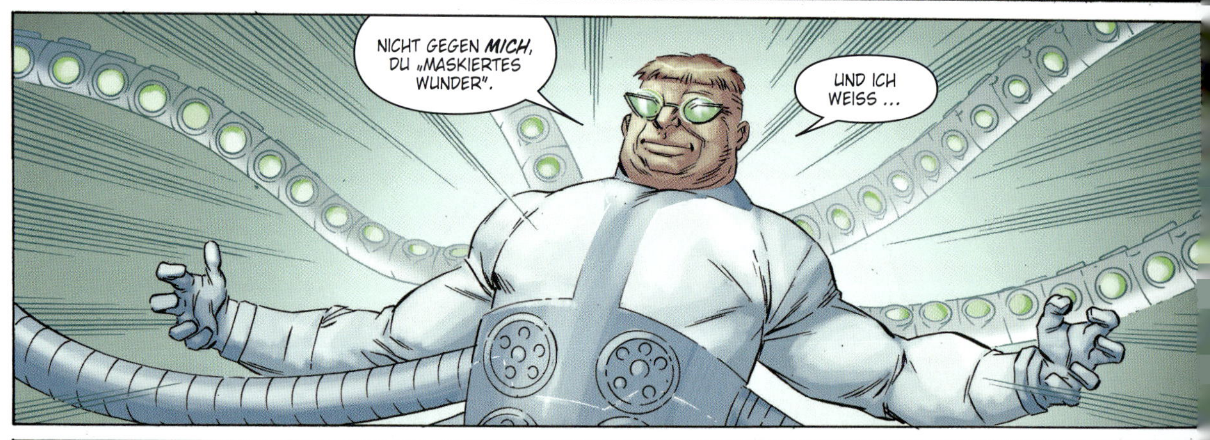
NICHT GEGEN MICH, DU „MASKIERTES WUNDER".
UND ICH WEISS …

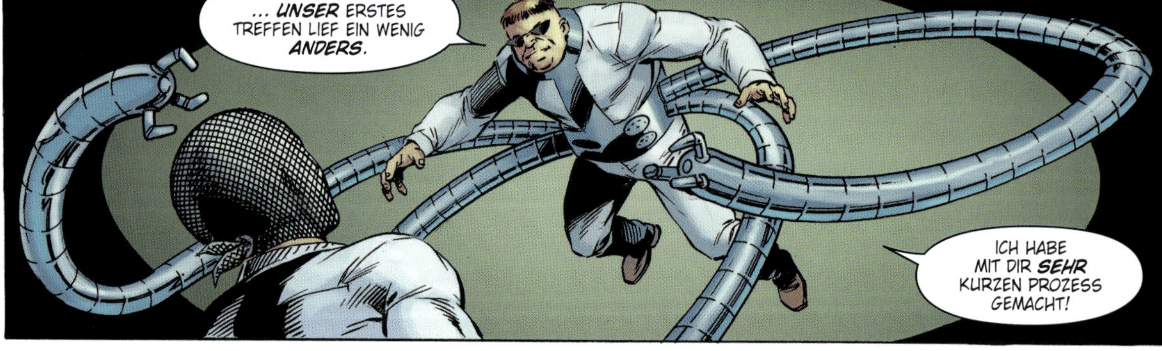
… UNSER ERSTES TREFFEN LIEF EIN WENIG ANDERS.
ICH HABE MIT DIR SEHR KURZEN PROZESS GEMACHT!

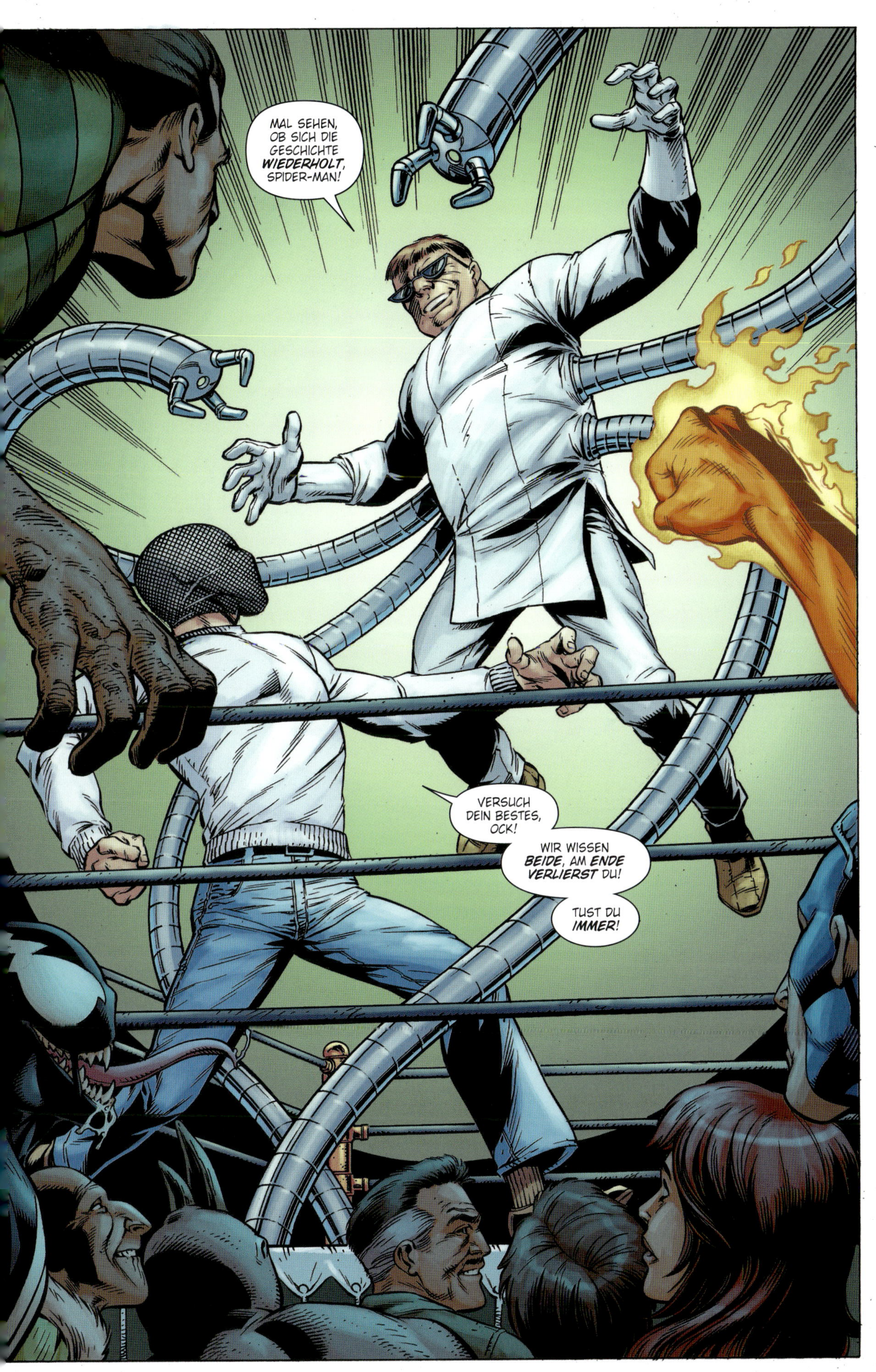
MAL SEHEN, OB SICH DIE GESCHICHTE **WIEDERHOLT**, SPIDER-MAN!
VERSUCH DEIN BESTES, OCK!
WIR WISSEN **BEIDE**, AM **ENDE VERLIERST** DU!
TUST DU **IMMER**!

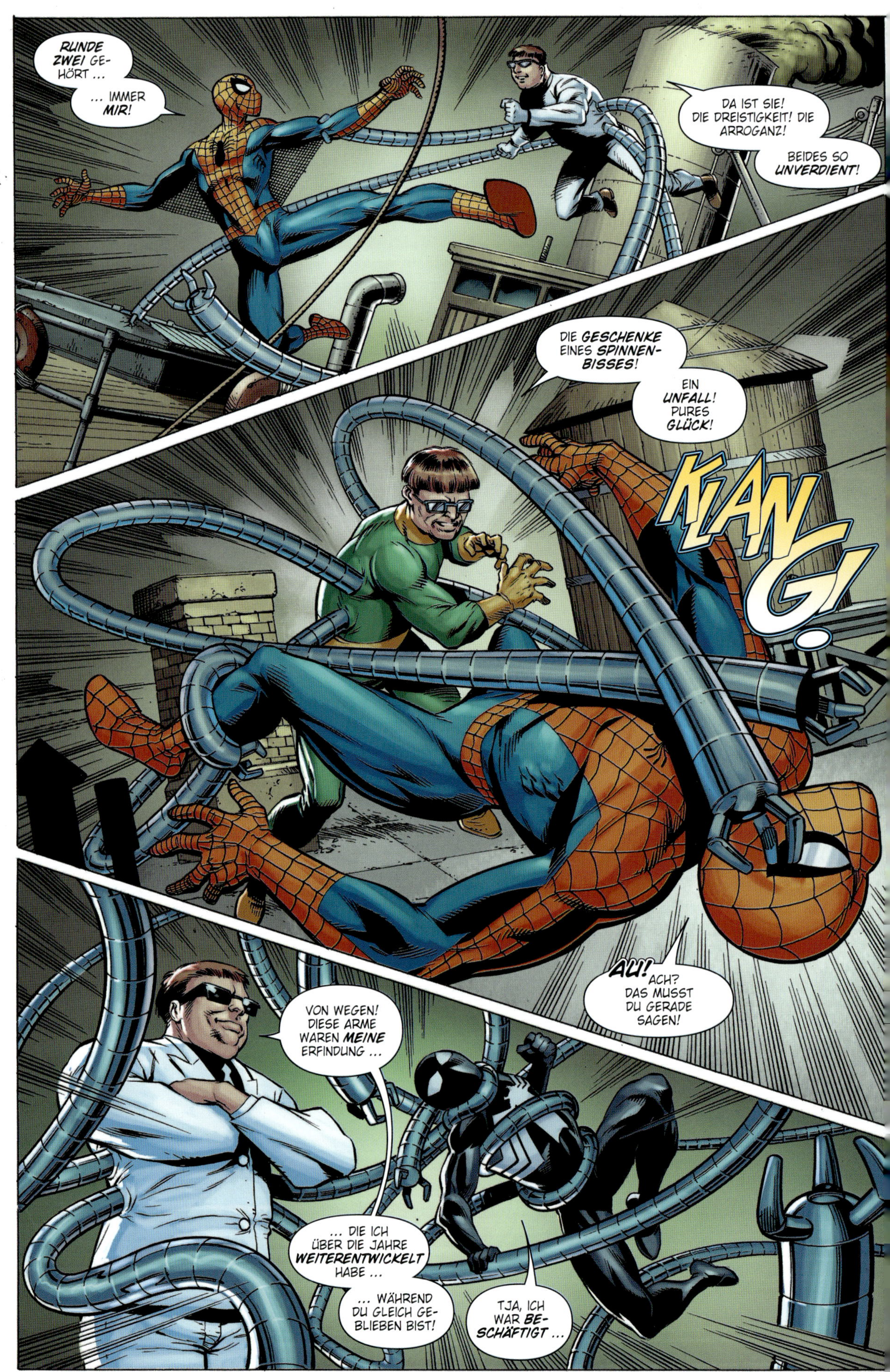
RUNDE ZWEI GEHÖRT …
… IMMER MIR!
DA IST SIE! DIE DREISTIGKEIT! DIE ARROGANZ!
BEIDES SO UNVERDIENT!
DIE GESCHENKE EINES SPINNENBISSES!
EIN UNFALL! PURES GLÜCK!
KLANG!
AU!
ACH? DAS MUSST DU GERADE SAGEN!
VON WEGEN! DIESE ARME WAREN MEINE ERFINDUNG …
… DIE ICH ÜBER DIE JAHRE WEITERENTWICKELT HABE …
… WÄHREND DU GLEICH GEBLIEBEN BIST!
TJA, ICH WAR BESCHÄFTIGT …

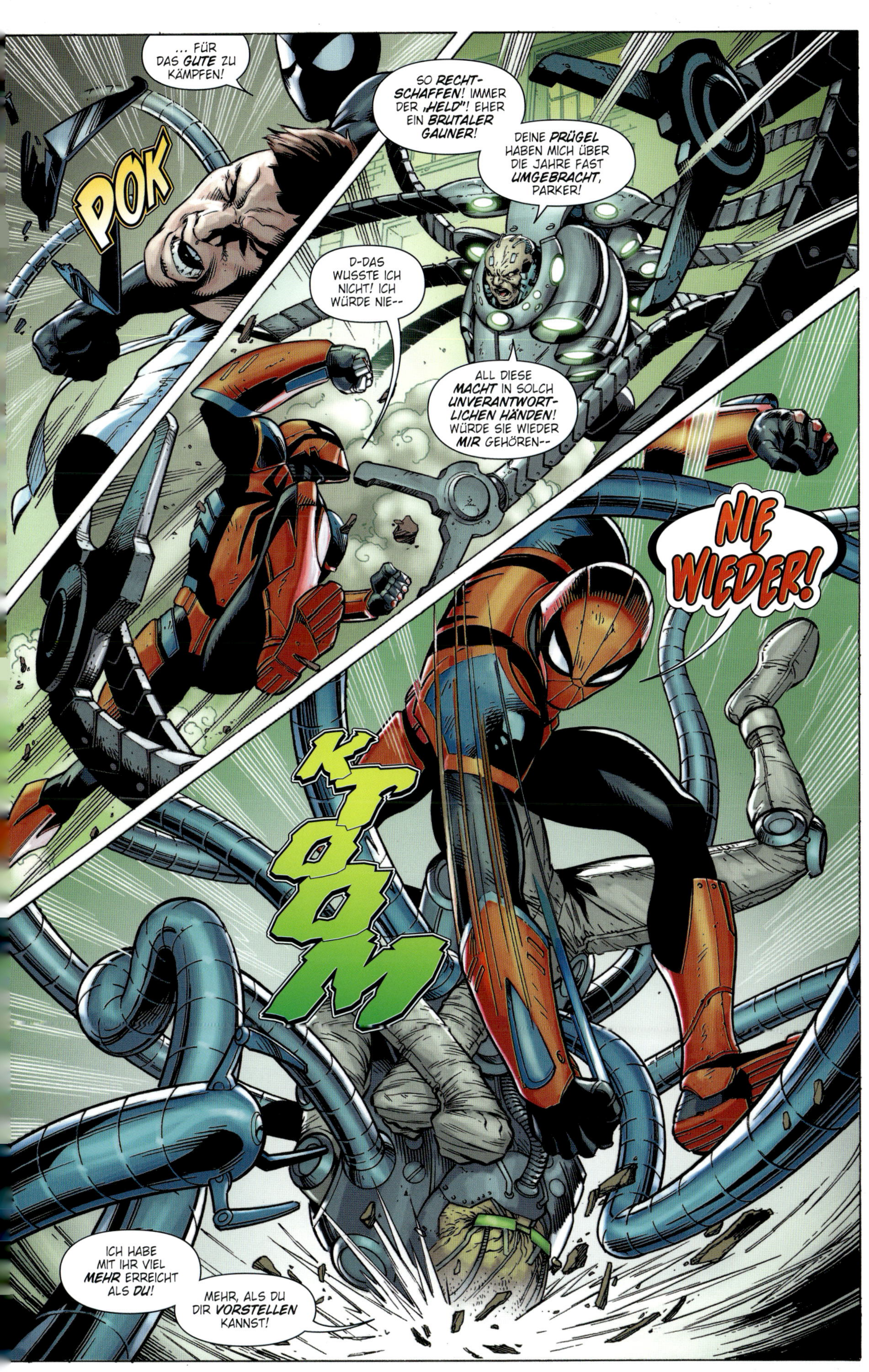
… FÜR DAS GUTE ZU KÄMPFEN!
POK
SO RECHT-SCHAFFEN! IMMER DER „HELD“! EHER EIN BRUTALER GAUNER!
DEINE PRÜGEL HABEN MICH ÜBER DIE JAHRE FAST UMGEBRACHT, PARKER!
D-DAS WUSSTE ICH NICHT! ICH WÜRDE NIE--
ALL DIESE MACHT IN SOLCH UNVERANTWORT-LICHEN HÄNDEN! WÜRDE SIE WIEDER MIR GEHÖREN--
NIE WIEDER!
KTOOM
ICH HABE MIT IHR VIEL MEHR ERREICHT ALS DU!
MEHR, ALS DU DIR VORSTELLEN KANNST!

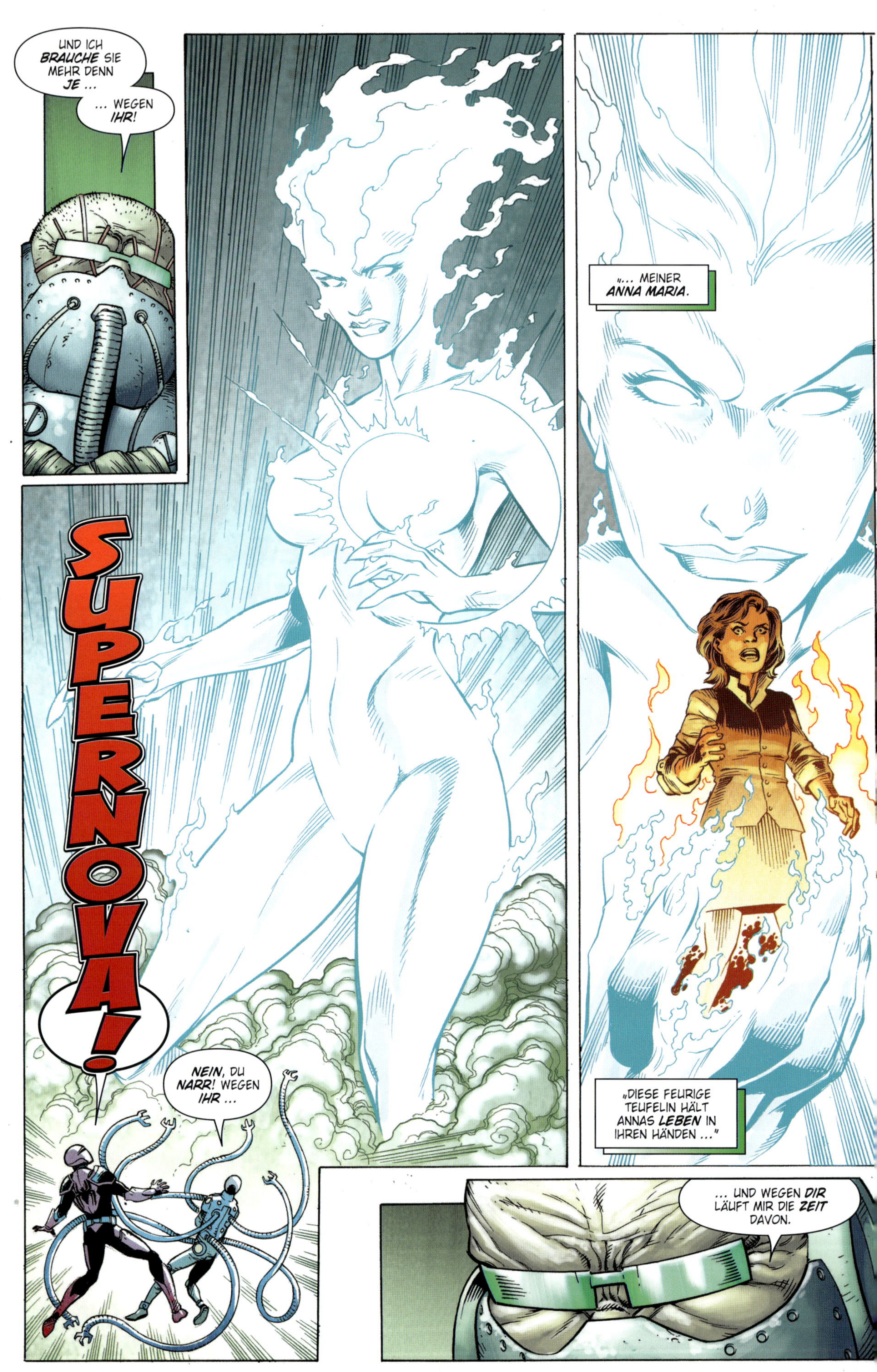
UND ICH BRAUCHE SIE MEHR DENN JE ...
... WEGEN IHR!
SUPERNOVA!
NEIN, DU NARR! WEGEN IHR ...
„... MEINER ANNA MARIA.
„DIESE FEURIGE TEUFELIN HÄLT ANNAS LEBEN IN IHREN HÄNDEN ..."
... UND WEGEN DIR LÄUFT MIR DIE ZEIT DAVON.

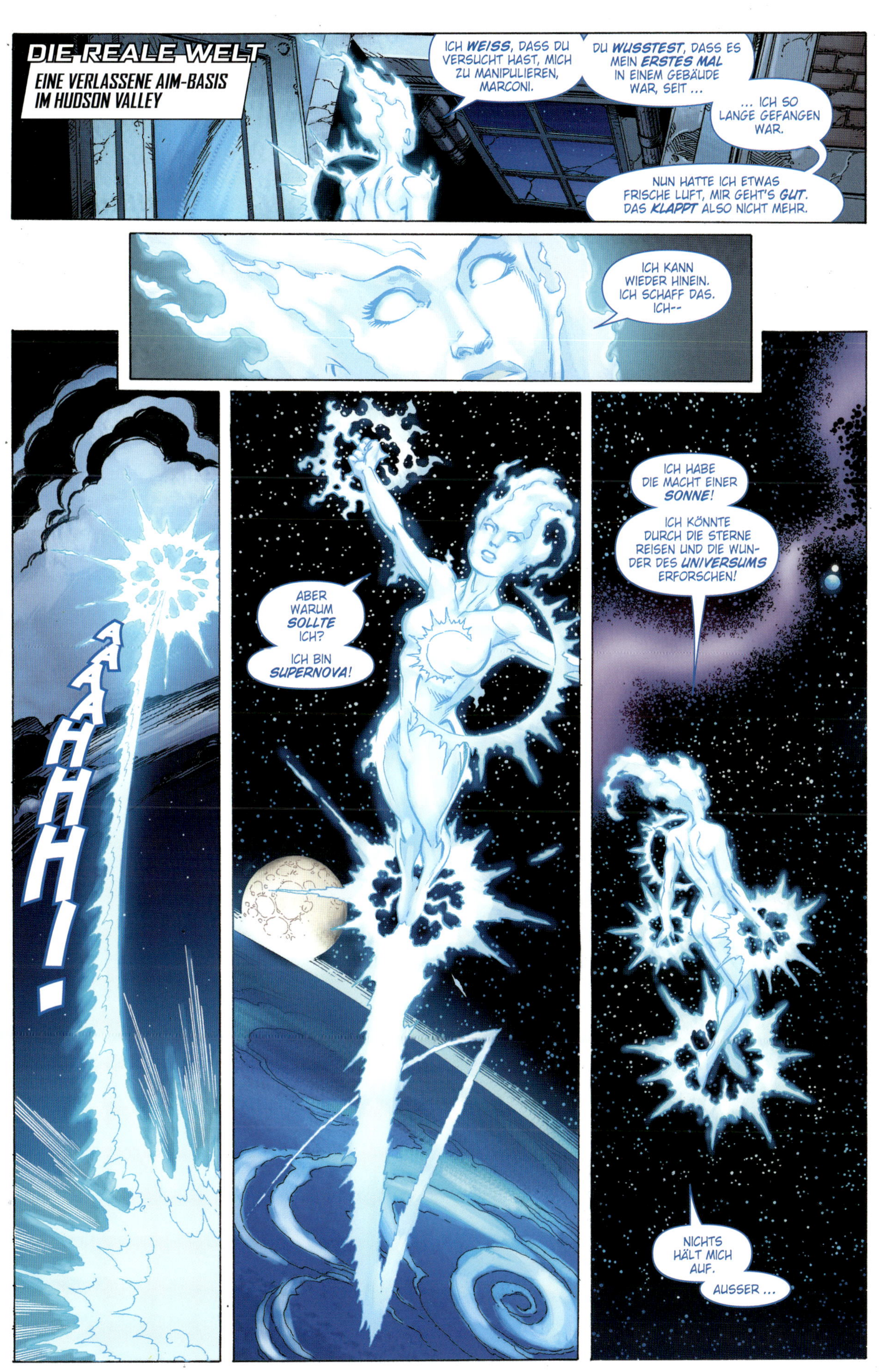
DIE REALE WELT
EINE VERLASSENE AIM-BASIS IM HUDSON VALLEY
ICH WEISS, DASS DU VERSUCHT HAST, MICH ZU MANIPULIEREN, MARCONI.
DU WUSSTEST, DASS ES MEIN ERSTES MAL IN EINEM GEBÄUDE WAR, SEIT ...
... ICH SO LANGE GEFANGEN WAR.
NUN HATTE ICH ETWAS FRISCHE LUFT, MIR GEHT'S GUT. DAS KLAPPT ALSO NICHT MEHR.
ICH KANN WIEDER HINEIN. ICH SCHAFF DAS. ICH--
AAAAHHHH!!
ABER WARUM SOLLTE ICH?
ICH BIN SUPERNOVA!
ICH HABE DIE MACHT EINER SONNE!
ICH KÖNNTE DURCH DIE STERNE REISEN UND DIE WUNDER DES UNIVERSUMS ERFORSCHEN!
NICHTS HÄLT MICH AUF.
AUSSER ...

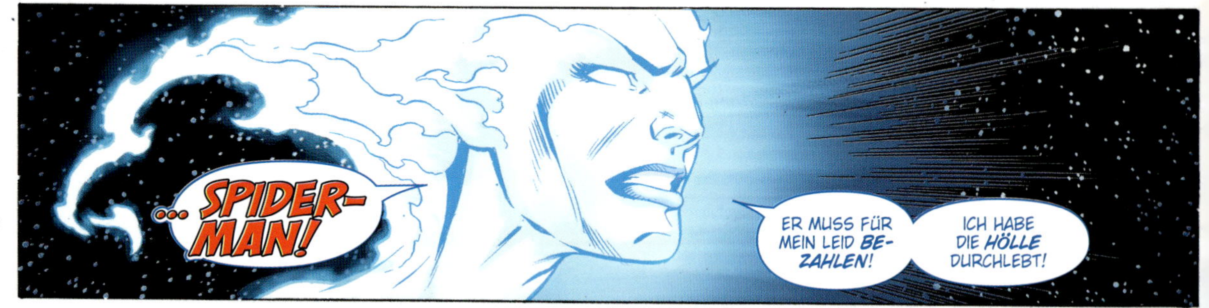
... SPIDER-MAN!
ER MUSS FÜR MEIN LEID BEZAHLEN!
ICH HABE DIE HÖLLE DURCHLEBT!

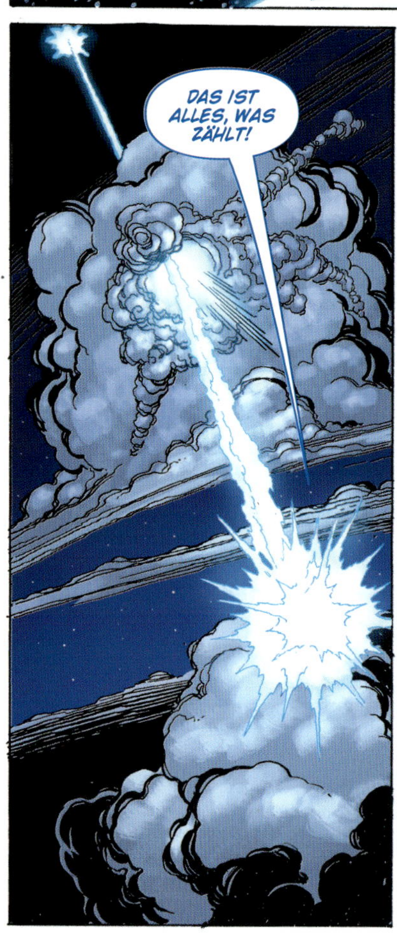
DAS IST ALLES, WAS ZÄHLT!

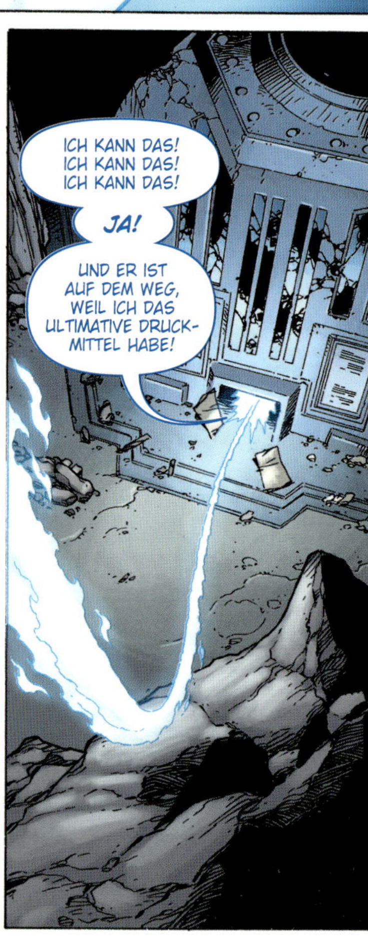
ICH KANN DAS! ICH KANN DAS! ICH KANN DAS!
JA!
UND ER IST AUF DEM WEG, WEIL ICH DAS ULTIMATIVE DRUCKMITTEL HABE!

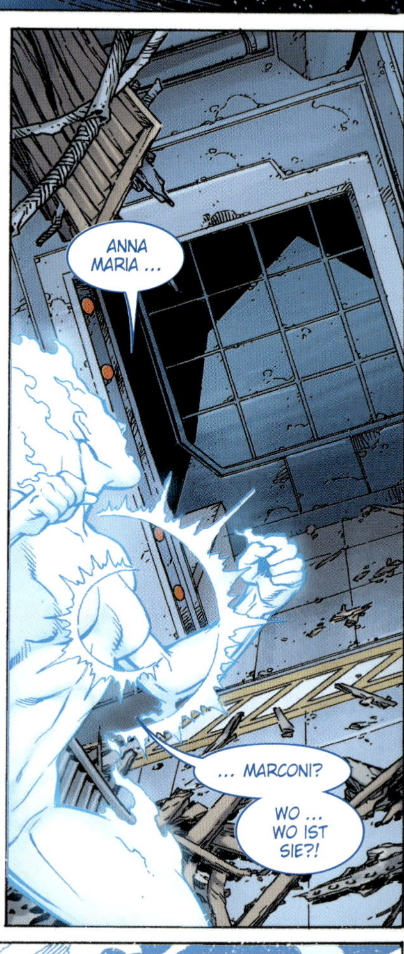
ANNA MARIA ...
... MARCONI?
WO ... WO IST SIE?!

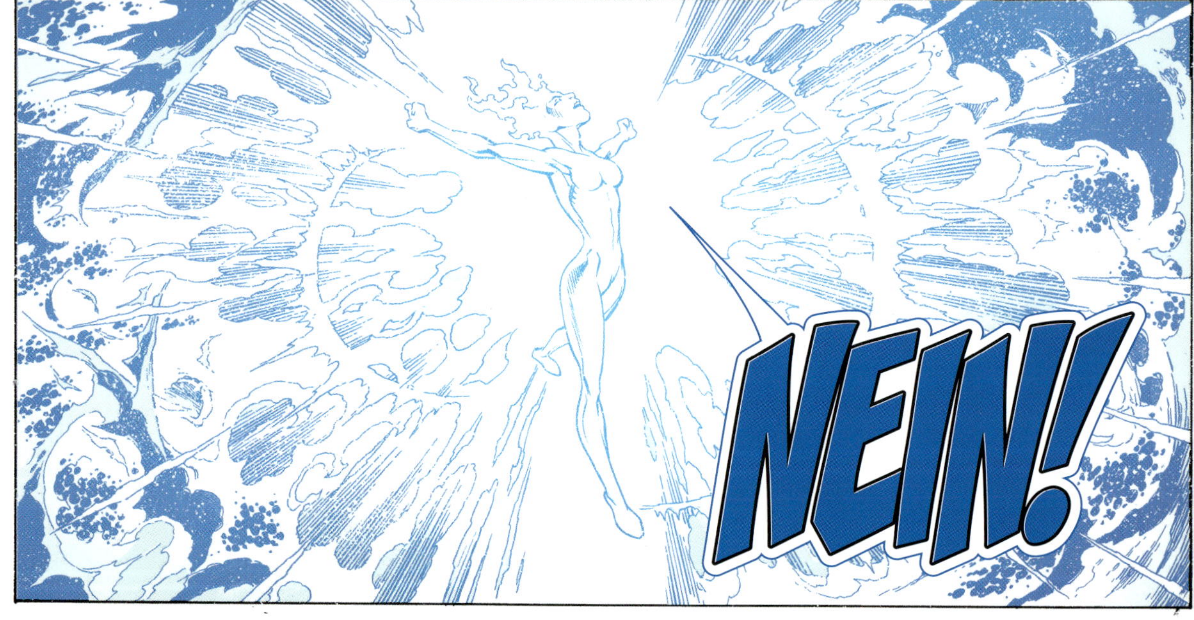
NEIN!

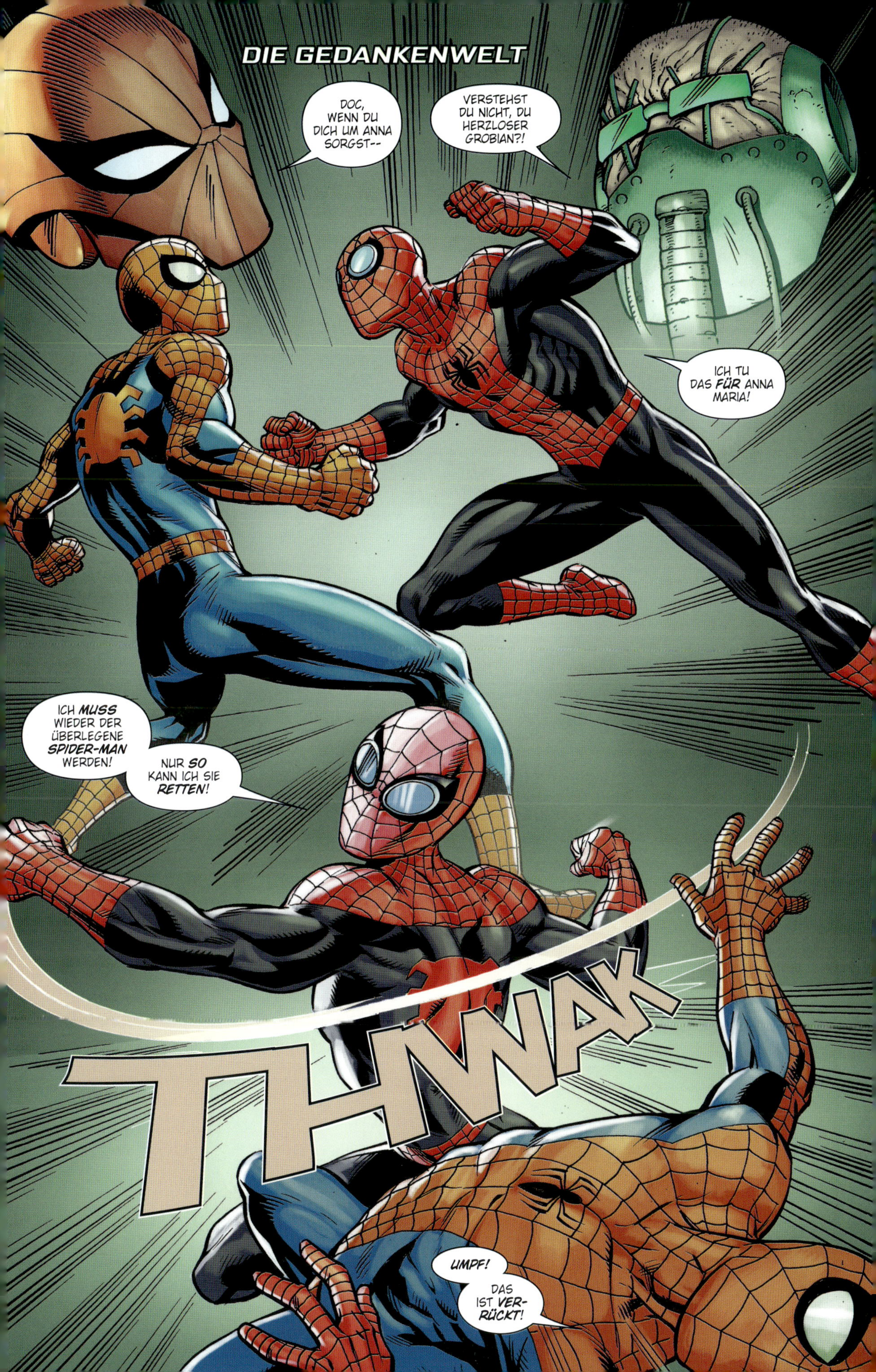
DIE GEDANKENWELT
DOC, WENN DU DICH UM ANNA SORGST--
VERSTEHST DU NICHT, DU HERZLOSER GROBIAN?!
ICH TU DAS **FÜR** ANNA MARIA!
ICH **MUSS** WIEDER DER ÜBERLEGENE **SPIDER-MAN** WERDEN!
NUR **SO** KANN ICH SIE **RETTEN**!
THWAK
UMPF!
DAS IST **VER-RÜCKT**!

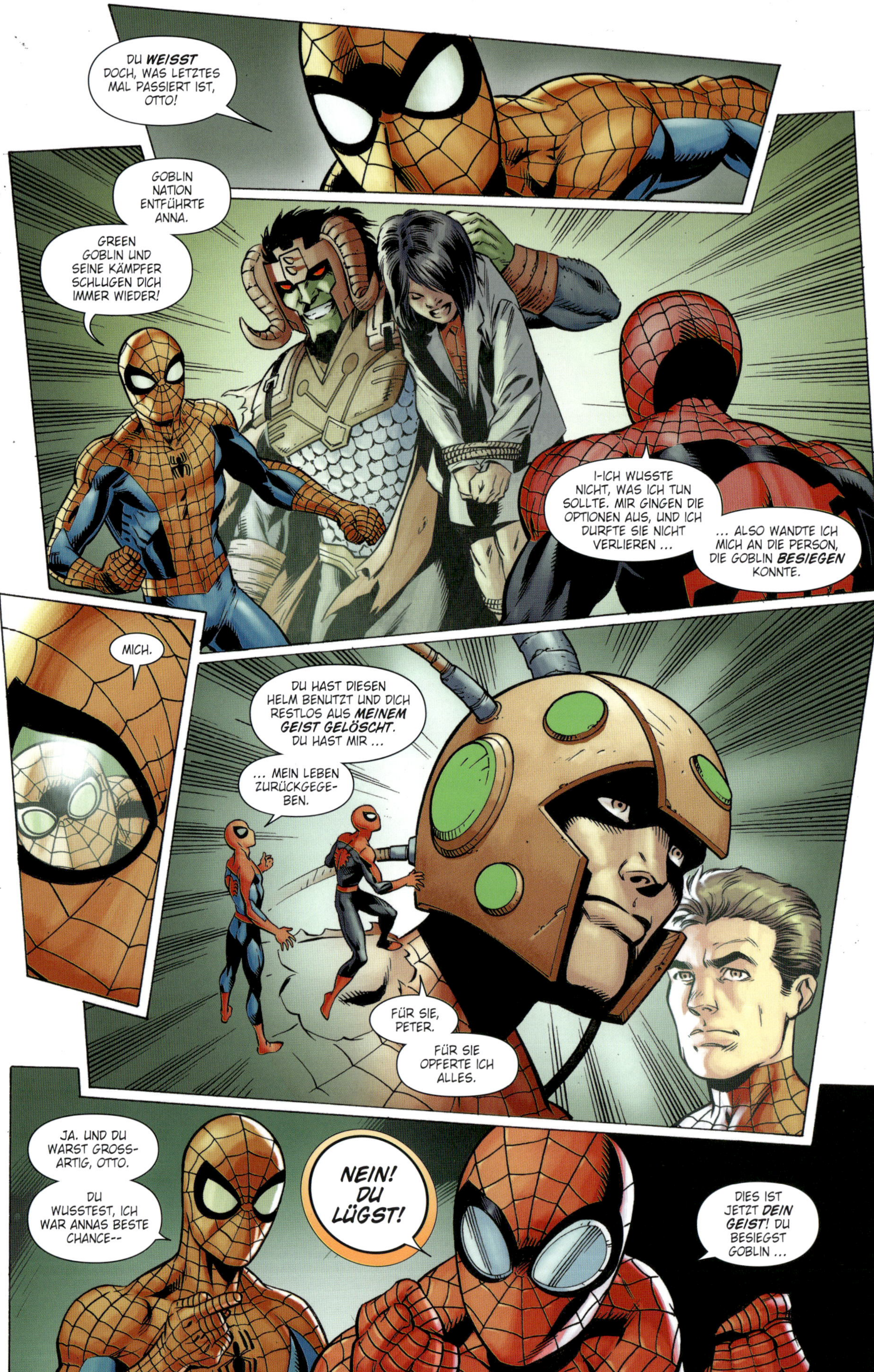

DU **WEISST** DOCH, WAS LETZTES MAL PASSIERT IST, OTTO!
GOBLIN NATION ENTFÜHRTE ANNA.
GREEN GOBLIN UND SEINE KÄMPFER SCHLUGEN DICH IMMER WIEDER!
I-ICH WUSSTE NICHT, WAS ICH TUN SOLLTE. MIR GINGEN DIE OPTIONEN AUS, UND ICH DURFTE SIE NICHT VERLIEREN …
… ALSO WANDTE ICH MICH AN DIE PERSON, DIE GOBLIN **BESIEGEN** KONNTE.
MICH.
DU HAST DIESEN HELM BENUTZT UND DICH RESTLOS AUS **MEINEM GEIST GELÖSCHT**. DU HAST MIR …
… MEIN LEBEN ZURÜCKGEGEBEN.
FÜR SIE, PETER.
FÜR SIE OPFERTE ICH ALLES.
JA. UND DU WARST GROSSARTIG, OTTO.
DU WUSSTEST, ICH WAR ANNAS BESTE CHANCE--
NEIN! DU LÜGST!
DIES IST JETZT **DEIN GEIST!** DU BESIEGST GOBLIN …

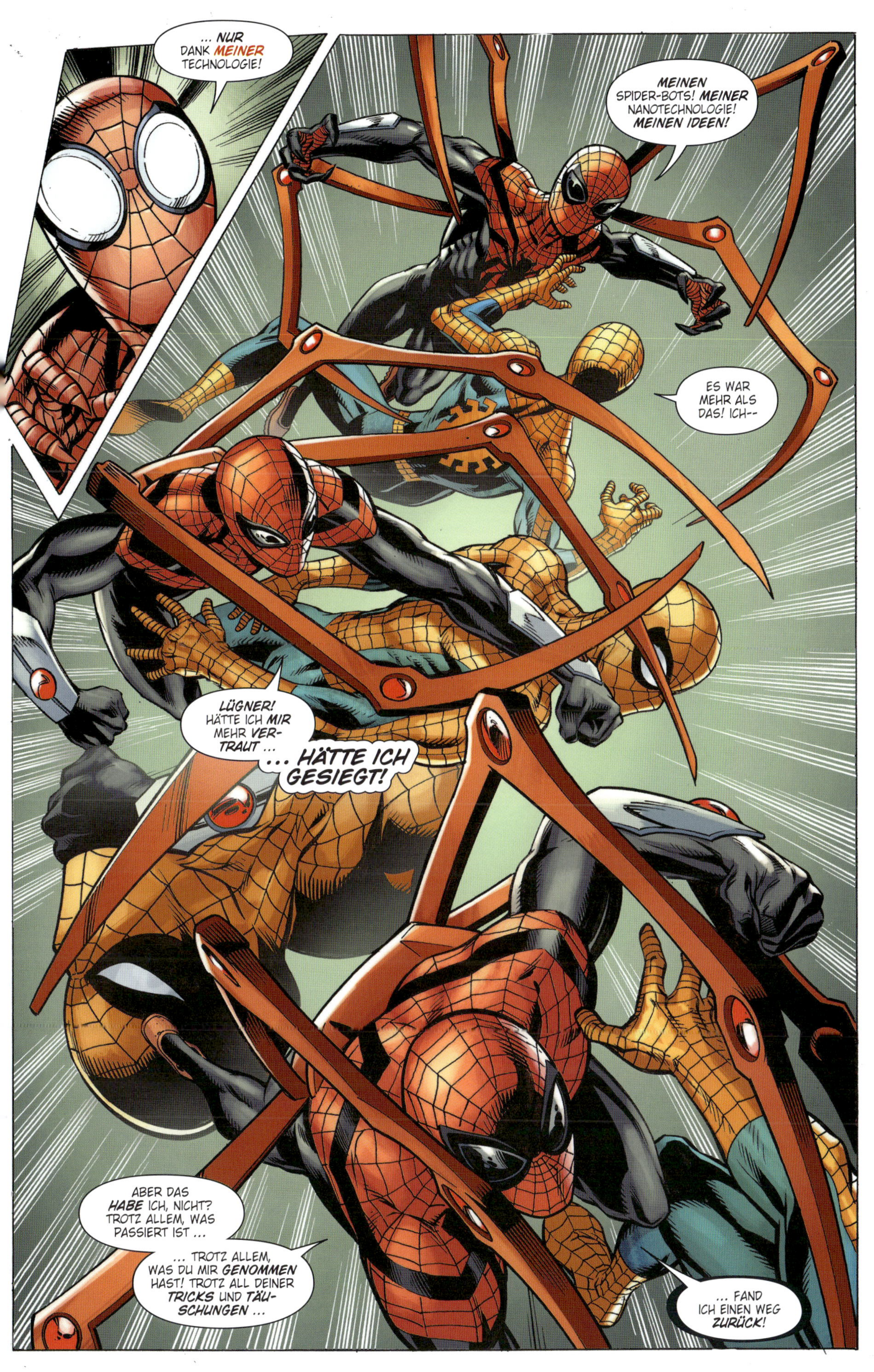

... NUR DANK MEINER TECHNOLOGIE!
MEINEN SPIDER-BOTS! MEINER NANOTECHNOLOGIE! MEINEN IDEEN!
ES WAR MEHR ALS DAS! ICH--
LÜGNER! HÄTTE ICH MIR MEHR VER-TRAUT ...
... HÄTTE ICH GESIEGT!
ABER DAS HABE ICH, NICHT? TROTZ ALLEM, WAS PASSIERT IST ...
... TROTZ ALLEM, WAS DU MIR GENOMMEN HAST! TROTZ ALL DEINER TRICKS UND TÄU-SCHUNGEN ...
... FAND ICH EINEN WEG ZURÜCK!

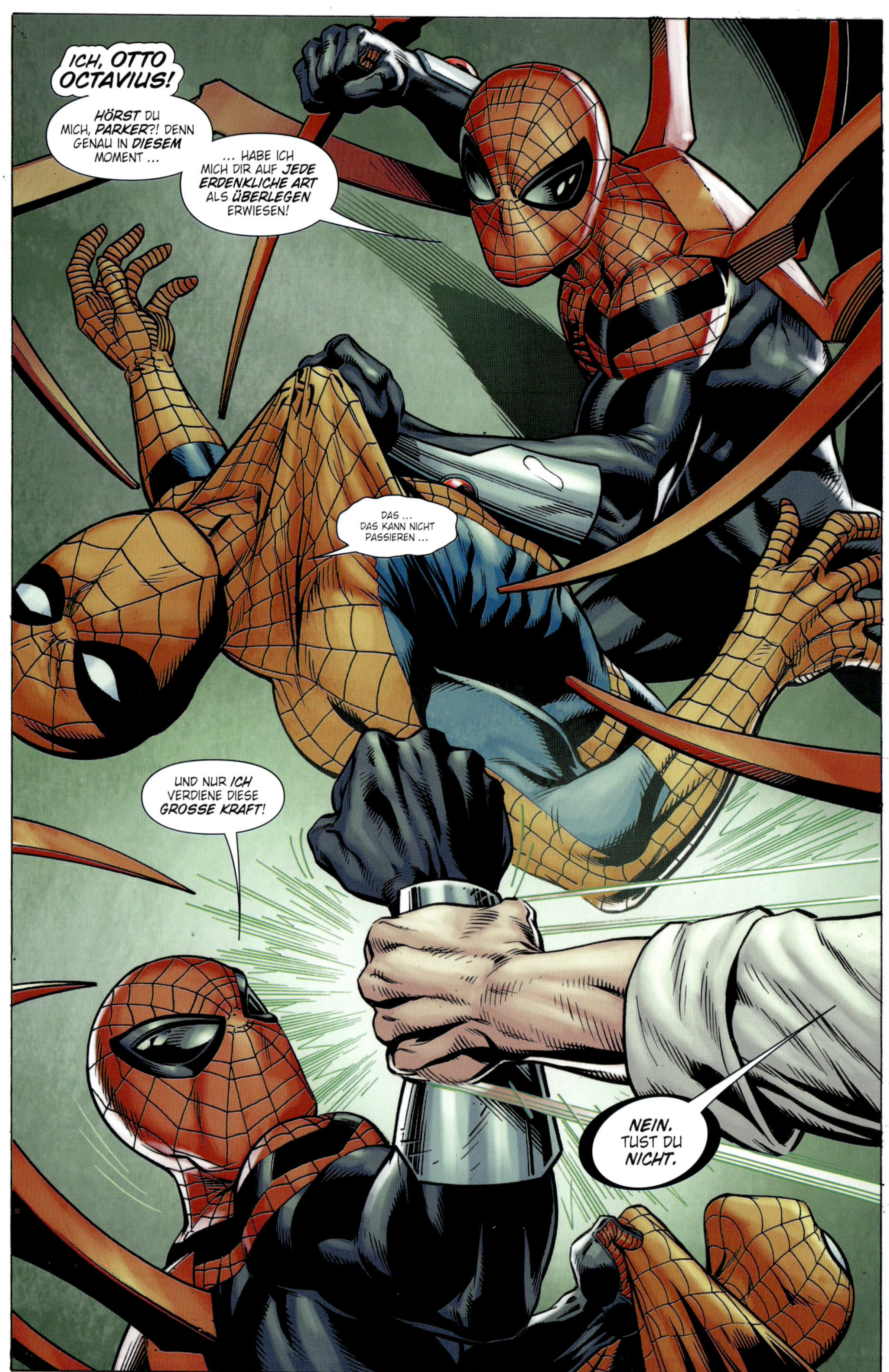
ICH, OTTO OCTAVIUS!
HÖRST DU MICH, PARKER?! DENN GENAU IN DIESEM MOMENT ...
... HABE ICH MICH DIR AUF JEDE ERDENKLICHE ART ALS ÜBERLEGEN ERWIESEN!
DAS ... DAS KANN NICHT PASSIEREN ...
UND NUR ICH VERDIENE DIESE GROSSE KRAFT!
NEIN. TUST DU NICHT.

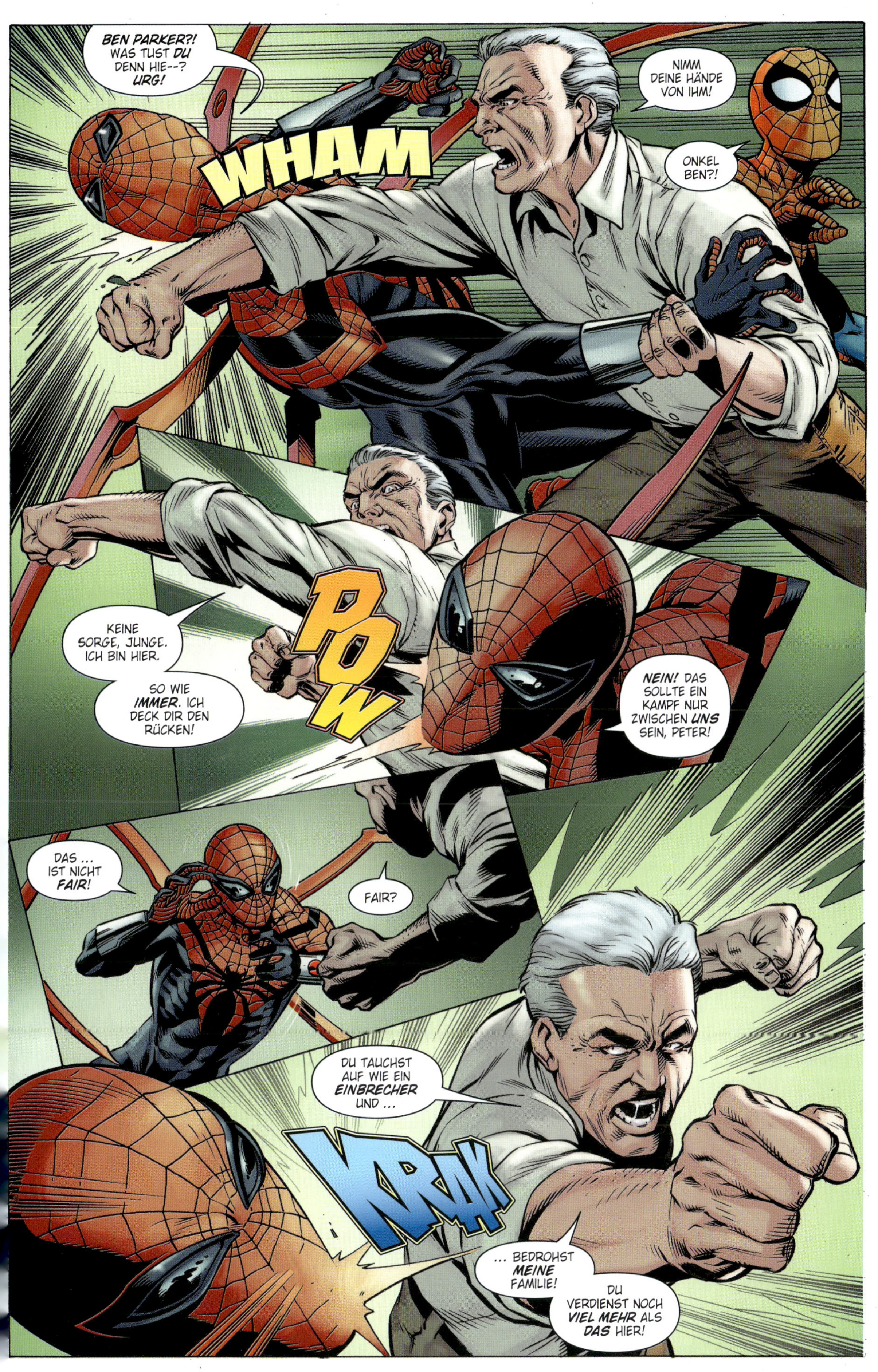
BEN PARKER?! WAS TUST DU DENN HIE--? URG!
WHAM
NIMM DEINE HÄNDE VON IHM!
ONKEL BEN?!
KEINE SORGE, JUNGE. ICH BIN HIER.
SO WIE IMMER. ICH DECK DIR DEN RÜCKEN!
POW
NEIN! DAS SOLLTE EIN KAMPF NUR ZWISCHEN UNS SEIN, PETER!
DAS ... IST NICHT FAIR!
FAIR?
DU TAUCHST AUF WIE EIN EINBRECHER UND ...
KRAK
... BEDROHST MEINE FAMILIE!
DU VERDIENST NOCH VIEL MEHR ALS DAS HIER!

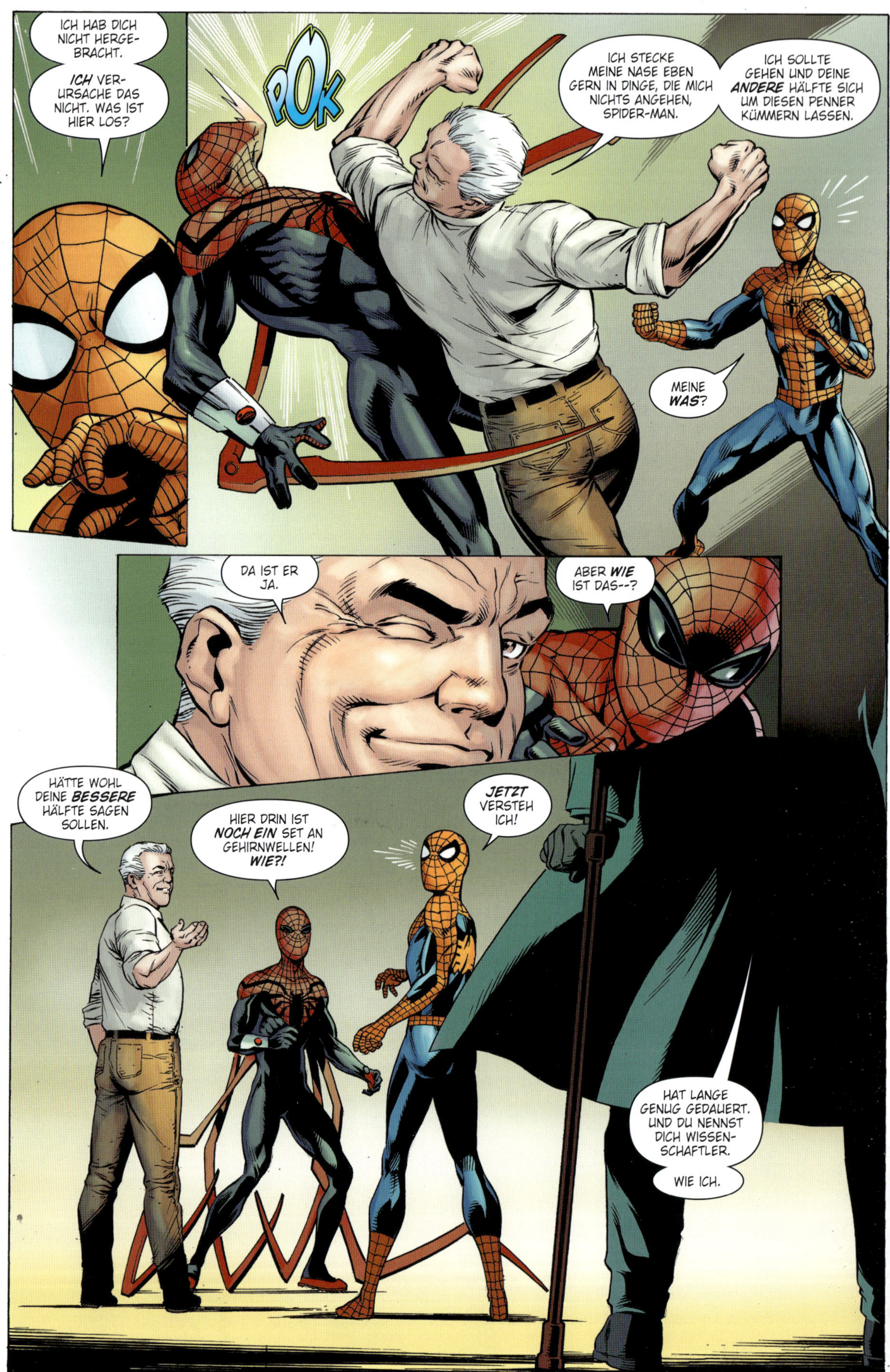
ICH HAB DICH NICHT HERGE-BRACHT.
ICH VER-URSACHE DAS NICHT. WAS IST HIER LOS?
POK
ICH STECKE MEINE NASE EBEN GERN IN DINGE, DIE MICH NICHTS ANGEHEN, SPIDER-MAN.
ICH SOLLTE GEHEN UND DEINE ANDERE HÄLFTE SICH UM DIESEN PENNER KÜMMERN LASSEN.
MEINE WAS?
DA IST ER JA.
ABER WIE IST DAS--?
HÄTTE WOHL DEINE BESSERE HÄLFTE SAGEN SOLLEN.
HIER DRIN IST NOCH EIN SET AN GEHIRNWELLEN! WIE?!
JETZT VERSTEH ICH!
HAT LANGE GENUG GEDAUERT. UND DU NENNST DICH WISSEN-SCHAFTLER.
WIE ICH.

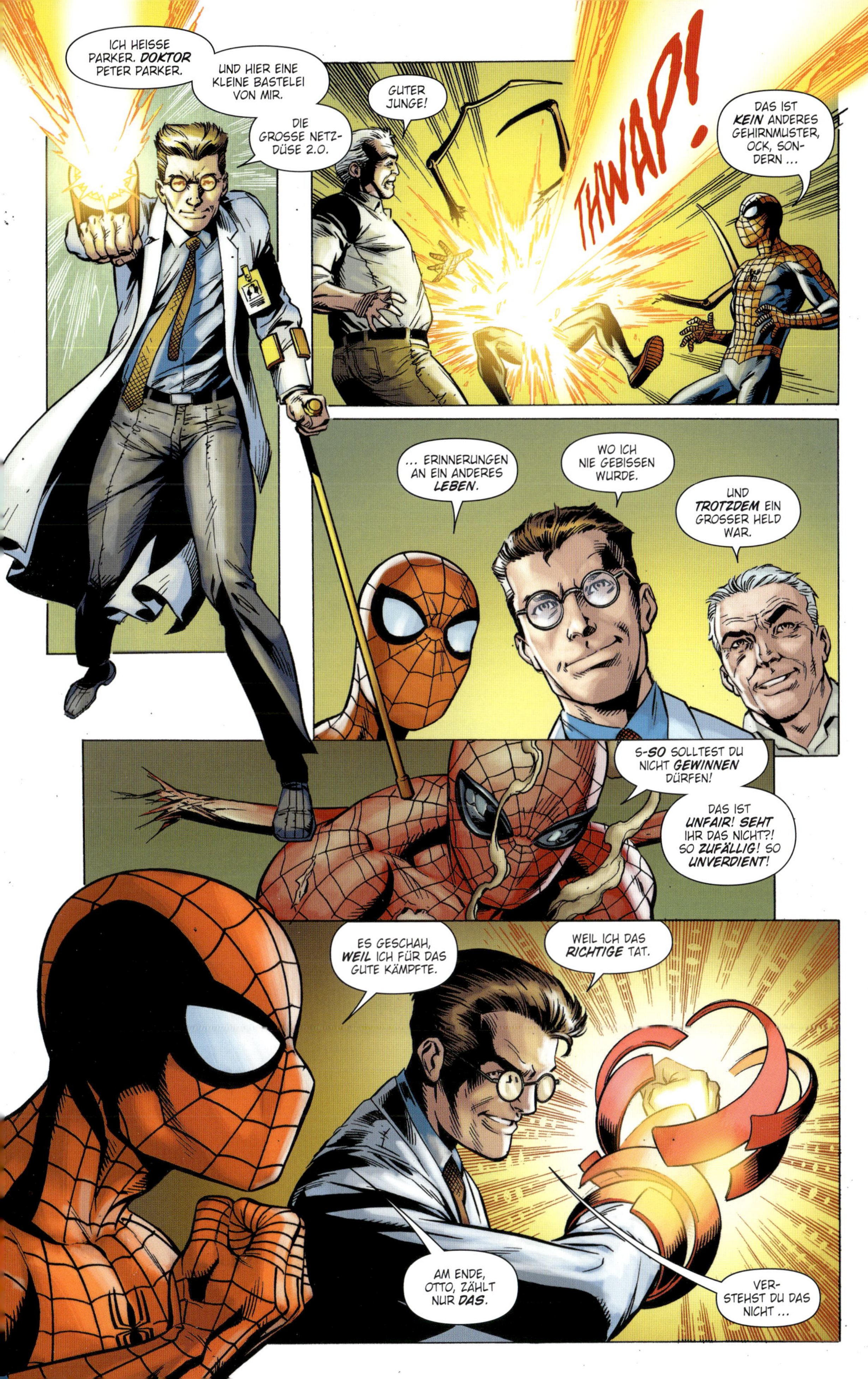
ICH HEISSE PARKER. DOKTOR PETER PARKER.
UND HIER EINE KLEINE BASTELEI VON MIR.
DIE GROSSE NETZ-DÜSE 2.0.
GUTER JUNGE!
THWAP!
DAS IST KEIN ANDERES GEHIRNMUSTER, OCK, SONDERN ...
... ERINNERUNGEN AN EIN ANDERES LEBEN.
WO ICH NIE GEBISSEN WURDE.
UND TROTZDEM EIN GROSSER HELD WAR.
S-SO SOLLTEST DU NICHT GEWINNEN DÜRFEN!
DAS IST UNFAIR! SEHT IHR DAS NICHT?! SO ZUFÄLLIG! SO UNVERDIENT!
ES GESCHAH, WEIL ICH FÜR DAS GUTE KÄMPFTE.
WEIL ICH DAS RICHTIGE TAT.
AM ENDE, OTTO, ZÄHLT NUR DAS.
VERSTEHST DU DAS NICHT ...

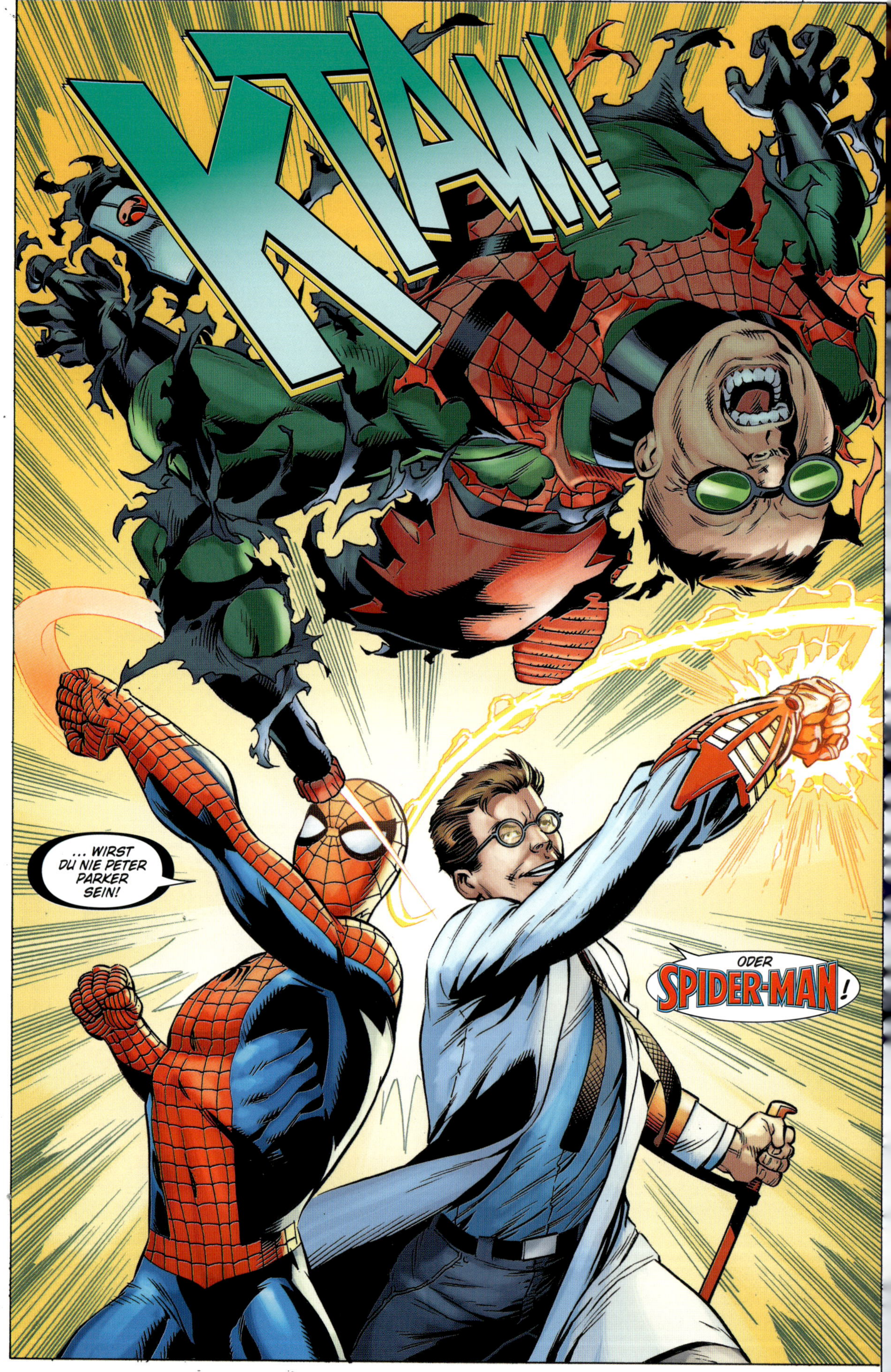
KTAM!
... WIRST DU NIE PETER PARKER SEIN!
ODER SPIDER-MAN!

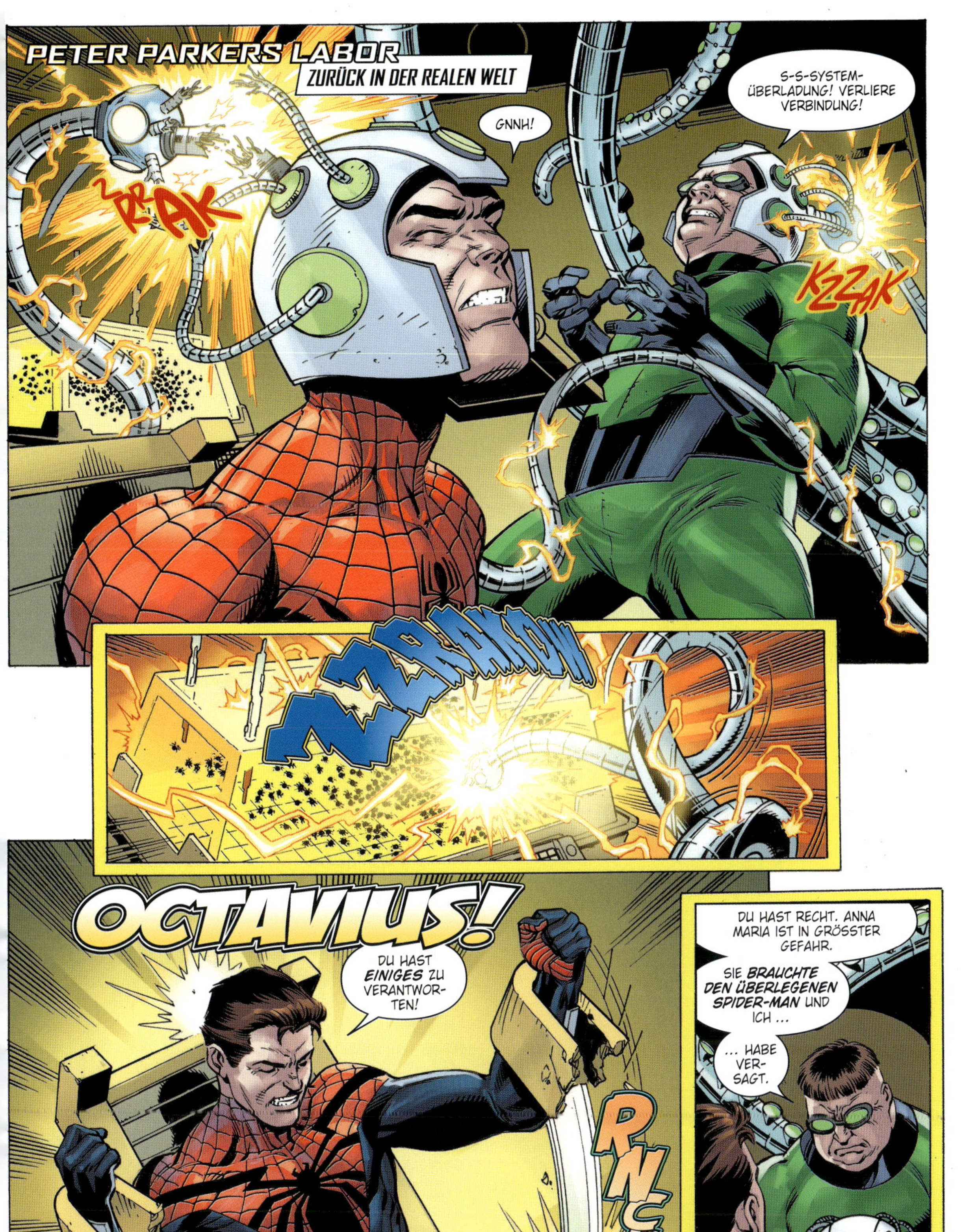
PETER PARKERS LABOR
ZURÜCK IN DER REALEN WELT
GNNH!
S-S-SYSTEM-ÜBERLADUNG! VERLIERE VERBINDUNG!
DRAK
KZZAK
ZZRAKOW
OCTAVIUS!
DU HAST EINIGES ZU VERANTWORTEN!
RNCHH
FLANGCH
DU HAST RECHT. ANNA MARIA IST IN GRÖSSTER GEFAHR.
SIE BRAUCHTE DEN ÜBERLEGENEN SPIDER-MAN UND ICH ...
... HABE VERSAGT.
NEIN. NOCH IST ZEIT.

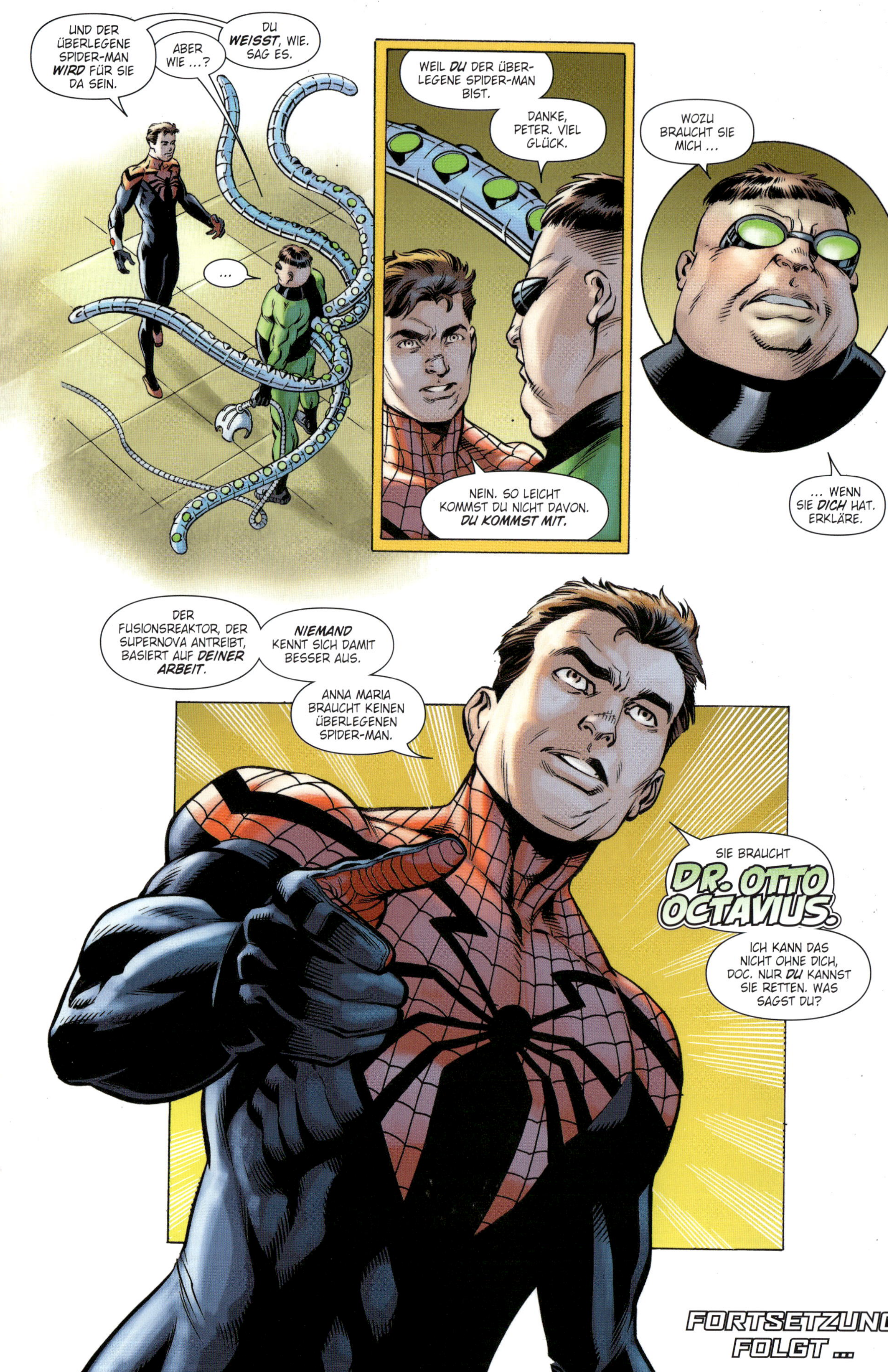
UND DER ÜBERLEGENE SPIDER-MAN WIRD FÜR SIE DA SEIN.
ABER WIE ...?
DU WEISST, WIE. SAG ES.
...
WEIL DU DER ÜBERLEGENE SPIDER-MAN BIST.
DANKE, PETER. VIEL GLÜCK.
NEIN. SO LEICHT KOMMST DU NICHT DAVON. DU KOMMST MIT.
WOZU BRAUCHT SIE MICH ...
... WENN SIE DICH HAT. ERKLÄRE.
DER FUSIONSREAKTOR, DER SUPERNOVA ANTREIBT, BASIERT AUF DEINER ARBEIT.
NIEMAND KENNT SICH DAMIT BESSER AUS.
ANNA MARIA BRAUCHT KEINEN ÜBERLEGENEN SPIDER-MAN.
SIE BRAUCHT DR. OTTO OCTAVIUS.
ICH KANN DAS NICHT OHNE DICH, DOC. NUR DU KANNST SIE RETTEN. WAS SAGST DU?
FORTSETZUNG FOLGT ...

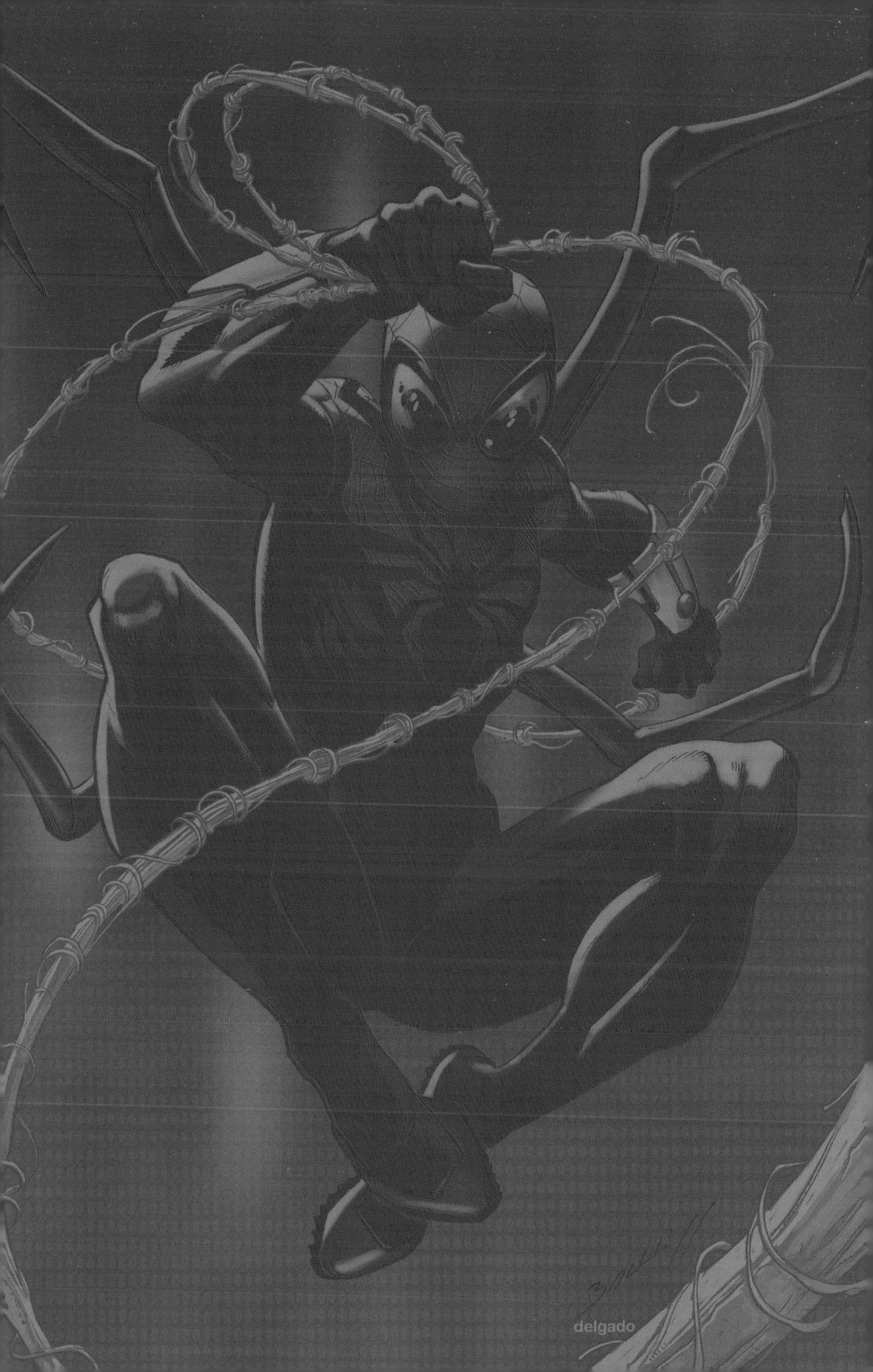
delgado

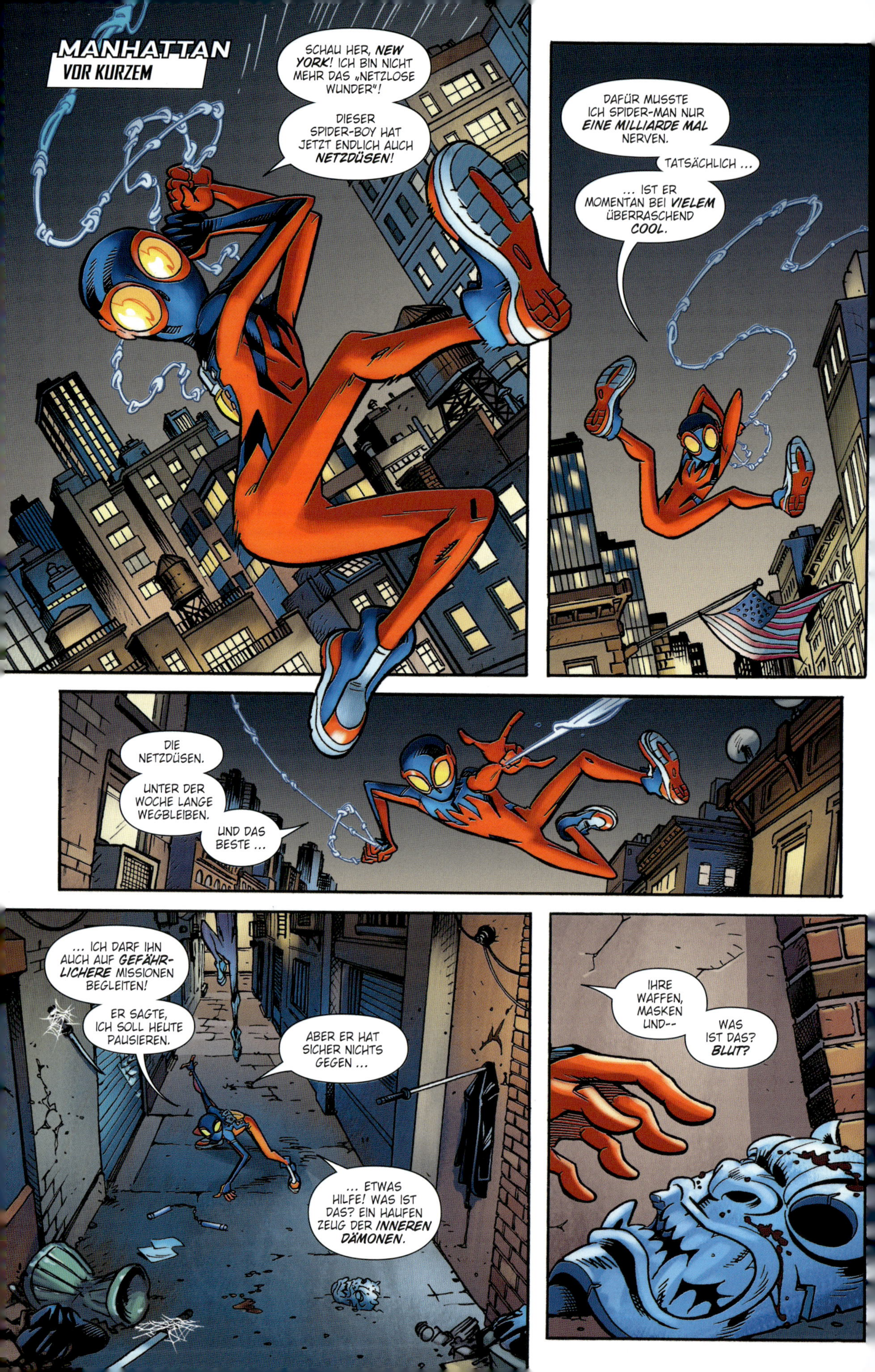

MANHATTAN
VOR KURZEM

SCHAU HER, **NEW YORK!** ICH BIN NICHT MEHR DAS „NETZLOSE WUNDER"!

DIESER SPIDER-BOY HAT JETZT ENDLICH AUCH **NETZDÜSEN!**

DAFÜR MUSSTE ICH SPIDER-MAN NUR **EINE MILLIARDE MAL** NERVEN.

TATSÄCHLICH ...

... IST ER MOMENTAN BEI **VIELEM** ÜBERRASCHEND **COOL.**

DIE NETZDÜSEN.

UNTER DER WOCHE LANGE WEGBLEIBEN.

UND DAS BESTE ...

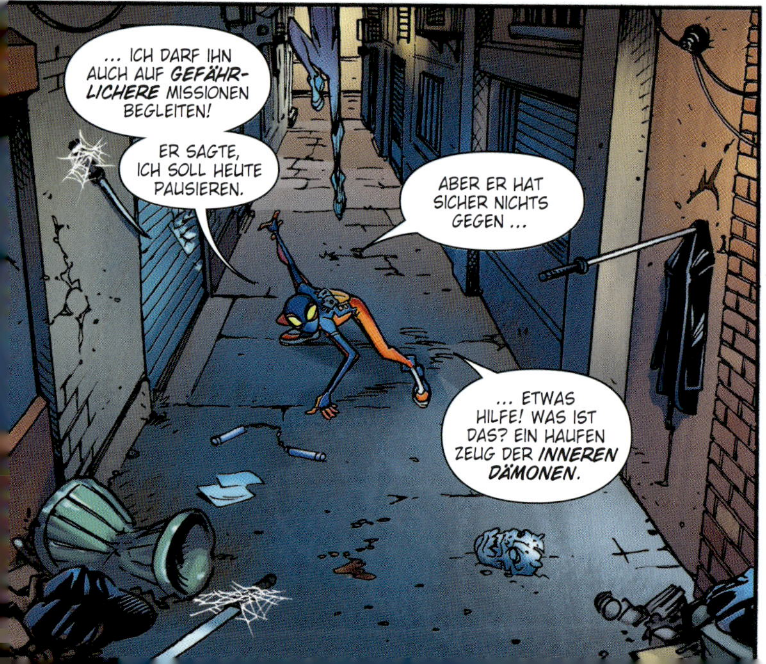

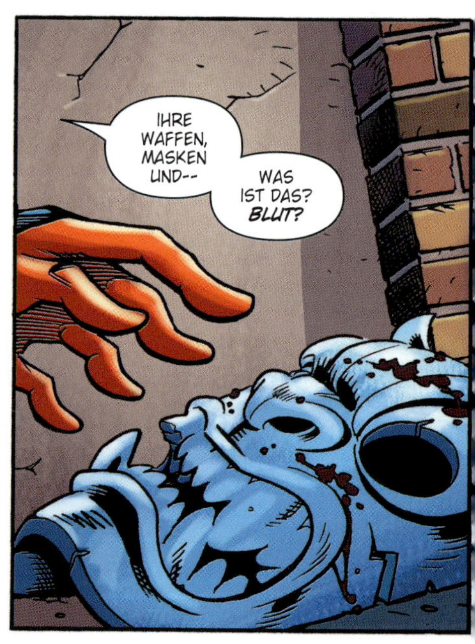

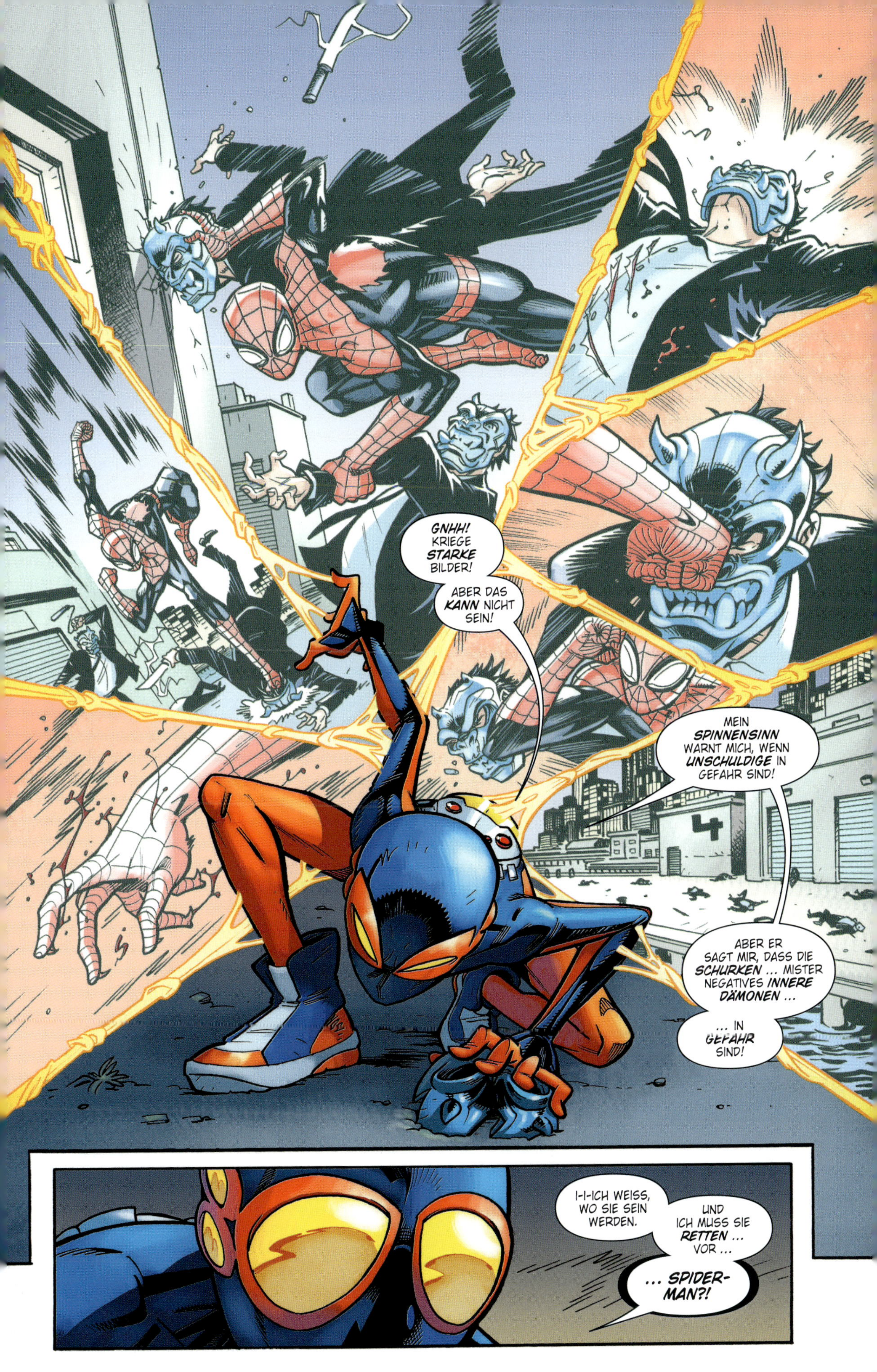
GNHH! KRIEGE STARKE BILDER!
ABER DAS KANN NICHT SEIN!
MEIN SPINNENSINN WARNT MICH, WENN UNSCHULDIGE IN GEFAHR SIND!
ABER ER SAGT MIR, DASS DIE SCHURKEN ... MISTER NEGATIVES INNERE DÄMONEN ...
... IN GEFAHR SIND!
I-I-ICH WEISS, WO SIE SEIN WERDEN.
UND ICH MUSS SIE RETTEN ... VOR ...
... SPIDER-MAN?!

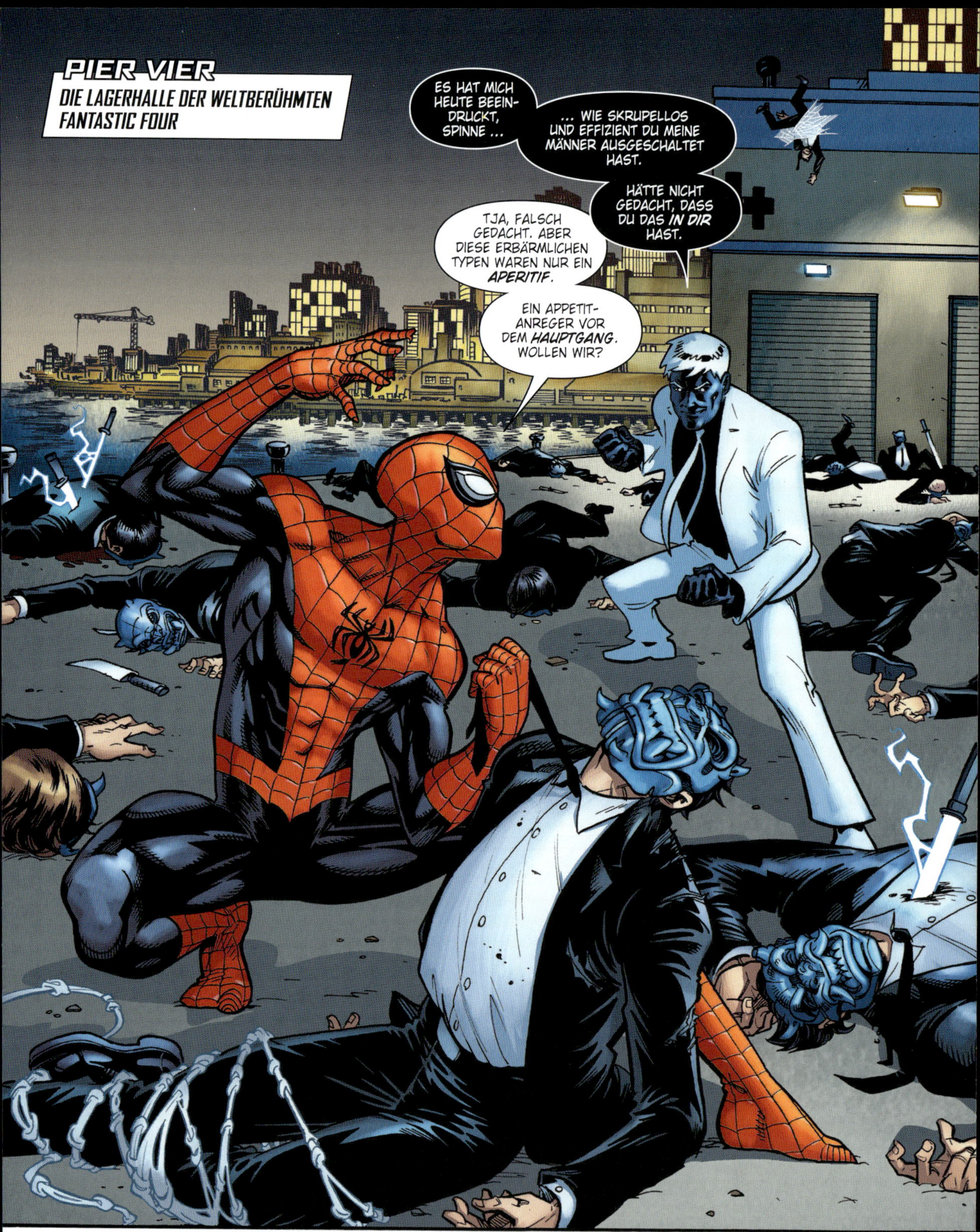

PIER VIER

DIE LAGERHALLE DER WELTBERÜHMTEN FANTASTIC FOUR

ES HAT MICH HEUTE BEEINDRUCKT, SPINNE ...

... WIE SKRUPELLOS UND EFFIZIENT DU MEINE MÄNNER AUSGESCHALTET HAST.

HÄTTE NICHT GEDACHT, DASS DU DAS *IN DIR* HAST.

TJA, FALSCH GEDACHT. ABER DIESE ERBÄRMLICHEN TYPEN WAREN NUR EIN *APERITIF*.

EIN APPETITANREGER VOR DEM *HAUPTGANG*. WOLLEN WIR?

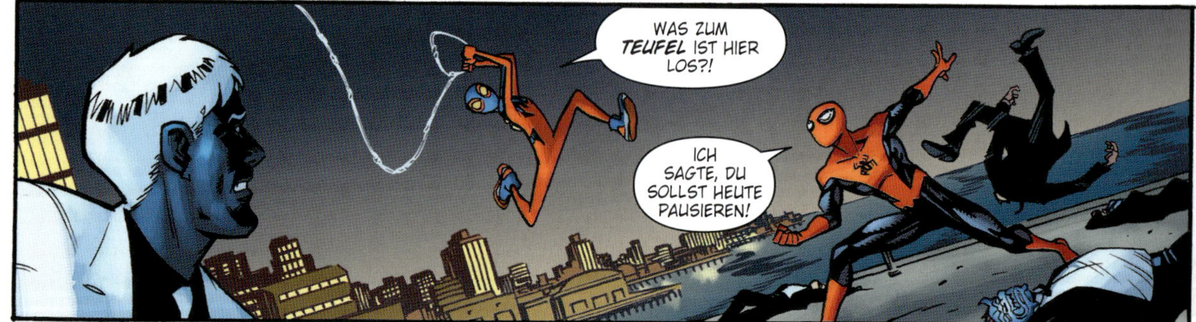

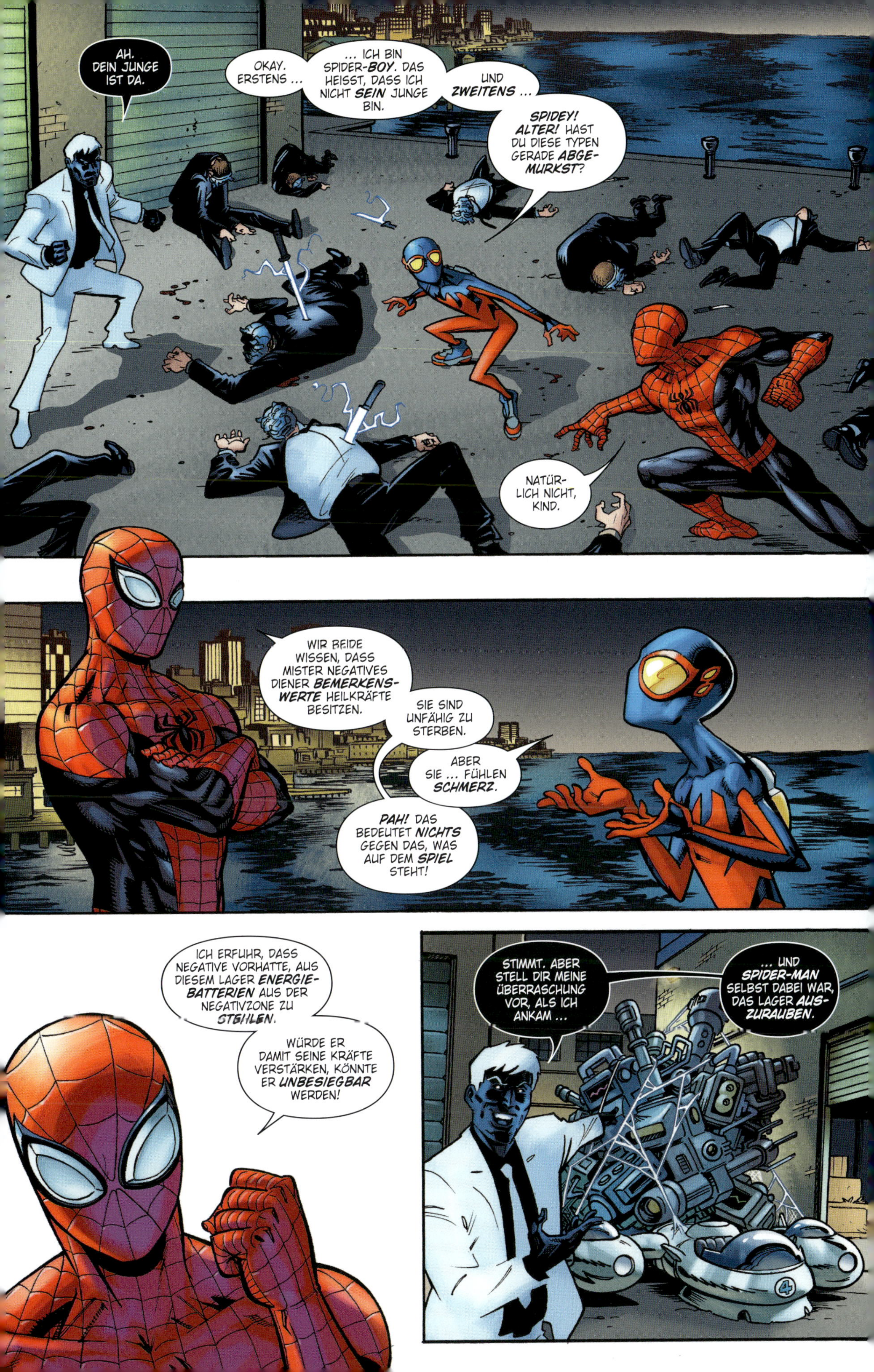

AH. DEIN JUNGE IST DA.
OKAY. ERSTENS ...
... ICH BIN SPIDER-**BOY**. DAS HEISST, DASS ICH NICHT **SEIN** JUNGE BIN.
UND **ZWEITENS** ...
SPIDEY! ALTER! HAST DU DIESE TYPEN GERADE **ABGEMURKST**?
NATÜRLICH NICHT, KIND.

WIR BEIDE WISSEN, DASS MISTER NEGATIVES DIENER **BEMERKENSWERTE** HEILKRÄFTE BESITZEN.
SIE SIND UNFÄHIG ZU STERBEN.
ABER SIE ... FÜHLEN **SCHMERZ**.
PAH! DAS BEDEUTET **NICHTS** GEGEN DAS, WAS AUF DEM **SPIEL** STEHT!

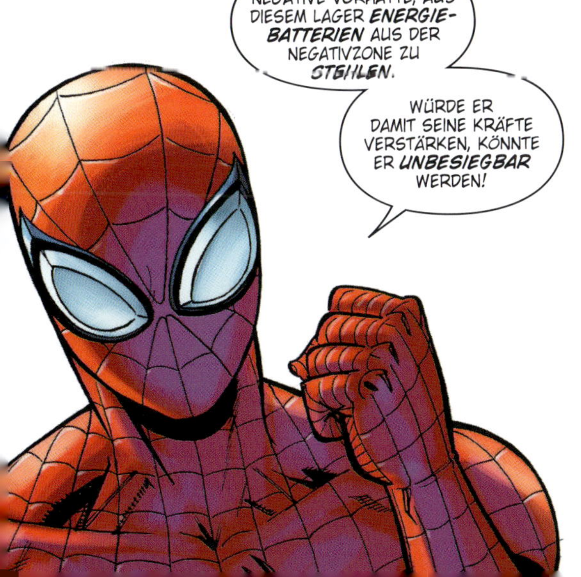

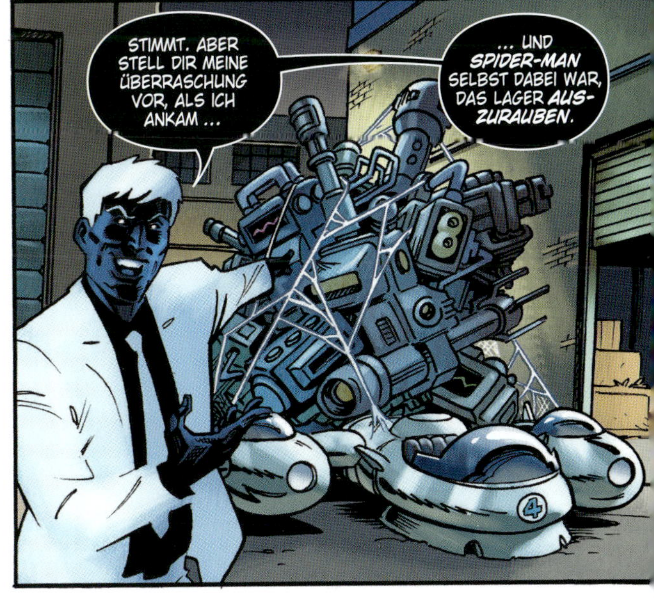

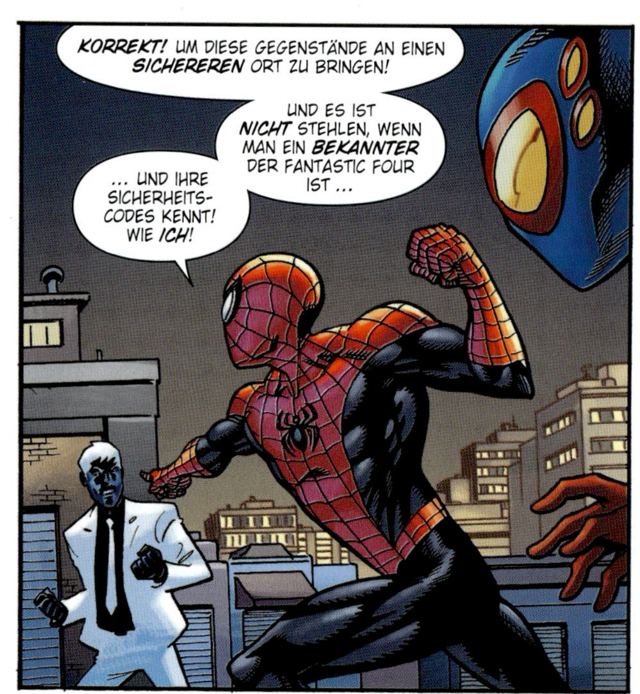
KORREKT! UM DIESE GEGENSTÄNDE AN EINEN SICHEREREN ORT ZU BRINGEN!
UND ES IST NICHT STEHLEN, WENN MAN EIN BEKANNTER DER FANTASTIC FOUR IST ...
... UND IHRE SICHERHEITS-CODES KENNT! WIE ICH!

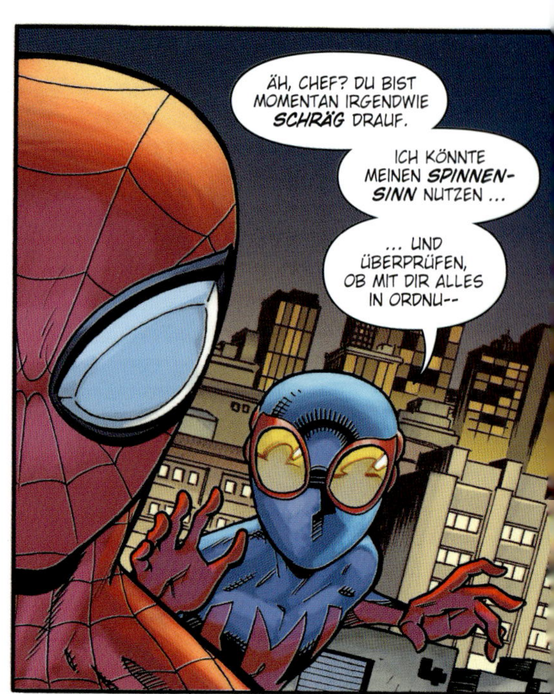
ÄH, CHEF? DU BIST MOMENTAN IRGENDWIE SCHRÄG DRAUF.
ICH KÖNNTE MEINEN SPINNEN-SINN NUTZEN ...
... UND ÜBERPRÜFEN, OB MIT DIR ALLES IN ORDNU--

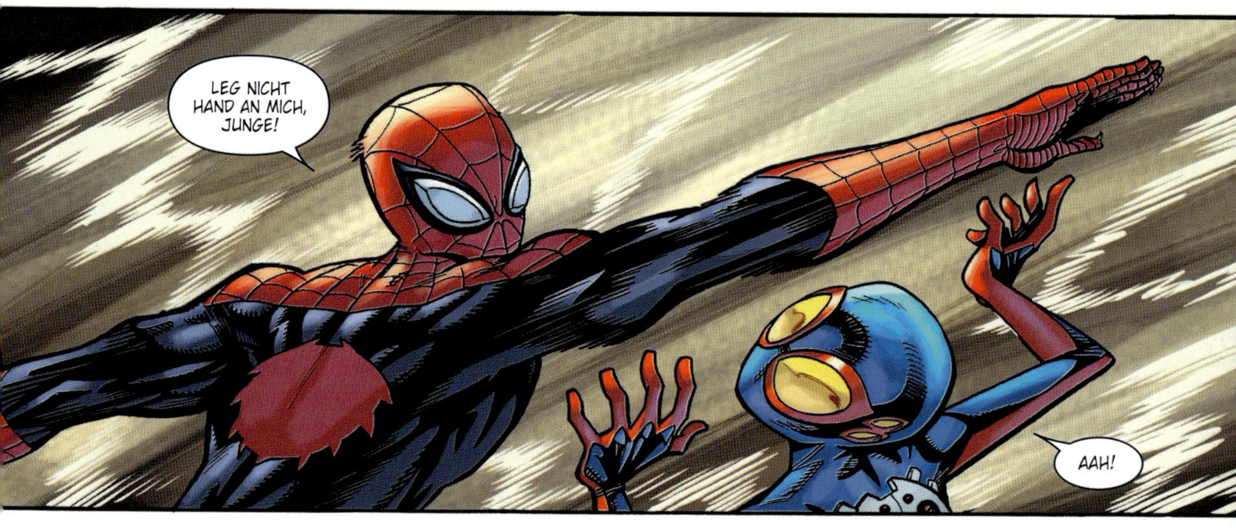
LEG NICHT HAND AN MICH, JUNGE!
AAH!

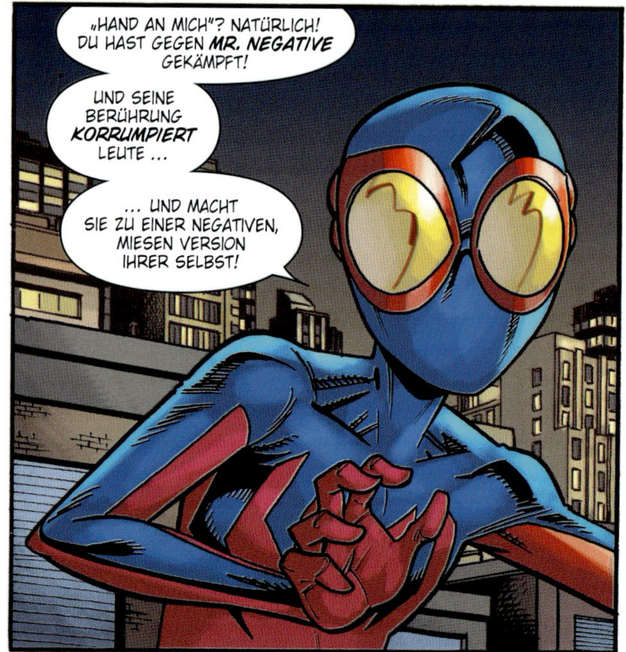
„HAND AN MICH"? NATÜRLICH! DU HAST GEGEN MR. NEGATIVE GEKÄMPFT!
UND SEINE BERÜHRUNG KORRUMPIERT LEUTE ...
... UND MACHT SIE ZU EINER NEGATIVEN, MIESEN VERSION IHRER SELBST!

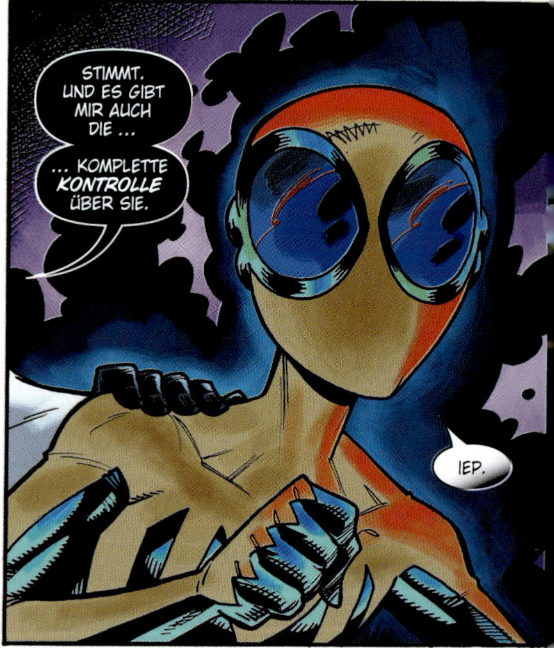
STIMMT. UND ES GIBT MIR AUCH DIE ...
... KOMPLETTE KONTROLLE ÜBER SIE.
IEP.

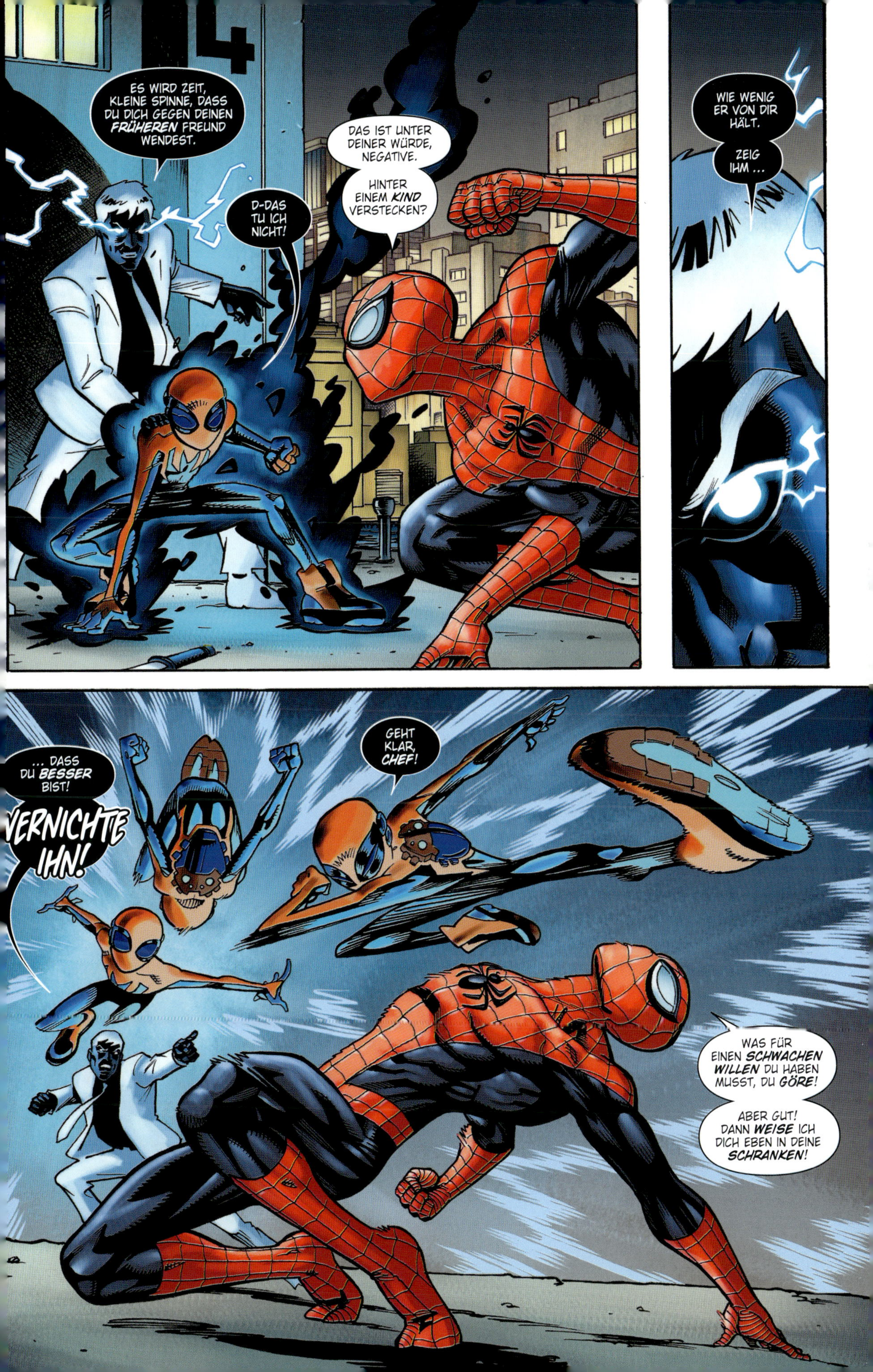

ES WIRD ZEIT, KLEINE SPINNE, DASS DU DICH GEGEN DEINEN *FRÜHEREN* FREUND WENDEST.

D-DAS TU ICH NICHT!

DAS IST UNTER DEINER WÜRDE, NEGATIVE.

HINTER EINEM *KIND* VERSTECKEN?

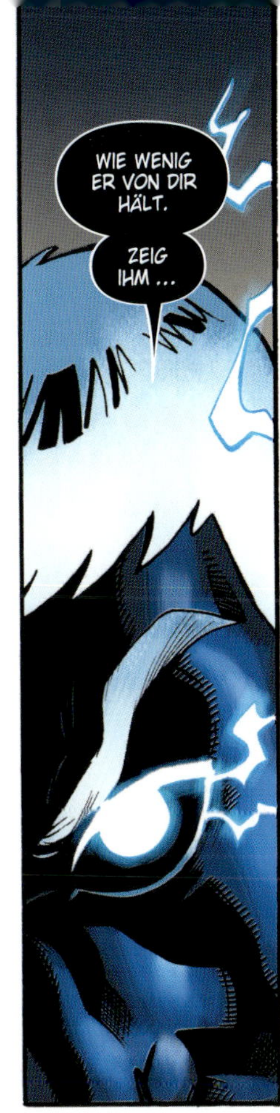

... DASS DU *BESSER* BIST!

VERNICHTE IHN!

GEHT KLAR, *CHEF!*

WAS FÜR EINEN *SCHWACHEN WILLEN* DU HABEN MUSST, DU *GÖRE!*

ABER GUT! DANN *WEISE* ICH DICH EBEN IN DEINE *SCHRANKEN!*

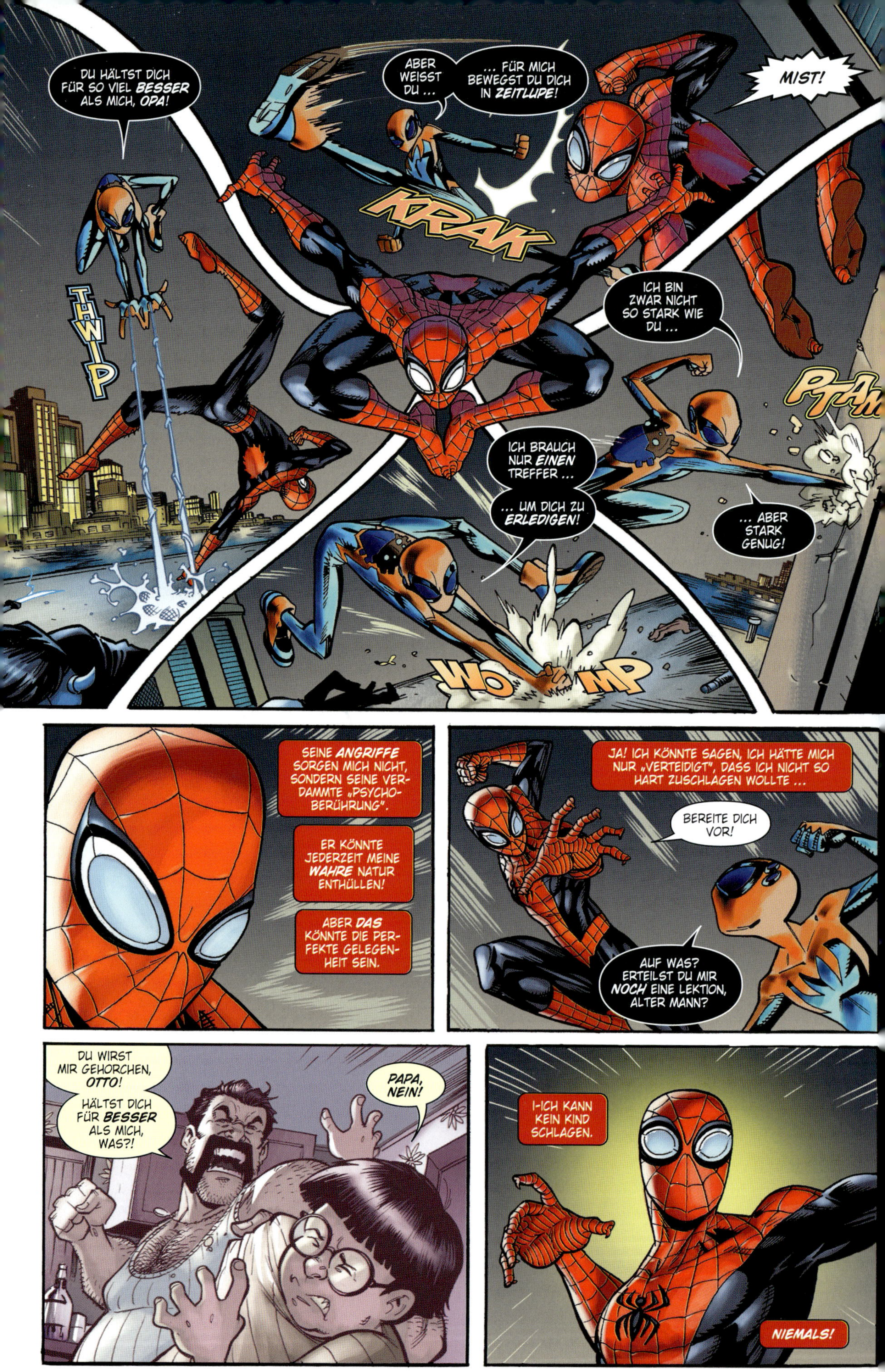

DU HÄLTST DICH FÜR SO VIEL **BESSER** ALS MICH, **OPA**!
THWIP
ABER WEISST DU ...
... FÜR MICH BEWEGST DU DICH IN **ZEITLUPE**!
KRAK
MIST!
ICH BIN ZWAR NICHT SO STARK WIE DU ...
PTAM
ICH BRAUCH NUR **EINEN** TREFFER ...
... UM DICH ZU **ERLEDIGEN**!
... ABER STARK GENUG!
WOMP

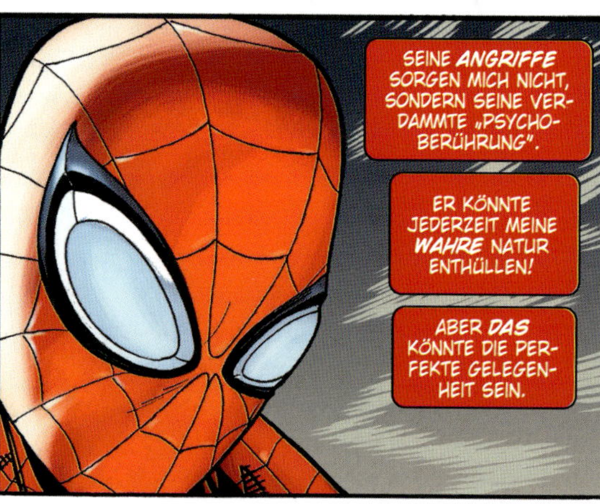
SEINE **ANGRIFFE** SORGEN MICH NICHT, SONDERN SEINE VERDAMMTE „PSYCHO-BERÜHRUNG".
ER KÖNNTE JEDERZEIT MEINE **WAHRE** NATUR ENTHÜLLEN!
ABER **DAS** KÖNNTE DIE PERFEKTE GELEGENHEIT SEIN.

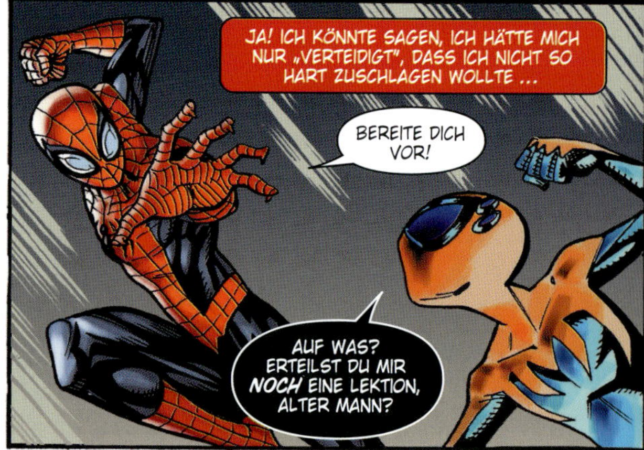
JA! ICH KÖNNTE SAGEN, ICH HÄTTE MICH NUR „VERTEIDIGT", DASS ICH NICHT SO HART ZUSCHLAGEN WOLLTE ...
BEREITE DICH VOR!
AUF WAS? ERTEILST DU MIR **NOCH** EINE LEKTION, ALTER MANN?

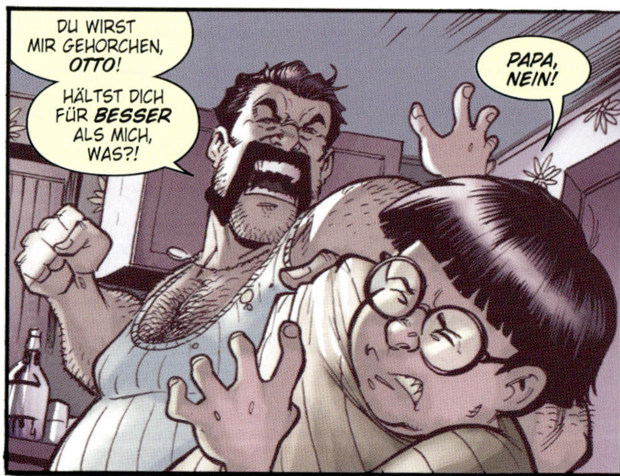
DU WIRST MIR GEHORCHEN, **OTTO**!
HÄLTST DICH FÜR **BESSER** ALS MICH, WAS?!
PAPA, NEIN!

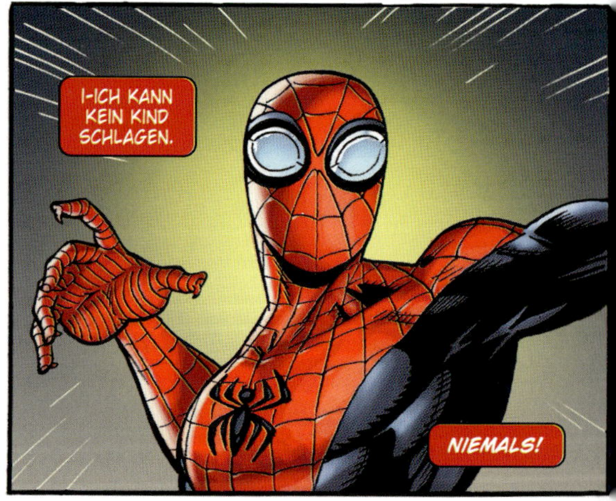
I-ICH KANN KEIN KIND SCHLAGEN.
NIEMALS!

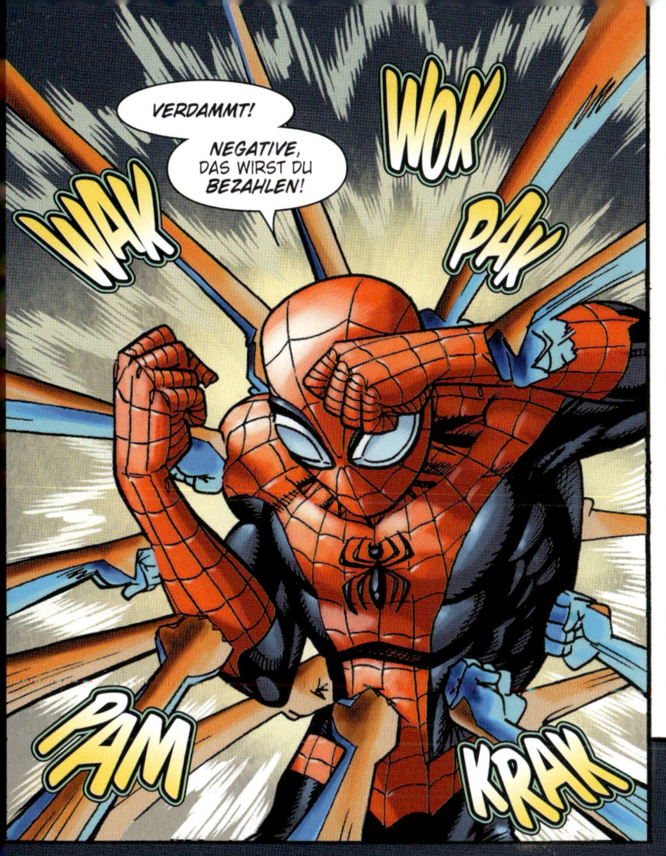

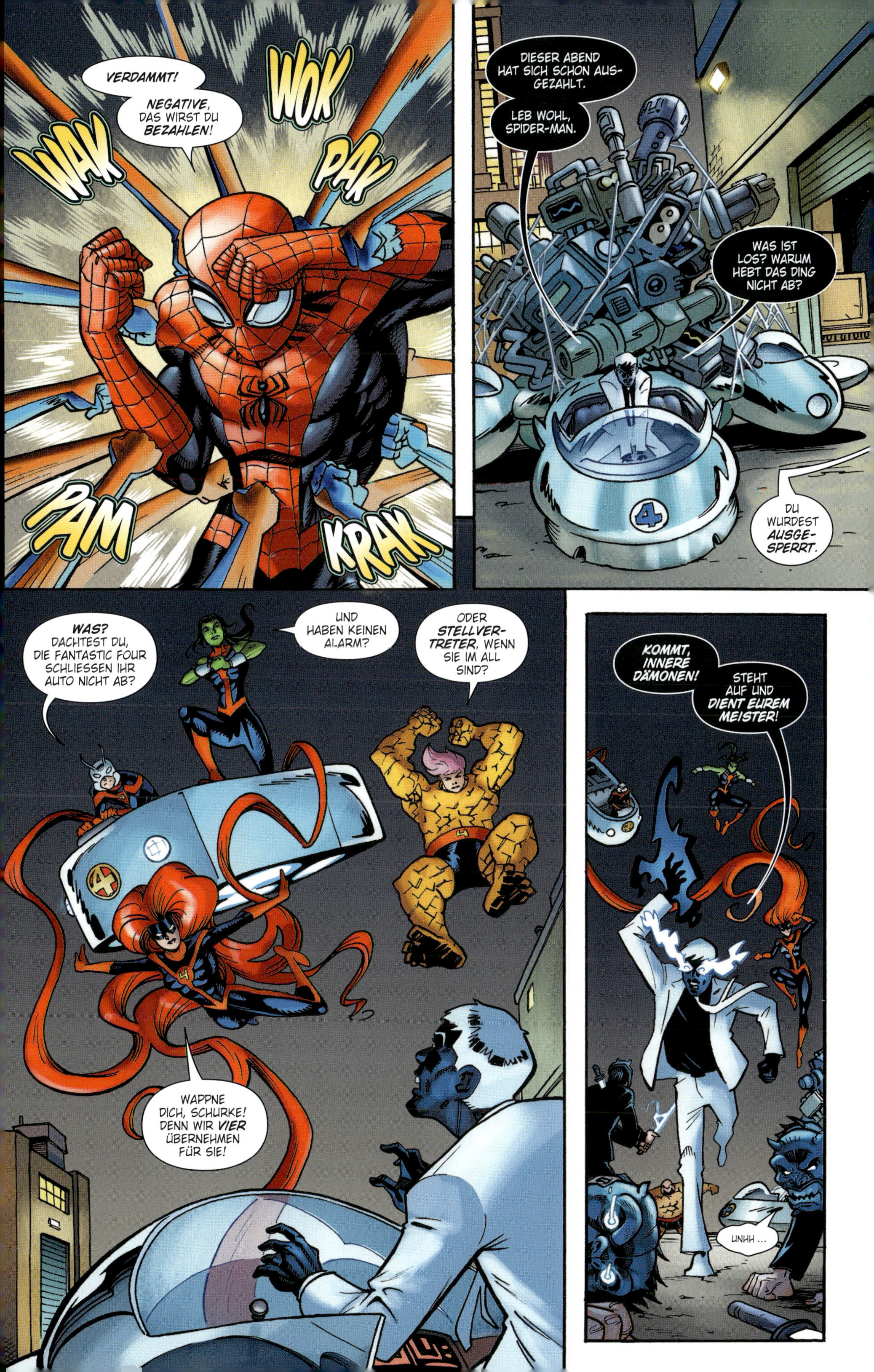

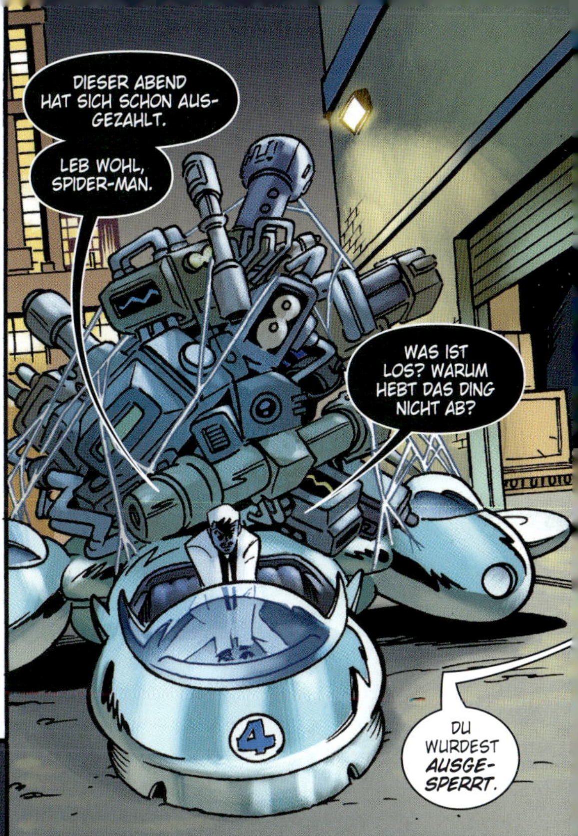

WAS? DACHTEST DU, DIE FANTASTIC FOUR SCHLIESSEN IHR AUTO NICHT AB?

UND HABEN KEINEN ALARM?

ODER STELLVERTRETER, WENN SIE IM ALL SIND?

WAPPNE DICH, SCHURKE! DENN WIR VIER ÜBERNEHMEN FÜR SIE!

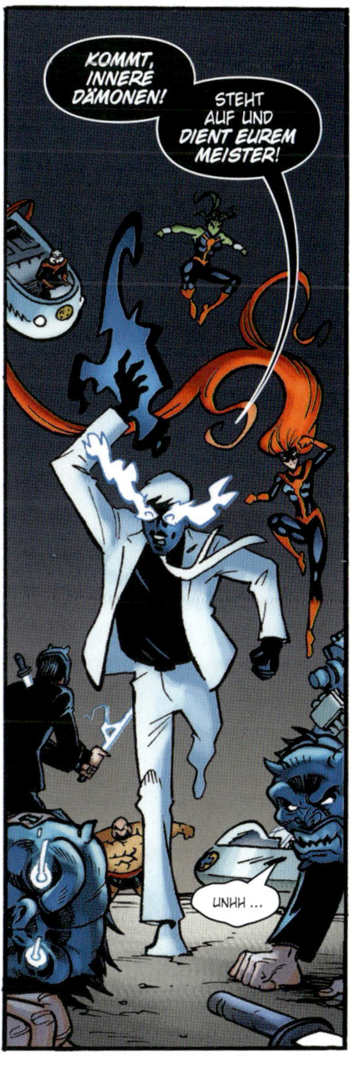

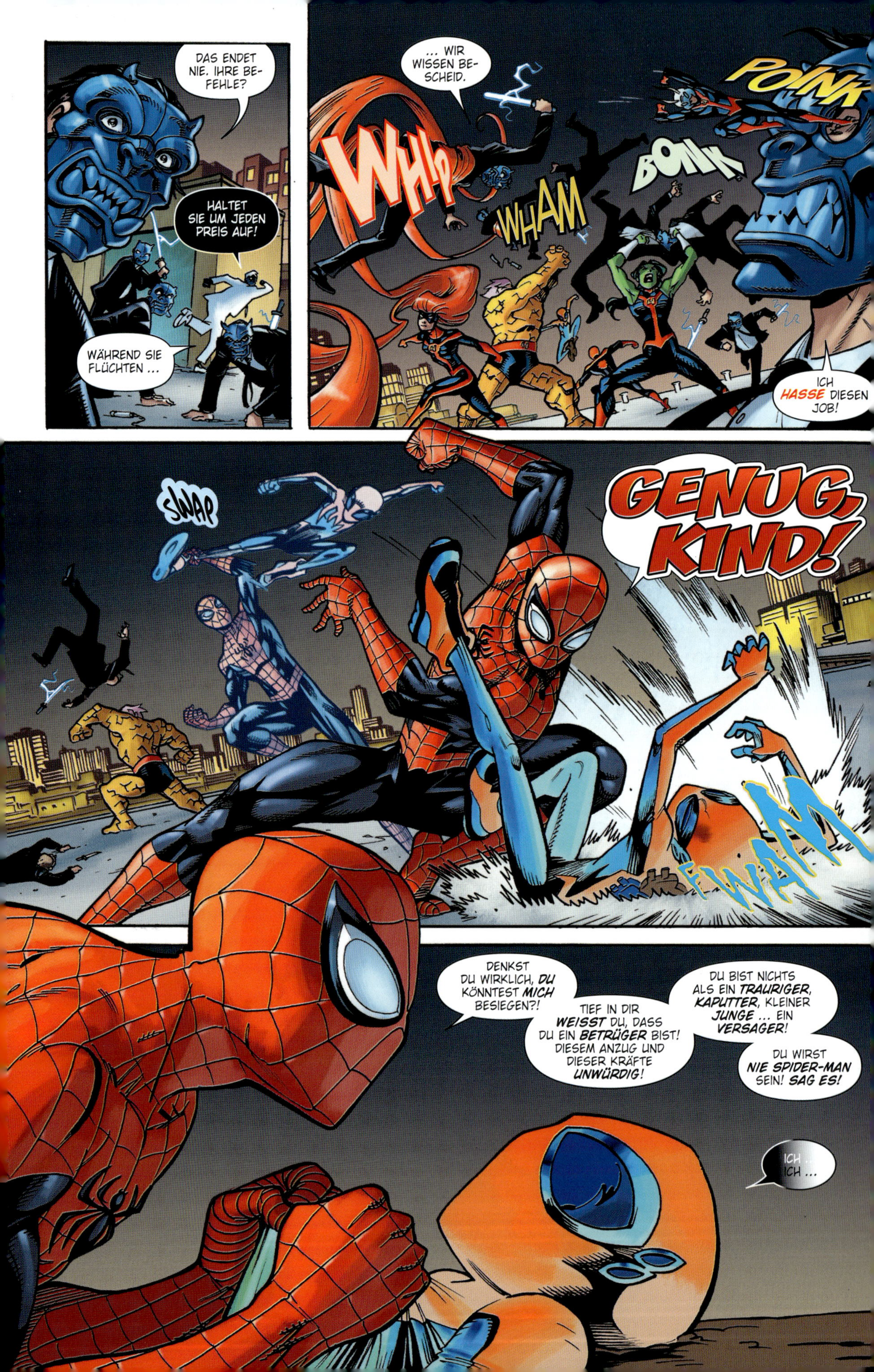

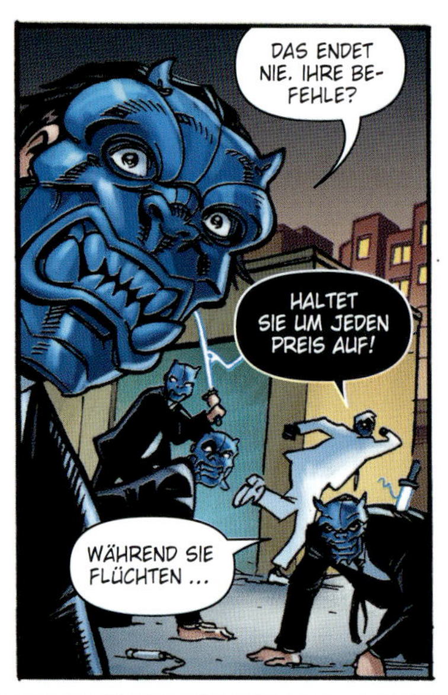

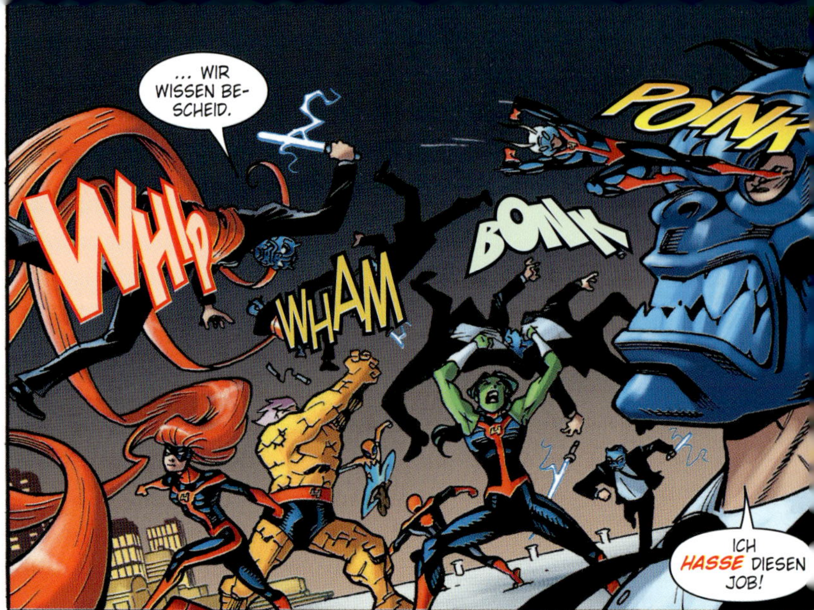

SWAP

GENUG, KIND!

WHAM

DENKST DU WIRKLICH, ***DU*** KÖNNTEST ***MICH*** BESIEGEN?!

TIEF IN DIR ***WEISST*** DU, DASS DU EIN ***BETRÜGER*** BIST! DIESEM ANZUG UND DIESER KRÄFTE ***UNWÜRDIG***!

DU BIST NICHTS ALS EIN ***TRAURIGER***, ***KAPUTTER***, KLEINER ***JUNGE*** ... EIN ***VERSAGER***!

DU WIRST ***NIE SPIDER-MAN*** SEIN! ***SAG ES!***

ICH ... ICH ...

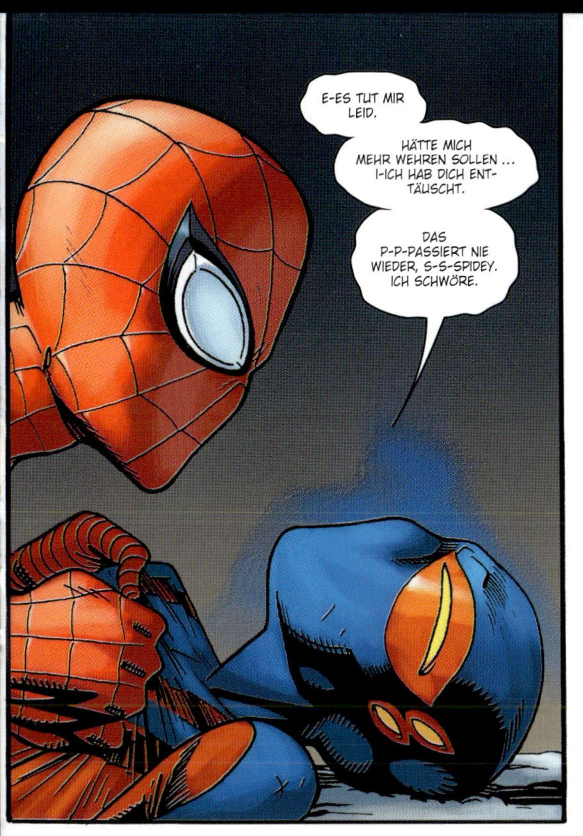
E-ES TUT MIR LEID.
HÄTTE MICH MEHR WEHREN SOLLEN ... I-ICH HAB DICH ENTTÄUSCHT.
DAS P-P-PASSIERT NIE WIEDER, S-S-SPIDEY. ICH SCHWÖRE.

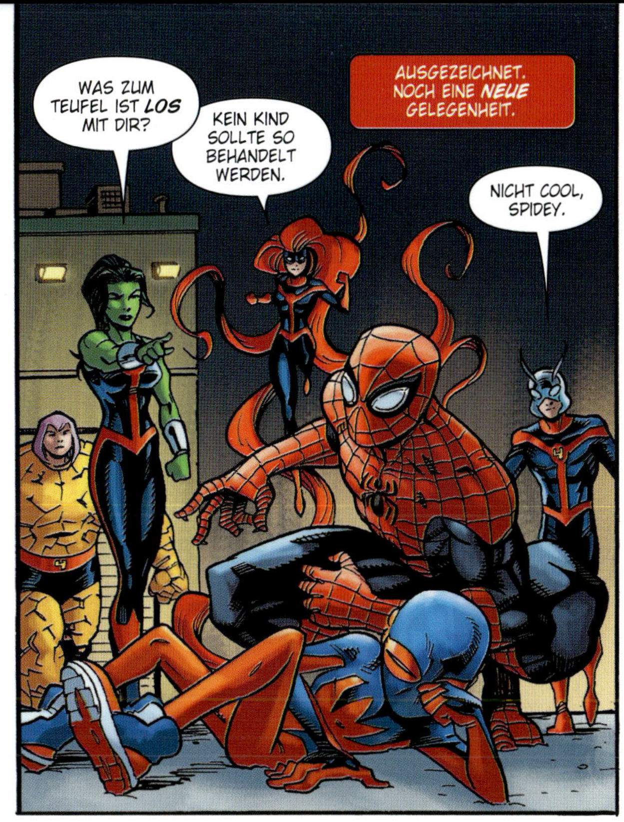
WAS ZUM TEUFEL IST LOS MIT DIR?
KEIN KIND SOLLTE SO BEHANDELT WERDEN.
AUSGEZEICHNET. NOCH EINE NEUE GELEGENHEIT.
NICHT COOL, SPIDEY.

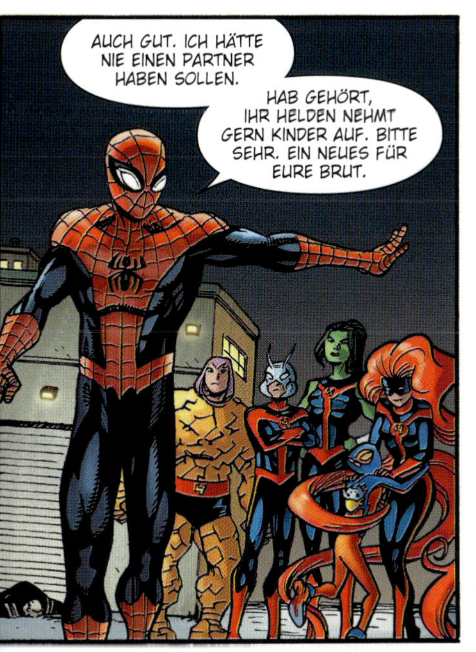
AUCH GUT. ICH HÄTTE NIE EINEN PARTNER HABEN SOLLEN.
HAB GEHÖRT, IHR HELDEN NEHMT GERN KINDER AUF. BITTE SEHR. EIN NEUES FÜR EURE BRUT.

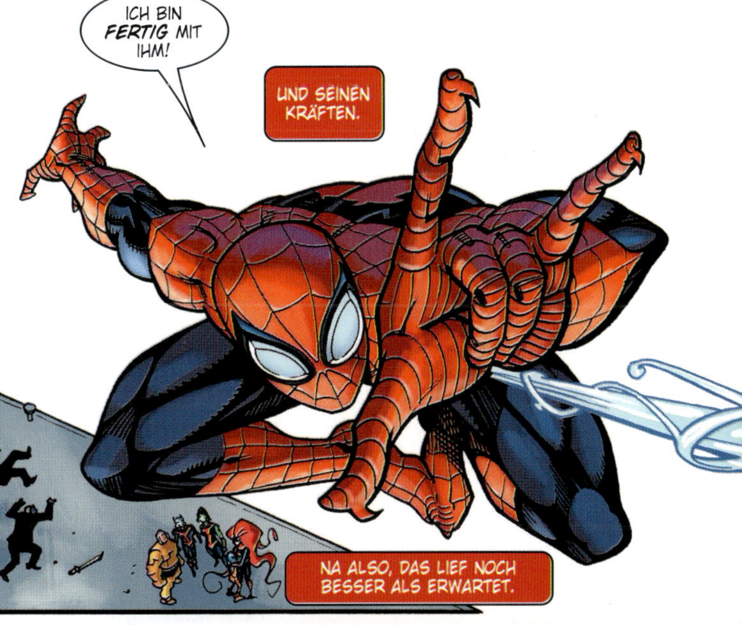
ICH BIN FERTIG MIT IHM!
UND SEINEN KRÄFTEN.
NA ALSO, DAS LIEF NOCH BESSER ALS ERWARTET.

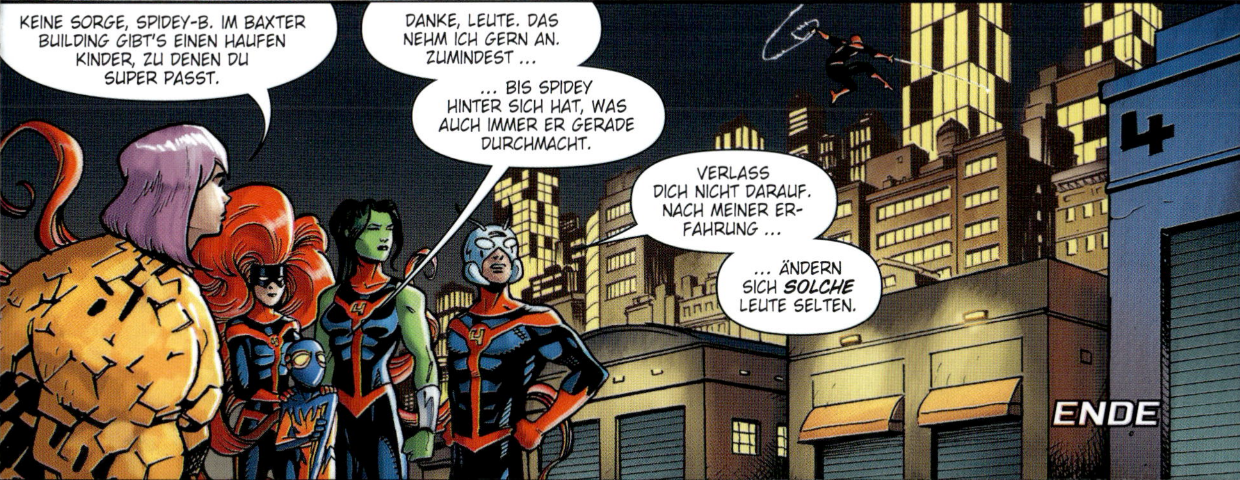
KEINE SORGE, SPIDEY-B. IM BAXTER BUILDING GIBT'S EINEN HAUFEN KINDER, ZU DENEN DU SUPER PASST.
DANKE, LEUTE. DAS NEHM ICH GERN AN. ZUMINDEST ...
... BIS SPIDEY HINTER SICH HAT, WAS AUCH IMMER ER GERADE DURCHMACHT.
VERLASS DICH NICHT DARAUF. NACH MEINER ERFAHRUNG ...
... ÄNDERN SICH SOLCHE LEUTE SELTEN.
ENDE

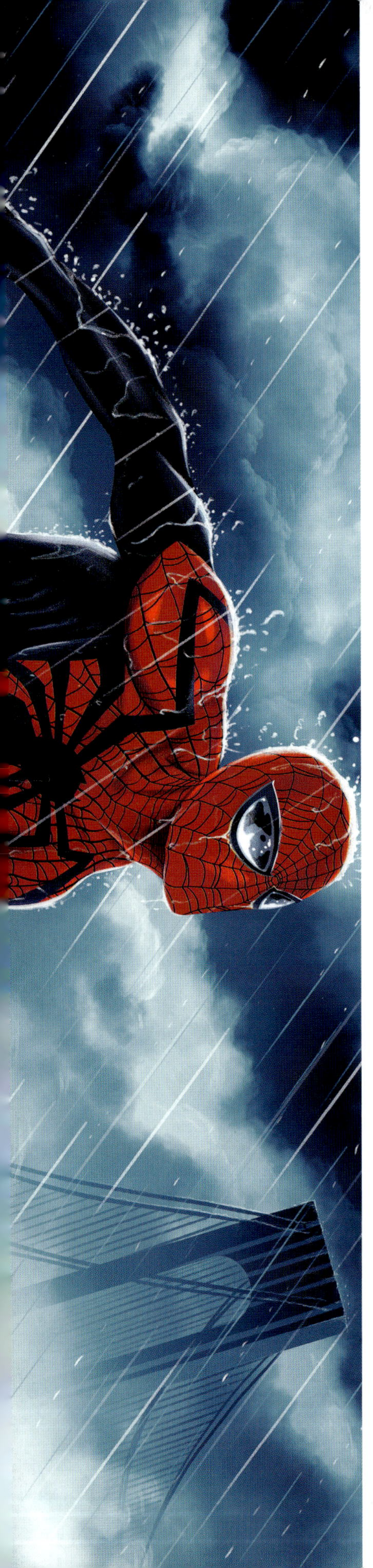

ÜBERLEGEN KREATIV

DAN SLOTT wurde in Kalifornien geboren, wuchs aber in London auf. Von 2008 bis 2018 war Slott der prägende *Spider-Man*-Autor seiner Generation. Er schrieb aber auch gefeierte Sagas für *She-Hulk*, *Fantastic Four*, *Tony Stark: Iron Man*, *Silver Surfer*, *Die Rächer: Die Initiative* und *Batman Adventures*. Zudem war er Co-Autor des Marvel-Events *Empyre*.

CHRISTOS N. GAGE kam in New York zur Welt und verbrachte seine Jugend in Griechenland. Er arbeitete mit Dan Slott an vielen *Spider-Man*-Comics zusammen. Überdies verfasste er *Buffy the Vampire Slayer*, *X-Men: Legacy*, *Fortnite x Marvel: Nullpunkt-Krieg* und *Crossed* sowie Drehbücher für die *Daredevil*-Streaming-Serie und diverse Marvel-Videospiele.

MARK BAGLEY wurde als Sohn eines US-Soldaten in Frankfurt geboren. Er zeichnet seit Mitte der 1990er-Jahre Spidey-Comics und wirkte an Meilensteinen wie *Der Ultimative Spider-Man*, *Die Klonsaga*, *Maximum Carnage* und der ersten *Venom*-Soloserie mit. Hinzu kommen *Batman*, *Justice League of America*, *Hulk*, *Fantastic Four*, *Die neuen X-Men* und *Thunderbolts*.

RYAN STEGMAN bebilderte in der Ära Marvel NOW! sowohl *Spider-Man* als auch *Wolverine*. Später tat er sich mit Autor Donny Cates für eine revolutionäre Saga in *Venom*, *Absolute Carnage* und *King in Black* zusammen. Überdies zeichnete er *Scarlet Spider*, *Uncanny Avengers* und *Vanish*.

HUMBERTO RAMOS stammt aus Mexiko und ist, seit er 2001 seine erste von vielen grandiosen Spider-Man-Storys gezeichnet hat, eine regelrechte Spidey-Legende. Darüber hinaus verwirklichte er *Wolverine*, *X-Men*, *Strange Academy*, *Fairy Quest*, *Runaways*, *Impulse* sowie seine eigenen Serien *Crimson* und *Out There*.

GIUSEPPE CAMUNCOLI lebt in Italien. Zu seinem Schaffen gehören viele Spidey-Storys von Dan Slott, *X-Men Sonderband: Daken – Dark Wolverine*, *Star Wars: Darth Vader*, *Hellblazer*, *Batman*, *Batman: Europa*, *Swamp Thing*, *Undiscovered Country* und sein eigener Comic *Bonerest*.

NATHAN STOCKMAN war Animationszeichner, bevor er Comic-Künstler wurde. Er bebilderte die All-Age-Comic-Serie *Spidey*, *Amazing Spider-Man: Renew Your Vows*, *Iceman*, *Doctor Strange and the Sorcerers Supreme*, *X-Men: Blue*, *Reyn*, *Anti-Hero* und *Savage*.